edition suhrkamp

Redaktion: Günther Busch

D1986620

Manuela du Bois-Reymond, geboren am 3. März 1940, ist zur Zeit Fachhochschullehrerin an der Fachhochschule Wiesbaden, Fachbereich Sozialwesen, ab Frühjahr 1977 Lektorin für Unterrichtssoziologie an der Universität Leiden/Niederlande. Publikationen: *Strategien kompensatorischer Erziehung. Das Beispiel der USA* 1971; *Neuköllner Schulbuch*, 2 Bände (zusammen mit Burkhardt Söll) 1974.

Dieses Buch spricht gleichermaßen von den Interessen der Schüler und Lehrer wie der Eltern, obschon (vielleicht: weil) der Zusammenhang dieser Interessen im Alltag häufig verschüttet ist. In der Lehrerausbildung ebenso wie in der Schulpraxis spielt die Elternschaft durchaus nicht die Rolle eines wichtigen dritten Faktors, der zur Lehrerarbeit, ja zum Unterrichtsprozeß dazugehört. Es ist jedoch nicht möglich, über neue Unterrichtsinhalte, über gewandelte pädagogische Vorstellungen, über Fragen der Curriculumplanung und der Lehrerausbildung sinnvoll nachzudenken, wenn man nicht die »außerschulischen« Elemente des Lernens und Lehrens beachtet; dazu zählen zweifellos auch die Elternhäuser, zumal dann, wenn es sich um die Grundschule handelt. – Gegenwärtig findet eine Zusammenarbeit zwischen Lehrern, Schülern und Eltern erst an wenigen Orten statt: Das Elend der schulischen Ausbildungsverhältnisse ist nicht zuletzt das Elend der Verkehrsformen zwischen Eltern und Schule. Die Untersuchung von Manuela du Bois-Reymond knüpft an konkrete Erfahrungen an, wie sie im *Neuköllner Schulbuch* (es 681) angedeutet worden sind; es entwickelt Einsichten und Vorschläge im Rahmen des Schulalltags und erörtert Möglichkeiten, wie der Verschlechterung der Lern- und Ausbildungssituation begegnet werden könnte. Dies ist ein Buch *für Lehrer und Lehrerausbilder, im Namen der Schüler und der Eltern.*

Manuela du Bois-Reymond

Verkehrsformen zwischen Elternhaus und Schule

Suhrkamp Verlag

edition suhrkamp 830
Erste Auflage 1977
© Suhrkamp Verlag, Frankfurt am Main 1977. Erstausgabe. Printed in Germany.
Alle Rechte vorbehalten, insbesondere das der Übersetzung, des öffentlichen Vortrags und der Übertragung durch Rundfunk und Fernsehen, auch einzelner Teile.
Satz, in Linotype Garamond, Druck und Bindung bei Georg Wagner, Nördlingen.
Gesamtausstattung Willy Fleckhaus.

Inhalt

Einleitung

Wer heute eine Zeitung aufschlägt, findet darin allemal eine Meldung oder einen Artikel zur gegenwärtigen Situation an den Schulen. Die Öffentlichkeit wird durch widersprüchliche Angaben verwirrt. Einerseits ist die Rede von zwanzig Prozent und mehr »Stundenausfall«, andererseits von einer »Lehrerschwemme«, die es zu stoppen gelte – in den nächsten Jahren wird es Tausende arbeitsloser Lehrer geben. Dem Zeitungsleser und Fernsehzuschauer soll plausibel gemacht werden, daß Sparmaßnahmen im Bildungsbereich in einer Zeit wirtschaftlicher Rezession notwendig und auch nur von geringem Übel für die Schulen und Hochschulen seien. Aber Zeitungsleser und Fernsehzuschauer, die ja auch Eltern und Lehrer sind, gehen mit Forderungen nach mehr Lehrern und besseren Lern- und Lehrbedingungen in kleineren Klassen auf die Straße. Die Bundesrepublik erlebt die ersten Schulboykotts; arbeitslose Lehrer schließen sich zusammen.

Dies ist die aktuelle Situation, und auf den ersten Blick könnte man meinen, es bestehe eine feste Beziehung zwischen Lehrern und Eltern, die Kampfmaßnahmen nicht scheuen, um Verschlechterungen in den schulischen Ausbildungsbedingungen abzuwehren. Allerdings waren an den Schulboykotts und Elterndemonstrationen in jüngster Zeit, z. B. beim »Septemberstreik« niedersächsischer Gymnasialschüler, überwiegend Eltern aus sogenannten bildungsbewußten Bevölkerungsschichten beteiligt. Die Mehrzahl der Eltern vermag sich nicht zur Wehr zu setzen gegen schulische Mißstände. Auch ist noch keine Rede davon, daß Lehrer und Eltern auf breiter Front zusammenarbeiten und in der Lage wären, gemeinsam ihre Interessen gegenüber den bildungspolitischen Entscheidungsinstanzen und Schulbürokratien zu vertreten. Im »normalen« Schulalltag besteht erst recht keine enge Beziehung zwischen Lehrern und Eltern. Im Gegenteil: Die meisten Eltern scheuen sich, mit Lehrern oder mit anderen Repräsentanten der Schule in Kontakt zu treten. Die »meisten Eltern« – das heißt: diejenigen, deren Kinder keine höhere Schulbildung oder gar Hochschulbildung erlangen werden, denen vielmehr in Hauptschulen, Sonderschulen und Berufsschulen sogar jenes Minimum an Bildung bestritten wird, das sie brauchen, um später ihre Arbeitskraft verkaufen zu können.

Um die Beziehungen der Eltern dieser Schüler zur Schule geht es im folgenden. Dabei erscheint es uns wichtig, das alltägliche Elend in den Verkehrsformen zwischen Arbeitereltern und Schule nicht nur im aktuellen Kontext darzustellen, sondern auch seinen historischen Wurzeln nachzugehen und auch jene Positionen zu erörtern, die die »Beziehungen zwischen Elternhaus und Schule«, wie es in der Pädagogik und in den Sozialwissenschaften heißt, unserer Meinung nach falsch bestimmen. Das ideologische Umfeld eines Gegenstandes gehört mit zum »Alltäglichen«.

Woher nehmen wir das Recht, über ein solches Thema zu schreiben? Es scheint auf der Hand zu liegen, daß jeder, der in der Lehrerausbildung arbeitet, sein Interesse auf alle Personen lenkt, die mit »Schule« zu tun haben – im engeren Sinn also Schüler, Lehrer und Eltern. Aber die Eltern spielen bis heute in der Lehrerausbildung vor allem als Erziehungspersonen in der Familie eine Rolle; die konkreten Verkehrsformen zwischen Eltern und Lehrer treten nur zögernd in das Aufmerksamkeitsfeld angehender Lehrer und ihrer Ausbilder.

Unsere Erfahrungen über Lehrer und Eltern in der Schule stammen weniger aus der Lehrerausbildung als aus der Schularbeit selbst. In der Schule löst das Wort »Eltern« bei Lehrern eher negative Assoziationen aus – Unannehmlichkeiten, Zusatzarbeit – als die Vorstellung vom täglichen Umgang mit Leuten, die zur schulischen Arbeit dazugehören.

Wenn sich derartige Assoziationen bei mir so nicht einstellten, so lag dies daran, daß ich mich nicht in der »normalen« Situation eines Lehrers befand, sondern die Schule mehrere Jahre lang mit einem besonderen Status und Interesse betrat: als wissenschaftliche Mitarbeiterin eines Curriculumprojekts[1], das sich zur Aufgabe gesetzt hatte, Unterrichtsprozesse und Unterrichtsinhalte zu beobachten und zu analysieren und Teilcurricula für ein Bildungskonzept zu entwickeln, das Anfang der siebziger Jahre noch Chancen zu haben schien, verwirklicht zu werden. Gemeint ist das Konzept der »Eingangsstufe« für Fünf- bis Siebenjährige, also die inhaltlich-

1 Vgl. S. 208 ff.

organisatorische Integration von Vorklasse und erster Klasse. Für ein solches Konzept galt es, die Bedingungen und Voraussetzungen von »Unterricht« möglichst umfassend in ein Unterrichtsprogramm einzubeziehen. Hierzu gehörten auch die Familien der Schüler, zumal wenn es sich um Kinder in der Eingangsstufe handelte, die noch keine Vorerfahrungen mit der Schule hatten.

Wir nahmen also die seltene Chance wahr, als eine Art Zusatzlehrer Schule kennenzulernen, ohne von der »normalen« Schularbeit und Schulroutine so belastet zu sein, daß sich Aufmerksamkeit und Arbeitskapazität nur aufs »Überleben« konzentriert hätten – so umschreiben Lehrer selbst oft ihre Arbeit. Von der privilegierten Position einer wissenschaftlichen Mitarbeiterin aus ließen sich intensive Kontakte mit den Eltern herstellen und aufrechterhalten, wie dies dem Lehrer normalerweise nicht möglich ist. So lernten wir ebensoviel über den ungenügenden Verkehr zwischen Lehrern und Eltern aufgrund der herrschenden Schulbedingungen wie über freiere und intensivere Beziehungen zwischen Lehrern und Eltern.

Erst ein genaueres und besseres Verständnis der herrschenden Verkehrsformen insbesondere zwischen Arbeitereltern und Schule erlaubt es, Schlußfolgerungen über mögliche Veränderungen (bzw. über die Grenzen solcher Veränderungen) in diesem Bereich zu ziehen. Wir wenden uns mit unseren Folgerungen in erster Linie an Lehrer, Studenten und Hochschullehrer in der Lehrerausbildung. Natürlich unterstellen wir nicht, daß gedruckte Worte am gegenwärtigen Zustand der Schulen etwas zu ändern vermöchten; wohl aber kann eine theoretische Auseinandersetzung auch praktische Auseinandersetzungen der Betroffenen unterstützen und die Einsicht befördern helfen, daß es ein gemeinsames Interesse zwischen Eltern und Lehrern gibt: an den Bedingungen, unter denen Kinder ausgebildet werden.

Zwar haben Eltern je nach ihrer Klassenzugehörigkeit unterschiedliche Einstellungen zu diesen Ausbildungsbedingungen und ein unterschiedliches Wissen von ihnen. Die Eltern von Gymnasiasten sind in der Regel darauf aus, Bildungsprivilegien zu behaupten; die Eltern von Hauptschülern, Berufs- und Sonderschülern müssen letztlich für die Abschaffung des herrschenden dreigliedrigen Schulwesens kämpfen (ohne dies freilich bisher in nennenswertem Ausmaß zu tun). Für Eltern und Lehrer aller Schulzweige geht es letzten Endes jedoch darum, eine Strategie zu entwickeln, die ein einheitliches Handeln erlaubt.

In diesem Buch wird zu zeigen versucht, daß es bei dem Problem »Elternhaus – Schule« nicht um etwas geschichtlich Neues geht – es bestanden zu keiner Zeit freie und lebendige Beziehungen zwischen beiden, auch wenn dies immer wieder behauptet wurde und wird. Wir gehen in unserer Arbeit weder streng empirisch-analytisch vor, noch wollen und können wir uns unbefangen an die geisteswissenschaftlich-hermeneutische Tradition anlehnen. Vielmehr sollen die empirischen Daten, gewonnen aus eigenen und ausgewählt aus den Erfahrungen anderer, historisch angeleitet, »in konkreter politisch-pädagogischer Absicht«[2] interpretiert werden, und zwar so, daß »der gesellschaftliche Mensch in seiner wirklichen Lebenstätigkeit, der bei der Entwicklung gesellschaftlicher Lebenserhaltung und -erweiterung bestimmte Verkehrsformen herausgebildet hat, die abstrahierend als Gesellschaftsformationen gekennzeichnet werden können«[3], in den Blick kommt. Allerdings müssen wir bekennen, daß wir diesen Anspruch aufgrund unseres gegenwärtigen Wissenstandes und mit unseren Möglichkeiten nicht voll werden einlösen können. Wollten wir nämlich unser Thema in diesem Sinne in allen wesentlichen Dimensionen entfalten, so müßten wir die Verkehrsformen zwischen Eltern und Lehrern auf deren »wirkliche Lebenstätigkeit« zurückführen, also auf den durch die menschliche Arbeit vermittelten Aneignungsprozeß von Natur und Gesellschaft, »um auf diese Art schließlich ihre Spezifik [in unserem Fall: der Verkehrsformen zwischen Lehrern und Eltern – B.-R.] als Momente menschlicher Subjektivität in der bürgerlichen Gesellschaft angemessen zu erfassen und empirischer Erforschung zugänglich zu machen«.[4] Dies können wir nur anstreben.

Berlin, September 1976

2 U. Herrmann (85, S. 285). *Die erste Ziffer hinter den Autorennamen verweist jeweils auf die entsprechende Stelle des zitierten Textes im Literaturverzeichnis S. 288 ff.*

3 K. Holzkamp (96, S. 53).

4 A.a.O., S. 54. Dieses forscherische Wagnis unternimmt K. Holzkamp auf den Gegenstandsbereich der Wahrnehmung bezogen.

I. Das Umfeld von Lehrern und Eltern in der Schule

1. Zum konventionellen Verständnis von »Elternhaus und Schule«

Es gibt in der einschlägigen pädagogischen und sozialwissenschaftlichen Literatur nur wenige Untersuchungen und Befunde, die unser Thema im engeren Sinn berühren. Die uns interessierende Seite des Gegenstands »Schule« sind die gegenwärtigen Verkehrsformen, die aus ihrem historischen und sozioökonomischen Zusammenhang heraus zu erklären wären. Mit Recht stellt F. Rodewald fest: »Eine politisch fundierte Theorie der Elternarbeit fehlt uns bis heute.«[1] Gleichwohl halten wir es für nötig, die Literatur, die unser Thema im weiteren Sinne betrifft und hierfür von Belang ist, zu Rate zu ziehen, wobei wir uns freilich nicht in ihrer uferlosen Fülle verlieren wollen.

Elternhaus und Schule – unter diesen Begriffen versteht die pädagogische Literatur ganz allgemein den Zusammenhang, der zwischen Schule und Eltern durch das zu erziehende Kind gestiftet wird. Gemäß den Interessen der einzelnen Autoren, die diesen Zusammenhang, z.B. in Lexikonartikeln, beleuchten, tritt eher der anthropologische, der pädagogische, der psychologische, der historische, der soziologische, der juristische oder der ethische Aspekt der Beziehungen zwischen Elternhaus und Schule in den Vordergrund. Wir geben dafür einige Beispiele.

Anthropologisch: »Die Entfaltung einer jungen Menschenseele hängt zum großen Teil von den Einflüssen ab, die von außen auf sie einwirken. [...] Nur wo eine gewisse Einheitlichkeit und Stetigkeit der Erziehungsmaßnahmen vorhanden ist, kann sich das Kind harmonisch und gesund entwickeln. Die beiden wichtigsten Erziehungsmächte sind Elternhaus und Schule.«[2]

1 F. Rodewald (186, S. 9).

2 *Pädagogisches Lexikon* (1928), (176, S. 1076). – Die hier getroffene Auswahl ist durchaus willkürlich, es geht uns einzig darum, erste »Bedeutungshöfe« des Themas zu ermitteln.

Pädagogisch: »Nach Zeiten einseitiger Juridisierung des Verhältnisses von Familie und Schule [. . .] gibt es heute Bestrebungen zur Pädagogisierung dieses Verhältnisses, d. h. zur pädagogischen Sinnbestimmung der je eigenen Erziehungskompetenz von Familie und Schule wie auch der gegenseitigen Ergänzung und Zusammenarbeit.«[3]

Psychologisch: »Der berufsmäßige Erzieher erhält das Kind aus den Händen der natürlichen Erzieher [. . .] das Kind hat schon sechs Jahre gedacht, gefühlt, gestrebt. [. . .] Das Studium der Kinderseele seitens des Lehrers muß sich aufbauen auf dem Erfahrungskapital, das die Eltern in dem intensiven Zusammenleben mit ihrem Kinde aufgespeichert haben.«[4]

Historisch: »Das Elternhaus wurde [. . .] zu allen Zeiten als *der* Partner der Schule angesehen, der ihr organisch und natürlich am nächsten steht.[. . .] Nachdem [. . .] fast alle Länder den Schulzwang eingeführt hatten und auf dessen Durchführung drangen, standen sich im Raum der Schule die Rechte des Staates und des Elternhauses gegenüber. Damit war eine Situation geschaffen, die es ebenfalls erforderte, daß man sich Gedanken über das Verhältnis von Schule und Haus machte.«[5]

Soziologisch: »In der Schule begegnen sich in Eltern und Lehrern zwei verschiedene Sozialgebilde, die unterschiedliche Rollen und Aufgaben für die Erziehung des Nachwuchses haben.«[6]

Juristisch: »[Das Elternrecht] ist das allgemeine unveräußerliche Recht und die Pflicht der Eltern auf Erziehung und Bildung ihrer Kinder. Es beruht auf der biologischen, sittlichen und religiösen Ordnung der Familie, gilt nach katholischer Lehre als Naturrecht, wird jedoch erst jeweils durch die verfassungspolitische Grundentscheidung konkretisiert. Es gewährleistet deshalb auch keinen unmittelbaren Anspruch auf die Gestaltung der Schule.«[7]

Ethisch: »Eltern und Schule bedürfen der innern Gemeinschaft. Alle Erziehung setzt Einheitlichkeit und Stetigkeit der Erziehung und Erziehungsmaßnahmen voraus. Der Zustand im Verhältnis von Eltern und Schule ist weitgehend unbefriedigend, vorwiegend gekennzeichnet durch Passivität, Gleichgültigkeit und Unkenntnis. Die soziale Umschichtung, der innere Volkszerfall spiegelt sich wieder in der Lockerung und Zerstörung der innern Lebensbeziehung von Schule und Eltern. Angesichts der Erziehungsnot und gesteigerten Erziehungsgefährdung des Kindes von heute ist stärkste Konzentration der erzieherischen Kräfte von Eltern und Schule notwendig.«[8]

3 *Lexikon der Pädagogik* (1970), (135, S. 454/455).
4 *Encyklopädisches Handbuch der Pädagogik* (1904), (49, S. 387 f.).
5 G. Bruehl (24, S. 113).
6 *Pädagogisches Lexikon* (1970), (175, S. 666).
7 *Neues Pädagogisches Lexikon* (1971), (166, S. 261).
8 *Lexikon der Pädagogik der Gegenwart* (1930), (136, S. 583).

Nicht nur die oben zitierten Autoren, auch viele andere betonen, wie sinnfällig vom Erziehungsauftrag her eine harmonische Zusammenarbeit der beiden Erziehungspartner Eltern und Schule im Grunde sei. Dabei klingt freilich an, daß die gemeinsame Zielsetzung durch bestimmte geschichtliche Entwicklungen, die etwa die Familie als gesellschaftliche Institution durchläuft, bedroht ist, so daß das Sinnfällige verteidigt werden muß gegen Widerstände, die mit der »ursprünglichen« Beziehung des Elternhauses und der Schule nichts zu tun haben. Die geschichtlichen Wandlungen unterliegende Familienstruktur wird in dieser pädagogischen Tradition an der Familienkonzeption Luthers und Pestalozzis gemessen, in der die Mutter als unersetzbare Erzieherin der später einsetzenden öffentlichen Erziehung vorarbeitet.[9]

Deutlicher rücken die Widerstände, die einer Zusammenarbeit zwischen Eltern und Schule im Wege stehen, in den Blick, wenn unterschieden wird zwischen den Eltern aus unteren Volksschichten und aus »gehobenen« Schichten. Derartige Analysen werden gerade zu dem Thema »Elternhaus und Schule« nicht oder nur ungenügend angestellt – ein Problem, mit dem wir uns noch genauer beschäftigen werden. Zunächst wollen wir betrachten, welche Bedeutung unserem Thema in der pädagogischen und sozialwissenschaftlichen Diskussion nach 1945 zukommt.

2. Die Bedeutung der bildungspolitischen Diskussion und sozialwissenschaftlichen Forschung nach 1945 für unsere Fragestellung

Studien zur Bildungssituation bundesdeutscher Schüler und Erwachsener schließen auf einer allgemeinen Stufe die Beziehungen zwischen Eltern und Schule ein. Beziehungen welcher Art?

Allen Untersuchungen der letzten zwanzig Jahre zur Bildungs- und Erziehungssituation geht es um den demokratischen Anspruch des Bildungssystems, wie er sich aus dem Grundgesetz ergibt – gleiche Bildungschancen für alle –, und

9 Vgl. für viele andere K. Schaller (196, S. 34); vgl. auch G. Bruehl (24, Kap. IV).

eine dazu im Widerspruch stehende Wirklichkeit. Je nach theoretischem und bildungspolitischem Standort wird die konstatierte Differenz zwischen Anspruch und Wirklichkeit unterschiedlich interpretiert. Zahlreiche Untersuchungen haben erwiesen, daß die Kinder aus Elternhäusern »bildungsarmer Schichten«[10] das durch den Lehrer vermittelte Lernangebot für ihre zukünftigen Ausbildungschancen nicht so effektiv zu nutzen verstehen wie die Schüler aus den gehobenen Schichten.[11] Zusammengefaßt wird dieser gesellschaftliche Tatbestand unter dem Begriff der »Ungleichheit der Bildungschancen«.

Die Gründe für die durch die schulische Auslese hervorgerufene Störung der Beziehungen zwischen Elternhaus und Schule sucht man zum einen in der Institution Familie, zum anderen in der Institution Schule. Während die Analysen zum schulischen Aspekt der Auslese überwiegend den Charakter von empirisch-statistischen Bestandsaufnahmen haben und von der generellen Hypothese ausgehen, daß es ein unerschlossenes Begabungspotential für die höhere Bildung gibt, bemühen sich die Darstellungen zur familialen Seite der Auslese um multikausale Erklärungen; sie gehen von der Annahme aus, daß das schichtspezifische Schulschicksal von Kindern durch unterschiedliche Einflüsse im Elternhaus bedingt ist. Um diese zu erhellen, werden einzelne Faktoren wie Erziehungsstil, berufliche Position des Vaters, Kinderzahl, Sprachcode, ökonomischer Status, Wertstruktur u. a. aus dem realen und als komplex erkannten Beziehungsgefüge herausgelöst und auf ihren Erklärungswert für die ungleichen Bildungschancen befragt. Die Hierarchisierung der Faktoren fällt je nach dem Forschungsschwerpunkt und dem wissenstheoretischen Standort bei den einzelnen Autoren verschieden aus.

Es liegt außerhalb unseres Interesses, die kategorialen Anordnungen der Faktoren und ihre Beziehung zueinander bei den einzelnen Autoren nachzuzeichnen – die Bestimmungen reichen von der Dominanz eines Faktors, etwa des Schulziels,

10 H. Abels (1, S. 49).

11 Zum Klassen- und Schichtbegriff vgl. S. 200 ff. An dieser Stelle werden die einschlägigen Klassen- bzw. Schichtbegriffe aus den diskutierten Untersuchungen benutzt.

das die Eltern für ihr Kind projektieren, bis zu detaillierten Aufschlüsselungen und Gewichtungen.

Bestandsaufnahmen über den Auslesecharakter der »Schule als Mittelklassen-Institution« legten Ende der fünfziger und in den sechziger Jahren insbesondere Soziologen vor. Weitere Untersuchungen rückten materielle und ideologische Faktoren der Familie bei den bildungsbenachteiligten Bevölkerungsgruppen in den Vordergrund.[12] (Unberücksichtigt lassen wir hier die seit Ende der sechziger Jahre verstärkt geführte bildungsökonomische Diskussion, die einerseits bestrebt ist, die Bedarfsplanung des wissenschaftlichen Nachwuchses durch objektive Analysen anzuleiten, andererseits in systemkritischer Absicht die realen und ideologischen Mechanismen aufzudecken hofft, die klassenspezifische Unterschiede in den Bildungschancen hervorrufen. Die Debatte findet zur Zeit noch auf einem sehr allgemeinen Niveau statt, so daß wir ihre Ergebnisse nicht auf unser Thema zu beziehen vermögen, bei dem uns immer auch die subjektiv-konkrete Seite interessiert.)

Die empirische Untersuchung von W. Strzelewicz et al.[13], die mit sehr aufwendigen methodischen Mitteln das Bildungsbewußtsein repräsentativer Bevölkerungsgruppen erhob, ist für unsere Zwecke besonders wichtig, wenn wir uns vor Augen halten, daß die Befragten ja indirekt auch als Eltern antworteten:

1. Ein Drittel der Befragten verneinte »gleiche Bildungschancen« in der Bundesrepublik.
2. Sie vertraten die Meinung, »daß ökonomische Hindernisse im weitesten Sinne des Wortes den Bildungsaufstieg verbauen«, und waren »keineswegs uneingeschränkt von der Vorstellung erfüllt, daß wir uns in einer bildungsmäßig und sozialökonomisch nivellierten Mittelstandsgesellschaft befinden«.
3. Die überwiegende Mehrheit führte die ungleichen Bildungschancen nicht auf angeborene Begabung zurück, sondern auf soziale Tatbestände.
4. »Fast jeder zweite Erwachsene in Westdeutschland hat den Eindruck, schulisch benachteiligt worden zu sein.«

12 Vgl. die umfangreichen Bibliographien bei H.-G. Rolff (189), H. Roth (191), H. Ortmann (173), P. Heintz (82), H. Abels (1) und N. Weber (243).

13 W. Strzelewicz et al. (224).

5. Die Befragten sahen »die Chancen zur Bildung durch Mangel an Zeit, Geld und Beziehungen blockiert«.

6. Objektiv sind »die Arbeiter«, »die Landbevölkerung«, »die Frauen und Mädchen« und hier vor allem die Hausfrauen bildungsmäßig am meisten benachteiligt.

7. »Lehrer und Schule werden oft genug als Instanzen angesehen, denen gegenüber man seine Bildungsabsichten durchsetzen muß, die Hindernisse in den Weg legen und gerade nicht in der erwarteten Weise behilflich und förderlich sind.«[14]

In dieser wie auch in anderen Untersuchungen kommt offen zum Ausdruck, daß das Verhältnis zwischen Elternhaus und Schule gestört ist, daß man nicht unterstellen kann, es bestehe ein funktionierender Zusammenhang zwischen dem Erziehungsauftrag der Familie und dem der Schule. Dieses gestörte Verhältnis wurde von den Sozialwissenschaften insbesondere für die gesellschaftlich unterprivilegierten Schichten ermittelt. Häufig machen die Autoren Vorschläge, wie die Schule ihren Bildungsauftrag effektiver erfüllen könne. Hingegen erscheint es den meisten Autoren sehr viel schwieriger, derartige Vorschläge für die »Unterschichtfamilie« zu machen, denn hier wären strukturelle gesellschaftliche Veränderungen unerläßlich.[15]

Zugespitzt wurde die Frage nach der Chancengleichheit zunächst vor allem auf eine gerechtere Auslese für die weiter-

14 W. Strzelewicz et al. ad 1) und 2) S. 580, ad 3) S. 581, ad 4) S. 590, ad 5) S. 602, ad 6) S. 604, ad 7) S. 607. Schon 1916 sagte der fortschrittlich-bürgerliche Pädagoge J. Tews (230, S. 71): »Wenn in der Schule für das ärmere Kind aus dürftiger geistiger Umgebung auch kein Hindernis mehr bestände, wenn alles unentgeltlich wäre, wenn aus der Volksschule ein gerader Weg nach oben führte, auch dann kann es dem aus einer gebildeten Familie, aus einer durch Wohlstand geweiteten Kulturwelt stammenden Kinde nicht so ohne weiteres den Rang ablaufen. Wenn die wohlhabende Familie [. . .] ihre Pflicht erfüllt und für ihre Aufgabe geeignet ist – dann kann Hans Habenichts den gleich gut veranlagten Abkömmling von Bildung und Besitz in der Regel nicht überflügeln.«

15 H. Frohn stellt dazu fest: »Denn die jetzige und spätere Situation besonders von Kindern aus unterprivilegierten Familien ist letztlich [. . .] nur durch eine schrittweise Veränderung der Gesamtsituation der arbeitenden Bevölkerung selbst möglich: durch die Aufhebung der systematischen Trennung von Kopf- und Handarbeit, von sozialer Ungleichheit, Ausbeutung und nicht demokratisch legitimierter Herrschaft.« (56, S. 20).

führenden Bildungswege. Bildungsdefizite sollten durch eine Reform des Sekundarschulwesens und durch die Einrichtung von Gesamtschulen ausgeglichen werden. Mehr und mehr richtete sich der Blick jedoch auf die ersten Grundschuljahre, in denen, wie nun erkannt wurde, die Auslese schon latent wirkt. Die große, bis heute anhaltende Debatte über kompensatorische Maßnahmen, wie sie in den Bildungsprogrammen der USA[16] vorlagen, über ein ausgebautes Vorschulwesen und eine reformierte Grundschule[17] beruft sich auf die wissenschaftlichen Befunde der Sozialisationsforschung: Familiale Einflüsse auf das Bildungsschicksal des Kindes sollen durch schulische Maßnahmen ausgeglichen werden.

Es ist nun aufschlußreich, daß, je genauer die Familie auf ihre bildungsbestimmenden Einflüsse befragt wird, die ebenso vielfältigen schulischen Bedingungen, die die Auslese vollziehen, im Hintergrund verbleiben.[18] Diese Anmerkung muß allerdings spezifiziert werden, denn es gibt sehr wohl eine Fülle von Literatur zu vorurteilsvoller Notengebung und anderen schichtspezifisch diskriminierenden Schulpraktiken.[19] Auch wird der Lehrer als der wichtigste Vermittler schulischer Normen an die Kinder und ihre Eltern durchaus erkannt; man hat seine Wert- und Einstellungsstrukturen untersucht. Doch die Diskussion um die Ungleichheit der Chancen führte nicht zu einer Beschreibung der *konkreten »Austauschprozesse«* zwischen den für die schulische Sozialisation entscheidenden Trägern: den Lehrern und den Eltern.

16 Vgl. M. du Bois-Reymond (21).

17 Vgl. E. Schwartz (213).

18 A. Combe (30, S. 195) stellt fest: »Gegenüber dem vielfältigen Zahlenmaterial, welches die sozial einseitige und für Unterschichtkinder benachteiligende schulische Selektion aufweist, sind empirische Befunde über die *konkreten* [Hervorhebung von mir] diskriminierenden Mechanismen im Verhalten und der Einstellung von Lehrern gegenüber Unterschichtkindern vergleichsweise gering.«

19 Die angelsächsische Forschung hat zum Umfeld Schule/Klassenzimmer eine viel reichhaltigere Literatur hervorgebracht als die deutsche. Diese Ergebnisse werden hier aber nicht herangezogen, weil sie für unser Thema allenfalls Analogiecharakter haben könnten; uns interessiert ja gerade die deutsche Schulwirklichkeit.

3. Lehrer und Eltern in der sozialwissenschaftlichen und pädagogischen Literatur

Die Eltern erscheinen in der gängigen Literatur nicht als Personen, die eingebettet sind in ihre täglichen materiellen Lebensvollzüge, sondern entweder als ein »Konglomerat« von Einstellungen, Werthaltungen, Sprachmustern etc.[20] oder als Abstraktum in einem zumeist willkürlich gefaßten Schichten- oder Klassenbegriff. So spricht H. Abels von »sozial und kulturell schwachen Schichten«[21], W. Strzelewicz et al. von »sozial ungünstiger Schichtzugehörigkeit«[22], U. Oevermann von der »sozialen Lebenswelt des Herkunftmilieus« und dem »subkulturellen Milieu der Unterschicht«[23], H. Popitz vom »Kind aus nicht-bürgerlichen Schichten«[24], W. Arnold von »Kindern und Jugendlichen aus sozio-kulturell einfachem Niveau« bzw. »Kindern aus geringerem sozio-kulturellem Milieu (das sind vorwiegend Kinder aus Arbeiter- und Bauernkreisen, aber auch aus destrukturierten akademischen Familien u. a.)«[25], K. Hurrelmann von der »idealtypischen Beschreibung der Situation von Arbeitern und ihrer Familien«[26], H. Ortmann von »Arbeiterschicht«[27], F. Hess et al. von »Oberschicht und Grundschicht« sowie von »nichtbildungsbürgerlichen Schichten«[28], und R. Baur stellt eine »Schichtskala« von sechs Schichten auf.[29] Die meisten Autoren benutzen pauschal den Begriff »Unterschicht« in Anlehnung an die

20 H. Ortmann (173, S. 36) hierzu: »Beschränkt man sich nämlich auf die in der Sozialisationsforschung üblichen korrelationsstatistischen Untersuchungen, besteht die Gefahr, daß bei der dabei notwendigen Segmentierung der gesellschaftlichen Wirklichkeit die umfassendere soziale Bedeutung einzelner Phänomene aus dem Blickfeld gerät. Die Summierung der Ergebnisse aus zahlreichen Untersuchungen könnte dann schon unbefragt für die Struktur der zu untersuchenden Wirklichkeit selbst gehalten werden.«

21 H. Abels (1, S. 50).

22 W. Strzelewicz et al. (224, S. 604).

23 U. Oevermann (172, S. 139 und 146).

24 H. Popitz, zit. nach A. Combe (30, S. 201).

25 W. Arnold (9, S. 374).

26 K. Hurrelmann (99, S. 30).

27 H. Ortmann (173, S. 33).

28 F. Hess et al. (86, vgl. z. B. S. 185 und S. 256).

29 R. Baur (17a, vgl. S. 53 ff.).

amerikanische Tradition, die diesen Begriff wiederum nicht systematisch gewonnen hat, sondern ihn pragmatisch und von Untersuchung zu Untersuchung unterschiedlich aus einzelnen Faktoren nach Berufs-, Sozialprestige- oder Konsumkriterien zusammensetzt.

Die Lehrer werden in der traditionellen und neueren Literatur zur Lehrerrolle, analog den Eltern in der Sozialisationsforschung, unter pädagogischen, psychologischen, arbeitsrechtlichen, politisch-ideologischen und herkunftsbedingten Aspekten ihres Berufes gesehen; allerdings, so scheint uns, geht – im Gegensatz zu den Eltern als Forschungsobjekten – ihre reale, von ihrem Beruf her konstituierte Lebenssituation in die Analysen ein. Dies liegt insofern nahe, als der Lehrerstand, verglichen mit »den Eltern«, eine relativ homogene Gruppe ist. Zudem bildet die Rolle des Lehrers ganz natürlicherweise in der pädagogischen Tradition einen Schwerpunkt pädagogisch-spekulativer wie empirischer Überlegungen.

Die für unseren Zusammenhang wichtigsten Untersuchungen zur Rolle des Lehrers gelten den eng miteinander verbundenen Aspekten seiner Herkunft, seines gesellschaftlichen Bewußtseins und seines gesellschaftlichen Prestiges, weil eben sie seine objektive und seine subjektive Stellung zu den Eltern bestimmen. Wir können schon hier festhalten, daß in der Literatur zur Lehrerrolle die Eltern als die neben den Schülern und den Kollegen vorrangige Bezugsgruppe des Lehrers eine untergeordnete Bedeutung haben – sie werden nicht als integrativer Bestandteil seiner pädagogischen Arbeit begriffen. G. Vonderach stellt diesen Tatbestand als einer der wenigen in seiner Studie über das politische Bewußtsein von zukünftigen Lehrern heraus, wenn er sagt:

»Diese Studenten haben später, sofern sie Volksschullehrer werden, Schüler zu unterrichten, deren Eltern überwiegend in Fabriken oder ähnlich organisierten Betrieben ihren Lebensunterhalt verdienen und die selbst nach dem Volksschulabschluß überwiegend dort arbeiten werden. Die Lehrer sind bei der Wahrnehmung dieser Aufgabe in vielfacher Weise beeinträchtigt. Sie sollen Kinder verstehen, beurteilen und fördern, deren von der Arbeitswelt ihrer Eltern geprägte häusliche Einflüsse sie kaum kennen.«[30]

30 G. Vonderach (241, S. 19/20).

Die drei Faktoren der Lehrerrolle: 1. gesellschaftliches Bewußtsein; 2. Herkunft; 3. das gesellschaftliche Prestige, das der Lehrer bei der Bevölkerung (in unserem Sinn also bei den Eltern) genießt, wollen wir kurz erörtern.

Ad 1. Zahlreiche Studien zur Bewußtseinslage der Lehrer prinzipiell aller Schultypen – wenn auch mit Unterschieden etwa zwischen Gymnasial- und Volksschullehrern – haben deren stärker konservativ oder liberal als progressiv getöntes Gesellschaftsbild erhellt. A. Combe schlüsselt dieses Syndrom wie folgt auf:

- Resistenz gegen strukturelle Veränderungen im Schulwesen;
- Denken in Naturkategorien;
- Elitedenken und Rekurs auf innere Werte;
- Gemeinschafts- und Gemeinwohlideologien;
- Deklassierungsbewußtsein.[31]

Einige Beispiele sollen dieses Syndrom illustrieren:

U. Undeutsch »wies nach, daß Abiturienten nicht zuletzt deshalb Volksschullehrer werden wollten, weil sie annahmen, dieser Beruf gestatte es ihnen, politisch neutral zu sein, und bei der Frage von E. H. Kratzsch u. a. nach dem Leitbild persönlicher Bildung stand der ›politisch Gebildete‹ mit Abstand an letzter Stelle, während der ›Praktiker‹, der ›religiös‹ und der ›literarisch Gebildete‹ die von den Lehrern erstrebten Ideale waren«.[32]

»So müssen wir [. . .] feststellen: bei den vier wichtigsten Faktoren, die das Gesellschaftsbild des Lehrers bestimmen – soziale Herkunft, Schule, Pädagogische Hochschule, Berufsposition – besteht eine starke bis vorherrschende Tendenz zur Abwendung von der Gesellschaft, zur ideologischen Verzerrung und Verurteilung der modernen Welt, zur Ausrichtung auf ein Romantisieren ständischer Gesellschaftsformen, zur Hinwendung zu idealistischen, humanistischen, individualistischen Vorstellungen ohne ausreichenden Wirklichkeitsbezug.«[33]

G. Vonderach stellt im Rahmen seiner empirischen Analyse vier »Tendenztypen der gesellschaftspolitischen Einstellung« auf – den sozialkritischen, den gemäßigt progressiven, den diffusen und den konservativen Typus – und kommt zu dem Schluß:

31 A. Combe (30, Kap. III).
32 Zit. nach B. Lehmann (128, S. 19).
33 M. Schwonke (214, S. 211).

»Die befragten Studenten sind in ihrer Mehrheit in sozialer und gesellschaftspolitischer Hinsicht nicht elitär, autoritär, konservativ oder antigewerkschaftlich eingestellt. Sie sind in ihrer Mehrheit indessen auch nicht etwa antikapitalistisch orientiert. Sie akzeptieren überwiegend das bestehende Wirtschafts- und Gesellschaftssystem und seine institutionellen Regelungen. Die ›normative Kraft des Faktischen‹ ist unverkennbar, zumal wenn sie in juristisch fixierter Form auftritt – etwa in der scheinbaren Gleichheit von Streik und Aussperrung.«[34]

Ähnlich spricht A. Hopf von »beobachteter Begriffslosigkeit und geringer Vertrautheit der meisten apl. Lehrer im Umgang mit politisch-ökonomischen Kategorien und Begriffen«, von »desorientierten Junglehrern«, »politischer Perspektivlosigkeit im pluralistischen Bewußtsein«, »Ideologie der Sachgesetzlichkeit«.[35]

Obgleich es gerade in den letzten Jahren so scheint, als habe eine ausgreifende Politisierung der Lehrerschaft stattgefunden, zeigt sich bei genauer Betrachtung, daß dies nur auf eine Minderheit zutrifft. Weitaus die meisten Lehrer passen sich, getreu der »normativen Kraft des Faktischen« und der »Ideologie der Sachgesetzlichkeit«, unter dem schulinternen und dem außerschulisch-behördlichen Druck den jeweiligen Gegebenheiten ihres Berufsfeldes an – kritische Phantasie wird selten in langfristige Handlungsstrategien verwandelt.

Ad 2. A. Combe und viele andere sprechen vom Lehrerberuf als einem »Aufstiegs- bzw. Durchgangsberuf, vor allem für Söhne der unteren Mittelschicht«[36], der allerdings subjektiv im Lehrerbewußtsein nicht nur mit optimistischem Aufwärtsstreben verbunden ist, sondern auch mit der resignativen Beobachtung, mehr als diesen Beruf nicht erreichen zu können. Um so nachdrücklicher festigt sich die Identifikation mit den Werthaltungen der Mittelschicht.[37]

Ad 3. Wie stellt sich nun der Lehrerberuf der Öffentlichkeit dar? Bekannt ist, daß Gymnasiallehrer hohes Ansehen in der

34 G. Vonderach (241, S. 173).

35 A. Hopf (97, S. 250). Zum Lehrerbewußtsein in der Weimarer Republik vgl. W. Breyvogel (23a) und V. Hoffmann (94a).

36 A. Combe (30, S. 36).

37 W. Breyvogel (23a) ermittelt nach einer Statistik des Preußischen Unterrichtsministeriums 1929/30 57% Lehrerstudenten der Pädagogischen Akademien, die der unteren Mittelschicht zuzurechnen waren (S. 27).

Bevölkerung genießen, daß hingegen Volksschullehrer auf der Prestige-Skala »an der Nahtstelle zwischen den akademischen und den mittleren, etwa handwerklichen Berufen«[38] stehen. Aber »der Volksschullehrer rangiert im Bewußtsein der Befragten eindeutig höher als ein mittlerer oder unterer Beamter und Angestellter, wie z. B. ein Bürovorsteher, Buchhalter, Polizeiinspektor etc.«[39]

Fragen wir nach den Gründen für das höhere Prestige, so kommen wir auf die besonderen, nämlich pädagogischen Aspekte der Berufsrolle des Volksschullehrers. Allgemein wird ihm (im Gegensatz zum Lehrer an höheren Schulen) vor der Wissensvermittlung die erzieherische Aufgabe als Hauptmoment seines Berufes zugeordnet. Für Eltern der Grundschule hat diese Betonung der erzieherischen Funktion gegenüber der fachlichen insofern eine eingeschränkte Bedeutung, als sie die Lehrer ihrer Kinder nicht derart unmittelbar mit Oberschullehrern vergleichen, wie dies Untersuchungen zum Sozialprestige der Lehrer suggerieren. Für die Mehrzahl der Eltern ist der Volksschullehrer sowohl als Erzieher wie als Wissensvermittler Autorität. Da in ihren Augen das weitere Schulschicksal ihrer Kinder aufgrund seiner Auslesekompetenz vom Lehrer abhängt, räumen sie ihm vor anderen Berufsgruppen der Mittelschicht eine besondere Stellung ein. Freilich gilt dies in erster Linie für diejenigen Eltern, die nicht selbstverständlich davon ausgehen, daß ihre Kinder weiterführende Schulen besuchen werden; Eltern aus gehobenen Schichten statten den Grund- und Hauptschullehrer mit entsprechend weniger Autorität aus.

Wenn wir die Ergebnisse zusammenfassen und sie im Hinblick auf den Umgang zwischen Lehrern und Eltern interpretieren, so gewinnen wir erste Anhaltspunkte für eine Beschreibung der Beziehungen, die zwischen ihnen herrschen. Die politische Abstinenz bzw. der Konservativismus breiter Lehrerschichten aufgrund ihrer Herkunft und beruflichen Lage bedeuten, daß sie kein angemessenes Wissen und Bewußtsein von den zentralen gesellschaftlichen Konflikten haben, die,

38 E. Lemberg (134, S. 146).

39 So faßt A. Combe die Untersuchung von H. Daheim (1960) zusammen. – Vgl. zu dem gesamten Komplex auch A. Combes neuere Arbeit (30a).

ganz allgemein, mit den gesellschaftlich unterschiedlichen Produktions- und Reproduktionsbedingungen der verschiedenen Klassen verknüpft sind. So nehmen die meisten Lehrer z. B. nicht wahr, inwieweit ihre eigene Lebens- und Arbeitssituation von diesen Konflikten geprägt ist, erst recht nicht, wie nachhaltig die Lebens- und Arbeitsbedingungen lohnabhängiger Eltern von den Auswirkungen dieser Konflikte imprägniert sind. Daß viele Lehrer einer solchen Elternschaft mit Fremdheitsgefühlen und falschen Einschätzungen gegenübertreten oder ihnen ausweichen, ist wohl verständlich. Sie erwarten von ihnen ein geringeres Anspruchsniveau und Aufstiegsstreben als bei Angehörigen höherer Schichten (einschließlich ihrer selbst) und folgen damit in ihrer Gesamtbeurteilung dem gesellschaftlich herrschenden Prestigedenken. Dem könnte entgegengehalten werden, Untersuchungen zum Gesellschaftsbild des Arbeiters[40] hätten ergeben, daß gerade er es ist, der sich von anderen Klassen abkapselt und die Gesellschaft als eine Dichotomie von Oben und Unten wahrnimmt, in der er »wir da unten« ist und alle anderen »ihr da oben«.[41] H. Ortmann sagt hierzu:

»Dem Wissenschaftler [zu dem hier auch der Lehrer als Angehöriger der wissenschaftlichen Intelligenz gezählt werden kann, d. Verf.] sind die Erfahrungsbereiche des Arbeiters in der gleichen Weise verschlossen wie dem Arbeiter die soziale Realität dessen, was für ihn zum mächtigen und anonymen ›Oben‹ zählt. [. . .] Während jedoch die von den Arbeitern verwendeten Stereotype über die sozial privilegierten Gruppen Gegenstand einiger Untersuchungen sind, ist umgekehrt kaum der Versuch unternommen worden, die Mittelschicht-Stereotype über Arbeiter genauer zu untersuchen.«[42]

Im Bereich der Schule schlägt sich die Unkenntnis der unterschiedlichen Erfahrungsbereiche von Lehrern und Eltern in den konkreten Verkehrsformen zwischen beiden nieder. Kommt der Lehrer aufgrund seiner objektiven gesellschaftlichen Privilegien zur Einschätzung der Mehrzahl der Eltern als Angehörige »der da unten«, so blicken umgekehrt die Eltern in ihrer gesellschaftlichen Rolle als Arbeiter, kleine Angestell-

40 H. Popitz et al. (180).
41 B. Engelmann / G. Wallraf (48).
42 H. Ortmann (173, S. 38).

te und kleine Selbständige auf die Lehrer als »die da oben«. Es handelt sich hier freilich nicht um eine gleichsam komplementäre Fremdheit in der Kommunikation, an der beide »Partner« gleichermaßen »schuld« hätten oder gar nur die Eltern – auch wenn diese Auffassung, wie wir noch zeigen werden, von sehr vielen Autoren vertreten wird. Die Beziehungen zwischen Eltern und Lehrern sind vielmehr wesentlich bestimmt durch die Sanktionsgewalt, die der Lehrer in seiner Eigenschaft als »Verteiler von Sozialchancen« ihnen gegenüber hat. Dieser Sanktionsgewalt haben die Eltern außer sehr geringen Mitbestimmungsmöglichkeiten im Bereich der Schule nichts entgegenzusetzen. D. h.: das Ohnmachts- und Fremdheitsgefühl der Eltern hat eine reale und von ihnen nicht »durch guten Willen« zu verändernde Basis. Wir wollen diese Überlegung vorläufig so fassen: *Wo die Eltern dem Lehrer weitgehend ausgeliefert sind, weil er durch seine Arbeit entscheidenden Einfluß auf ihr Leben zu nehmen befugt ist, insofern er die Berufs- und damit die Lebenschancen ihrer Kinder mitbestimmt, entwickeln sie ihm gegenüber im besonderen, der Schule gegenüber im allgemeinen, entsprechend ihrer eigenen Lebens- und Arbeitssituation, Abwehrhaltungen (von denen Anpassung eine Variante ist).*

Für den Lehrer stellt sich das Problem der »Elternferne« anders als für die Eltern das der »Schulferne«. Als ein Vertreter der staatlichen Institution Schule unterliegt er deren Zwängen und übt sie an anderer Stelle selbst aus. Ideologisch bewältigen die meisten Lehrer diese Ambivalenz, indem sie sich weitgehend mit dem Staat als dem herrschenden Ideologieträger identifizieren. Diese Identifikation prägt ihr Verhältnis zu den Eltern insofern, als sie deren Mithilfe bei der Ausübung ihrer Arbeit als Lehrer erwarten. Wo diese Erwartungen enttäuscht werden, der Lehrer die Gründe hierfür jedoch nicht angemessen interpretiert, d. h. diese nicht auf ihren objektiven Gehalt untersucht, entstehen Befremdung, Erstaunen, Mißbilligung. Gewinnt hingegen der andere Teil seiner Berufsrolle an Gewicht, begreift er also sich selbst in seiner Arbeit als eingebunden in die Zwänge, die die Schule als Moment der staatlichen Bürokratie auf ihn ausübt[43], so wächst

43 P. Fürstenau (58) beschreibt diese Seite der Lehrerrolle sehr genau – allerdings nicht in bezug auf das Verhalten des Lehrers den Eltern gegenüber, sondern er

objektiv die Chance, aus der Einsicht in die eigene Berufssituation die Lebens- und Arbeitssituation der Eltern als für ihr Verhalten ihm, dem Lehrer, gegenüber entscheidend zu erkennen. Allerdings folgt hieraus nicht zwangsläufig, daß diese Chance auch subjektiv wahrgenommen werden kann oder wird. Vorläufig halten wir fest: *Je stärker sich der Lehrer mit seiner Rolle als Vertreter einer staatlichen Institution identifiziert, um so größer ist die subjektiv als Fremdheit wahrgenommene Entfernung zu den Eltern, die seinen beruflich geprägten Erwartungen nicht entsprechen.*

Diese These wird durch die Ergebnisse der beiden Studien von E. H. Kratzsch et al.[44] und von E. Schuh[45] erhärtet. Schuh untersucht die »Störfaktoren im Berufsleben und ihre Rückwirkungen auf die Einstellung im Beruf«. In einer Tabelle stellt er die »Störfaktoren«, nach Rangplätzen geordnet, zusammen. Von 23 Faktoren nimmt die »geringe Anteilnahme der Eltern« den 5. Platz ein.[46] »Über 90% der Lehrer sind durch [diesen] Störfaktor in irgendeiner Weise betroffen und in ihrer Berufszufriedenheit gestört.«[47]

E. H. Kratzsch et al. scheinen zu einem entgegengesetzten Ergebnis zu kommen. Auf die Frage, wie die Lehrer die Einstellung der Eltern zur Schule beurteilen, charakterisierten 80% die Einstellung als »vorwiegend positiv«.[48] Die Autoren machen vor allem methodische Vorentscheidungen für die Differenz zwischen ihren und Schuhs Ergebnissen verantwortlich. Allerdings: »Natürlich besagt die Feststellung, daß die Einstellung der Eltern zur Schule von den Lehrern überwiegend positiv beantwortet wird, nichts über die tatsächliche Zusammenarbeit der Lehrer und Eltern.«[49] Uns aber geht es

interpretiert vor allem das Zwangsverhältnis Lehrer/Schüler. – Vgl. auch F. Minssen, (148), H. v. Hentig, (83) u. v. a., die aber alle die Abhängigkeit des Lehrers nicht primär in Beziehung zu den Eltern setzen.

44 E. H. Kratzsch et al. (123).

45 E. Schuh (208).

46 Schuh, a.a.O., S. 112 ff. Auf Platz 7 stehen »Disziplinschwierigkeiten«, die ja auch mit ihrer außerschulischen Seite auf die Eltern verweisen; auf Platz 11 »Ansprüche der Industrie, der Elternbeiräte usw.« Leider werden diese Ergebnisse nicht ausführlich interpretiert.

47 Schuh, a.a.O., S. 114.

48 E. H. Kratzsch et al. (123, S. 36).

49 A.a.O., S. 42.

gerade um die tatsächliche Zusammenarbeit zwischen Lehrern und Eltern.

Überblicken wir die zitierte Literatur, die wir auf ihre Aussagen zum Verhältnis von Elternhaus und Schule befragt haben, so zeigt sich ganz allgemein, daß ihr in der Regel ein empirisch-analytisches Erkenntnisinteresse und -verständnis zugrunde liegt, das das Verhältnis zwischen Eltern und Lehrer/Schule unter der Fragestellung gleicher Bildungschancen mitbedenkt und als ein schlechtes oder als ein zu verbesserndes begreift. Zu diesem Ergebnis kommen auch die Autoren, die unmittelbar auf die Beziehung zwischen Elternhaus und Schule eingehen und hier, je nach wissenschaftsgeschichtlichem Standort, eher der geisteswissenschaftlichen Tradition in der Pädagogik zuneigen oder sich stärker an einem sozialwissenschaftlichen Wissenschaftsverständnis orientieren:

»Je mehr die Schule ihr altes Selbstverständnis, ihr Auftrag beschränke sich auf ihre geistige Bildung der Schüler, verläßt und allmählich bereit wird, Erziehungsaufgaben zu übernehmen, je offener wird ihre Einstellung zum Elternhaus als dem anderen Erzieher.«[50]

»Wechselseitige Erwartungen und Einstellungen der Eltern und Lehrer führen [. . .] zu einer Reduzierung von Bildungsaktivität. Dieser Teufelskreis wird wesentlich durch eine soziale Distanz der Eltern zur Schule und auch der Lehrer zu den Eltern gekennzeichnet.«[51]

»Die Abnahme der Erziehungskraft bei Eltern und Lehrern, wie sie sich im Schwund der Erziehungsautorität, in einem Rückgang der Erziehungs- und Aufopferungsbereitschaft und in gewissen Fehlformen der heutigen Erziehung äußert; die Enttäuschung mancher Eltern, wenn sie ihr eigenes Schulleben mit dem ihrer Kinder vergleichen; die räumliche Trennung zwischen Schule und Elternhaus, und die Eltern, Kind und Lehrer umfassende Mobilität; die Voreingenommenheit der Erziehungspartner und ihre nicht genau festgelegte soziale Rolle; die unangepaßten Erwartungen und Überforderungen auf beiden Seiten; die gegenseitige Anmaßung und Einmischung im Erziehungsraum; und schließlich wollen wir den Schüler als Konfliktursache betrachten.«[52]

»Insgesamt gesehen ist der Stand der Zusammenarbeit, mag er hier und dort noch so günstig sein, betrüblich und wenig ermutigend für den bereitwilligen Erzieher.«[53]»In den unteren Schichten haben nahezu die

50 W. Bäuerle (14, S. 24).
51 Abels (1, S. 90).
52 O. Kampmüller (109, S. 10).
53 K. Diedrich (38, S. 82). Er unternimmt zwar den Versuch, die Beziehungen

Hälfte der Eltern kein oder fast kein Interesse an der Schule [. . .]. Man sollte diese Ergebnisse wahrscheinlich nicht nur als Ausdruck für die geringere Bedeutung nehmen, die die Schule für die Eltern in den unteren Schichten hat. Zum Teil wird das geringe Engagement der Eltern in den unteren Schichten wohl auch auf Unsicherheit gegenüber der Schule uberhaupt und gegenüber den Lehrern zurückzuführen sein.«[54]

Gemeinsam ist allen diesen Erklärungen, daß sie die historische Dimension des Gegenstandsbereiches entweder gänzlich außer acht lassen oder gesellschaftliche Entwicklung in soziologistischen Begriffen verkürzen. So ist z. B. die Rede von:

- »Abbau der ›Traditionsbestimmtheit‹ von Gesellschaft und Einzelnem« und »immer allgemeiner werdender Ausrichtung der Gesellschaft auf rationalisierbare Handlungsprinzipien hin«[55];
- »vorindustrieller Gesellschaft«, »steigender Industrialisierung«, dem Prozeß der »Industrialisierung, Rationalisierung und Demokratisierung«[56];
- »unserer Industriegesellschaft«[57].

J. Kob spricht in Anlehnung an die bürgerliche Familiensoziologie vom »Funktionsschwund der modernen Familie«, vom »Problem der Zusammenarbeit von Elternhaus und Schule« sowie dem »Problem der pädagogischen Funktionsteilung zwischen Eltern und Schule«.[58] Dazu sagte K. Mollenhauer schon 1962:

»es ist [. . .] falsch und nichts als ein verbreitetes soziologisches Stereotyp, daß eine die Gesellschaft pädagogisierende Erziehungstheorie die bloße Folge neuer Bedürfnisse der sogenannten industriellen Gesellschaft sei. Merkwürdigerweise nämlich sind z. B. die von Kob formulierten ›neuen pädagogischen Funktionen‹ bis auf wenige Ausnahmen der Bildungstheorie seit mindestens 150 Jahren bekannt. Damit soll nur gesagt werden, daß Erziehungstheorie und gesellschaftliche Struktur in einem Funktionszusammenhang verstanden werden müssen, dessen Reziprozität in den Ansatz der erziehungssoziologischen Fragestellung eingehen sollte.«[59]

zwischen Elternhaus und Schule historisch aufzuarbeiten, kommt dabei aber über eine oberflächliche und personengebundene Darstellung nicht hinaus. Vgl. S. 158 ff.

54 R. Baur (17a, S. 144).
55 J. Kob (120, S. 4).
56 B. Rothgang / G. Wurzbacher (192, S. 18).
57 J. Hitpass (91, Vorwort).
58 J. Kob (119, S. 221/222).
59 K. Mollenhauer (152, S. 94).

Auch Autoren wie O. Kampmüller, dessen Hauptwerke über Elternhaus und Schule aus den frühen sechziger Jahren stammen, verfahren in ihren Analysen ungeschichtlich. Kampmüller z. B. will »die Selbsterziehung der Eltern und Lehrer anregen« und spricht vom »Reiz des Zusammenfindens« beider sowie von den »Verbindungsmitteln«, die dem Lehrer zur Verfügung stehen, um den Weg zu den Eltern zu finden.[60] Das hierzu gesammelte Material ist im Praxisbereich eine Fundgrube für jeden Lehrerkollegen, der in seiner Arbeit Anleitung sucht. Aber Kampmüllers Liebe zum Detail in der Beschreibung der Beziehungen zwischen Eltern und Schule führt über die pragmatisch-moralische Dimension nicht hinaus, weil er sich keine Rechenschaft gibt von den historischen Wurzeln seines Themas und seinen gegenwärtigen gesellschaftlichen Bedingungen.[61] Dieses Phänomen wird uns später noch ausführlicher beschäftigen.[62]

4. Das Konzept der »Elternarbeit«

In jüngster Zeit findet in die pädagogische und sozialwissenschaftliche Literatur ein Begriff Eingang, der sich insofern von den bisher besprochenen Positionen abhebt, als er explizit für sich in Anspruch nimmt, die Beziehungen zwischen Eltern und Schule in neuer Weise zu klären und praktisch zu beeinflussen. Wir meinen den Begriff der »Elternarbeit«. Bevor wir ihn näher charakterisieren, wollen wir ein von diesem Begriff mitbesetztes Konzept, das der Elternbildung, abgrenzen.

In der Elternbildung geht es zumeist um die Einflußnahme von außerschulischen Institutionen, seien es private oder

60 O. Kampmüller (108, Vorwort).

61 Vgl. hierzu auch E. Lemberg, der von »Eltern und Lehrer als Mitarbeitern eines gemeinsamen Unternehmens« spricht (133, S. 152), W. Schneider, der vage von »Interaktion zwischen Grundschichteltern und Schulsystem« redet (204, S. 180), oder auch die austauschbaren Begriffe »Kooperation zwischen Eltern und Lehrern«, »Verhältnis von Eltern und Schule«, »Zusammenarbeit von Eltern und Schule« (207, S. 24 und S. 28), die alle ihren Gegenstandsbereich nicht tiefer aufzuschließen vermögen.

62 Vgl. oben.

staatliche, auf die Eltern als einzelne, nicht als Elternschaft einer bestimmten Klasse oder Schule. Elternbildungsarbeit in diesem Sinne ist auf ein schon aktiviertes Interesse der Eltern angewiesen. Daher werden ihre Angebote in der Regel nur von bestimmten Bevölkerungsgruppen wahrgenommen – gerade von denen nicht, »die es am nötigsten hätten«, wie von Praktikern immer wieder bedauernd festgestellt wird.[63]

Überschauen wir die letzten zehn Jahre, so lassen sich einige Tendenzen ausmachen, mit denen der Begriff »Elternarbeit« zusammenhängt, soweit er den schulischen Bereich meint. Einerseits hat die Diskussion über kompensatorische Erziehung, insbesondere die Vorschulerziehung, und ihre aus den USA bekanntgemachten Programme die Eltern als entscheidende »Erfolgsvariable« für die Schulkarriere des Kindes hervorgehoben[64] – es entstanden zahlreiche Programme, die die Mitarbeit bzw. Einbeziehung der Eltern vorsehen, und zwar Elternarbeit als Teil der Unterrichtstätigkeit des Lehrers. Andererseits werden bei der Entwicklung neuer, insbesondere Vorschul- und Grundschulcurricula die Eltern beteiligt, und zwar in der Form von Elternarbeit als Element des Curriculumkonstruktionsprozesses.

Im ersten Fall ist freilich nicht gemeint, daß der Lehrer unter normalen Berufsbedingungen die Eltern in seine Arbeit einbezieht; vielmehr hat man in den USA besondere Bedingungen der Zusammenarbeit von Gemeindeinstitutionen und Schule geschaffen, die dem Lehrer häufig Sozialarbeiter oder weitere Lehrkräfte zuordnet, die den Kontakt mit »unterprivilegierten« Eltern schließen. Derartige Organisationsformen haben

63 Vgl. W. Bäuerle (14, S. 209 ff.); R. Nave-Herz (161, S. 102); vgl. auch H. Feidel-Mertz (50a).

64 Schon 1893 stellte J. Tews (266, S. 8) von einer radikaldemokratischen Position aus fest: »Konnte der Staat die geistige Ausbildung vom 6. bis 14. Lebensjahre nicht dem Pflichtgefühl der Eltern allein überlassen, so findet erfahrungsgemäß eine ausreichende Pflege im ersten Lebensalter ebensowenig statt. Warum sollte da der Staat geringeren Grund haben einzutreten? Alle seine Ausgaben für Volks- und Fortbildungsschulen sind bei vielen Hunderttausenden von Kindern von geringem Nutzen, weil in der ersten Jugend das Nötige nicht geschehen ist.« (266, S. 8) Wenngleich Tews mit »dem Nötigen« damals auch nur oder hauptsächlich die Anwesenheit der Mutter im Hause statt in der Fabrik meinte, hat sich doch bis heute an dieser grundsätzlichen pädagogischen Einsicht nichts geändert.

sich im deutschen Schulsystem bislang in keiner nennenswerten Weise durchgesetzt.

Anders verhält es sich im zweiten Fall. So erheben z. B. J. Zimmer und seine Mitarbeiter[65] den Anspruch, die Eltern bei der Entwicklung von Curricula als »Erfahrungsvermittler«, als »Mitwirkende«, als »Mitlernende« einzubeziehen, damit sie »Aufklärung über Arbeitssituationen und innerfamiliäre Auswirkungen der Arbeitsbedingungen« geben können.[66] Die politisch-pädagogische Intention dieses Anspruchs ist es, eine emanzipatorische Erziehungskonzeption zu entwickeln, deren wesentliche Idee darin besteht, alle vom Unterricht betroffenen Gruppen so weit als möglich in die Entscheidungsprozesse einzubinden.

Auch wir haben im Rahmen unserer Mitarbeiter an dem in der Einleitung erwähnten Forschungsprojekt den Begriff der Elternarbeit gebraucht, allerdings anders als Zimmer, nämlich nicht vorrangig bezogen auf die Erstellung eines Curriculums, sondern auf konkrete Untersuchungsarbeit und Unterrichtstätigkeit in der Schule. Im *Neuköllner Schulbuch* erfährt der Begriff eine erste, noch unsystematische Problematisierung einerseits[67], eine praxisbezogene Rechtfertigung andererseits durch die dort mitgeteilten Erfahrungen.

Inzwischen dient der Begriff der Elternarbeit vor allem im Bereich der Lehrerbildung und in schulischen sowie außerschulischen Praxisfeldern pädagogisch Arbeitenden dazu, theoretisches Bewußtsein und praktische Erfahrungen über Möglichkeiten und Schwierigkeiten der Einbeziehung von Eltern vor allem von Arbeiterkindern zu vermitteln. Erst allmählich findet der Begriff Eingang in die unmittelbare Unterrichtstätigkeit der Lehrer, die aufgrund ihrer eigenen Arbeitssituation erkannt haben, daß ihr Beruf die aktive Auseinandersetzung mit den Eltern ihrer Schüler erfordert.[68] Inwieweit ein solches Berufsverständnis an eine bestimmte politische Vorstellung gebunden ist – »Elternarbeit muß verstan-

65 J. Zimmer (254).
66 A.a.O., Bd. I, S. 55.
67 M. du Bois-Reymond / B. Söll (23, S. 15).
68 Vgl. H. Frohn (56, S. 36 ff.).

den werden als politisierende Aufklärungsarbeit«[69] –, werden wir noch zu erörtern haben.

5. Zum Begriff »Verkehrsformen«

Mit dem Begriff »Verkehrsformen« meinen wir prinzipiell (wenn auch in der Analyse nicht in allen Momenten einholbar) die *Gesamtheit des Austausches zwischen Elternhaus und Schule,* also sowohl den formal-institutionalisierten Austausch aufgrund des Schulzwanges, dem alle Kinder unterliegen, wie auch die aus diesem Zwangsverhältnis erwachsenden informellen Kommunikationsformen, die sich aus den je verschiedenen konkreten Bedingungen ergeben, unter denen der Austausch stattfindet.[70]

Im Begriff der »Verkehrsformen« sind neben den ideologischen und den psychischen, vorab den wahrnehmungsmäßigen, auch die historischen und materiellen Bedingungen enthalten, die das Verhältnis von Eltern und Schule konstituieren. Wie die Schule den Eltern gegenübertritt, ist nicht nur ideologisch bestimmt, sondern hängt auch ab von materiellen Faktoren (z. B. vom finanziellen Aufkommen pro Schüler pro Schulzweig; von der Bezahlung der Lehrer; von der Beschaffenheit der Schulgebäude usw.) sowie von deren Geschichte und Entwicklung. Anders ausgedrückt: Wie die Eltern sich gegenüber der Schule verhalten, ist nicht nur erklärbar aus ihrer subjektiven Einstellung und ihren subjektiven Erfahrungen, sondern ist eng verknüpft mit ihrer familialen, beruflichen und finanziellen, kurz: ihrer gesellschaftlichen Position – also im weiteren Sinne von ihrer Klassenlage und Klassenerfahrung.

69 F. Rodewald (186, S. 9).

70 Die Assoziation »Publikumsverkehr«, die mit Bürokratien wie Post oder Polizei verbunden ist, bezeichnet auf der phänomenologischen Ebene durchaus einen Aspekt unseres Themas. Eltern werden in den Vorzimmern der Rektorate ähnlich behandelt und verhalten sich ähnlich wie vor jenen Behörden; diese Assoziation verweist auf den bürokratisch-institutionellen Aspekt der Verkehrsformen.

6. »Entfremdete« Verkehrsformen

Wie läßt sich nun anhand dieser allgemeinen Bestimmung des Begriffs der Verkehrsformen der besondere Charakter der Verkehrsformen zwischen Eltern aus den unteren Bevölkerungsschichten einerseits und der Schule andererseits beschreiben? Zunächst erscheint es geboten zu ergründen, wie es zu dem »gestörten« Verhältnis gekommen ist, von dem in der Literatur immer wieder die Rede ist und das wir selbst in unseren eigenen Schulerfahrungen bestätigt gefunden haben. Hierzu müssen wir uns die historische Entwicklung der Beziehungen zwischen diesen Eltern und den für ihre Kinder vorgesehenen Schulen vergegenwärtigen, denn aus diesen Beziehungen sind die uns heute geläufigen Verkehrsformen erwachsen. Wir suchen also eine Bestätigung für unsere Vermutung, daß die heutigen »gestörten« Verkehrsformen eine lange Geschichte haben. Wir können und wollen uns indes nicht damit begnügen, von »Störungen« oder »Mißverständnissen« zu sprechen, da es zum Gebrauch eben dieser Begriffe, wie wir meinen, durch eine falsche bzw. nicht explizierte historische Betrachtungsweise kommt.

Wir haben oben in einer vorläufigen Weise von »Fremdheit«, »Fremdheitsgefühlen« zwischen Eltern und Lehrern gesprochen und erblicken in diesen Bezeichnungen einen ersten Schlüssel zur Charakteristik der Verkehrsformen. Wenn im folgenden von »entfremdeten« Verkehrsformen die Rede ist, so geht es dabei nicht um eine strenge marxistische Exegese[71] des Begriffes und seiner möglichen Anwendung auf unseren Gegenstandsbereich. Wir messen dem Begriff eher einen »operativen« Wert bei: der Begriff »entfremdete Verkehrsformen« soll zu bestimmten Fragen und Interpretationen provozieren, die wir für das Thema für bedeutsam halten.

Holzkamp[72] hat dargelegt, wie die entfremdeten Arbeitsver-

71 Vgl. hierzu J. Israel (102a) und F. Tomberg (243). – Im umgangssprachlichen Sinn wird der Begriff in der Literatur zu »Elternhaus und Schule« öfter verwendet: »Es kann und wird gewiß Meinungsverschiedenheiten geben; aber es darf auf beiden Seiten keine langdauernde Verstimmung und keine Entfremdung aufkommen.« M. Staar (221, S. 101). H. Frohn (57, S. 19) spricht von der »entfremdeten Gesamtsituation«, die den Eltern in der Schule »entgegenschlägt«.

72 K. Holzkamp (96, Kap. 7).

hältnisse[73] nicht nur die Arbeitssituation des Lohnarbeiters (und im weiteren Sinne anderer abhängig Arbeitender) konstituieren, sondern auch den außerberuflichen Bereich. Ihn interessieren Wahrnehmungsstrukturen in beiden Bereichen. In der Schule als eine dem beruflichen Bereich vorgelagerte Institution findet sich die »interpersonelle Wahrungsdimension« der Leistungsfähigkeit aus dem Betrieb wieder. Leistung wird im Betrieb nicht um des Produkts (und der damit verbundenen gesellschaftlichen Selbstverwirklichung) erbracht, sondern um des Lohns willen; »geleistet« wird in der Schule entsprechend der Note wegen. (Holzkamp spricht vom »Prozeß der Vergleichgültigung gegenüber dem Produkt, der durch das schulische Lernen zustande kommt«.[74]) Hier wie dort können nicht-entfremdete kooperative Arbeits- und Interaktionsformen sich aufgrund des Verwertungsinteresses, das als Interesse an der Ausbildung der zukünftigen Arbeitskraft in die Schule hineinwirkt, nicht entfalten.

Die Eltern, so dürfen wir folgern, erfahren die Notengebung, denen ihre Kinder in der Schule unterliegen (»Die Notengebung repräsentiert den kapitalistischen Verwertungsstandpunkt in der Schule«[75]) als Fortsetzung des betrieblichen Leistungsdrucks im familialen Bereich. Vom Schulschicksal ihrer Kinder hängt deren spätere »Verwertbarkeit« auf dem Arbeitsmarkt ab; es ist somit Teil des Familienschicksals. Die entfremdeten Lernbedingungen der Kinder schlagen also, vermittelt durch das familiale Leben, auf die Eltern zurück und bestimmen ihr Verhältnis zur Schule, das sich in entfremdeten Verkehrsformen äußert.[76] Wie der »Verwertungsstandpunkt

73 Entfremdung wird bei Holzkamp im streng marxistischen Sinn als aus dem Lohnarbeitsverhältnis resultierend verstanden.

74 Holzkamp (96, S. 259).

75 Ebd.

76 In den zwanziger Jahren entwickelte O. Kanitz (111, inbes. S. 30/31) die allerdings nicht genau ausgeführte Überlegung, daß die Kinder in der Schule, insofern sie dort den zukünftigen Wert ihrer Arbeitskraft produzieren, gesellschaftlich notwendige Arbeit leisten. Der Lohn für ihre »Lernarbeit« ist im Arbeitslohn ihrer Eltern enthalten, die einen Teil hiervon für die schulische Ausbildung ihrer Kinder aufwenden müssen. Da nun die Eltern als Lohnarbeiter nicht das volle Äquivalent für die von ihnen geleistete Arbeit als Lohn erhalten, sondern sich der Kapitalist den von ihnen geschaffenen Mehrwert aneignet, können die Eltern entsprechend weniger für die Lernarbeit ihrer Kinder aufwenden. D. h., die Kinder

in der Schule« die Eltern im einzelnen betrifft, wird bei Holzkamp freilich nicht dargelegt. Deshalb kann er uns auch keine weiteren Anhaltspunkte dafür geben, welche Transformationen der Entfremdungsbegriff durchmacht, wenn er aus der ökonomischen Bestimmung durch das Lohnarbeitsverhältnis in andere gesellschaftliche Lebensbereiche der Eltern (Schule) entlassen wird.

Wenn wir von »entfremdeten« Verkehrsformen sprechen, so heißt das nicht, daß wir es mit einer *unmittelbar* und einzig aus der Arbeitssituation der Eltern erwachsenden Entfremdung zu tun haben, sondern mit einer durch vielfache Wirkungen des »ideologischen Apparates« vermittelten. Auszugehen ist davon, daß die Eltern ein familiär bestimmtes Interesse am Schulschicksal ihrer Kinder – also an der Schule – haben, genauer: am Tauschwert schulischer Lernarbeit für den späteren »Marktwert« ihrer Kinder.

Dieses familial bestimmte Interesse müssen wir so lange annehmen, wie der Staat nicht für absolute Chancengleichheit und für allseitige Entwicklungsmöglichkeiten im Erziehungswesen sorgt und damit den schon auf schulischer Ebene beginnenden Konkurrenzkampf aufhebt. Welche Probleme hiermit verbunden sind, haben G. Heinsohn und B. und R. Knieper[77] für den Bereich staatlicher Kleinkindererziehung aufgezeigt. Die »Vergleichgültigung« der Erzieherinnen, die zunehmend unter Lohnarbeitsbedingungen arbeiten müssen, führt dazu, daß die Kinder eben jene, nur durch emotionales Engagement vermittelbaren Fähigkeiten nicht erwerben kön-

erleiden die Auswirkungen der betrieblichen Ausbeutung in ihrem Schulschicksal. War früher dieser Tatbestand evident, da Schulgeld gezahlt werden mußte, so ist er heute in gewisser Weise verschleiert, weil allgemeine Schulpflicht und Schulgeldfreiheit für die öffentlichen Schulen herrschen. Die ungleichen Bildungschancen zeugen aber davon, daß das Schulschicksal der Kinder der verschiedenen Bevölkerungsklassen auch heute noch unterschiedlich verläuft.

F. Nyssen (168) nimmt den Kanitzschen Gedanken auf und sieht in ihm einen Ansatzpunkt für eine ökonomisch fundierte pädagogische Theorie. Aber weder er noch Kanitz beziehen die These auf das subjektive Verhältnis Eltern – Schule, also auf die Verkehrsformen. Kanitz sagt lediglich: »Dieser ganze Vorgang [daß im Lohn der Eltern der Lohn für die Lernarbeit ihrer Kinder mit enthalten ist, d. Verf.] ist den Proletariereltern bis heute noch nicht klar geworden.« (S. 31) – Eine historisch-materialistische Analyse des Zusammenhangs von ökonomischer Entwicklung und den Ausbildungsbedingungen der Lohnarbeiter gibt L. v. Werder (245).

77 G. Heinsohn und R. Knieper (81).

nen, die sie zu »stabilen« Gesellschaftsmitgliedern machen würden. »Der Vergleichgültigung« der staatlichen Erzieher entspricht eine »Vergleichgültigung« der lohnabhängigen Eltern gegenüber der Zeugung und Aufzucht von Kindern, weil der dazu nötige Zeit- und Kostenaufwand ihre ökonomische Position auf dem Arbeitsmarkt schwächt. Denkt man eine solche Entwicklung zu Ende, so würden die Verkehrsformen zwischen Eltern und Schule gänzlich entfremdet werden. Wir glauben aber, daß diese Entwicklung durch gesellschaftliche Widersprüche gebrochen wird, die sich gar nicht alle antizipieren lassen.

7. Unser Verständnis »von Elternhaus und Schule«

Wir sprechen im folgenden öfter von »Elternhaus« und Schule. Eine polemische Kritik könnte uns dem Ideologieverdacht aussetzen, wir übernähmen die Heile-Welt-Vorstellung, die man gemeinhin mit »Elternhaus« verbindet. Wir knüpfen mit diesem Begriff jedoch ganz bewußt an den Punkt in der pädagogischen Diskussion an, über den das Thema auch heute noch kaum hinausgeführt ist; im übrigen verweisen die Begriffe »Elternhaus« und »Schule« sozusagen auf die Örtlichkeiten, an denen die Verkehrsformen für die Betroffenen von Bedeutung sind.[78] Wenn Eltern und Kinder ihr Zuhause verlassen, um in die Schule zu gehen, so verlassen sie den privaten Bereich und betreten den öffentlichen; beide sind scharf voneinander getrennt. Freie Verkehrsformen können sich indes erst dann entfalten, wenn zwischen dem privaten und dem öffentlichen Bereich keine grundsätzliche Schranke mehr besteht.

Unsere konkreten Erfahrungen mit Eltern beziehen sich vor allem auf die Vorklasse und erste Klasse, also auf die Grundstufe[79]; sie beziehen sich außerdem vor allem auf die Eltern-

78 Der von O. Preuss gegebenen Begründung, warum er von »Elternhaus« spricht (183, S. 106), schließen wir uns an. Für ihn bezeichnet der Begriff »die Berücksichtigung des sozialen Hintergrunds«, die »durch die ökonomische und soziale Lage der Eltern geprägten Lebensbedingungen«.

79 Es ist uns im Rahmen dieser Arbeit nur am Rande möglich, die besondere Problematik des Kindergartens im Hinblick auf die Vorschule zu behandeln, schon weil der Stand der Vorschulerziehung in jedem Bundesland unterschiedlich ist,

schaft in Arbeiterbezirken. Gleichwohl meinen wir, daß in den dort erscheinenden Verkehrsformen wesentliche Züge des Verkehrs zwischen Eltern und Schule allgemein aufgehoben sind, obwohl Besonderheiten, die sich aus anderen Schultypen, Altersstufen und Einzugsbereichen ergeben, gesondert beschrieben und historisch hergeleitet werden müßten. Hierfür könnte unsere Arbeit Ansatzpunkte liefern.

Folgende Momente charakterisieren das Wesentliche in den Verkehrsformen zwischen Eltern und Schule, so wie wir sie erfahren haben:

1. Der Eintritt in die Schule ist entscheidend für die Entwicklung der Verkehrsformen. Hier läßt sich die allmähliche Verfestigung des Umgangs zwischen Eltern und Lehrern verfolgen; die Erwartungshaltung der Eltern gegenüber der Schule ist zumeist noch unbeeinflußt von Vorerfahrungen, die Kinder und Eltern mit der Schule machten (mit der wichtigen Ausnahme freilich der eigenen elterlichen Schulvergangenheit sowie der möglichen Schulerfahrungen älterer Geschwisterkinder).
2. Die Auslese, die später, besonders durch die Notengebung, die Verkehrsformen prägt, hat noch nicht ausdrücklich oder doch nur in einzelnen Fällen (Zurückstellungen) stattgefunden. Deswegen ist Resignation noch nicht das vorherrschende Gefühl der Eltern im Verkehr mit der Schule.[80]
3. Aufgrund der verschiedenen Klassenlagen der Elternschaft

ebenso wie der institutionelle Ort, an dem die Vorschulklassen eingerichtet werden (Schule oder Kindergarten). Gleichwohl haben wir unsere Erfahrungen nicht nur in der Zusammenarbeit mit Lehrerkollegen, sondern auch mit Vorklassenleiterinnen an Schulen gewonnen. Deshalb werden wir bei der Beschreibung von Schulsituationen und den in ihnen auftretenden Verkehrsformen auch auf unsere Erfahrungen mit diesen Kolleginnen zurückgreifen. Da wir aber alles in allem im schulischen und außerschulischen Bereich bedeutend mehr Kontakte zu Lehrern hatten und haben als zu Kindergärtnerinnen, beziehen wir uns im wesentlichen auf jene.

80 Noch immer ist L. Kemmlers Untersuchung *Erfolg und Versagen in der Grundschule* (114) unangefochten wichtig, in der sie zusammenfassend feststellt: »Die Ergebnisse lassen vermuten, daß nach den ersten Schuljahren Leistungsmotivation, Arbeitsverhalten, Konzentrationsfähigkeit und Anpassungsbereitschaft soweit festgelegt sind, daß sie dem einzelnen Kind ein unverwechselbares, typisches Gepräge geben und die restlichen Schuljahre überdauern.« (S. 182) Analog verfestigen sich auch die Haltungen der Eltern gegenüber der Schule in den ersten Schuljahren ihrer Kinder.

eines Arbeiterbezirks und der Lehrerschaft sind die Erwartungen aneinander hier besonders divergent; doch sind im Vergleich mit der Hauptschule die Konflikte zwischen beiden Bezugsgruppen noch nicht so scharf. Eben deshalb weisen die unterschiedlichen Erwartungen und das Konfliktpotential um so deutlicher in die Richtung, in der sich die zukünftigen Verkehrsformen entwickeln werden.

4. Bei Kindern der ersten Grundschuljahre sind Lehrer und Eltern stärker aufeinander angewiesen als bei älteren Schülern. Es besteht also ein stärkerer Zwang zur Kooperation als in höheren Klassen.
5. Die Verkehrsformen zwischen Schule und Eltern eines Arbeiterbezirks in den Anfangsklassen bilden insofern das Herzstück aller im Schulbereich angesiedelten Kontakte zwischen Lehrern und Eltern, als alle Kinder die Grundschule durchlaufen und als Arbeiter, kleine Angestellte und kleine Selbständige die Mehrheit der Grundschulelternschaft bilden.[81]

In der geschichtlichen Darstellung der Verkehrsformen (Kapitel II) steht die Entwicklung des »niederen Schulwesens« im Vordergrund, aus dem sich die heutige Grund- und Hauptschule als die Schulform herausgebildet hat, die vorwiegend von Arbeiterkindern besucht wird. Es beschäftigen uns hier weniger die programmatisch-ideellen Konzeptionen zu Elternhaus und Schule als vielmehr die realen Beziehungen.

Bei der Aufarbeitung des gegenwärtigen Diskussionsstandes (Kapitel III) grenzen wir unser Thema wiederum auf die Grundschule (mit der Hauptschule als ihrer Verlängerung für die Kinder aus der Arbeiterklasse, die vom Aufstieg ausgeschlossen bleiben) ein, folgen aber den Interpretationen der Autoren, soweit diese ihre Aussagen verallgemeinern.

Im IV. Kapitel über die Träger der Verkehrsformen – Lehrer und Eltern – führen wir die typologische Auseinandersetzung auf einem allgemeinen Niveau. Unsere typologischen Skizzen erheben den Anspruch, Lehrerhaltungen gegenüber Eltern zu beschreiben, die sich prinzipiell bei Lehrern aller Schulzweige finden lassen, auch wenn die vorgestellten Situationen aus

81 Diese Aussage ist statistisch für die Gesamtelternschaft gemeint – orts- und bezirksweise ist die Zusammensetzung natürlich verschieden.

unserem konkreten Erfahrungsbereich gewonnen sind. Das Entsprechende gilt für die Eltern.

Erst im letzten Kapitel konzentrieren wir uns ausdrücklich auf die besonderen Verkehrsformen, die wir in der Zusammenarbeit zwischen Lehrern und Eltern in Vorklassen und ersten Klassen kennengelernt haben.

II. Geschichtliche Entwicklung der Verkehrsformen zwischen Elternhaus und Schule

Über die Geschichte der Verkehrsformen zwischen Eltern und Erziehungsinstitutionen des »niederen Schulwesens«, aus denen die heutige Volksschule[1] hervorgegangen ist, sich Gewißheit zu verschaffen, halten wir im Gegensatz zu vielen Autoren, die über die Beziehung zwischen Eltern und Schule aus heutiger Sicht schreiben, für unerläßlich, weil wir annehmen, daß in den gegenwärtigen gesellschaftlichen Formen die vergangenen »aufgehoben« sind.

Im *ersten Teil* zeigen wir, wie sich im Jahrhundert der Reformation eine schulähnliche Form religiöser Unterweisung für das »niedere Volk« herausbildet, wie diese religiöse Unterweisung allmählich um Elementarkenntnisse wie Lesen, Schreiben und Rechnen erweitert wird, und wie sich im Verlauf des 17. und 18. Jahrhunderts zunehmend die berufsspezifische Seite der Lehrertätigkeit von seiner handwerklichen und kirchlichen Seite trennt, dieser Prozeß jedoch erst gegen Ende des 19. Jahrhunderts zum Abschluß kommt. Aus den jeweiligen ökonomischen Verhältnissen und Umwälzungen entstehen neue Schultypen, so im 18. Jahrhundert vor allem die Industrie- und Armenschulen, im 19. Jahrhundert die Fabrikschulen. Mit dieser Entwicklung geht die immer stärker werdende staatliche Einflußnahme auf das niedere Schulwesen einher, die sich an der Geschichte der Einführung und Durchsetzung der allgemeinen Schulpflicht ablesen läßt, wie sie in den Schulverordnungen niedergelegt ist. Wir versuchen, diese Entwicklungen auf die Verkehrsformen zwischen Schule und Eltern zu beziehen.

Im *zweiten Teil* betrachten wir die weitere Schulentwick-

1 Über Begriff und Ursprung der Volksschule herrschen in der historischen Pädagogik kontroverse Meinungen. Vgl. hierzu R. Menzel (145, S. 5 ff.) und H. Zander et al. (253). Wir werden für die frühe Zeit den Begriff der »niederen Schulen« benutzen und von »Volksschule« erst ab dem 19. Jahrhundert sprechen, wobei wir hiermit nie »Schulen für das ganze Volk« meinen, so wie dies Vertreter der Nationalerziehung in aufklärerischer Absicht taten, sondern die für die Mehrzahl des Volkes vorgesehenen Schulen im dreigliedrigen Schulsystem.

lung vor allem unter dem Gesichtspunkt der schulkämpferischen Forderungen progressiver gesellschaftlicher Kräfte – einerseits ein Ausdruck für das Erstarken der Arbeiterbewegung, andererseits eine Folge der Einsicht der herrschenden Klassen in die Funktion der Volksschule als Ideologieträger. Mit der fortschreitenden Industrialisierung geht eine allgemeine Grundqualifizierung der zukünftigen Arbeitskräfte parallel. Allmählich bilden sich auch in der Schule die Verkehrsformen der Elternabende und Elternbeiräte heraus, die in ihren Grundstrukturen bis heute erhalten sind.

In der Zeit des Faschismus werden die schulischen Angelegenheiten und auch die Beziehungen zu den Eltern dem »Führerprinzip« unterworfen. Für diesen Zeitraum prüfen wir in hypothetischer Form, ob und wieweit sich an dem Wesen der Verkehrsformen etwas geändert hat.

Im *dritten Teil* beschließen wir unsere geschichtliche Darstellung mit grundsätzlichen Thesen über den Charakter der Verkehrsformen zwischen Elternhaus und Schule, so wie wir ihn aus der Geschichte ermittelt haben. Sie sollen die Interpretation der gegenwärtigen Verkehrsformen und ihrer Träger – Eltern und Lehrer – anleiten.

Bei unserer geschichtlichen Aufarbeitung der Verkehrsformen zwischen Elternhaus und Schule stoßen wir insofern auf erhebliche Schwierigkeiten, als es »eine Sozialgeschichte [. . .] der Umgangsformen von Eltern, Lehrern und Kindern/Jugendlichen usw.«[2] bisher nicht gibt. Wir müssen Aspekte einer solchen Sozialgeschichte daher aus verschiedenartigen Quellen gewinnen bzw. folgern, beschränken uns allerdings darauf, die Entwicklung des Volksschulwesens, aus der insbesondere für die Frühzeit wenig oder gar nichts über die konkreten Beziehungen zwischen Lehrern und Eltern hervorgeht, unter dem Gesichtspunkt der quantitativen und qualitativen »Beschulung« der unteren Gesellschaftsklassen darzustellen. Das quantitative Moment läßt sich an der Schulpflicht ablesen, das qualitative an der Erweiterung bzw. Einschränkung der Unterrichtsinhalte und der Lehrerbildung. Aus diesen beiden Momenten leiten wir, soweit uns dies möglich erscheint, die wesentlichen Merkmale der Eltern-Schule-Beziehung ab. Es

2 U. Herrmann (85, S. 286).

interessieren uns dabei immer vorrangig die Eltern der unteren Gesellschaftsklassen, Vorläufer der heutigen Arbeiterschaft.

Auch für die noch nicht so weit zurückliegende Zeit des 19. Jahrhunderts ist wenig konkretes Material zu unserem Thema zu finden. Hier hilft uns zum Teil biographisches Material von Arbeitern, die Auswirkungen der Schulpolitik auf die Betroffenen zu beleuchten.

Es ist nicht unsere Hauptabsicht, das Verhältnis zwischen Schule und Eltern in seinen ideenpädagogischen Ausprägungen nachzuvollziehen, also etwa das Konzept der Pestalozzischen Wohnstuben-Beziehung zu analysieren, und zwar deshalb nicht, weil aufgrund der ökonomischen und ideologischen Interessen, die die Art und das Ausmaß der »Beschulung« des »niederen Volkes« beeinflußten und weitgehend prägten, die in jenen Konzepten enthaltenen idealen Elemente kaum – und wenn überhaupt, dann »mit Verspätung« – in das niedere Volksschulwesen eingingen.[3]

1. Die Entwicklung des niederen Bildungswesens und seiner Verkehrsformen bis zur obligatorischen Volksschule des 19. Jahrhunderts

Mit der Entwicklung und Verbreitung frühkapitalistischer Produktionsweisen im aufkommenden Manufakturwesen wurden erhöhte Anforderungen an die Bildung und Erziehung des »niederen Volkes« gestellt, das im 16. und 17. Jahrhundert noch überwiegend in feudalen Abhängigkeitsverhältnissen auf dem Lande lebte, zu geringeren Teilen in Handwerkszünften organisiert in den Städten.

Bereits im Mittelalter entstanden in den Städten *»deutsche Schreib- und Leseschulen«*, ursprünglich nicht als kirchliche Einrichtungen, sondern aus der Initiative von Handwerkern, die wegen des sich ausdehnenden Handelswesens die Fähig-

3 Zu diesem Problem stellt H. Heppe in seiner fünfbändigen *Geschichte des deutschen Volksschulwesens* für das 18. Jahrhundert fest: »Außerdem beschäftigte sich ja die neuere Pädagogik, obschon sie die gesamte Volkserziehung im Auge haben sollte, doch eigentlich nur mit den Schulen des Bürgerstandes in den Städten . . .« (84, S. 123), Bd. I. Vgl. auch das Zitat von K. Fischer auf Seite 46 unserer Arbeit.

keiten des Lesens und Schreibens für sich und ihre Söhne in immer stärkerem Maße benötigten. Der Besuch dieser Schulen war freiwillig und kostenpflichtig. Sie dienten den mittleren Ständen in den Städten gewissermaßen als Berufsschulen. »Für die arme Stadtbevölkerung, das entstehende Stadtproletariat und das ärmste und niedrigste Handwerkertum [. . .] gab es bis zum Aufkommen eines städtischen Armenschulwesens überhaupt keine Schulen«[4] – also bis ins 18. Jahrhundert hinein. Nach der Reformation wurde *Katechismusunterricht* (Kinderlehre) für die Armenkinder eingeführt, »deren Eltern weder finanziell die Möglichkeit hatten, noch das wirtschaftliche und wohl auch kulturelle Bedürfnis empfanden, ihre Kinder zur Schule zu schicken«.[5]

In die »deutschen Schulen« aber fand der Katechismusunterricht nur allmählich Eingang, da hier die Kirche keinen unmittelbaren Einfluß hatte. Die Eltern der Schüler weigerten sich zunächst, den von ihnen angestellten und bezahlten Lehrern den zu erteilenden Religionsunterricht extra zu vergüten, so daß sich der Katechismusunterricht erst Mitte des 16. Jahrhunderts als festes Fach in diesen Schulen durchsetzte.[6] Als Lehrer arbeitete in der »deutschen Schule« vermutlich »ein Handlungsgehilfe aus der Schreibstube eines Kaufmanns, der eine gute Handschrift hatte und Geschriebenes gewandt lesen konnte«.[7] Allerdings, so meint K. Fischer in seinem großen Werk über die Geschichte des Volksschullehrer-Standes, hätten die Lehrer in der Stadt und zu »einer Zeit, in welcher der einzelne nur etwas galt, wenn er als Mitglied einer Zunft oder Gesellschaft sich mit deren Rechten versah«[8], keine beneidenswerte Rolle gespielt. Dies bestimmte auch die Verkehrsformen dieses Schultyps. Der »Zunftbürger«[9] schuf sich eine seinen wirtschaftlichen Interessen angepaßte Schule; er stand ihr, für deren Unterhalt er aufkam, als selbständiger, selbstbewußter »Abnehmer« gegenüber. Der Lehrer war völlig von

4 R. Menzel (145, S. 18). Zu einer Kritik an Menzels Werk vgl. H. Zander et al. (253).

5 Menzel, a.a.O., S. 95.

6 A.a.O., S. 93.

7 K. Fischer (54, S. 9), Bd. I.

8 A.a.O., S. 13.

9 Menzel, a.a.O., S. 17.

der Gunst der Eltern abhängig. Die Stadtarmen dagegen hatten gar keine Vorstellung von »Bildungseinrichtungen« – wie sollten sie auch, in einer Zeit, in der Druckerzeugnisse erst allmählich aufkamen und das Leben beeinflußten? Nur einige wenige Kinder mittelloser kleiner Handwerker erhielten damals die Chance, unentgeltlich die »deutschen Schulen« zu besuchen, vermutlich aufgrund der Fürsprache von Gönnern. Allgemeine Bildungseinrichtungen für das »niedere Volk« entstanden, wie bereits angedeutet, ganz allmählich aus dem Religionsunterricht.[10] Dies gilt insbesondere für die Epoche der Reformation. Die Bauernaufstände, deren materielles Motiv die Aufhebung der feudalen Abhängigkeiten war und die ideologisch wesentlich von den kommunistischen Sektenbewegungen, vor allem der Wiedertäufer-Bewegung, getragen wurden, gerieten den herrschenden Klassen zu einer solch großen Bedrohung, daß »von der Obrigkeit ein breit angelegtes Massenerziehungswesen eingeleitet [wurde], in dessen Verfeinerung ein neues Schulwesen entstand«.[11] Im Vordergrund stand hierbei also zunächst die ideologische Beeinflussung der bäuerlichen Erwachsenen[12], die in den protestantischen Ländern schulmäßig organisiert wurde: als regelmäßiger Katechismusunterricht.

Erst um die Mitte des 16. Jahrhunderts wurden auch die Kinder und Dorfjugendlichen in diese religiöse Unterweisung einbezogen. Am Anfang bestand sie einzig im Auswendiglernen von Liedern und Bibelversen; weder Schreiben noch Lesen wurden für nötig erachtet. Jedoch artikulierte sich mit diesem eingeschränkten Lehrkanon immer deutlicher der Widerspruch zur neuen Glaubenslehre, die ja dem Einzelnen mehr Interpretationsrechte über Glaubensinhalte zubilligte als die alte Religion. So wurde der Unterricht allmählich sowohl inhaltlich als auch zeitlich erweitert, bis er täglich mehrere

10 A.a.O., S. 28.

11 A.a.O., S. 41. Menzel widerlegt damit die in der bürgerlichen Pädagogik herrschende Meinung, Luther sei der Schöpfer des im Reformationsjahrhundert entstandenen Landschulwesens gewesen – ohne freilich seinen indirekten Einfluß zu bestreiten.

12 Menzel zeigt, daß die Gefahr des Aufruhrs der unteren Schichten in den Städten bei weitem nicht so groß war wie bei der am stärksten ausgebeuteten Klasse: den Bauern, den »Lasttieren der Nation« (S. 40) – dies ist auch der Grund, weshalb das städtische Schulwesen eine andere Entwicklung nahm als das ländliche.

Stunden dauerte und Lesen und Schreiben, manchmal sogar Rechnen umfaßte. Aus dem Katechismusunterricht wurde die *Katechismusschule.*[13] Wer sie durchlaufen hatte, fand unter gewissen Voraussetzungen in die »deutschen Schulen« Aufnahme.[14]

Der Katechismusunterricht installierte aber noch keinen allgemeinen Schulzwang. Die Bauern »leisteten der neuen Einrichtung hartnäckigen Widerstand«[15], zumal sie die Schullasten zu tragen hatten, vor allem den Unterhalt des Schulmeisters. »Für Kinder armer besitzloser Eltern mußte das Schulgeld aus dem ›gemeinen Kasten‹ (Kirchenkasse) bestritten werden.«[16] Das Hauptmotiv des Widerstandes indes war, daß die Eltern während der Schulzeit auf die Arbeitskraft ihrer Kinder verzichten mußten – eine Belastung des handwerklichen und bäuerlichen Betriebes, überhaupt des Familieneinkommens, die die Beziehungen zwischen Eltern und Schule bis tief ins 19. Jahrhundert, ja sogar bis ins 20. Jahrhundert prägte. Die Eltern hielten also, wann immer sie konnten, ihre Kinder vom Schulbesuch fern. Hierauf standen von der Kirche verhängte Geldstrafen, die jedoch nicht effektiv durchgesetzt werden konnten. In vielen Gegenden nahm die Kirche sogar auf das ökonomische Argument Rücksicht und richtete *Winterschulen* ein.

Es gab damals noch keine Schulgebäude; der Küster-Lehrer unterrichtete die Kinder aller Altersstufen entweder in seiner Wohnung oder aber reihum in den Wohnungen der Gemeindemitglieder. Wo die Dörfer arm waren, hungerte der Lehrer mit; waren sie wohlhabend, ging es auch ihm besser. Im übrigen bestanden gegen Ende des 16. Jahrhunderts erst in wenigen Dörfern Schulen.

Der Unterricht wurde freilich nicht nur von den Eltern boykottiert, sondern auch vom Küster, für den das Unterrich-

13 In Preußen vollzog sich, wie Menzel darlegt, dieser Übergang wesentlich später, nämlich erst zu Anfang des 18. Jahrhunderts, während die neue Form z. B. in Sachsen schon um 1570 geprägt war. – Im Zuge der Gegenreformation unterwiesen die Jesuiten die Dorfjugend in den katholischen Ländern, bis sich auch dort die spätere Dorf- oder Küsterschule ausformte.

14 Vgl. Fischer (54, S. 87), Bd. I; er sieht übrigens in der Verbindung von Lesen und Katechismusunterricht »das Merkmal einer Volksschule gegeben« (ebd.).

15 Menzel, a.a.O., S. 82.

16 A.a.O., S. 83.

ten nur eine von vielen Amtspflichten war.[17] Auch gegen ihn konnte die Kirche Geldstrafen verhängen. Eine gesetzliche Verpflichtung der Küster, zu unterrichten, lag allerdings genausowenig vor wie für die Eltern, ihre Kinder zur Schule zu schicken.

Unverkennbar waren also auch auf dem Land die Verkehrsformen zwischen Bevölkerung und »Lehrer« durch das ökonomische Moment bestimmt: der Lehrer hing vom ›Geldbeutel‹ der Gemeinde ab. Gewöhnlich wurde er für ein Jahr eingestellt und mußte dann wiedergewählt werden. »In manchen Fällen mußte er sich, wenn seine Stelle eine relativ gute und deshalb begehrte war, sein Schulamt jährlich wiedererkaufen, d. h. er mußte den Gemeindevätern eine gewisse Abgabe (›Leihkauf‹) entrichten.«[18] Man darf wohl annehmen, daß das Verhältnis zwischen ihm und den Bauern aufgrund der dargestellten ökonomischen Lage ziemlich gespannt war, relativ unabhängig vom religiösen Leben des Dorfes, dem der Pfarrer vorstand. Dieser sah den Küster vor allem als Kirchendiener, erst nachgeordnet als »Lehrer«, und es steht zu vermuten, daß die Gemeindemitglieder mit wichtigen Fragen zu ihm als einem »Gebildeten« gingen, nicht zum Küster. Andererseits ist anzunehmen, daß Küster und Bauern »koalierten«, wenn es darum ging, die Schulverpflichtungen an die ökonomischen Lebenserfordernisse beider anzupassen.

Das ›Schulehalten‹ hatte zu jener Zeit noch keinen bürokratisch-formalen Charakter – die Dorfbewohner kannten ihren Küster, das Schulhaus war nicht weit entfernt, schon gar nicht, wenn die Schulstube reihum in den Wohnhäusern der Bauern eingerichtet wurde. Schulische und außerschulische Tätigkeiten des »Lehrers« waren noch eng verwoben; zumeist ging er noch einem Handwerk nach bzw. versah seine kleine Wirtschaft.

Zögernd vollzog sich in Deutschland – allerdings je nach Landstrich sehr verschieden – der Übergang von einem Agrarland feudalistischer Prägung zu einem stärker zentralisierten Staatswesen mit kapitalistischen Produktionsformen. Zu Beginn des 18. Jahrhunderts lebte die Masse des Volkes

17 Vgl. Fischer, a.a.O., S. 91; vgl. auch Menzel, a.a.O., S. 87.
18 Menzel, a.a.O., S. 88.

noch immer auf dem Land, wo sich das Manufakturwesen in der Form von Hausindustrien (Textilerzeugnisse) durchsetzte. In den Städten setzte die Proletarisierung ein, insbesondere unter Gesellen und verarmten Handwerkern, die unter der neuen arbeitsteiligen Produktionsform keine Aussichten mehr hatten, Meister zu werden.[19] Gleichzeitig konsolidierte sich das handeltreibende Bürgertum als eine neue Klasse neben dem Feudaladel und beanspruchte mehr Teilhabe an der Führung der Staatsgeschäfte; seine historische Rolle fand auch Ausdruck in der aufblühenden Bildung und Wissenschaft; aber:

»Aus den glänzenden Höhen fiel kein Strahl herab auf die Menge, die zur Schule gegangen war oder noch zur Schule ging, ohne ihre Geisteskräfte zu brauchen und zu üben. Die Pädagogik zog im 18. Jahrhundert neue, große Bahnen; aber zum Leidwesen aller Bildungsfreunde bewegten sich die Volksschullehrer stumpf in dem alten Geleise des geistlosesten Nachplapperns. [...] Was war also natürlicher, als daß neben den wenigen im Seminar vorgebildeten Lehrern die mangelhaft vorbereiteten Schulamtsbewerber, Handwerker, Bedienten und die von den Stadtschulen verwiesenen Schüler sich zu den Dorfschulstellen und zu den Winkelschulen der Städte drängten!«[20]

Der absolutistische Staat, interessiert an der Stärkung seiner ökonomischen und politischen Macht und zugleich an einer gesicherten ideologischen Bindung seiner Untertanen (insbesondere nach den Verwüstungen und Verwirrungen des Dreißigjährigen Krieges, dessen Nachwirkungen Jahrzehnte währten), mußte auf eine begrenzte Ausweitung der Bildungseinrichtungen für die Volksmassen bedacht sein. Überall »wird heftige Beschwerde über die Unwissenheit der Bauern und Handwerker geführt, [...] wird die unzureichende Bildung der Eltern und Lehrer gebrandmarkt«.[21] Die anhebende kapitalistische Entwicklung (auf der Grundlage des Verlagssystems, der in Deutschland während der Manufakturperiode verbreitetsten Produktionsform) verlangte nach neuen Arbeitskräften, d. h. nach einer dieser Entwicklung entsprechenden Einstellung der niederen Volksschichten zur Arbeit.[22] Es

19 Vgl. L. Kofler / A. Buro (121, S. 34).
20 Fischer (54, S. 14), Bd. II.
21 *Monumenta Paedagogica* (155, S. 28), Bd. X.
22 Vgl. hierzu U. Aumüllers historisch-materialistische Analyse (10). Sie begreift

mußte in jedem Untertan das Bewußtsein geweckt werden, daß die Arbeit den Wert des Menschen bestimmt. Diese Ideologie drückte sich besonders klar im Pietismus aus. So gingen denn auch die vielen Gründungen von Armenanstalten auf die Initiative der Pietisten zurück; in diesen Anstalten genossen die Kinder der verarmten Landbevölkerung und des aufkommenden städtischen Proletariats einen dürftigen Elementarunterricht und mußten gleichzeitig produktive Arbeit leisten.[23] Es entstanden *Armenschulen* in vielfältigen Formen (die später mit den »deutschen Schulen« verschmolzen, aus denen die Kinder der bürgerlichen Klassen in die neu entstandenen Realschulen abwanderten[24]); sie waren die Vorläufer der *Industrieschulen,* die im ersten Drittel des 19. Jahrhunderts ihren Höhepunkt erreichten.[25]

Die Erziehung zur »Industriosität« führte zur Gründung zahlreicher sogenannter *Spinnschulen,* in denen die Kinder den Rohstoff verarbeiteten, den sie entweder von zu Hause mitbrachten (wo ihre Eltern in die Heimarbeit des Verlagssystems eingespannt waren) oder der vom Lehrer in seiner Funktion als »Zwischenverleger« geliefert wurde. »Der Leh-

diese schulpolitische Epoche als Ausdruck der ökonomischen Notwendigkeit, den zukünftigen Lohnarbeiter ideologisch und handwerklich auf sein Schicksal vorzubereiten.

23 Vgl. *Monumenta Paedagogica* (155), Bd. X. Es heißt dort, daß »der Kampf gegen Armut, Bettelwesen und Müßiggang der breiten Massen [. . .] nur erfolgreich sein konnte, wenn bereits die Kinder der verarmten und verwahrlosten Volksmassen in den Arbeitsprozeß frühzeitig einbezogen [. . .] wurden.« (S. 47) – Es können uns hier nicht die pädagogischen Rechtfertigungen, auch in ihren vorwärtsweisenden Zügen in Richtung auf eine wahrhaft polytechnische Bildung (Francke, Pestalozzi, später Fröbel und Diesterweg) interessieren, da ihre Ideen auf die breite Masse des Volkes kaum Anwendung fanden.

24 Vgl. R. Menzel (145, S. 22).

25 »Der Industrieunterricht, d. h. die Verbindung von Unterricht mit produktiver Arbeit, nahm seinen Ausgangspunkt in den Armen- und Waisenhäusern, die um die Mitte des 16. Jahrhunderts in den größeren Städten der damals führenden Handelsnation Holland errichtet wurden. Waren diese Institutionen auch zunächst nur reine Arbeitsanstalten für die bettelnden Pauper, so ging man doch früh zu Formen der erzieherischen Unterwerfung der Insassen über. – Im 17. Jahrhundert breiteten sich diese Anstalten in England aus: es kam überall dort, wo unversorgte Kinder, die den Gemeinden bzw. der öffentlichen Armenfürsorge zur Last fielen, auftraten und als Bedrohung und finanzielle Belastung empfunden wurden, zur Errichtung dieser als Armen-, Werk-, Spinn- oder Industrieschulen bezeichneten Anstalten.« (U. Aumüller, a.a.O., S. 66/67.)

rer bzw. der Spinnmeister, die Industrielehrerin (oft die Frau des Lehrers) saßen auf einem Platz, von dem sie alle Schüler überblicken konnten, und leiteten von dort aus den gesamten Arbeitsablauf.«[26] Von den Löhnen der Kinder wurden die Kosten für die Mittelsmänner und das Schulgeld abgezogen. Es war so überhaupt erst den meisten Kindern möglich, die Schule zu besuchen, da anders die Eltern das Schulgeld nicht hätten aufbringen können.

Mit der breiten Erfassung der Kinder des Volkes in schulähnlichen Einrichtungen wurde die *Schulpflicht* vorangetrieben. Bekanntlich datieren die ersten Bestrebungen, Schulangelegenheiten verbindlich »von oben« zu regeln, schon aus dem 17. Jahrhundert. Nicht von ungefähr waren hierbei diejenigen deutschen Kleinstaaten führend, deren Industriestruktur am weitesten entfaltet war: Sachsen und Thüringen.

Die *Weimarer Schulordnung von 1619* legt den Schulbesuch für alle Kinder zwischen dem 6. und 12. Lebensjahr fest; säumige Eltern sollen zur Rechenschaft gezogen werden. Berühmter aber ist der *Gothaer Schulmethodus von 1642*, der neben der Schulpflicht für alle Kinder vom 5. bis zum 12. (später bis zum 14.) Lebensjahr die »Winterschule« abschafft, geregelte Unterrichtszeiten und einen festen Lehrkanon einführt, der außer Lesen, Schreiben, Religion und Rechnen auch einen bescheidenen Realienunterricht für die unteren Volksschichten vorsieht. Dieser *Methodus*, der viele spätere Schulordnungen beeinflußt hat, ist ein geradezu verblüffendes Dokument unterrichtsmethodischer Exaktheit, geht aber in seinem Anspruch weit über die Ordnung des Unterrichts hinaus und stellt durchaus so etwas wie eine kleine Morallehre für das Zusammenleben von Gemeinde und Schule dar. Nicht nur sind dort Fragen wie die gleichzeitige Einschulung der Kinder zu einer bestimmten Jahreszeit, das Prinzip der Jahrgangsklasse, des Sitzenbleibens und der Unterrichtsorganisation und Didaktik behandelt, es werden auch genaue Vorschriften für das Verhalten von Kindern, Lehrern und Eltern in und

26 *Monumenta Paedagogica* (155, S. 72), Bd. X; U. Aumüller, a.a.O., S. 29, beschreibt, wie auch die Heeresangehörigen und ihre Familien zum Spinnen herangezogen wurden, da der Bedarf an Arbeitskräften anders nicht gedeckt werden konnte.

außerhalb der Schule gemacht. Schulversäumnisse sollen mit gestaffelten Geldstrafen geahndet werden[27], der Lehrer soll nachforschen, warum Kinder fehlen[28], Entschuldigungen müssen dem Lehrer mitgeteilt werden[29], gezüchtigt werden soll vom Lehrer in Maßen und »nicht aus Privat-Haß gegen die Eltern«.[30] Die Abschlußexamina, denen sich Lehrer und Kinder am Ende eines Schuljahres vor dem Superintendenten zu stellen haben, finden öffentlich, also im Beisein der Eltern statt – zweifellos eine Bestimmung, die noch heute Staunen hervorruft, wenngleich man gewiß nicht annehmen kann, daß den Eltern irgendein Mitspracherecht zukam.[31]

Den Gemeinden wurde das Anstellungsrecht entzogen, denn dem Herzog von Gotha »schien es entwürdigend, daß die Lehrer wie die Kuhhirten und Nachtwächter bei der Gemeinde jedes Jahr aufs neue unter Entgegennahme einiger Groschen Leihkauf um den Dienst bitten mußten«.[32] Die Anstellung erfolgte hinfort durch den Superintendenten, und dem Lehrer war es untersagt, während des Unterrichtens einer Nebenbeschäftigung nachzugehen.

Freilich, wie vorbildlich in jener Zeit der *Methodus* auch immer war, er konnte nicht erzwingen, wofür die ökonomischen Verhältnisse noch nicht reif waren: die obligatorische Schulpflicht für alle Kinder und ihre grundlegende Ausbildung nach einem einheitlichen Lehrplan (Absatz 2 des XII. Kapitels im *Methodus* sieht denn auch den Fall von Privatun-

27 »Welche Eltern aber so grob, irdisch und nachlässig sind, daß sie die Kinder muthwillig und um Geitzes willen an der Schul, und also an ihrer Wohlfahrt hindern würden, die sollen, wenn sie vorher vom Pfarrer ermahnet und gewarnet worden, und keine Besserung erfolget, für jede versäumte Stunde zum erstenmal 1 Gr., zum andernmal 2 Gr., zum drittenmal 3 Gr., zum vierdtenmal 4 Gr., und so fort bis auff 6 Gr. *ohne Ansehung der Person* [Hervorh. B.-R.] zur Straffe geben; und so noch fernere Halsstarrigkeit verspüret würde, solche letztbenannte Straff von jeder Stunde continuieret und das Geld, welches von dem Beamten und Gerichts-Personen einzubringen, zu Erkauffung Bücher, Papiers, Feder und Dinte für die arme Kinder, ingleichen zur Verehrung den fleißigen Schülern angewendet werden.« Zit. nach R. Vormbaum (242, S. 337).

28 Vgl. a.a.O., S. 335.

29 Vgl. a.a.O., S. 329.

30 A.a.O., S. 333.

31 Vgl. a.a.O., S. 340.

32 K. Fischer (54, S. 152), Bd. I.

terricht durch »Privat-Praeceptores« vor, die sich »etliche Eltern«, die »die Mittel haben«, halten können[33]). Erst *1717* wurde in Preußen in einem allgemeinen *Schulgesetz* die Schulpflicht für alle Kinder vom 5. bis zum 12. Lebensjahr festgelegt, auch, daß Schule im Winter täglich, im Sommer mindestens zweimal wöchentlich zu halten sei; zugleich wurde beanstandet, »daß die Eltern besonders auf dem Lande ihre Kinder säumig zur Schule schicken und dadurch die arme Jugend in großer Unwissenheit, sowohl was das Lesen, Schreiben und Rechnen betrifft, als auch in den zu ihrem Heil und Seligkeit dienenden höchstnötigen Stücken aufwachsen lassen«.[34] Der Erfolg war gering. Das Edikt von 1717 hatte für rund ein Drittel der kurmärkischen Dörfer keine Geltung. »Hinzu kam, daß die Bauern, auch in Dörfern mit Schulen, nur unter Zwang bereit waren, ihre Kinder zum Unterricht zu schicken, und sie häufig mit der Begründung, sie seien für die Landwirtschaft unerläßlich, von der Schule zurückhielten.«[35]

Das *preußische Schulgesetz von 1736* legte das Schulgeld auf einen festen jährlichen Betrag für jedes schulpflichtige Kind fest, gleichgültig, ob es am Unterricht teilnahm oder nicht. Gleichzeitig wurden geringe Staatsgelder für Schulhausbauten und Lehrerunterkunft »in Abstimmung auf die jeweilige tatsächliche Lage durch Eltern und Gemeinden«[36] bewilligt.[37] Bedürftige und Kinderreiche sollten Unterstützung zum Schulbesuch erhalten. Andere deutsche Länder folgten dem preußischen Beispiel und erließen Schulordnungen, die den regelmäßigen Schulbesuch der Kinder sichern sollten:

»1746 verordnete Viktor Friedrich von Anhalt-Bernburg, daß alle Eltern bei Strafe der Landesverweisung ihre Kinder zur Schule schicken

33 Vormbaum, a.a.O., S. 337.

34 H. Freudenthal (55, S. 22); vgl. auch U. Aumüller (10, S. 51).

35 Aumüller, ebd.

36 Freudenthal, a.a.O., S. 23.

37 In Rudow wird dies anders gehandhabt. Dort erhält der Schullehrer wöchentlich für jedes Kind 6 Pf.; von denen, die schreiben und rechnen lernen, 8 Pf. Offenbar handelt es sich um eine Art Zusatzunterricht für Kinder besserbemittelter Eltern. Und aus dem Bericht eines Lehrers dieses Dorfes von 1759 geht hervor, daß die Eltern, entgegen den Bestimmungen, das Schulgeld für die Tage einbehalten, an denen ihre Kinder nicht zur Schule gehen. Man kann sich die Spannungen zwischen Lehrer und Eltern ausmalen, die durch derartige Einkommensminderungen entstehen. Vgl. E. Zinser (255, S. 450). – Ähnliche Abweichungen wird es an vielen anderen Stellen ebenfalls gegeben haben.

sollten. In Schleswig-Holstein mußten die Schullehrer mit dem Bauernvogt alle Jahre zu Michaelis in die Häuser gehen und die schulpflichtigen Kinder aufschreiben. [. . .] Alle Eltern [von Trier, B.-R.] wurden verpflichtet, ihre schulbare Jugend bis zum 11. Jahre zur Schule zu schicken [. . .]. 1715 setzt der Kurfürst als Strafe für die säumigen Eltern, die ihre Kinder nicht zur Schule hielten, zwei bis drei Pfund Wachs fest.«[38]

Den Ausbau des Landschulwesens in Preußen initiierte das *General-Landschul-Reglement von 1763*, das als Meilenstein der Entwicklung der Volksschulen gilt. Doch auch dieses Gesetz konnte nicht die Verwirklichung der allgemeinen Schulpflicht erzwingen, insbesondere deshalb nicht, weil der Adel sich gegen seine Anwendung stemmte.[39] Im Gesetz selbst ist offen die Rede von den elenden Verhältnissen und der Unwissenheit der fronleistenden Bauern sowie der Küster und Schulmeister. Den Eltern ebenso wie den Adligen, die Kinder in ihren Diensten stehen hatten, wurde zur Auflage gemacht, die Jugend vom 5. bis zum 13. oder 14. Jahr zur Schule zu schicken. Der Lehrkanon orientierte sich an den Elementarkenntnissen und einer strengen religiösen Erziehung. Der Lehrplan war für jeden Wochentag, ja, für jede Tagesstunde festgelegt, mit genauen Anweisungen, wie der Lehrer zwischen Frontal- und altersspezifischem Gruppenunterricht zu wechseln habe. (Theoretisch müßte also ein visitierender Superintendent in allen Klassen aller unter das Gesetz fallender Landschulen an einem bestimmten Wochentag zu einer bestimmten Uhrzeit dasselbe Fach in derselben Unterrichtsweise nach denselben Lehrbüchern unterrichtet vorgefunden haben.)[40] Schulbücher sollten für die Bedürftigen unentgeltlich sein.[41] Interessant ist der Hinweis im 3. Paragraphen auf besonders begabte Kinder, die gleichwohl nicht vor Vollendung der Schulpflichtzeit aus der Schule entlassen werden durften.[42]

38 Fischer (54, S. 228), Bd. I.

39 Vgl. Aumüller (10, S. 55/56), auch Fischer (54, S. 286 ff.), Bd. I.

40 Vgl. Freudenthal (55, S. 32/33.

41 Noch ein ganzes Jahrhundert später berichtet die Proletarierin Adelheid Popp, daß ihre Mutter nicht in der Lage war, ein Lesebuch für sie zu kaufen (vgl. in diesem Band S. 71).

42 Vgl. B. Michael / H.-H. Schepp (147, S. 77), Bd. I. Zwei Jahre nach dem *General-Landschul-Reglement*, 1765, erläßt der große König der Aufklärung ein Rundschreiben an die schlesischen Landräte »wegen Mißbrauchs des Studierens«.

Nach Maßgabe des *General-Landschul-Reglements* sollte der Schulmeister »je Kind im Winter bis zur Erreichung der Lesefertigkeit 6, der Schreib- und Rechenfertigkeit 9 Pf., später einen Groschen wöchentlich, im Sommer ²/₃ dieser Sätze«[43] bekommen. Arme Kinder sollten aus dem Klingelbeutel oder der Dorfkasse das Schulgeld erhalten, »damit den Schulmeistern an ihrem Unterhalt nichts abgehe, folglich dieselben auch beides armer und reicher Leute Kinder mit gleichem Fleiß und Treue unterrichten mögen«.[44]

Körperlich gezüchtigt sollte mit Maßen werden; im Zweifelsfall hatte der Pfarrer zu entscheiden, »da denn die Eltern der Kinder aus unzeitiger Zärtlichkeit nicht widersprechen noch in die Schulsachen sich mischen müssen«.[45] Damals wurde auch das bis heute übliche Klassenbuch eingeführt, in das monatlich die Namen der Kinder, die die Schule besuchten, einzutragen waren, eine Versäumnistabelle, Angaben über die Eltern (Name, Alter, Wohnung, Schuleintritt des Kindes), der Lehrstoff, Angaben über den Fleiß der Kinder, das »Vermögen ihres Verstandes«, ihres Verhaltens sowie die »Entlaßdaten«.[46]

Aus Fischers Darstellung der Situation der Volksschullehrer wissen wir, wie weit die Wirklichkeit hinter den Forderungen dieses Gesetzes zurückblieb:

»Ein Mecklenburger sagt von den Dorfschulen seines Landes, daß die

»Bei aller Sorge für die schulische Heranbildung der Jugend bemerke er doch mit Mißfallen, wenn Handwerker und Bauern ›ihre Kinder den Studiis widmen‹. Er sehe sich genötigt ›festzusetzen, daß forthin keine Bauern, Kretschmer, Gärtner und geringer Leute Kinder weiter zum Studium admittieret werden sollen, sondern es genug sei, wenn dieselben nebst dem Christentum lesen, schreiben und rechnen, auch allenfalls einen vernünftigen, schriftlichen Aufsatz machen lernen, zu welchem Ende sie fleißig zur Schule gehalten, demnächst aber entweder zum Feldbau und der Landwirtschaft oder aber zum Handwerk oder Professionen emploiret werden müssen‹.« (Zit. nach Freudenthal, 55, S. 40.) Ähnliches tut Friedrich Wilhelm III. durch einen Erlaß von 1799 kund: »›Wahre Aufklärung [. . .] besitzt unstreitig derjenige, der in dem Kreise, wohin ihn das Schicksal gesetzt hat, seine Verhältnisse und Pflichten genau kennt und Fähigkeiten hat, ihnen zu genügen. Auf diesen Zweck sollte daher der Unterricht in allen Volksschulen eingeschränkt werden [. . .].« (Zit. nach Freudenthal, S. 40.)

43 Freudenthal, a.a.O., S. 31.

44 Ebd.

45 A.a.O., S. 36. Vgl. auch Anhang I, S. 275 f.

46 Vgl. Freudenthal (55, S. 31).

Pferdeställe auf den Rittergütern weit reinlicher und ordentlicher wären. (Ein Stallmeister bekam das zehnfache Gehalt eines Schulmeisters).«[47]

Der Lehrer »war manchmal der verachtetste Mensch im Dorfe [. . .]. Die Bauern beurteilten ihn nicht danach, was er in der Schule an ihren Kindern that, sondern danach, was sie ihn außerhalb der Schule thun sahen: morgens und abends läuten, die Uhr stellen und die Kirche fegen [. . .]. Als ein Grund der häufigen Schulversäumnisse wird geradezu der geringe Grad von Achtung angeführt, in welchem manche Schullehrer bei den Eltern stehen.«[48]

Wenngleich wir also gewiß sein können, daß die Gesetzesauflagen, die regelmäßig von den Superintendenten auf ihren Visitationsreisen kontrolliert werden sollten, nicht hinreichend beachtet wurden, besonders dort nicht, wo Pfarrer und Adlige eng koalierten, so ist mit dem *General-Landschul-Reglement* von 1763 gleichwohl ein entscheidender Schritt zur Konstituierung des niederen Schulwesens und damit zur Formalisierung der Beziehungen zwischen Schule und Elternhaus getan worden. Ein weiterer Schritt folgte, für Preußen, mit den *Schulrechtlichen Vorschriften des Allgemeinen Landrechts von 1794*, deren erster Paragraph lautet: »Schulen und Universitäten sind Veranstaltungen des Staates.« Die Schulmeister mußten ihre Befähigung durch Zeugnisse und Prüfungen (vorgenommen von den Geistlichen) nachweisen. Ihre Anstellung regelte als oberste Instanz die Gerichtsobrigkeit. Aber: »Durch wen diese Befugnis in Ansehung der auf Domainen- oder andern Königlichen Gütern zu bestellenden Schulmeister ausgeübt werde, ist nach den Verfassungen einer jeden Provinz bestimmt.« § 29 erlegte den Unterhalt der Schulen und der Lehrer »den säumigen Hausvätern jedes Ortes, ohne Unterschied, ob sie Kinder haben, oder nicht, und ohne Unterschied des Glaubensbekenntnisses« auf. Bei körperlicher Züchtigung »soll der Obrigkeit und dem geistlichen Schulvorsteher davon Anzeige« gemacht werden. »Diese müssen alsdann, mit Zuziehung der Aeltern oder Vormünder, die Sache näher prüfen, und zweckmäßige Besserungsmittel ver-

47 Fischer (54, S. 79), Bd. II.

48 A.a.O., S. 100. – Reichhaltiges Anschauungsmaterial über die gesamte Lebenssituation eines niederen Lehrers im 18. Jahrhundert bietet das autobiographische Werk von J. H. Jung (106), in der Literaturgeschichte als »Jung-Stilling« bekannt.

fügen.«[49] Im übrigen sollten »junge Leute, welche vorzügliche Fähigkeiten und Anlagen zeigen, zur Fortsetzung ihrer Studien aufgemuntert und unterstützt werden«.[50]

Mit diesem überaus fortschrittlich klingenden Gesetz, dessen Anlaß zweifellos die angesichts der fortschreitenden kapitalistischen Produktionsweise immer dringlicher werdende Volksbildung war, endeten die gesetzgeberischen Bemühungen des 18. Jahrhunderts. Bis zum Ende des 19. Jahrhunderts, und für einzelne Punkte bis ins 20., blieben die Gesetzesforderungen Papier; davon zeugen die Schulkonflikte seit der Mitte des 19. Jahrhunderts. Zitieren wir noch einmal Fischer, um die Schulwirklichkeit des ausgehenden 18. Jahrhunderts zu kennzeichnen:

»Als 1790 ein bayrischer Edelmann eine Anzahl Exemplare von Beckers Not- und Hilfsbüchlein zur Verteilung unter seine 5000 Unterthanen angeschafft hatte und bei dieser Gelegenheit untersuchen ließ, wieviele von ihnen ordentlich lesen konnten, fanden sich deren nur neun vor . . .«[51]

Die Unaufgeklärtheit der Bauern war so tief verwurzelt, daß sie neue Schulverordnungen und neue Schulbücher als Teufelswerke betrachteten und boykottierten:

»Als in einer Gegend Süddeutschlands neue Schulbücher eingeführt wurden, entstand unter den Bauern eine große Gärung. Eines Tages hatte der Schornsteinfeger in der Schule zu thun und hörte eine Weile schweigend zu. Unter den Leuten entstand hierauf das Gerücht, er sei der Teufel gewesen [. . .] Die Bauern schlossen daraus, daß die neue Lehre teuflisch sei und die Jugend ins Verderben stürze.«[52]

1783 schrieb ein Landlehrer anläßlich einer Kirchenvisitation an seinen Schwager:

»Eintrichtern kann man den Kindern die Antworten freilich nicht, und der gnädige Herr stellt sich die Bauernkinder wohl gar so vor wie andere Leuten Kinder, er weiß nicht, daß die von Jugend auf dumm geboren sind, und wild wie das Vieh aufgewachsen, und auch nicht nöthig haben klüger zu werden. Mit den Prügeln, ich sags wie ichs meyne, kommt so wahr Gott im Himmel lebt, nichts raus, das hab ich längst abgeschafft,

49 Zit. nach B. Michael / H. H. Schepp (147, S. 78 ff.), Bd. I.

50 »Diese Bestimmungen sind aber im allgemeinen selten durchgeführt worden«, stellt E. Zinser (255, S. 450) lapidar für das Dorf Rudow fest.

51 Fischer (54, S. 6), Bd. II.

52 A.a.O., S. 11 (Fußnote); vgl. auch Heppe (84, S. 249), Bd. I.

man ärgert sich nur dabei, und macht sich die Bauern zu Feinden.«[53]

Dem Freiherrn v. Rochow, der, ähnlich wie später der Industrielle Harkort, seiner Zeit in der Einschätzung des Wertes einer fachlichen und ideologisch gebildeten Bauernschaft (bzw. Arbeiterschaft) weit voraus war, schreibt man den Ausspruch zu: »Ich denke doch nicht, daß man die Seele eines Bauernkindes für ein Ding von anderer Gattung hält, als die Seele der Kinder höherer Stände.«[54]

»Ohne Bedenken«, klagt Fischer, »überließ man die Schulen ungeeigneten Personen und hoffte dann, daß im Staate alles ruhig bliebe.«[55] Ruhe und Ordnung sollten in Preußen durch die *Wöllnerschen Religionsedikte* (1788) gewahrt bleiben, die die Einstellung von Pfarrern und Lehrern von einer Prüfung ihrer Rechtgläubigkeit und Staatsloyalität abhängig machten. »Es kam bald so weit, daß Männer in hohen Stellungen sich mit der Frage beschäftigten, ob der allgemeine Schulunterricht überhaupt zu erhalten nötig sei« – womit freilich nicht die religiöse Unterweisung gemeint war.[56] Hier zeigte sich die ideologisch überhöhte Reaktion auf die revolutionären Vorgänge in Frankreich, die auch das Volk in den deutschen Ländern bewegten:

> »In der Dorfschenke las ihnen [den Bauern, B.-R.] der Lehrer, manchmal gegen freies Bier, die Zeitung vor und fügte seine Erklärungen hinzu, wo das Verständnis mangelte.«[57]

Festzuhalten bleibt, daß am Ausgang des 18. Jahrhunderts die Zahl der zur Schule gehenden Kinder, auch auf dem Land, angestiegen war, nicht zuletzt im Gefolge der Industrieschulgründungen unter Friedrich Wilhelm III.[58]

Bevor wir die Entwicklung des niederen Schulwesens im 19. Jahrhundert skizzieren, gegen dessen Ende sich die Volksschule zu ihrer noch heute gültigen Gestalt konsolidierte, wollen wir die wesentlichen Erscheinungsformen des Verkehrs zwischen Schule und Elternhaus aus dem letzten Abschnitt unserer Darstellung kurz zusammenfassen.

53 Fischer (54, S. 333), Bd. I.

54 Zit. nach Freudenthal (55, S. 39); vgl. zu den Rochowschen Schulreformen Heppe (84, S. 123 ff.), Bd. I.

55 Fischer (54, S. 7), Bd. II.

56 Fischer (54, S. 7), Bd. II.

57 A.a.O., S. 5.

58 Vgl. Aumüller (10, S. 59).

Wir haben oben die gesellschaftlichen Umwälzungen aufgrund der sich entwickelnden kapitalistischen Produktionsweise angedeutet, aus denen für die untersten Volksschichten als neuer Schultyp die »Armenschule« hervorging. An diese Schulen waren Kinder und Eltern durch nichts als ihr ökonomisches Elend gebunden; es bestimmte ihr Verhältnis zur Schule in widersprüchlicher Weise: Auf der einen Seite bewog materielle Not die Eltern, ihre Kinder in diese gemeindlich oder privat organisierten Anstalten zu schicken; zumindest ermöglichte die dort abzuleistende Arbeit den Kindern den Schulbesuch. Auf der anderen Seite mußten die Eltern ihre Kinder von der Schule fernhalten, um den Ertrag der kindlichen Arbeit für den Familienunterhalt zur Verfügung zu haben. Daher rührt es, daß die Armenanstalten keineswegs alle Kinder dieser Schichten erfaßten. Die ökonomischen Erfordernisse verlangten eine gründlichere Elementarbildung des Volkes, als sie in den frühen Armenschulen gewährt wurde. Dies haben wir an den aufeinander folgenden Schulordnungen beobachtet. Unverkennbar blieb die gesellschaftliche Wirklichkeit weit hinter den Verordnungen zurück. In den Schulgesetzen (hauptsächlich denen Preußens) sind jedoch Beziehungen zwischen Eltern und Schule angelegt, die später ihre materiale Ausformung erfahren haben und die wir deswegen hier noch einmal hervorheben wollen:

1. Schon zu Beginn des 17. Jahrhunderts legen Schulordnungen den Lebensabschnitt für außerfamilialen Unterricht fest; er hat sich bis heute kaum verändert. Mit dieser Festlegung geht die Tendenz einher, die *Schulpflichtzeit* für alle Kinder obligatorisch zu machen.

2. Die »Winterschule«, als Teilpflichtschule, deren Abschaffung in den Schulordnungen gefordert wird, bleibt bis weit ins 19. Jahrhundert bestehen, besonders auf dem Land. Sie hat sich, stark modifiziert, bis in die Gegenwart in Gestalt der *Ferienordnung* erhalten. Daß noch heute die Sommerferien die längsten Schulferien sind, hat seine Wurzel in jener Frühzeit der Schule, als sich der Unterricht noch unmittelbar an den ökonomischen Bedürfnissen von Lehrern und Eltern orientieren mußte.

3. Die Durchsetzung des *Schulzwangs* stößt im 18. Jahrhundert zunächst auf den Widerstand der ständischen Grup-

pen, die sich zum Teil durch die Ausnutzung unqualifizierter Kinderarbeit reproduzieren. Er stößt gleichfalls auf den Widerstand der Eltern, deren Lebensplanung durch die Schulpflicht entscheidend tangiert wird, wenn sie nicht mehr frei über die Arbeitskraft ihrer Kinder verfügen können. Die Schule tritt ihnen als Zwangsanstalt gegenüber.

4. In allen Schulordnungen werden die der Schulpflicht entgegenstehenden ökonomischen Bedürfnisse der Eltern antizipiert: *Schulversäumnisse* kosten sie Geld- oder Naturalienstrafen. Dabei ist bis ins 19. Jahrhundert, ja, bis in die Anfänge des 20. Jahrhunderts zu beobachten, daß Bußgelder überwiegend den in Abhängigkeit Lebenden und Arbeitenden aufgebürdet werden, in sehr viel geringerem Maße den ausbeutenden Klassen und Schichten.

War früher das Motiv für den unregelmäßigen Schulbesuch ein unmittelbar ökonomisches – die Eltern konnten auf die Arbeitskraft ihrer Kinder nicht verzichten –, so finden wir heute dieses Motiv stärker als ideologischen Reflex auf die ökonomische Situation von Arbeiterfamilien wieder: Die hohen Fehlquoten vor allem in den Hauptschulen (die, geschichtlich gesehen, der letzte Ausläufer des niederen Volksschulwesens sind) bezeugen auf der einen Seite, von welch niederer Qualität die dort vermittelte Bildung ist, auf der anderen Seite die »Gleichgültigkeit« der Eltern und Schüler gegenüber dieser Qualifikation. Ihr Wert wird ganz offensichtlich nicht so eingeschätzt, als ob er den Wert der zukünftigen Arbeitskraft des Schülers wesentlich zu steigern vermöchte. – Noch heute werden Schulversäumnisse mit Geldbußen geahndet.

5. Der Schulzwang ist im 18. Jahrhundert und zu Beginn des 19. Jahrhunderts auch deshalb noch nicht völlig durchsetzbar, weil der niedere *Lehrerstand* sich noch nicht zu einem eigenen Berufsstand mit gesicherten Qualifikationen und gesichertem Einkommen emanzipieren kann; er befindet sich noch gänzlich in Abhängigkeitsverhältnissen von der Kirche und von der ihn unterhaltenden Gemeinde.

6. Aus den Schulordnungen geht die allmähliche Ausweitung der *Unterrichtsgegenstände* hervor. Allerdings verhält es sich hier wie mit der Durchsetzung der Schulpflicht: Der geforderte Realienunterricht z. B. wurde an vielen Orten den

Kindern nicht erteilt, wenn der Pfarrer dies nicht wünschte bzw. wenn der Lehrer sich zur Vermittlung außerstande sah. Die Eltern hatten hierauf so gut wie keinen rechtlichen oder faktischen Einfluß, da die Bestätigung des von ihnen gewählten Lehrers von kirchlichen Instanzen abhing. Zudem orientierten sich die Gemeinden bei der Wahl ihres Lehrers fast nur daran, wie billig er war. Kirche und Feudaladel bildeten eine feste Koalition gegen die Anhebung des Bildungsniveaus der niederen Volksschichten – erst als das Bürgertum mächtig genug geworden war, seine ökonomischen Interessen gegen die rückschrittlichen gesellschaftlichen Kräfte durchzusetzen, nahm es auch deutlichen Einfluß auf den Lehrkanon an den niederen Schulen. Das Übergewicht des Religionsunterrichts gegenüber der fachlichen Qualifizierung ist ein Merkmal des niederen Schulwesens seit seiner Entstehung im Reformationsjahrhundert und bleibt bis in die zweite Hälfte des 19. Jahrhunderts erhalten, ehe es auf eine organisierte Gegenkraft – die entstehende Arbeiterbewegung sowie den fortschrittlichen Teil des Bürgertums – stößt. Der Kampf der Sozialdemokratie und anderer fortschrittlicher Gruppen um die Trennung von Kirche und Schule findet seinen Höhepunkt in der Revolution von 1918 – er wurde freilich selbst dann nicht gewonnen, wie wir im nächsten Abschnitt sehen werden.

7. Der in den Schulverordnungen vorgesehene *unentgeltliche Schulbesuch* für die Ärmsten im Dorf oder in der Stadt fand ein widersprüchliches Echo bei den Eltern, bedingt durch ihre materielle Not. Sie konnten die »Wohltat« oft gar nicht für ihre Kinder annehmen (sondern mußten bisweilen durch Behörden- und Kirchenvertreter hierzu gezwungen werden), weil sie die Arbeitskraft ihrer Kinder zur Reproduktion der Familie benötigten. Hierbei gingen sie eine unfreiwillige Koalition mit Manufakturverlegern und Feudalherren ein. Solange Kinderarbeit bestand[59], konnte der kostenlose Schulbesuch die Eltern nicht für den Verdienstausfall ihrer Kinder entschädigen. Erst in der zweiten Hälfte des 19. Jahrhunderts wurde die Forderung nach kostenlosem Schulbesuch für die arbeitenden Klassen eine Teilforderung im Kampf für die

59 In Sachsen waren noch 1926 18,4% aller schulpflichtigen Kinder erwerbstätig. Vgl. *Geschichte der Erziehung* (63, S. 587). Vgl. Zahlen zur Kinderarbeit im 20. Jahrhundert bei O. Rühle (193).

Einheitsschule – aber auch sie konnte 1918 nicht über die Volksschule hinaus ausgedehnt werden. Bis heute spielt für den weiterführenden Schulbesuch von Arbeiterkindern das ökonomische Moment eine wenn auch nicht mehr ausschließliche, so doch eine gewichtige Rolle.

8. In den Schulordnungen werden Hinweise gegeben, wie der Lehrer sich den Schülern gegenüber verhalten soll. Über das *Lehrerverhalten* den Kindern der Armen gegenüber, deren Schulkosten aus der Gemeinde- oder Kirchenkasse vergütet wurden, wissen wir wenig. Da gerade diese Kinder den Unterricht am häufigsten versäumen mußten, also am wenigsten lernten, muß es auch für den Lehrer schwierig gewesen sein, ihnen mit gleichmäßigem Wohlwollen gegenüberzutreten. Aufgrund seiner Abhängigkeit von der Gemeinde können wir vermuten, daß er sich in seinem Urteil über die einzelnen Familien an der herrschenden Meinung, die vom Pfarrer, den Gutsbesitzern oder den einflußreichen Bürgern geprägt wurde, orientierte. Einen »pädagogischen Eros«, etwa im Pestalozzischen Sinne der Bildbarkeit und des Bildungsanspruches jedes Menschen, auch des geringsten, können wir wohl nur bei wenigen Lehrern aus jener Zeit voraussetzen, schon deshalb, weil »pädagogische Fragen« damals nicht im Vordergrund ihrer Berufsausübung standen.

9. Einer der entscheidenden Tatbestände, die die Beziehungen zwischen Eltern und *Lehrer* beeinflußten und regelten, war dessen *Bezahlung* durch die Gemeinden. Obgleich schon die *Allgemeinen Bestimmungen* von 1794 die Schulen Preußens unter staatliche Hoheit stellten, beließen sie den Gemeinden große Freiheiten bei der Anstellung des Lehrers und bürdeten ihnen den Unterhalt der Schule und des Lehrers auf. Die Forderung nach einem festen Lehrergehalt, das ihn von Nebenverdiensten unabhängig machen sollte, wurde von der Lehrerschaft zum ersten Mal kämpferisch in der Revolution 1848 erhoben. Bis zum Lehrerbesoldungsgesetz von 1897 mußten die Kommunen für die Lehrerbesoldung aufkommen und erhielten nur dann staatliche Unterstützung, wenn ihnen die Finanzierung unmöglich war.[60]

60 Drei Viertel der Kosten des Ausbildungswesens trugen und verteilten im 19. Jahrhundert die Schulgemeinden. »Das hatte zur Folge, daß Gemeinden mit

10. Die lange Geschichte der *körperlichen Züchtigung* verweist auf das Konfliktpotential zwischen Elternhaus und Schule. Die extensive und brutale Anwendung dieses Rechtes durch die meisten Lehrer ist, subjektiv gesehen, ein Ausdruck ihrer Ohnmacht (aufgrund einer gänzlich unzureichenden Berufsausbildung), mit erzieherischen Mitteln auf erzieherische Probleme zu reagieren – wobei zu fragen bleibt, ob die unzulängliche materielle Ausstattung der Schule mit ihren überfüllten Klassen es überhaupt erlaubt, von »erzieherischen« Problemen zu sprechen. Objektiv ist die Prügelstrafe nichts weiter als die Verlängerung der physischen Gewalt, die auch das Ausbeutungsverhältnis der Eltern am Arbeitsplatz kennzeichnete, in die Schule. Der Arbeitsplatz für die Masse der Arbeitenden war im 18. Jahrhundert noch nicht die große Industrie, die die Lohnarbeiter auf engem Raum zusammenführt und ihnen auch bestimmte Kampfmittel in die Hand gibt, um sich gegen grobes Unrecht zur Wehr zu setzen. Die Masse der Arbeitenden befand sich vielmehr durch ihren Wohnort und ihr Qualifikationsniveau zumeist in existentieller Abhängigkeit von Landadligen oder Verlegern.

Wie wir wissen, herrschte noch im 19. Jahrhundert und zu Anfang des 20. Jahrhunderts die Prügelstrafe in der Schule. Es liegt an der Situation der Eltern gegenüber der Schule – daran, daß sie ihr immer nur als einzelne entgegentreten können –, wenn es nie zu einer breiten Bewegung unter der Elternschaft gegen die Prügelstrafe gekommen ist. Noch nach 1918 mußte die Elternschaft, der nun in den Elternbeiräten (vgl. S. 88 ff.) gewisse Vertretungsrechte eingeräumt worden waren, sich immer wieder gegen prügelnde Lehrer verwahren. Und noch heute wird das »Züchtigungsrecht« in den einzelnen Bundesländern unterschiedlich gehandhabt, obgleich körperliche Strafen nach 1945 verboten wurden. Unbeschadet der rechtlichen Regelung weiß jeder Lehrer einer Grund- und Hauptschule, daß an vielen Schulen geschlagen wird.[61]

geringem Steueraufkommen, d. h. Gemeinden ohne Industriebetriebe, weniger Mittel für das Volksschulwesen verausgaben konnten als steuerintensive Gemeinden.« Vgl. F. Wenzel (244, S. 369).

61 Bis heute gibt es keine verbindliche Rechtsprechung für alle Länder, die die körperliche Züchtigung eindeutig untersagt, obgleich das Grundgesetz die körper-

11. Für die Materialisierung des in den Schulverordnungen versprochenen *Rechts auf Weiterbildung* haben wir keine Anhaltspunkte gefunden, keinen Fall also, wo ein hochbegabtes Kind aus armen Verhältnissen »zur Fortsetzung [seiner] Studien aufgemuntert und unterstützt« worden wäre. Wir riskieren wohl nichts mit der Annahme, daß für ein Bauern- oder Tagelöhnerkind eine höhere Schulbildung – gar die Universität – ein Traum blieb, da seine Eltern kaum in der Lage gewesen sein dürften, dieses, z. B. im *Allgemeinen Landrecht* verbriefte, Recht von sich aus einzuklagen. Eine andere Sache ist die Protegierung einiger weniger Armenkinder durch den Dorf- oder Stadtgeistlichen – eine kirchliche Tradition, die bis ins 20. Jahrhundert Gültigkeit behalten hat.[62]

12. Eine unmittelbar politische Dimension in den Beziehungen zwischen Eltern und Lehrern wird gegen Ende des 18. Jahrhunderts deutlich in dem Hinweis auf die *Rolle des Lehrers als Volksaufklärer.* Im 19. Jahrhundert verschärfen sich die staatlichen und kirchlichen Abwehrmaßnahmen gegen den Teil der Lehrerschaft, der in den Klassenauseinandersetzungen politische Position für die ausgebeuteten Klassen bezieht. Im 20. Jahrhundert können wir bis auf den heutigen Tag verfolgen, wie unerbittlich der Staat die Lehrerschaft auf ihre Rolle als Vermittler der herrschenden Ideologie verpflichtet und Abweichungen von dieser Rolle bestraft.

Mit dem Übergang von der Kleinmanufaktur zu immer größeren Produktionsstätten bis hin zu den ersten Industriebetrieben und mit der damit einhergehenden explosiven Entfaltung

liche Unversehrtheit des Menschen garantiert. Es sind in dieser Frage viele Prozesse geführt worden – zumeist gewiß nicht von Arbeitereltern –, die überwiegend so entschieden wurden, daß eine maßvolle körperliche Züchtigung nicht strafwürdig sei. Die Rechtsprechung geht hierbei von dem Prinzip des Gewohnheitsrechts aus, obgleich heute im Hinblick auf die Rechtspraxis in den Bundesländern von einem solchen Gewohnheitsrecht nicht mehr gesprochen werden kann, weil die körperliche Züchtigung entweder durch Dienstanweisung oder Schulrecht untersagt ist. Nur ein verschwindend geringer Anteil körperlicher Züchtigungen wird überhaupt öffentlich. Vgl. hierzu den Artikel *Lehrer haben kein Züchtigungsrecht mehr – Antwort der Bundesregierung auf SPD/FDP-Anträge* (132, S. 8); Vgl. auch W. Karcher (112, S. 24 ff.).

62 Sehr anschaulich wird der »wundersame Aufstieg« eines Bauernkindes im *Jung-Stilling* von J. H. Jung (106) beschrieben.

der Produktivkräfte vor allem im Bereich technisch-maschineller Erfindungen wuchs der Bedarf an qualifizierten Lohnarbeitern. Gleichzeitig vergrößerte sich die industrielle Reservearmee, die sich aus verarmten Handwerkern und Bauern speiste.

Zu Beginn des 19. Jahrhunderts besuchten die Kinder der niederen Volksschichten eine der zahlreichen niederen Schulen – *Elementar-, Trivial-, Volks-, Dorf-, Parochial-, Land-, Kinderlehr-, Katecheten-, Reiheschulen*[63] oder *Armenschulen,* wenn die Eltern nicht in der Lage waren, Schulgeld zu zahlen. Die *Industrieschule* breitete sich immer mehr aus – in vielen Fällen war sie mit der Armenschule identisch –, besonders auf dem Land, und dort vor allem in Gebieten, die nicht den Zunftgesetzen unterlagen.

»Die Umwandlung der Landschulen in Industrieschulen, die Vermittlung von Qualifikationen der konkreten Arbeit an die Bauernkinder und die Integration der Warenproduktion in die Schule bildeten ein Mittel, auf die abergläubischen Bauern, die an ihren alten, traditionellen Anbaumethoden festhielten und sich gegen jede Veränderung der überlieferten Produktionsformen und ihres Reproduktionsbereiches wehrten, erzieherisch einzuwirken und sie an die neuen Erfordernisse anzupassen.«[64]

Armenschulen gab es in vielerlei Gestalt, je nach den örtlichen wirtschaftlichen Verhältnissen. Wo sie an Arbeitshäuser angeschlossen waren, erlitten die Kinder dasselbe Schicksal der extensiven Ausbeutung wie ihre Eltern: »Die Schule im Arbeitshaus zu Berlin dauerte von morgens 5 Uhr bis abends 7 Uhr.«[65] Es wurden in diesen Anstalten, die nicht staatlich, sondern gemeindlich oder als Stiftungen organisiert waren, neben der Religion[66] nur die rudimentärsten Kenntnisse vermittelt. Allen diesen Schulen war gemeinsam, daß sie überfüllt waren und schlecht oder gar nicht vorgebildete Lehrer in ihnen wirkten.[67] In Berlin z. B. waren in den dreißiger Jahren

63 Vgl. *Geschichte der Erziehung* (63, S. 236).

64 Aumüller (10, S. 76/77).

65 *Monumenta Paedagogica* (155, S. 99), Bd. X.

66 Vgl. hierzu H. Titze (233, S. 173 ff.).

67 Das Bürgertum zieht seine Kinder zunehmend in Privatschulen zurück. Titze (a.a.O., S. 199) zeigt, daß in der zweiten Hälfte des 19. Jh. der Prozentsatz der Kinder zunimmt, die nicht über die Volksschule, sondern über Vorschulen in weiterführende Schulen gehen; das Bürgertum schafft sich mit dieser Einrichtung, die bis 1921 (teilweise sogar noch danach) bestand, seine eigene Grundschule.

mehr als die Hälfte aller Schulkinder Armen- oder Freischüler.[68] Viele gingen trotz der verordneten Schulpflicht nicht zur Schule. Die Armenschüler wurden doppelt ausgebeutet: einmal in der Schule selbst, wenn sie dort produktive Arbeit leisten mußten, zum anderen außerhalb der Schule durch Mithilfe bei der Erwerbstätigkeit der Eltern.

Zum Teil aus den Armenschulen, zum Teil parallel zu ihnen entwickelten sich in den am weitesten fortgeschrittenen Industriegebieten (Westfalen, Rheinland, Sachsen) *Fabrikschulen*[69], die direkt mit den Fabriken verbunden waren, in denen die Kinder arbeiteten und wo sie vor oder nach ihrem extensiven Arbeitstag einen kümmerlichen Unterricht erhielten, der »noch weit unter dem Niveau der damals üblichen Elementarbildung« lag.[70] Da damals der Schulzwang bereits gesetzlich geregelt war, wurden die Eltern der Fabrikkinder zur Rechenschaft gezogen, wenn ihre Kinder der Schule fernblieben. Druck konnte deswegen ausgeübt werden, weil die Kinder ohne eine Schulbescheinigung nicht arbeiten durften. Während die Fabrikherren auf vielerlei Weisen die Einschulung der Kinderarbeitskräfte umgehen konnten, wurden die Eltern peinlich kontrolliert, die deshalb in besonderen Fällen ihre Kinder in eine private Winkelschule schickten, nur damit diese nicht ihre Arbeit verloren.[71] In den Fabrikschulen unterrichteten die am schlechtesten bezahlten und ausgebildeten Lehrer – deren Arbeit wurde von den bessergestellten Kollegen offen verachtet.[72] Erst mit dem Rückgang der Kinderarbeit gegen Ende des 19. Jahrhunderts verschwanden die Fabrikschulen,

68 Vgl. *Monumenta Paedagogica* (155, S. 98), Bd. X.

69 Vgl. hierzu K. Hartmann (77). Er zeigt dort auch die ideologischen Rechtfertigungsbestrebungen der »preußischen Chefplaner des Erziehungswesens« (S. 184), die z. B. Süvern zu der Feststellung veranlaßt haben, das allgemeine gesellschaftliche Wohl erfordere die Kinderarbeit – freilich nicht deren Auswüchse. (Vgl. S. 186.)

70 R. Alt (4, S. 19). Die Arbeitszeit betrug bis zu 16 Stunden täglich, nicht weniger als 11 Stunden. Es wurde auch nachts und an Sonntagen gearbeitet. Gewöhnlich begann das Arbeitsleben für die Kinder mit ihrem 6. Lebensjahr, in einigen Fällen sogar schon früher.

71 Vgl. Alt, a.a.O., S. 18. »[...] der Drang der Eltern, ihre Kinder auf die Fabrik zu bringen, war so groß, daß sogar die an entfernten Orten Wohnenden ihre Kinder bei armen Leuten in der Nähe der Fabrik in Kost und Pflege gaben und so von den Kleinen immer noch einen Gewinn [...] erzielten.« (Alt, zit. nach Hartmann (77, S. 219.)

72 Vgl. Alt, a.a.O., S. 19.

genauer: sie mündeten in die allgemeine Volksschule.[73]

Wie sah es zu jener Zeit auf dem Land aus? In einer Schilderung aus dem Jahre 1804 lesen wir:

»Alles, was sich dem nur einigermaßen aufmerksamen Beobachter in den meisten der jetzt vorhandenen Landschulen darstellt, ist unbeschreiblich elend, widersinnig, verderblich in seinem Einfluß auf die Erziehung der Jugend. Elende, enge, niedrige Schulzimmer, denn nicht selten ist das Haus des Schulmeisters das schlechteste im Dorfe, eine verdorbene, verpestete Luft, der höchste Grad der Unreinlichkeit, der nicht selten dadurch, daß die Schulstube zugleich Wohnzimmer, Werkstätte und Stall für das Federvieh ist, herbeigeführt wird. – Unwissende, ungesittete, unreinliche Schulmeister, welche die Schule als einen notwendigen Nebenbehelf, die Betreibung ihres Handwerks als die Hauptsache betrachten, und dieses leider nur zu oft thun müssen, wenn sie nicht hungern wollen. [. . .] Vergebens suchen wir in den Augen der Kinder auch nur eine Spur der Freude an diesem Unterrichte, in dem Gesicht des Schulmeisters auch nur einen Zug der Theilnahme an dem Fortschreiten der Zöglinge.«[74]

Bis zu 200 Kinder saßen zu Beginn des 19. Jahrhunderts in einer Schulstube[75], und bedauernd wird in einem Bericht festgestellt, »daß ein Lehrer im Lesen und Schreiben nicht mehr als 100, höchstens 120 Kinder zugleich mit Nutzen unterweisen könne«.[76] Gräfe meint optimistisch: »Ein kräftiger und gewandter Lehrer wird eine Anzahl von 100 bis 120 Kindern vom 6. bis zum 14. Lebensjahre oder in der Unterklasse unterrichten können, ohne daß die Erreichung des Schulzieles dabei wesentlich leidet.«[77]

73 Hartmann zeigt in seiner Analyse, wie die preußische Regierung sich erst nach sehr langem Zögern 1839 entschließt, der immer schärfer werdenden Ausbeutung der Kinder mit einem Gesetz zur Kinderarbeit entgegenzutreten (das freilich nicht konsequent durchgesetzt wird), damit zusammenhängend einen allgemeinen Elementarunterricht konzipiert, weil durch die Fabrikarbeit nicht nur die moralisch-ideologische Integration der kommenden Generation in die Gesellschaft gefährdet ist, sondern der Raubbau auch an die physische Existenz geht.

74 Heppe (84, S. 250), Bd. I.

75 Vgl. Fischer (54, S. 145), Bd. II; nach Freudenthal (55, S. 62) kamen 1844 noch etwa 170 Schüler auf einen Lehrer.

76 Zit. nach Fischer, a.a.O., S. 45.

77 Gräfe (68, S. 18), Bd. II; interessanterweise konzipiert er schon nach Schularten abgestufte Klassenfrequenzen; für Land- und Armenschulen sowie für Elementarklassen 80 Schüler; für die Mittel- und Oberklassen 60-70 Schüler, da der Lehrer hier schon mehr Vorbereitungszeit brauche; für eine Bürgerschule mit vier Klassen 60 Schüler; in den beiden obersten Klassen 45-50 Schüler.

Wo *Seminare* für Lehrer bestanden, waren sie fest in den Händen der Geistlichkeit. Um 1830 jedoch hatte noch nicht einmal die Hälfte aller Lehrer ein Seminar oder Hilfsseminar absolviert, und immer noch hielt die Kirche zäh an ihrem Recht fest, den Lehrer auch als Küster zu benutzen.[78]

Noch immer gab es in den Städten die *Winkelschulen* (in manchen Städten fast die einzigen niederen Schulen[79]), auf dem Land die *Winterschulen* und die Einrichtung des »Reihetischs«, wo der Unterricht reihum in den Häusern der Eltern abgehalten wurde. 1818 mußte die Magdeburger Regierung eine Verordnung erlassen über den »höchst traurige[n] Zustand des Schulwesens an denen Orten, wo noch keine Schulhäuser und keine angestellten Lehrer sind«.[80] Dieselbe Verordnung untersagte den Gemeinden die Anstellung von Lehrern unter einem Jahr – Beweis für die Praxis vieler Gemeinden, im Sommer gar keine Schule zu halten.[81]

»Nur selten«, resümiert Fischer, »wurde der Tüchtigste gewählt; verheiratete Lehrer, die gesetzlich in die besseren Stellen einrücken sollten, brachten die Gemeinden fast nie in Vorschlag. Wer nicht bettelte und kroch, dem halfen die besten Zeugnisse nichts. [...] Wurde eine gute Stelle frei, so fand ein förmliches Jagen um die Gunst der Gemeindemitglieder statt.«[82]

Genaueres über die Beziehungen zwischen Gemeinde und Lehrer erfahren wir aus dem Bericht eines Lehrers, der zu Beginn des 19. Jahrhunderts seine Arbeit in einem wendischen Dorf aufnimmt:

78 In einem Bericht aus den vierziger Jahren heißt es: »Viele der vorhandenen Lehrer waren früher Bediente der Gutsherren, und wer heute Schneider, Schuster, Tagelöhner war, wird morgen, *wenn die Bauern ihm wohlwollen* [Hervorhebung d. Verf.] zum Jugendlehrer erwählt. [...] Die Ritterschaft läßt sich nicht bestimmen, die Lehrerstellen auf ihren Höfen mit Seminaristen zu besetzen.« Fischer (54, S. 175), Bd. II.

79 A.a.O., S. 42.

80 A.a.O., S. 188.

81 Zinser (255, S. 450 ff.). Sie erwähnt hier auch eine Bestimmung aus dem Jahr 1834, die es erlaubt, fünfjährige Kinder vom Schulbesuch zurückzustellen, und zwar »wegen körperlicher Schwäche, Kränklichkeit, Mangel an geistiger Reife oder wenn sie einen langen Schulweg haben.« (S. 453) – Dies sind schon die Hauptgründe für Zurückstellungen, die auch heute noch gelten, wenngleich in einer anderen Bedeutung als damals.

82 Fischer (54, S. 187), Bd. II.

»Sobald ich in Kackrow angekommen war und mich bei dem Dorfschulzen gemeldet hatte, ließ derselbe den Nachtwächter zu sich bescheiden, der mittelst seines gewaltigen Hornes die Gemeinde sofort zusammenblies. Als alle Wirthe gegenwärtig waren, eröffnete der Schulze die Sitzung mit nachfolgender Rede: ›Ihr Männer von Kackrow, der an meiner Seite stehende junge Mann ist unser Schullehrer. Ich fordere euch auf, ihn mit Liebe zu behandeln und mit solcher Kost zu bewirthen, die da ist gesund und kräftig, also daß er bestehen und zufrieden sein kann. Ihr aber (sich zu mir wendend) werdet nicht allzugroße Forderungen machen und nicht murren, wenn's nicht alle Tage Fleisch giebt. Unsere Schule nährt ihren Mann vom 10. November bis zum Sonnabende vor Ostern, dann seid Ihr frei und könnt machen, was Ihr wollt. Unsere Kinder sollen lesen, singen und Gottes Wort lernen; diese Sachen müßt Ihr ernst betreiben; bleibt euch Zeit übrig, ihnen etwas vom Schreiben und Rechnen beizubringen, so soll es uns lieb sein, aber andere Üppigkeiten dürfen bei uns nicht gelehrt werden. Das Kind zahlt wöchentlich 6 Pf. Schulgeld, und da wir 30-40 Kinder haben, so kommt eine stattliche Summe zusammen . . .‹«[83]

Fischer berichtet, daß in der ersten Hälfte des 19. Jahrhunderts die materielle Not der Lehrer so groß war, daß einige von ihnen bestimmte Unterrichtsgegenstände in der Schule bewußt nicht behandelten, um sich eine zusätzliche Einnahmequelle durch Privatunterricht zu verschaffen. »Diese Thatsache steht nicht vereinzelt da.«[84]

Zu Beginn der vierziger Jahre blieben rund 20% aller schulpflichtigen Kinder dem Unterricht fern. In den Industriegebieten lag die Quote noch beträchtlich höher.[85]

83 A.a.O., S. 188/189. Heute ist von dieser Form der Bekanntmachung zwischen Lehrer und Gemeinde nur noch der einführende Elternabend zu Schulbeginn übriggeblieben. L. Kellner (113, S. 76) berichtet, daß sein Vater sein Rektorat in Heiligenstadt 1820 mit einer Rede über das Thema antrat: »Was dürfen die Eltern von unserer neuen Schule und deren Lehrern, und was diese von ersteren erwarten?«

84 Fischer, a.a.O., S. 219. Es gab Ausnahmen. Seminaristisch ausgebildete Lehrer trugen neue Unterrichtsmethoden auch aufs Land, z. B. die Methode des Lautierens, gegen das die Bauern allerdings Mißtrauen hegten. Ein Generalsuperintendent aus der Mark Brandenburg erzählt, daß die Lautiermethode »Veranlassung zu dem Gerücht gegeben habe, die Kinder müßten in der Schule Töne wie die Katzen und Bären und Schweine hervorbringen . . .« (a.a.O., S. 173). Auch neue Fibeln stießen oft auf Ablehnung: »Viele weigerten sich mit großer Entschiedenheit, das Buch zu kaufen, und wenn sie gezwungen wurden, so schnitten sie die Blätter heraus, die ihnen nicht gefielen und nach ihrer Meinung falsche Lehre darboten. [. . .] Die Kinder sagten dann: ›Vater hat die Fibel verbessert.‹« (Ebd.).

85 Vgl. G. Uhlig (236, S. 83).

Mit der Auflösung der ständischen Gesellschaft im Zuge der kapitalistischen Entwicklung und den aufkommenden revolutionären Stimmungen im Volk wurde es für die konservativen Kräfte unerläßlich, einen Kompromiß zu ihren Gunsten zwischen der ökonomischen Notwendigkeit einer besser vorgebildeten Arbeiterschaft und den damit verbundenen aufklärerischen Wirkungen und Tendenzen zu finden.

H. Titze hat die bildungspolitischen Konflikte des Vormärz als Kampf zwischen fortschrittlichen und reaktionären Kräften im Preußischen Kultusministerium beschrieben, in dessen Verlauf die Reaktion die in den Freiheitskriegen gewachsene progressive Bewegung, die auch das Bildungswesen erfaßt hatte, zu unterdrücken vermochte. Eine Ausweitung und Verbesserung des niederen Schulwesens wurde vor allem durch ideologisch repressive und fachlich beschränkte Seminarausbildung verhindert.[86] Eilers, Referent im Preußischen Kultusministerium, begründet diese Ausbildung folgendermaßen:

»Sehr viele [Lehrer, B.-R.] wurden in ihrer Vorstellungsweise und selbst in ihren Sitten und in ihrer Kleidung dem Dorfleben entfremdet [. . .]. Die Unzufriedenheit solcher Lehrer hochmüthigen und mürrischen Wesens ruft in der Regel Unzufriedenheit der Gemeinden, wo sie angestellt sind, hervor. Um dies zu erfahren, muß man nur die Mütter der Schulkinder sprechen. Ich wenigstens habe in dieser Weise auf meinen Inspektionsreisen überall, wo ein Lehrer der bezeichneten Art stand, Entfremdung, Mangel an Vertrauen gefunden, dagegen in Dörfern, wo Lehrer standen, die nicht in einem Seminar gebildet waren, meistens herzliches Einverständnis der Väter und Mütter mit denselben. [. . .] Eine Mutter, die mir einmal sagte: ›Der alte Lehrer, der den Katechismus bloß habe aufsagen lassen, sei ihr lieber gewesen, als der neue, vornehme, der aus sich selbst allerlei hinzurede‹.«[87]

»Während die Konservativen für ständische Bildungsbegrenzungen eintraten und grundlegende Schulverbesserungen ablehnten, weil sie darin die Ursache für eine Revolution sahen, wollten die fortschrittlichen

86 Vgl. H. Titze (233, S. 89 ff.). Den reaktionären Bestrebungen fällt nach langem Kampf auch der fortschrittliche Süvernsche Unterrichtsgesetzentwurf zum Opfer, der ein prinzipiell einheitliches staatliches Bildungswesen vorsah. – Vgl. auch Fischer (54, S. 229 ff.), Bd. II. Er beschreibt die spektakuläre Auflösung des Breslauer Seminars 1846 durch Stiehl, die darin gipfelte, daß die Seminarakten eingestampft wurden, »um jede Spur der Erinnerung an diese Anstalt zu tilgen«. (S. 244/245).

87 Fischer (54, S. 230/231), Bd. II.

Liberalen das Bildungsniveau der Unterschichten anheben, um eine Revolution zu verhindern.«[88]

Die zwiespältige Einstellung der bürgerlichen Klassen zur Volksbildung führte durch die Ereignisse der Revolution von 1848 zu der eindeutigen Koalition mit den reaktionären Kräften – Adel und Geistlichkeit. Die Forderungen des Vormärz nach Verbesserung und Anhebung der Elementarbildung wurden, »wenn überhaupt, bezeichnenderweise von einzelnen fortschrittlichen Liberalen erhoben. Die Volksschulen und ihre Lehrer sind bis in die letzten Jahre vor der Revolution durch ein Schattendasein gekennzeichnet«.[89]

Die sich in der 48er-Revolution artikulierenden fortschrittlichen Kräfte waren zum einen in der Avantgarde der Arbeiterbewegung[90], zum anderen im fortschrittlichen Bürgertum beheimatet. Hier kämpften nicht nur demokratische Lehrer und Seminardirektoren wie K. Wander und A. Diesterweg[91] für die Verbesserung der Volksbildung, eine menschenwürdige Bezahlung der Lehrer und ihre qualifizierte Ausbildung sowie für die Lösung der Schule aus ihrer kirchlichen Abhängigkeit und eine die Nation vereinende Erziehung, es schlossen sich

88 Titze (233, S. 146); vgl. auch B. Voigt (240, S. 141 ff.). Gräfe (68, S. 147 ff.), Bd. I, stellt die zwiespältige Haltung des Bürgertums zur Volksschule aus der Sicht des Zeitgenossen in affirmativ-naiver Weise dar.

89 Titze, a.a.O., S. 181; diese Einschätzung gibt auch Fischer (54, S. 231), Bd. II; vgl. ebenfalls *Geschichte der Erziehung* (63, S. 295).

90 Es dauerte allerdings noch einige Jahrzehnte, bevor in der politisch aufgeklärten Arbeiterschaft eine breite Erziehungsdiskussion begann und ein sozialistisches Erziehungsprogramm sich artikulierte, mit der Forderung nach einer konsequenten Einheitsschule und einer polytechnischen Bildung. Aber schon im *Kommunistischen Manifest* wird die Richtung für den Schulkampf der kommenden Generationen angegeben: »Die Kommunisten erfinden nicht die Einwirkung der Gesellschaft auf die Erziehung; sie verändern nur ihren Charakter, sie entreißen die Erziehung dem Einfluß der herrschenden Klasse.« Marx/Engels (144, S. 478). Vgl. auch die Schulforderungen im *Manifest des Berliner Arbeiterkongresses* an die Deutsche Nationalversammlung 1848 – abgedruckt in B. Michael / H. Schepp (147, S. 369 f.), sowie H. Feidel-Mertz (50). Titze stellt fest, daß eine »zuverlässige Gesamtdarstellung« der »pädagogischen Bestrebungen der Revolution von 1848« noch nicht vorläge. (A.a.O., S. 182.) Seine eigene Einschätzung ist, daß »sozial-revolutionäre Gedanken« in der Revolution von 1848 in den Unterschichten »nur in geringem Ausmaß sichtbar wurde[n]«. (S. 186)

91 A. Diesterweg nahm auch scharf gegen die Kinderarbeit und die Fabrikschulen, wo diese eine grundlegende Elementarbildung nicht gewährleisteten, Stellung. Vgl. Hartmann (77, S. 223 f.).

diesem Kampf auch – wenngleich mit unterschiedlichem Engagement und von einer anderen gesellschaftlichen Position aus – Großbürger wie der rheinische Industrielle F. Harkort an.[92]

Es ist bekannt, daß in den folgenden Jahrzehnten nach der gescheiterten Revolution die Reaktion von Kirche und Adel im Verein mit dem überwiegenden Teil des Bürgertums die fortschrittlichen Bestrebungen im Volksschulwesen abschnitt und unterdrückte. Die in der Revolutionszeit entstandenen Lehrervereine wurden aufgelöst, Hunderte von Prozessen gegen demokratische Lehrer geführt; die Seminare wurden aus den Städten aufs Land verlagert und ideologisch durch eine Ausbildung abgesichert, in der fachlich-methodische Kompetenz einem geistig abstumpfenden kirchlich-orthodoxen Drill wich.[93] Hatten sich die meisten Gymnasiallehrer ziemlich schnell mit der Reaktion versöhnt, so wurden die Volksschullehrer nicht nur pädagogisch, sondern auch politisch der allerschärfsten Kontrolle unterworfen. Anstellung, Beförderung und Unterstützung wurden von ihrem »›musterhaften Verhalten in moralischer und politischer Beziehung‹ und ihrer ›Treue gegen den König‹ abhängig gemacht«.[94]

»Die sorgfältigste Erforschung, welche Lehrer sich an den März-Ereignissen und wie sie sich daran betheiligt haben, zu welcher der politischen Parteien sie sich gehalten und noch halten, wie sie sich bei den Wahlen der Abgeordneten benommen, welcher religiösen Richtung sie dienen. [. . .] das und noch vieles Andere wurde den Unterbehörden zur Ermittlung

92 Nach der mißlungenen Revolution schlug sich F. Harkort mehr und mehr ins rechte Lager und bekämpfte die aufkommende Arbeiterbewegung. Volksbildung begriff er zunehmend als Kampfmittel gegen sozialistische Ideen, die dem Arbeiter »falsche und bösartige Vorstellungen [. . .] vom Kapitalismus« vermittelten. Vgl. Uhlig (236, S. 95).

93 Aufgrund der 1854 erlassenen *Stiehlschen Regulative* kam es in vielen Lehrerseminaren, die von Geistlichen geleitet wurden, zu regelrechten Drill-Exzessen. »30 Bibelsprüche, das Sonntagsevangelium und zwei Lieder, zusammen von 20 langen Versen, dies für eine Stunde am Montag, der ein Gleiches für den Donnerstag folgte [. . .]. Auf gleiche Weise behandelte man nicht nur den Unterricht in der biblischen Geschichte, sondern auch in der preußischen Geschichte und Mathematik. Die Seminaristen mußten das Lehrbuch [. . .] Wort für Wort auwendig lernen und so auch die geschriebenen mathematischen Diktate [. . .]. So ging das Jagen und Wiederkäuen des massenhaften Stoffes in jedem Fache fort.« Vgl. Fischer (54, S. 293), Bd. II, Fußnote; vgl. auch Titze (233, S. 190 ff.).

94 Titze, a.a.O., S. 187.

und Berichterstattung anbefohlen. Auf die geschickteste und treueste Amtsführung wurde ein geringerer Werth gelegt, als auf die Hinneigung zur reactionären Partei.«[95]

Die Auswirkungen der Reaktions-Periode auf die Volksschule faßt Titze folgendermaßen zusammen:

»Während die Industrialisierung in den 50er und 60er Jahren in eine beschleunigte Entwicklungsphase eintritt (...), bleibt die Erziehung der Unterschichten in den preußischen Regulativschulen vergleichsweise vorindustriell. Geradezu im Widerspruch zur wirtschaftlichen Entwicklung begünstigen die Regulative die kleine, einklassige Volksschule. Noch Ende 1871 sind in Preußen von insgesamt 33 130 öffentlichen Volksschulen nicht weniger als 24 739 einklassig. Dominierendes Unterrichtsfach bleibt der Religionsunterricht, auf dessen Grundlage die Kinder zum Gehorsam und zur willigen Einordnung in die sich tiefer spaltende Klassengesellschaft erzogen werden sollen.«[96]

Ein ebenso lebhaftes wie erschütterndes Bild von den schulischen Zuständen der sechziger und siebziger Jahre des 19. Jahrhunderts zeichnen die Berichte von Proletariern, die über ihre Jugend schrieben:

»Als ich sechs Jahre alt war, mußte ich auch in die Schule gehen. Von halb acht bis neun Uhr abends. Im Winter hatten wir es bedeutend besser, denn da arbeiteten wir nur von sieben Uhr früh bis fünf Uhr abends. Nur zu oft kam es vor, daß wir bei dem Lampenlicht nicht die Augen öffnen konnten, da die scharfen Farben das sogenannte Augenbeißen verursachten [durch die Arbeit in einer Färbereifabrik, B.-R.]. Trotz alledem lernte ich so gut ich konnte. Der Lehrer sagte oft zu mir: ›Um Dich ist es g'rad schade, Du solltest bessere Schulen besuchen können, Du hast gute Anlage zum Lernen.‹ Ich war auch bei den Prüfungen immer einer der ersten; es war aber keine große Kunst dabei, denn wir hatten ja nur die Fibel und ein kleines Lesebuch. [...] Als ich das zwölfte Jahr zurückgelegt hatte und meine Schulzeit so zu Ende war ...«[97]

»An jedem Morgen mußte ich mit meinen Eltern in die Fabrik, bis ich die höchste Zeit zur Schule hatte, am Mittag, wenn die Schule aus war, auch, und wenn es nur noch eine halbe Stunde war, bis er abstellte. Nachmittags nach der Schule mußte ich auch wieder in die Fabrik, durfte

95 Zit. nach Titze, a.a.O., S. 188.

96 A.a.O., S. 189/190. F. Nyssen (169) expliziert den von Titze nur angedeuteten Widerspruch zwischen der Industrialisierung und der vergleichsweise vorindustriellen Elementarbildung mit der These, daß die *Stiehlschen Regulative* eine schulpolitische Reaktion vor allem auf die *sozialen* Auswirkungen der industriellen Revolution seien und deshalb das ideologische Moment Übergewicht bekam (S. 306).

97 *Proletarische Lebensläufe* (184, S. 128/129).

nicht umherstehen auf der Straße, sonst bekam ich eine Tracht Prügel ...«[98]

»Meine Mutter [...] hatte nie eine Schule besucht und konnte daher weder lesen noch schreiben. Sie war auch eine Feindin der ›neumodischen Gesetze‹, wie sie die Schulpflicht nannte. Sie fand es ungerecht, daß andere Menschen den Eltern vorschrieben, was sie mit ihren Kindern zu tun hätten. [...] Drei Jahre Schule war nach Ansicht meiner Eltern genug [...]. Auch mein jüngster Bruder mußte jetzt aus der Schule austreten, doch hatten sich mittlerweile die Gesetze über die Schulpflicht schon mehr eingelebt, und die Schulbehörde machte Schwierigkeiten. Mit vielen Gesuchen setzte es meine Mutter durch, daß er aus der Schule entlassen wurde und als Hilfsarbeiter in eine Fabrik gehen konnte.«[99]

»Nach vollendetem 11. Lebensjahr wurde ich trotz allen Sträubens aus der Schule genommen [...]. Meine Lern- und Wißbegierde war so groß, daß ich so etwas wie ›Schuleschwänzen‹ gar nicht kannte [...]. So kam es auch, daß ich mit 11 Jahren meinen Altersgenossen voraus und in der damals noch dreiklassigen Dorfschule kaum noch viel zulernen konnte. Aber ich wollte auf eine höhere Schule, am liebsten ›studieren‹, wovon mein Vater jedoch nichts wissen wollte. Seine Meinung war, ich sollte vor allen Dingen arbeiten lernen, ein tüchtiger Arbeiter werden ...«[100]

»›Ich will dir helfen. Wenn ich dich schicken werde, dann gehst du und nicht früher. Meine Arbeit geht vor, nicht deine Schule. Es wird doch sonst nichts weiter aus dir wie ein Tagelöhner werden!‹«[101]

»Überhaupt aber, hat nicht ein Lehrer zu berücksichtigen, in welchen Verhältnissen sein Schüler im Dasein steht, ob als Kind armer oder bemittelter Eltern? Hätte doch einmal mein Lehrer sich von mir unseren Küchenzettel schreiben lassen!«[102]

»Kaum wagte ich meiner Mutter diese Mitteilung [eines zu Schaden gekommenen Lesebuchs, d. Verf.] zu machen, war es doch schon schwer, von der armen Frau, die sich um ihren und ihrer Kinder Lebensunterhalt so plagen mußte, einen Kreuzer für ein Schreibheft zu erlangen. Der Entschluß meiner Mutter war rasch gefaßt: es gibt kein neues Buch. In der Schule begannen nun für mich schlimme Zeiten.«[103]

98 A.a.O., S. 169/170.
99 A.a.O., S. 184/185.
100 A.a.O., S. 104.
101 Zit. nach S. Hirschberg (88, S. 20).
102 A.a.O., S. 21.
103 Ebd. Hirschberg betont auch, wie »der dauernde Schulwechsel, eine notwendige Begleiterscheinung der Ortsveränderung der Eltern, die immer wieder einer neuen Verdienstmöglichkeit nachgehen müssen, oder ihrer großen Not, die sie zwingt, das Kind zeitweilig zu bessergestellten Anverwandten zu geben, um die Zahl der Esser zu verringern« (S. 26), das Schulschicksal der Proletarierkinder negativ beeinflußt.

Es braucht nicht wunder zu nehmen, daß in all diesen Äußerungen über direkte Begegnungen zwischen Eltern und Lehrer kein Wort fällt, denn *die entfremdeten Arbeitsformen in der großen Industrie,* in der Mann, Frau und Kind zu »Anhängseln der Maschine« geworden sind, *wirken auch auf das Leben außerhalb der Arbeitsstätte ein und bestimmen die Verkehrsformen zwischen Elternhaus und Schule negativ mit.*

Die Subsumtion des Menschen unter die Interessen des sich zu Beginn des 19. Jahrhunderts formierenden und konzentrierenden Kapitals fand im Bereich der Schule seinen Ausdruck in den mit Produktionsstätten verkoppelten Armenanstalten und in den Industrieschulen, später den Fabrikschulen. Aufgrund ihrer totalen Abhängigkeit von ihrem Arbeitsplatz, wo sie, in der Zeit der extensiven Ausbeutung, nicht nur den überwiegenden Teil ihrer Lebenszeit an ihr Werkzeug, später an die Maschine gefesselt waren, sondern auch physisch an den Rand ihrer Lebenskräfte getrieben wurden, konnten die Arbeitenden ihre Rolle als Eltern nicht anders ausüben und begreifen denn als primär ökonomische Beziehung. So kam es zu der »fatalen Interessenkoalition von Fabrikanten und Eltern«[104], die ihre Kinder mit verkaufen mußten, um den Familienunterhalt zu sichern. Die Schulzeit der Kinder erschien den Eltern als Abstrich von deren Arbeitszeit, d. h. als Bedrohung ihrer materiellen Lebenssicherung. Den Widerspruch zwischen Schul- und Arbeitszeit lösten die Erziehungsanstalten, indem sie die »Bildung« mit produktiver Arbeit verbanden – allerdings, wie wir gesehen haben, zugunsten des Kapitals, nicht im Sinne einer realen polytechnischen Erziehung, wie sie später von Sozialisten und Kommunisten gefordert wurde.

Doch nicht nur die Eltern, auch die Lehrer lebten in drückenden materiellen Verhältnissen, so daß auch sie sich nicht voll mit ihrer erzieherischen Rolle zu identifizieren vermochten. Solange der Lehrer vom Schulgeld der Kinder zehren mußte (und auch dies nicht ausreichte, so daß er einem Handwerk oder der Landwirtschaft nachgehen mußte), erblickte er in den Kindern hauptsächlich eine Verdienstquelle. Die Verdinglichung in den Beziehungen zwischen Lehrer und

104 Titze (233, S. 166).

Schülern fand ihren exzessiven gewalttätigen Ausdruck in der schier unbegrenzten Freiheit des Lehrers zur Züchtigung; begrenzt war diese Freiheit einzig dann, wenn das Züchtigungsobjekt, das Kind, ökonomisch potente Eltern hatte.

Wir wollen mit dieser Interpretation nicht den Eindruck erwecken, als hingen Eltern, Lehrer und Kinder gänzlich leblos an den Fäden der ökonomischen Gesetze, als habe es unter den damaligen Verhältnissen keine elterliche Fürsorge in erzieherischen und schulischen Angelegenheiten geben können, keine erzieherische Einstellung des Lehrers zu seinem Beruf. Es war gewiß auch so, vor allem auf dem Land, daß der Lehrer, eingebunden in das Leben der Gemeinde, in vielfacher Weise erzieherisch-moralischen Einfluß auf die Eltern seiner Schulkinder nahm. – Dies alles muß nicht geleugnet oder geringgeschätzt werden, wenn es darum geht, die *wesentlichen Verkehrsformen in ihrer allgemeinen Gestalt* als *entfremdete* zu bestimmen mit dem Ziel der »logisch-historischen Entfaltung des Gewordenseins der gegenwärtigen Zusammenhangsstrukturen«.[105]

Durch die Ereignisse des Vormärz und der achtundvierziger Revolution veränderte sich die politische Kräftekonstellation. Die Volksschullehrer emanzipierten sich ein Stück weit aus ihren Abhängigkeitsverhältnissen vor allem von der Geistlichkeit, erlangten zu Teilen berufsständische Selbständigkeit und damit auch ein verändertes Selbstverständnis ihrer Berufsrolle. Wo die Arbeiter sich ihrer politischen Macht in Ansätzen bewußt zu werden begannen, befreiten auch sie sich aus ihrer totalen Abhängigkeit und Objektstellung – obwohl die Reaktion nach der gescheiterten Revolution ihr und der Lehrer fortgeschrittenes Bewußtsein erneut zu unterdrücken versuchte. Doch gerade die Proletarier, die als Kinder die Regulativschulen mit ihrem geist- (und glaubens-)tötenden Unterricht erfahren hatten, wurden, den Absichten der Reaktion zum Trotz, zu Sozialdemokraten, die unter anderen Kampfzielen auch das einer weltlichen und umfassenden Schulbildung für ihre Kinder verfolgten.

105 K. Holzkamp (96, S. 365) in einem Abschnitt zur Marxschen Erkenntnismethode.

2. Die bildungspolitischen Auseinandersetzungen um die Volksschule und ihre Einwirkungen auf die Verkehrsformen zwischen Eltern und Schule (1870-1945)

Eine zusammenfassende Darstellung der Geschichte des niederen Schulwesens bis hin zur Volksschule im heutigen Sinne und ihrer Verkehrsformen beim Jahr 1870 zu teilen, bedeutet eine gewisse Willkür, denn für die unteren Gesellschaftsklassen änderte sich durch die Reichsgründung an der Schulsituation vorerst nicht viel. Der Einschnitt soll allerdings anzeigen, daß sich damals Kräfte formierten, die in den nächsten Jahrzehnten den Kampf um Verbesserungen im Volksschulwesen aufnahmen.

Die junge Sozialdemokratie erlangte im ausgehenden 19. Jahrhundert einen erheblichen Einfluß auf die Arbeitermassen, der bis zum Ersten Weltkrieg stetig anwuchs. Die Reichsgründung setzte eine Zentralisierung im Volksschulwesen unter staatlicher Aufsicht und Kontrolle in Gang. Der Staat nahm der Kirche das Monopol über die fachliche und ideologische Ausrichtung der Schulen endgültig aus der Hand. Die gesellschaftlichen Auseinandersetzungen verschärften sich auch im Schulbereich: Die herrschenden Klassen versuchten einerseits, ihr Bildungsprivileg zu erhalten, indem sie separate Schulzweige für ihre Kinder schufen (Vorschulen, Realschulen), und andererseits, die proletarischen Massen, die unter den Einfluß der Sozialdemokratie zu geraten drohten, ideologisch unter Kontrolle zu halten. Das heißt, daß in den politischen Kämpfen vor und nach 1918 die antagonistischen Klasseninteressen auch auf den Schulsektor übergriffen. Der »Weimarer Schulkompromiß« bezeichnete die Niederlage der linksgerichteten und revolutionären Kräfte in diesem Konflikt; sie vollendete sich 1933 mit dem faschistischen Machtantritt.

Ein Jahr nach der Reichsgründung wurden für die preußischen Volksschulen die *Allgemeinen Bestimmungen von 1872* erlassen, die dem Staat die gesamte Schulhoheit sichern sollten. Das Gesetz – Teil des von Bismarck geführten Kulturkampfes – richtete sich vor allem gegen den Einfluß der katholischen Kirche. Es hob die *Regulative* von 1854 auf; die mehrklassige Volksschule wurde »neben der einklassigen Volksschule und der Halbtagsschule zur normalen Volksschuleinrichtung«.[106] In einer Zeit des ökonomischen Aufschwungs in Deutschland hatte sich die alte einklassige Volksschule als außerstande erwiesen, die künftigen Arbeitskräfte hinreichend auszubilden; nicht zuletzt deshalb beschloß man eine begrenzte Ausweitung des Realienunterrichts, die freilich der religiösen Unterweisung nicht den Rang streitig machte.

Die Vereinheitlichung des Volksschulwesens ging indes nicht so weit, daß man von einer gleichen Elementarbildung für alle Kinder in gleich organisierten Grundschulen sprechen könnte. Abgesehen davon, daß Vorschulen für die Kinder der Wohlhabenden eingerichtet wurden, nahmen die *Allgemeinen Bestimmungen* auch Rücksicht auf die jeweiligen lokalen ökonomischen Interessen.[107] Es kann also keine Rede davon sein, daß hinfort die Beziehungen der Eltern zur Schule von einheitlichen Voraussetzungen bestimmt worden wären.

Mit den zunehmenden Klassenauseinandersetzungen im ausgehenden 19. Jahrhundert (Anwachsen der Streikbewegungen; Wahlerfolge der Sozialdemokratie) setzte sich in den bürgerlichen Parteien über alle Interessengegensätze hinweg eine gemeinsame Aufgabenbestimmung der Volksschule durch: sie wurde als eine Anstalt begriffen, die für die ideologische Erziehung der »Volksjugend« zum Zweck ihrer Integration in die Gesellschaft zuständig ist. Die Arbeiterfamilie vermochte diese Funktion nicht mehr zuverlässig wahrzunehmen; die ausgebeutete Arbeiterschaft war physisch-materiell nicht mehr in der Lage, traditionelle Familienbeziehungen aufrechtzuerhalten (überlange Arbeitszeiten; Frauen- und Kinderarbeit[108]; elende Wohnverhältnisse), noch war sie län-

106 Wenzel (244, S. 326). Er zeigt, »daß die Aufhebung der Bildungsbeschränkungen nicht von pädagogischem Impetus, sondern unmittelbar von ökonomischen und politischen Interessen bestimmt war.« (S. 324).

107 Vgl. Wenzel, a.a.O., S. 325.

108 Die Rolle, die Eltern und Kinder gegenüber der Schule spielen, hat Wilhelm Busch (27) exemplarisch in Wort und Bild festgehalten; er beschreibt »Wie die Kränzl-Bötin die ganze Woch' mit ihrem kranken Maxl geplagt ist«: Am Montag schreibt sie an den Lehrer ihres Sohnes: »Entschuldigen Sie, Herr Lehrer, heut kann ich mein Maxl nit in d'Schul schick'n, er hat's halt heut so arg in seine Füß!« – daneben sieht man Maxl mit einem Brief, den er zu besorgen hat, rennen. Ähnliches schreibt sie über ihr arbeitendes Kind zu jedem Tag der Woche, so daß

ger gewillt, an eine göttliche Ordnung der Lebensverhältnisse zu glauben. Zu Beginn des 20. Jahrhunderts besuchten zwar rund 90 Prozent der Schulkinder die öffentlichen Volksschulen, aber noch 1916 gab es »viele Gemeinden«, in denen die Kinder »vom ersten Tage an verschiedene Schulen [besuchten], das eine die Volksschule, das zweite die Bürgerschule, das dritte die Mittelschule, das vierte die Vorschule eines Gymnasiums oder einer anderen höheren Lehranstalt. Außerdem kommen noch Privatschulen von verschiedener Güte in Betracht, und schließlich noch die Trennung der Geschlechter und Bekenntnisse, so daß man in mancher Mittel- und Großstadt bequem ein Dutzend verschiedener Schulen für die Erlernung des ABC unterscheiden kann.«[109]

Immer noch bestand, vor allem auf dem Land, die einklassige Schule mit Schülerfrequenzen von 100 bis 150 Schülern fort; in den großen Städten mit mehrklassigen Volksschulen lagen die Frequenzen zwischen vierzig und (über) sechzig.[110]

Am Charakter der Drill- und Lernschule hatte sich nichts geändert, die Prügelstrafe wurde nach wie vor und ohne Einschränkungen angewandt. Eine umfassende gesellschaftliche Eingliederung der Jugendlichen konnte unter diesen Bedingungen nicht gelingen.

»Die Unzufriedenheit mit den Ausbildungsresultaten der Volksschule

nur der Sonntag übrig bleibt, wo sie den Herrn Lehrer schön bitten möchte, ihrem Maxl ein paar Extrastunden zu geben, »Wissens' das arme Büberl käm' sonst doch zu arg z'rück!« (S. 145 f.). Tews sagt 1893 (226, S. 4/5): »Wenn es möglich wäre, durch eine Statistik festzustellen, wie viele von den ca. acht Millionen Kindern, die in den deutschen Volksschulen unterrichtet werden, bei ihrer Entlassung aus dem Unterricht am Mittag und Nachmittag die Mutter nicht daheim finden, es dürfte sich eine Zahl ergeben, die lauter reden würde, als ganze Bände voller Klagen über Verrohung und Verderbnis der Jugend.«

109 J. Tews (230, S. 13/14).

110 Vgl. hierzu Titze (233, S. 215 ff.). Er zitiert dort eine Quelle, in der berichtet wird, daß 1892 über 3200 schulpflichtige Kinder nicht in die öffentliche Volksschule in Frankfurt/Oder aufgenommen werden konnten, weil diese überfüllt war. – Vgl. auch Freudenthal (55, S. 88), Rühle (193, S. 166) sowie Feidel-Mertz (50, S. 32 ff.). Sie zitiert E. Sack (*Unsere Schulen im Dienste gegen die Freiheit*, Braunschweig 1874), der feststellt, daß in 90% aller Volksschulen ein Lehrer mehr als 60 Kinder zu unterrichten hatte. Ihm zufolge (*Schlaglichter zur Volksbildung*, Nürnberg 1886) waren Ende des Jahrhunderts in Preußen etwa 16% der Bevölkerung Analphabeten. – Vgl. auch Tews (228, S. 4 ff.), der tabellarisch für die großen Städte Deutschlands Klassenfrequenzen und Schulkosten pro Schüler angibt.

läßt zahlreiche private Initiativen entstehen [...]. In den Großstädten geht aus privaten Initiativen eine Vielzahl von ›Wohlfahrtseinrichtungen‹ hervor, die die tendenzielle Dysfunktionalität des Volksschulunterrichtes kompensieren sollen.«[111]

Obschon es zu Beginn des 20. Jahrhunderts den meisten Proletarierkindern möglich war, sich in den überfüllten Klassen der Volksschule eine dürftige Elementarbildung anzueignen, konnte kaum ein Arbeiterkind auf den Besuch einer weiterführenden Schule hoffen.

»Die Schule des Arbeiters, besonders in der Vorkriegszeit, war Massenschule mit überfüllter Frequenz. Die Lehrer des alten Obrigkeitsstaates vertraten im großen Umfange den Typ des ›Schulmeisters‹, des ›Prügelpädagogen‹, der Lehrbetrieb war auf mechanische Stoffpaukerei mit dem Bildungsziel eingestellt, gut gesinnte Untertanen für den Obrigkeitsstaat zu erziehen.«[112]

Der Besuch einer höheren Schule war mit solch großen finanziellen Aufwendungen verbunden, daß selbst offensichtlich begabte Arbeiterkinder nur selten über die Volksschule hinauskamen.[113] Noch 1916 stellte Tews fest, »daß reichlich $^{2}/_{3}$ aller nicht besonders gutbemittelten Kinder lediglich durch den Wohnort ihrer Eltern von dem Besuch der mittleren und

111 Wenzel (244, S. 354 und 360).

112 R. Woldt (251, S. 23). »Einem vierzehnjährigen Volksschüler, der für geistige Arbeit sich eignet, steht nur *ein* geistiger Beruf noch offen: der des Volksschullehrers. Alle anderen, die eine höhere Schulbildung erfordern, sind ihm verschlossen, denn neun Schuljahre vom Verlassen der Volksschule ab und einige Hochschuljahre dazu, also im Alter von 27, 28, ja 30 Jahren endlich zu Brot zu kommen, das kann zwar ein Sprößling begüterter Eltern allenfalls sich leisten, aber die große Mehrheit der Unbemittelten nicht.« Tews (230, S. 7.) Das Vorschulwesen erlaubte den Kindern der begüterten Schichten, schon mit neun Jahren in die höhere Schule einzutreten – ein Bildungsvorsprung, der nicht aufzuholen war.

113 W. Münzenberger schreibt aus der Zeit um 1890: »Die Dorfschule bestand aus ›acht Klassen‹, die sämtlich in einem Raum und gleichzeitig von einem Lehrer unterrichtet wurden. Vor allem lernte man biblische Geschichte und Gesangbuchverse, im Rechnen ging es bis zum großen Einmaleins, die Geographie erstreckte sich auf das Herzogtum Gotha, der Geschichtsunterricht auf die Familie des regierenden Herzogs. Auch das letzte Schuljahr in einer städtischen Schule in Gotha konnte da nicht mehr viel helfen. Wie mir erging es Hunderten von Jugendlichen, die jeden Morgen aus den umliegenden Dörfern in die Schuh-, Lampen- und Metallfabriken Erfurts strömten. [...] Als ich, mehrere Jahre später, [...] über den Menschen und sein Verhältnis zur Umwelt nachzudenken begann, erkannte ich tief erschüttert, um was ich und hunderttausend junge Proletarier in meiner Kindheit und Jugend betrogen war.« *Proletarische Lebensläufe* (184, S. 376/377).

höheren Lehranstalten ausgeschlossen sind«[114] – denn die Masse der Bevölkerung lebte in Orten ohne weiterführende Schulen.

Hinzu kam als weitere Barriere vor einer höheren Bildung für Arbeiterkinder die Agitation gegen die Sozialisten unter dem Sozialistengesetz der achtziger Jahre, die auch nach dessen Aufhebung nicht aufhörte, sondern im Gegenteil mit dem Erstarken der sozialdemokratischen Bewegung sich verstärkte und sogar die Schulen ergriff.

»So kam dann langsam das Ende der Schulzeit heran. [. . .] Bis dahin hatte ich mir auch noch eingebildet, daß ich einige Stipendien erhalten würde und studieren könnte, da ich schon in den letzten Jahren unentgeltlich die Mittelschule besuchte. Allein eines Tages ließ mich der ›Alte‹ ins Direktionszimmer kommen und sagte zu mir: ›Bromme, mache Dir keine Illusionen. Es wird nichts daraus. Dein Vater ist Sozialdemokrat. Aber merke Dir: Der Sohn soll nicht in die Sünden der Väter fallen!‹«[115]

Die Volksschullehrer, obgleich selbst kein hochgeachteter Berufsstand, hatten in den letzten fünfzig Jahren immerhin so viel Standesbewußtsein gewonnen, daß sie den Kindern aus den armen Volksschichten mit Verachtung oder Mitleid oder mit offener politischer Feindschaft[116] gegenübertraten. Wenn die Eltern ihre Kinder hungrig und zerlumpt zur Schule schicken mußten, wenn sie sie immer wieder zum Schuleschwänzen zwingen mußten, um ihre Arbeitskraft der Reproduktion der Familie zuzuschlagen, wenn sie diese Handlungen mit unbeholfenen Entschuldigungszetteln dem Lehrer recht-

114 Tews (230, S. 9).

115 P. Göhre (66, S. 86/87). Vgl. hierzu auch Wenzel (244). H. Gaudig sieht das Vorurteil von der entgegengesetzten Seite wirken: »Wo das Elternhaus im Banne sozialdemokratischer Anschauung steht, ist das Werturteil über die Schule sehr leicht ungünstig.« (62, S. 51)

116 Die spärliche Verbesserung der Lehrergehälter in den achtziger und neunziger Jahren wurde »entschieden von der Absicht bestimmt, die Lehrer von einer Solidarisierung mit den sozialdemokratischen Arbeitern fernzuhalten.« (Wenzel, S. 376). Tews, Vorsitzender des Deutschen Lehrervereins, schrieb 1911 (229, S. 41): »Schule und Volk, Lehrer und Arbeiter sind durch die bekannten politischen Gegensätze fast hermetisch voneinander getrennt.« Sehr intensiv und polemisch beschäftigt sich Gaudig (62) mit dem politischen Verhältnis zwischen Lehrern und Eltern zu Beginn des 20. Jahrhunderts. Seiner Meinung nach ist nur ein geringer Teil der Lehrerschaft »zum Sozialismus übergetreten« (S. 51). Er hält politische Konflikte zwischen Schule und Elternhaus vor allem aus pädagogischer Sicht (»zerrissenes Kindergemüt«, S. 59) für verderblich.

fertigend mitteilten[117], wenn sie sich den Groschen vom Munde absparten, um zur Einschulung auch ihrem Kind eine Zuckertüte in die Hand geben zu können[118], wenn sie ihre Kinder vor der Prügelstrafe nicht zu bewahren vermochten, so drückte sich in derlei »Verkehrsformen« unmittelbar und unverdeckt ihre gesellschaftliche Ohnmacht aus.

Rein organisatorisch scheiterte eine kontinuierliche Beziehung zwischen Eltern und Lehrern schon daran, daß die Kinder jedes Jahr einen neuen Lehrer bekamen, und an den vor allem in Großstädten üblichen Umschulungen von Schule zu Schule, die vorgenommen wurden, wenn in einer Schule oder Klasse Überfüllung bzw. Schülermangel eintrat.

»Am stärksten werden die Schüler dann durcheinander geworfen, wenn ein neues Schulhaus eröffnet wird und sofort gefüllt werden soll. Dann sind Durchschulungen durch ganze Stadtteile notwendig, durch die nicht Hunderte, sondern Tausende von Kindern aus den gewohnten Bildungsstätten verdrängt werden und in neue Verhältnisse kommen.«[119]

117 »Da meine Mutter uns für ihre Hausarbeit brauchte, ließ sie uns oft die Schule schwänzen und war dann mit einem Entschuldigungszettel rasch bei der Hand. Der war aber in einem solch verstümmelten Deutsch, nämlich im Dialekt ihrer Heimat, geschrieben, daß der Lehrer oft lächelnd sagte: ›Nun wundere ich mich auch nicht, daß ihr so schlecht Deutsch schreibt.‹« *Proletarische Lebensläufe* (184, S. 213).

118 »Dann kam der langersehnte Tag, an dem ich auch zum ersten Male die Schule besuchen sollte. [. . .] Ein kleiner dicker Lehrer [. . .] nahm uns freundlich in Empfang und überreichte uns nach Schulschluß große Zuckerdüten [. . .]. Ich wußte damals noch nicht, daß die Eltern die Düten selber kaufen müssen und wunderte mich darüber, daß viele andere Kinder nur ganz winzig kleine Düten [. . .] bekamen«, erzählt Bromme. Vgl. Göhre (66, S. 33).

119 Tews (229, S. 77). Er zitiert einen ihm berichteten Fall: »Hein Budje [. . .] war mit elf Jahren zuerst in die Strafschule [. . .] gewandert und nach vierzehn Tagen reingewaschen und ungebessert wiedergekommen. Ein halb Jahr darauf schob seine Schule 50 bis 60 besonders schmutzige und faule Jugen an eine neugegründete Schule ab. Dort war ein Kollegium von fast lauter ganz jungen Lehrern, die nun aus vier bis fünf normalen und einem halben Dutzend bunt zusammengewürfelten Klassen eine normale Volksschule zurechtreiten sollten. Hein kam in eine Klasse, die eine wahrhaft groteske Sammlung von Schmutz, Frechheit und Dummheit vorstellte. [. . .] Nach einem Jahr wurde die Klasse aufgeteilt auf vier andere Klassen. Hein kam mit neun anderen zu einem jungen Lehrer, der mit Kummer seine Klasse durch diese Invasion infiziert sah. Nach einem Jahr wurde diese ganze Klasse zu einer wiederum neueröffneten Schule hinübergeschickt. Wieder begann hier der Kampf, den normalen Zustand aus dem Gemisch von allerhand Schund herauszuarbeiten, [. . .] zweimal wanderte Hein in dieser Zeit auf mehrere Wochen in die Strafschule. Jedesmal kam er etwas reiner und runder, aber nur noch trotziger und verbissener wieder heraus.« (S. 78/79)

Völlig zu Recht schreibt Tews, daß ein »ausreichender Verkehr zwischen Eltern und Lehrern« unter solchen Bedingungen ausgeschlossen ist.

»Sich Jahr für Jahr aufs neue mit 50, 60 und mehr Familien bekannt zu machen, und zwar so bekannt zu machen, daß die pädagogische Wirksamkeit beider Teile daraus Vorteil zieht, erscheint mir unmöglich, und ebenso wächst für ein mit mehreren Kindern gesegnetes Elternpaar die Zahl der Lehrer schließlich in die Dutzende, so daß auch dort an nähere Bekanntschaft nicht mehr gedacht werden kann.«[120]

Die weitere Entwicklung des Volksschulwesens und der Verkehrsformen zwischen Elternschaft und Schule war einerseits von den politischen Ereignissen vor und nach 1918 bestimmt, andererseits von pädagogischen Vorstellungen, die unter dem Sammelbegriff »Reformpädagogik« zusammengefaßt worden sind.

Es sprengte den Rahmen unserer Studie, wollten wir ausführlich die vielfältigen Einflüsse der *Reformpädagogik* auf die Verkehrsformen zwischen Eltern und Schule untersuchen, obgleich sie es war, die in der Neuzeit die enge Zusammenarbeit zwischen Eltern und Schule am eindringlichsten betont und auch praktiziert hat. Viele Versuchsschulgründungen, vor allem nach 1918, wurden nicht nur von fortschrittlich-bürgerlichen Pädagogen konzipiert und verwirklicht, sondern auch von den politisch bewußten Teilen des Proletariats und seiner Parteien. Aber dieses in einzelnen Städten (Hamburg, Bremen, Leipzig, Berlin-Neukölln u. a.) rege Interesse, die Volksschule alten Typs in eine neue Lehr- und Lernform umzuwandlen, die organisatorisch auf dem Prinzip der Kollegialität aller Beteiligten – Lehrer, Leiter, Eltern, Schüler – beruhen sollte und inhaltlich wichtige Gedanken der Arbeitserziehung durchzusetzen trachtete, darf über zwei Sachverhalte nicht hinwegtäuschen:

Erstens wurden fortschrittliche Schulgründungen, vollends solche, die von Kommunisten und Sozialisten unterstützt wurden, von den Konservativen in Regierung und Schulverwaltung bekämpft.

Zweitens dienten derartige Schulen der offiziellen Schulpoli-

120 Tews (227, S. 7).

tik oft als Alibi, um von der Notwendigkeit grundlegender Reformen im allgemeinen öffentlichen Volksschulwesen abzulenken. Insbesondere kommunistische Schulpolitiker erkannten sehr bald die Gefahr, daß der Schulkampf um prinzipielle Reformen in *allen* Schulen auf diese Weise geschwächt wurde, und warnten davor, über der Errichtung einiger Versuchsschulen den unverändert fortbestehenden Klassencharakter der öffentlichen Schulen aus den Augen zu verlieren.[121] Die Reformpädagogik hat es auch nach 1918 nicht vermocht, das breite Volksschulwesen nach ihren Maximen umzugestalten[122] – wobei hier gar nicht von den inneren Widersprüchen der Reformpädagogik gesprochen werden soll, die z. B. auf dem Gebiet der Arbeitserziehung politisch so kontroverse Positionen wie die G. Kerschensteiners und C. Zetkins hervorgebracht hat.[123]

Nach der Revolution von 1918/19 wurde die geschichtliche Chance verspielt, die überkommene Entfremdung zwischen den Eltern und der Schule aufzuheben. Die Chance war, daß die antimonarchistischen und demokratischen Gruppen vereint mit der sozialistischen Bewegung die Revolution getragen und über die großen Zentren der Städte hinaus ausgeweitet hätten. Die Demokratisierung essentieller Lebens- und Arbeitsbereiche, die die Arbeiter- und Soldatenräte punktuell und für kurze Zeit verwirklichten und die auch das schulische

121 E. Hoernle schreibt hierzu (1922): »Unter den heutigen Verhältnissen hat die ganze pädagogische Experimentiererei an einzelnen wenigen Versuchsschulen keinen anderen Erfolg, als Lehrer wie Eltern abzulenken, von dem was not tut, nämlich dem Kampf um die Schule. Während man da und dort eine Versuchsschule gründet, bleiben 99% aller Volksschulen im argen. Während 100 Kinder alle Finessen ausgesuchtester Pädagogen nach neuesten Systemen zu genießen bekommen (von Kerschensteiner bis Montessori), werden Millionen Tag für Tag, Stunde für Stunde geprügelt, gequält, gedrillt, verwahrlost. Indem die Behörden da und dort eine Versuchsschule zulassen, entheben sie sich ihrer Pflicht, eine brauchbare Gesamtreform aller Schulen durchzuführen. Mehr noch! Sie entledigen sich gleichzeitig aller vorwärtsstrebenden und deshalb der Schulbürokratie unbequemen Lehrkräfte.« (Zit. nach *Monumenta Paedagogica* [153, S. 305], Bd. IV.) Was freilich nicht heißt, daß Hoernle gegen jegliche reformierte Schule gewesen wäre.

122 A. Simon schreibt hierzu: »Die pädagogisch sehr bewegte Zeit zwischen 1920 und 1930 brachte zwar die ersten Versuche der Lehrer, die Eltern der Schule näherzubringen. [...] Die Schule im ganzen [...] blieb von diesen spärlichen Einzelversuchen unbeeinflußt.« (216, S. I.)

123 Vgl. zur Reformpädagogik das Übersichtswerk von W. Scheibe (197).

Leben hätte erfassen können, wurde aber gerade nicht zur geschichtsbewegenden Kraft, sondern brach sich an den konservativen und reaktionären Positionen, deren je verschiedene Ausprägungen im Parteien-Spektrum der Weimarer Republik aufzufinden sind.

Wir können hier nicht näher auf die parteipolitischen Gruppierungen, insbesondere die Rolle der SPD eingehen, die bewirkten, daß die revolutionären Tendenzen unterdrückt werden konnten, noch auf die Bildungspolitik der Weimarer Zeit insgesamt oder die ideologischen Kontroversen um die Schule. Wir müssen uns mit knappen Hinweisen begnügen. Eine zusammenfassende Schulgeschichte der Weimarer Zeit, geschrieben aus heutiger Sicht, steht noch aus.

Zunächst ist für unser Thema wichtig, sich die Lage der Lehrerschaft zu vergegenwärtigen. Der Lehrerstand vertrat keineswegs einheitliche schulpolitische Forderungen, sondern war in verbandsorganisatorische, ideologische, generations- und ausbildungsbedingte Fraktionen gespalten. Staatliche Einschränkungen und Verschlechterungen im Bildungswesen (vor allem Stellen- und Gehaltskürzungen) konnten daher nicht von einer gemeinsamen Position aus abgewehrt werden.

Grob gesprochen zerfiel der Lehrerstand in drei ideologische Gruppen: Nur ein sehr kleiner Teil der Volksschullehrer hatte durch die Kriegs- und Nachkriegsentwicklung zu einer sozialistischen Einstellung gefunden, ein noch kleinerer Teil zog daraus organisatorische Konsequenzen; weit größer war, vor allem auf dem Lande, die Gruppe derer, die trotz Krieg und Revolution eine monarchistische Staatsform befürworteten und sich auch nicht aus der tradierten Abhängigkeit von der Kirche lösten. Wie groß schließlich jener Teil der Lehrerschaft eingeschätzt werden muß, der sich mit der neuen Republik identifizierte, ist deshalb so schwer zu bestimmen, weil eben diese Republik kein fortschrittliches Bildungsprogramm anzubieten hatte. Sehr viele Lehrer schwankten zwischen Staatstreue und Resignation.

Der fortschreitende Zerfall der parlamentarischen Staatsform und die immer drastischer werdenden Eingriffe in das Bildungswesen stärkten im Volksschullehrer-Stand jene schon vor dem Kriege fest verankerte Ideologie der »dritten Kraft«, die sich sowohl gegen den Kapitalismus moderner Prägung wie gegen einen internationalistischen Sozialismus wendete. Das kleine und mittlere Bürgertum, zu dem die meisten Lehrer zählten, hatte vom organisierten Kapital keine Besserung seiner gesellschaftlichen Lage zu erwarten, noch vertraute es dem Sozialismus, der für die Interessen der Massen eintrat und scheinbar die Entfaltung des Einzelnen ausschloß. Daß am Ende der Weimarer Republik so viele Lehrer dem Nationalsozialismus zuneigten, der gerade den unteren und mittleren Schichten Besserung ihrer materiellen Lage verhieß und der es verstand, an einen Idealismus zu appellieren, der seit je dem Volksschullehrer angetragen worden war, damit er so seine gesellschaftliche Benachteiligung kompensiere; daß es keineswegs nur die älteren Lehrer waren, die in der nationalsozialistischen Bewegung aufgingen, sondern auch und vor allem die jungen, die zehn Jahre oder länger ohne Anstellung oder in kümmerlicher Hilfslehrer-Funktion gelebt hatten – dies alles ist nicht erstaunlich, sondern der Endpunkt eines langen Prozesses.[124]

Doch nicht nur die Lehrerschaft war in zahlreiche Interessengruppen gespalten; auch die Eltern fanden in den wenigen Jahren der Weimarer Republik keinen einheitlichen Standort, von dem aus sie ihre Interessen an einer demokratischen Bildungspolitik hätten durchsetzen können. Die Elternbeiräte waren nicht dafür geschaffen, den Eltern mehr Einfluß auf die Schule einzuräumen, im Gegenteil: sie sollten die emanzipatorischen Bestrebungen, die aus der revolutionären Situation erwachsen waren, in parlamentarisch kontrollierbare Bahnen lenken. Nachhaltig geprägt hat diese »Errungenschaft« das deutsche Volksschulleben nicht; es hat nicht die Beziehungen zwischen Lehrern und Eltern aus ihren autoritären Formen befreien können. Sinnvolle und wirksame Mitbestimmung an der Verwaltung der Schule für Lehrer und Eltern wurde nicht erreicht.

Die schulpolitischen Auseinandersetzungen während der Weimarer Republik, die vor allem von den sozialistischen und kommunistischen Parteien vorangetrieben wurden, mögen aus

124 Eine historisch-materialistische Analyse der politisch-philosophischen Ursprünge der nationalsozialistischen Ideologie im 19. Jahrhundert geben die Kunsthistoriker R. Haman und J. Hermand im Einleitungskapitel zu *Stilkunst um 1900* (73).

heutiger Sicht darüber hinwegtäuschen, wieviel letztlich beim alten blieb. Wenn wir im folgenden gleichwohl stärker auf den Schulkampf eingehen, so deshalb, weil wir ja nicht von einer neutralen Position aus schreiben, sondern unser Engagement sich an jene Tendenzen bindet, die zu weniger entfremdeten Verkehrsformen führen können. Diese lassen sich unter schulpolitischen Gesichtspunkten nur durch eine einheitliche Ausbildung für alle verwirklichen.

Die Konzeption einer einheitlichen obligatorischen Grundausbildung für alle Kinder des Volkes geht ideengeschichtlich bis auf die Aufklärung und davor zurück[125] und fand im 19. Jahrhundert im aufgeklärten Bürgertum in der Idee einer »Nationalerziehung« seinen politisch-philosophischen und pädagogischen Ausdruck. Ihrer Verwirklichung standen freilich damals unaufhebbare ökonomische Widerstände entgegen. Politisch aktualisierte sich der Kampf um die Einheitsschule nach der Revolution 1848. Zwar solidarisierten sich weder breite Bevölkerungsschichten noch die Mehrzahl der Volksschullehrer mit diesem Kampf, doch wurden seit jener Zeit die zentralen Forderungen:

- Trennung von Kirche und Schule;
- Abschaffung des Vorschulwesens;
- Verbesserung der Lehrerausbildung und -besoldung;
- unentgeltlicher Schulbesuch für die Armen,

von fortschrittlichen Bürgerlichen, progressiven Vertretern der Volksschullehrerschaft und den organisierten Teilen der Arbeiterschaft immer wieder erhoben.[126]

Der Ausbruch des Ersten Weltkrieges stellte die Diskussion um die Einheitsschule still. Vehement wurde sie nach der Revolution von 1918/19 wiederaufgenommen; allerdings hatten sich nun die sozialistischen Gruppen, die sich vor dem Krieg über die wesentlichen Forderungen einig gewesen waren, in die Fraktion der rechten SPD und die der kommunisti-

125 Vgl. H. Sienknecht (215).

126 Der Einheitsschulgedanke wurde nach 1848 zum ersten Mal auf der *Allgemeinen Deutschen Lehrerversammlung* 1869 in Berlin und 1872 in Hamburg vorgetragen, zuletzt auf der *Deutschen Lehrerversammlung* 1914 in Kiel. Von der Arbeiterschaft wurden diese Forderungen im *Chemnitzer Programm von 1866* des *Allgemeinen Deutschen Arbeitervereins*, im *Eisenacher Programm* von 1869, im *Gothaer Programm* von 1875, im *Erfurter Programm* von 1891 und auf dem *Mannheimer Parteitag* 1906 aufgestellt.

schen und linkssozialistischen Parteien gespalten.

Im *Weimarer Schulkompromiß* von 1919[127] blieben alle weitergehenden Forderungen nach einem einheitlichen Schulwesen unberücksichtigt. Die gemeinsame Volksbildung wurde auf die ersten vier Grundschuljahre beschränkt, und nur sie wurden der direkten Staatsaufsicht unterstellt; die Organisation des mittleren und höheren Bildungswesens sowie die Lehrerausbildung verblieben unter Länderhoheit. Für die Abschaffung des Vorschulwesens erlangten großzügige Übergangsbestimmungen Geltung, so daß es vielerorts bis 1933 fortbestand. Die Bekenntnisschule wurde nicht angetastet, die Gründung weltlicher Schulen war formell vorgesehen. Schulgeldfreiheit galt nicht für das mittlere und höhere Schulwesen, es sollten lediglich Erziehungsbeihilfen für begabte arme Kinder gewährt werden. Außerdem »findet sich keine Bestimmung, die auf die soziale Sonderung der Schüler durch die Lage der Schule Rücksicht nimmt«.[128] Nicht durchgesetzt wurden mithin die Forderungen der Kommunisten (die vor 1918 im wesentlichen auch die der Sozialdemokratie gewesen waren) nach

- acht- (zumindest sechs-) jähriger einheitlicher obligatorischer Volksschule als Arbeits-(Produktions-)Schule im Rahmen eines integrierten Bildungswesens vom Kindergarten bis zur Hochschule;
- Weltlichkeit aller Schulen;
- Schulgeldfreiheit;
- Abschaffung aller Privatschulen;
- eindeutiger Staatszuständigkeit in allen Schulfragen und für

127 Es handelte sich um einen Kompromiß zwischen Zentrum und SPD, der die Forderungen der Arbeiterklasse und großer Teile der Volksschullehrerschaft nach Einheitlichkeit und Weltlichkeit der Schulen zugunsten der bestehenden Koalition preisgab. Der Kompromiß schlug sich nieder in den Schulartikeln der Weimarer Verfassung sowie dem Grundschulgesetz von 1920. Vgl. hierzu K. H. Nave (160), Sienknecht (215), *Zur Schulpolitik und Pädagogik der KPD* (210), H. Schulz (212), Tews (231), die das Zustandekommen des Kompromisses von sehr unterschiedlichen ideologischen Positionen aus darstellen und interpretieren.

128 Sienknecht (215, S. 183). Diese Tatsache hat bis heute ihre Aktualität behalten; seit dem Aufkommen der Diskussion um die Chancengleichheit in den sechziger Jahren wird dem Faktor der Schullage, also des Einzugsgebietes, in bezug auf die Auslesefunktion der Schule große Bedeutung beigemessen – ohne daß sich für Grund- und Hauptschulen etwas geändert hätte; wieweit Gesamtschulen und Mittelstufenzentren (in Berlin) den Einfluß dieses Faktors mildern, ist umstritten.

alle Schularten;
- einheitlicher Lehrerausbildung.

Die Bilanz zog Theodor Neubauer 1920 vor Gothaer Lehrern und Lehrerinnen:

»Es ist aus mit euren Hoffnungen auf Einheitsschule, Arbeitsschule, denn die Geldmittel Eurer famosen Gesellschaft reichen nicht einmal so weit, daß sie die bestehenden Bildungseinrichtungen erhalten kann. Es ist aus mit euren Hoffnungen auf eine höhere Gehaltsklasse, auf Gleichstellung mit den Oberlehrern, auf neue Lehrerbildungsanstalten und Universitätsstudium.«[129]

In den ersten Jahren der Weimarer Republik wurde der Bildungs- und Schuletat im Rahmen der Sparpolitik (Reparationsleistungen) ungleich stärker eingeschränkt, als dies in anderen Bereichen der Fall war.

»Städten und Kommunen dienten die Gebietsabtrennungen, die hohe Kindersterblichkeit und vor allem der enorme Rückgang der Geburten und entsprechenden Schülerzahlen zu einer verschleierten Erhaltung der alten Klassenfrequenzen oder gar einer Steigerung, zu Schul- und Klassenzusammenlegungen und ähnlichen Sparmaßnahmen.«[130]

Viele Eltern aus den begüterten Bevölkerungsschichten, die ihre Kinder früher auf Privat- und Vorschulen geschickt hatten, standen der obligatorisch gewordenen Grundschule ablehnend gegenüber. Zum ersten Mal in der Schulgeschichte griff der Staat jetzt direkt in die Rechte aller Eltern ein, indem er Schuldauer und Schultyp vorschrieb. Die Volksschule galt damals vielen Eltern »als durchaus ›unfein‹ und sogar als ›Armeleuteschule‹«.[131] Vor allem aber bekämpften die begüterten Schichten die neue Einrichtung, weil sie in ihr »ein ›Produkt der Revolution‹ bzw. ein ›Machwerk der Novemberverbrecher‹« sahen.[132]

129 Th. Neubauer (164, S. 65 f.).

130 V. Hoffmann (94a, S. 7).

131 Nave (160, S. 134).

132 A.a.O., S. 132. Daß sich die bürgerliche Öffentlichkeit schließlich mit der obligatorischen Grundschule abfand, sei, so meint Nave, weniger Ausdruck der Überzeugung von der prinzipiellen pädagogischen Berechtigung dieser Einrichtung (hier stimmen wir ihm zu) als vielmehr von der »gute[n] Arbeit, die die deutsche Volksschule trotz schwieriger materieller Bedingungen bisher geleistet hat«, und »ihre[r] Aufgeschlossenheit für eine Zusammenarbeit mit den Eltern, wodurch ein Bedürfnis nach Ausweichmöglichkeiten gar nicht erst aufkam« (S. 91) – hier können wir Naves Optimismus allerdings nicht teilen.

In der Einstellung der Eltern zu der obligatorisch gewordenen Grundschule[133] in der Zeit der Weimarer Republik lassen sich also drei Grundmuster erkennen: die sozialistisch orientierten oder organisierten Eltern reagierten mit Enttäuschung auf die verstümmelte Schulreform, verteidigten allerdings die errungenen Fortschritte; die konservativ eingestellten Eltern boykottierten die Schulveränderung, wo immer es ging[134]; die überwiegende Mehrheit der Eltern setzte in die obligatorische Grundschule keine größeren Hoffnungen als in die früheren Schulen, weil sie spürten und wußten, daß ein Übergang ihrer Kinder auf höhere Schulen nicht viel wahrscheinlicher geworden war bzw. keineswegs leichter zu bewerkstelligen sein würde.[135] Insgesamt freilich verbesserte sich die Qualität des Unterrichts, besonders was den naturkundlichen Unterricht und die Ausstattung der Schulen betraf, auch wenn, vorab auf dem Land, ein- oder zweiklassige Volksschulen fortbestanden.

133 Gaudig setzt sich schon 1917 von einer national-völkischen Position aus mit dem Konzept einer einheitlichen Grundschulausbildung auseinander: »Die einen bleiben in der Volksschule, die nun ›Volksschule‹ i. e. S. wird, weil der ›Aufstieg der Begabten‹ durch die wirtschaftlichen und sozialen Verhältnisse des Elternhauses schon gehemmt wird; die anderen besuchen dank ihrer besseren gesellschaftlichen Lage höhere Schulen, auch wenn die Tragweite ihrer Begabung nicht sehr weit reicht.« (62, S. 95/96). Er kommt zu der konservativen Konsequenz einer »Scheidung der Schulen nach der gesellschaftlichen Lage der Eltern« (S. 100), die allerdings eine Begabtenförderung der Kinder aus proletarischen Verhältnissen nicht ausschließen sollte. Insbesondere fürchtete er für den Verkehr zwischen Elternhaus und Schule Schwierigkeiten und Unzuträglichkeiten durch eine gemeinsame Volksschule: »Noch einmal sei hier bemerkt, wie sehr eine intersoziale Mischung der Elternschaft in der ›allgemeinen‹ Volksschule dem Zusammenschluß der Elternschaft hinderlich werden muß.« (S. 113)

134 Sie schickten ihre Kinder nach wie vor auf die weiterbestehenden privaten Vorschulen oder ließen ihnen vom Hausarzt ein Attest ausstellen, daß ihnen aus gesundheitlichen Gründen ein Schulbesuch in der Grundschule nicht zugemutet werden könne. Die zumeist konservativen Schulbehörden behandelten die Freistellungsgesuche mit der entsprechenden Großzügigkeit. Hauslehrer unterrichteten diese Kinder, und die begüterten Familien richteten regelrechte »Familienschulen« ein. Vgl. Nave, a.a.O., S. 141. Hinzu kam die 1925 mit dem »Kleinen Grundschulgesetz« geschaffene Möglichkeit, unter bestimmten Bedingungen die Grundschule schon nach drei Jahren – analog zu der früheren Vorschuldauer – zu verlassen, wovon Eltern bis zum Ende der Weimarer Republik Gebrauch machten. – Vgl. auch die Rede Th. Neubauers im Reichstag vom 1. April 1925 (164a, S. 166 ff.).

135 Nur 6,5% aller Kinder besuchten höhere Schulen. Von dieser Zahl waren nur 4% Arbeiterkinder. Hieran änderten auch die neu geschaffenen »Aufbauschulen« nichts. Vgl. *Geschichte der Erziehung* (63, S. 588 f.).

Der revolutionären Situation mußte im Schulbereich nach dem Krieg von der Sozialdemokratie Rechnung getragen werden durch eine begrenzte Mitbestimmung der Eltern. Durch Ministerialverfügung vom 5. November 1919 wurde vorgeschrieben, *Elternbeiräte* in allen Schulen einzurichten. Der Elternbeirat »soll der Förderung und Vertiefung der Beziehungen zwischen Schule und Haus dienen und den Eltern wie der Schule die Arbeit miteinander und den Einfluß aufeinander gewährleisten«.[136] Der begrenzte Einfluß der Elternbeiräte, der in den Jahren nach der Revolution zu heftigen Schulkämpfen führte, geht unmißverständlich aus der Verordnung selbst hervor, wo es heißt, daß die *beratende Tätigkeit* sich auf die *Wünsche* und *Anregungen* des Elternkreises erstrecke, »die sich auf den Schulbetrieb, die Schulzucht und die körperliche, geistige und sittliche Ausbildung der Kinder beziehen, und die über den Einzelfall hinaus von allgemeiner Bedeutung sind.«[137] Es wurde den Eltern nicht das Recht eingeräumt, an der Schulleitung und Schulverwaltung mitzuwirken (weitergehende Rechte für die Elternbeiräte bestanden nur in Thüringen und in Hamburg[138]).

Wie konfliktreich das erste Jahr nach Bildung der Elternbeiräte verlief, beweist eine Zusatzverfügung vom 1. Oktober 1920, in der es heißt, daß über die Elternbeiräte »vielfach große Unklarheit herrscht«.[139] Je nach den parteipolitischen Kräfteverhältnissen nach der Revolution wurden die Elternbeiräte durchgesetzt oder ihre Gründung verhindert[140], dies vor allem auf dem Lande. Widerstand kam jedoch nicht nur

136 Zit. nach Tews (232, S. 37).

137 A.a.O., S. 38 f.

138 Vgl. *Geschichte der Erziehung* (63, S. 591).

139 Zit. nach Tews, a.a.O., S. 41.

140 Die KPD erkannte nach anfänglich schwankender Einschätzung die schulpolitische Bedeutung der Elternbeiräte als Möglichkeit, den Schulkampf in breite Teile des Proletariats und seiner verbündeten Schichten, vor allem natürlich der Lehrerschaft hineinzutragen. 1922 fanden Elternbeiratswahlen auf Reichsebene statt. Hierbei erlitten die Kommunisten gegen die »Christlich-Unpolitischen« eine schwere Niederlage; das Aktionsbündnis der Kommunisten mit der SPD und USPD wurde von der rechten SPD unterlaufen. – Die Beteiligung der Elternschaft an den Wahlen war schwach. E. Hoernle gibt die Zahl mit unter 50% an (93, S. 233 ff.). Er spricht dort von »der geradezu sträflichen Gleichgültigkeit der parteipolitisch organisierten Arbeiterschaft gegenüber dem Schulkampf« (S. 234).

von den konservativen Gruppen der Lehrerschaft[141] und von der Schulbürokratie, sondern auch aus der Elternschaft. Ganz offensichtlich fürchtete die Regierung eine offensive Auslegung der Kompetenzen der Elternbeiräte, denn am 18. März 1921 erging eine Verfügung, mit der Haenisch, der SPD-Minister für Wissenschaft, Kunst und Volksbildung, die Elternbeiräte in scharfer Form »zur Räson ruft«, sofern sie sich in beamtenrechtliche Fragen des Lehrkörpers und der Schulleitung einmischten. Hierbei handelte es sich vor allem um Disziplinarangelegenheiten. Fortschrittliche Elternbeiräte wandten sich gegen die immer noch praktizierte Prügelstrafe, Schikanen gegen Kinder, die nicht am Religionsunterricht teilnahmen[142], und insbesondere gegen tendenziöse Lehrbücher[143], aber auch gegen die Auflösung von Klassenzügen, ja,

141 Geht man davon aus, daß alle fortschrittlichen und sozialistischen Lehrer die Einrichtung der Elternbeiräte begrüßten und unterstützten, so wäre interessant zu wissen, wie groß in etwa ihr Anteil an der Gesamtvolksschullehrerschaft war. Die *Monumenta Paedagogica* (154, S. 214 ff.), Bd. V, beschreiben zwar die Entwicklung und ideologische Provenienz linker Lehrervereinigungen, können aber keine Zahlen über Mitglieder und Sympathisanten insgesamt angeben; die *Geschichte der Erziehung* (63, S. 592 ff.) gibt hierzu noch weniger Auskünfte. W. Stöhr (223, S. 179 ff.) nennt die Zahl von 10 000 Mitgliedern für den im Jahr 1919 gegründeten Verband sozialistischer Lehrer (VSL) – diese Zahl reduzierte sich aber nach der Transformation des VSL in die Freie Lehrergewerkschaft Deutschlands (FLGD) 1920 auf 2000 Mitglieder. Nach der Fusion der FLGD mit der weit rechts stehenden Gewerkschaft Deutscher Volkslehrer (GDV) 1923 hörte die FLGD auf zu bestehen. Vgl. (6a, S. 32 f.). In den sozialistischen Lehrervereinen waren hauptsächlich Volksschullehrer vertreten. Die Elternbeiräte waren aber Kampforgane sowohl der fortschrittlichen wie der konservativen Eltern- und Lehrerschaft. Im Falle der konservativen Kräfte waren zwei Möglichkeiten gegeben: entweder die Elternbeiräte gar nicht erst einzurichten oder aber die Elternbeiräte mit konservativen Eltern zu besetzen und den Linken bei Wahlen mit Gegenlisten den Rang abzulaufen. E. Hoernle (vgl. 246, S. 192) sagt hierzu 1922: »Ob die proletarischen Elternräte heute mehr ein Kampforgan *gegen* die Lehrer sein werden oder ein Kampforgan *mit* den Lehrern gegen Bürokratismus, Schuldrill, Kinderelend, das hängt ganz von den Lehrern selbst ab.«

142 Die KPD erkannte spätestens nach den verlorenen Wahlen von 1922 zu den Reichselternbeiräten, wie falsch es propagandistisch war, die Religionsfrage in den Vordergrund zu stellen statt Fragen der materiellen Ausstattung der Schulen und konkrete Benachteiligungen von Arbeiterkindern, da noch sehr viele Proletarierfamilien, insbesondere die Frauen, christlich und kirchlich gebunden waren und sich von den Parolen der »Christlich-Unpolitischen« beeinflussen ließen. Hoernle schrieb hierzu: »[. . .] kein Zweifel besteht über den christlich-kleinbürgerlichen Einfluß in den heutigen Elternmassen.« (93, S. 215.)

143 Ein Antrag der Kommunisten im Landtag Preußens vom 10. 3. 1922 auf Beseitigung aller monarchistischen, militaristischen und völkerverhetzenden Lehr-

ganzen Schulen sowie gegen die Entlassung von Lehrern. So führten z. B. 1922 in Berlin von Kündigung bedrohte Junglehrer und Eltern aus Arbeitervierteln gemeinsame Protestaktionen durch.

»Die einberufene Versammlung in Kliems Festsälen in der Neuköllner Hasenheide wurde von ca. 6000 Eltern und Junglehrern besucht. [...] Wie vereinbart worden war, lag die Leitung der Protestversammlung in den Händen der proletarischen Elternbeiräte, die auch die entscheidende Streikforderung begründeten und sich bereit erklärt hatten, wenn nötig, die Leitung eines beschlossenen Streiks mit heimlicher Unterstützung der Junglehrer zu übernehmen.«[144]

Die gemeinsame Aktion hatte Erfolg – die angedrohten Kündigungen der Junglehrer mußten vom Berliner Magistrat zurückgenommen werden. – 1923 bildete sich, wiederum in Berlin, eine »Schulnotgemeinschaft«, die sich gegen die Zerstörung von Bildungschancen zur Wehr setzte. Ihr schlossen sich an

»alle politischen, wirtschaftlichen und kulturellen Organisationen des Proletariats (Bezirksvorstand der Vereinigten Sozialdemokratischen Partei Deutschlands, Unabhängige Sozialdemokratische Partei, Kommunistische Partei Deutschlands, Bezirk Brandenburg, Gewerkschaftskommission Berlin und Umgebung, Allgemeiner freier Angestelltenbund, Ortskartell Berlin, die Freien Schulgemeinden Berlin, Zentralstelle der sozialdemokratischen Elternbeiräte Groß-Berlins, Elternbeiratszentrale der Kommunistischen Partei Deutschlands, Elternbeiräte der Unabhängigen Sozialdemokratischen Partei) und einige kleinere fortschrittliche Lehrerorganisationen (Bund entschiedener Schulreformer, Gewerkschaft deutscher Volksschullehrer, Arbeitsgemeinschaft sozialdemokratischer Lehrer, Vereinigung der Lehrkräfte an weltlichen Schulen)«.[145]

In allen Berliner Verwaltungsbezirken kam es zu Massenveranstaltungen, die von Eltern, Gewerkschaftern, Parteivertretern und Lehrern, vor allem Junglehrern, organisiert wurden. Die wichtigsten Forderungen richteten sich gegen Schulstunden-Ausfall, hohe Klassenfrequenzen und Lehrerentlassungen. Teilerfolge konnten, wie schon 1922, erzielt werden, aber die ›Schulnotgemeinschaft‹ zerfiel rasch.

stoffe sowie der entsprechenden Bilder in den Lehrbüchern und Schulräumen wurde abgelehnt. (Vgl. L. v. Werder / R. Wolff (246, S. 223).

144 V. Hoffmann (94a, S. 25).

145 A.a.O., S. 29.

Die in den letzten Jahren der Weimarer Republik von der »Notverordnungspolitik« erzwungenen materiellen Verschlechterungen im Volksschulwesen – drastische Gehaltskürzungen der Lehrer, Streichung von Lehrerstellen, steigende Klassenfrequenzen, faktische Senkung der Schulpflichtzeit durch Stundenkürzungen – stießen zwar auf Widerstand bei Lehrern und Eltern; aber die Abwehrkämpfe der Lehrerverbände, insbesondere des DLV, gingen, wie Breyvogel zeigt, einher mit einer resignativen Einschätzung des Parlamentarismus, mit Identitätskrisen und mit einer Neigung zur Isolierung und Zersplitterung.[146] Zwar wehrten sich, wie schon 1922 und 1923, insbesondere Berliner Arbeitereltern und Schüler gegen die Verschlechterungen im Schulwesen – es kam (in Neukölln[147]) 1930 zu Schulstreiks und Massenversammlungen der Eltern, 1931 nicht nur in Berlin, sondern auch in anderen Teilen des Reiches. Die vielerorts verwirklichte Aktionseinheit zwischen Lehrern, Schülern, Eltern, zwischen Kommunisten und Sozialdemokraten, ja, sogar christlichen Eltern führte, wie schon zehn Jahre zuvor, zu partiellen Erfolgen, scheiterte aber wiederum am fehlenden Konsensus der zeitweilig mobilisierten Massen.

Wenngleich es also in der Weimarer Republik punktuell sehr viel weiter entwickelte Verkehrsformen zwischen Lehrern und Eltern (und Schülern) gegeben hat als jemals zuvor (und später niemals wieder), nämlich einen kämpferischen und politisch artikulierten Zusammenschluß der vom Schulelend unmittelbar Betroffenen, so gilt doch ebenso, daß die *Breitenwirkung* des Kampfes um Einflußnahme auf die Schule durch Lehrer- und Elternräte gering blieb. »Breiteste proletarische Massen« konnten »von der Notwendigkeit dieses Kampfes«[148] nicht überzeugt werden, und es gelang nicht, was in den *Leitsätzen für die Arbeit in den Elternbeiräten* als Aufgabe der proletarischen Elternbeiräte definiert worden war, zu verwirklichen:

»[. . .] in den gesetzlichen Elternräten den von den bürgerlichen Behörden gezogenen engen Rahmen zu sprengen, um die Befugnisse des

146 Vgl. W. Breyvogel (23a, insb. S. 54).

147 Vgl. hierzu die Dokumentation in Werder/Wolff (246, S. 305 ff.).

148 Aus den *Leitsätzen für die Arbeit in den Elternbeiräten* (1920), zit. nach Werder/Wolff (246, S. 209).

Elternrates in zähem Kampf zu erweitern und so den Elternrat aus einem Hilfsorgan der bürgerlichen Schulbürokratie in ein Kampforgan des revolutionären Proletariats zu verwandeln.«[149]

Tews faßt seine ambivalente Einstellung zu den Elternbeiräten (die er als pädagogische Instrumente für die Zusammenarbeit zwischen Haus und Schule begrüßt, als politische Instrumente ablehnt) in einem Satz zusammen, den man angesichts der heutigen Wirklichkeit und Wirksamkeit der Elternvertretungen als aktuell bezeichnen kann, gerade wenn man keine Trennung zwischen politischen und pädagogischen Problemen macht: »Mag man soviel Elternbeiräte schaffen, wie man will, die Schule wird immer nur so gut und so schlecht sein, als die Lehrer sind, die in ihr wirken.«[150] Unter dem Gesichtspunkt der Verkehrsformen zwischen Eltern und Schule, für deren Veränderung Kommunisten und Sozialisten am konsequentesten eintraten, muß Hoernles Bemerkung beurteilt werden, daß »heute noch das gesamte Schulwesen der Kontrolle der proletarischen Öffentlichkeit so gut wie entzogen« sei. Klar erkannte er von einer revolutionären Position aus, was Tews aus bürgerlicher Perspektive wahrnahm: »Die proletarischen Elternbeiräte werden im bürgerlichen Klassenstaate genau soviel Rechte haben, wie sie zu erkämpfen verstehen bzw. wie die proletarischen Massen für sie erkämpfen.«[151] Die

149 A.a.O., S. 210.

150 Tews (232, S. 35).

151 E. Hoernle in Werder/Wolff (246, S. 32). Bitter charakterisiert er den Volksschullehrertypus der Nachkriegszeit: »[. . .] wir sprechen vom ›*Volksschul*lehrerstand‹ –, der zwar nach Herkunft, Bildung, Rang und Einkommen noch nicht zur herrschenden Klasse gehörte, dem die Gleichstellung mit dem akademisch gebildeten ›Oberlehrer‹ daher immer als hohes Ideal vorschwebte, der aber gleichzeitig weit genug vom Proletariat abgetrennt war, um sich für etwas Besseres zu halten und seine Zukunft nicht in der Kampfsolidarität mit den Arbeitern, sondern in der ›Gleichstellung‹ mit den ›Akademikern‹ zu suchen. [. . .] als gar im Kriege Tausende Junglehrer den Eintritt ins Offizierskasino fanden, da war es um diese Lehrer getan. Sie, die traditionell von jeher die treusten Stützen von ›Thron und Altar‹ gewesen waren – trotz aller Fußtritte! –, wurden jetzt begeisterte Vorkämpfer jenes Geistes, der im preussischen Offizierskorps herrschte [. . .]. Das alte Wilhelminische System in Deutschland hat es vermocht, die Masse der Volksschullehrerschaft in so raffinierter Weise gleichzeitig zu ködern und zu unterdrücken, daß sie heute noch teils absolut ›unpolitisch‹ den vorgeschriebenen, das heißt reaktionären Trab trotten, teils ausgesprochene und erbitterte Reaktionäre sind. *Die Zahl der Lehrer in Deutschland, die zum Proletariat stehen, wie es auch ihrer materiellen Lage entspricht, ist verschwindend gering* . . .« (Hervorhebung B.-R.) (94, S. 168).

Beziehungen zwischen sozialistisch orientierten Elternbeiräten und der Lehrerschaft waren in den meisten Fällen feindlich-ablehnend[152], und schon daraus geht hervor, daß die Einrichtung der Elternbeiräte, sofern sie überhaupt eine Chance hatte, in das Schulleben aufgenommen zu werden, nur ausnahmsweise die traditionelle Entfremdung zwischen Elternhaus und Schule aufhob. Aus der Einrichtung der Elternbeiräte ist die heutige »Elternmitbestimmung« erwachsen. Auch sie hat nie wesentliche Mitentscheidungsrechte über Schulverwaltung und -personal sowie Unterrichtsinhalte erlangt. Die Elternschaft nach 1945 hat allerdings auch nicht mehr an die revolutionäre Tradition der sozialistischen und kommunistischen Elternbeiräte angeknüpft.

Mit der Institutionalisierung der Elternbeiräte waren die *Elternabende* in das öffentliche Volksschulwesen eingeführt; allerdings muß hier unterschieden werden zwischen den Eltern-Lehrer-Zusammenkünften auf Klassenebene und der Elternvertretung auf Schulebene.

Die Wahlen zu den Elternbeiräten fanden zum Schuljahresbeginn statt, und eine Elternbeirats-Versammlung mußte mindestens einmal im Halbjahr einberufen werden, um den Elternbeiräten Gelegenheit zu geben, sich zu konstituieren und untereinander zu verständigen; die Elternbeiräte hatten darüber hinaus das Recht, sich öfter zu versammeln. Dies entspricht den heutigen Elternvertreter-Versammlungen auf Schulebene, wobei die Elternvertreter heute klassenweise gewählt werden.

Hingegen wurden Elternabende in Form von Eltern-Lehrer-Treffen schon gegen Ende des 19. Jahrhunderts von Pädagogen gefordert, um eine bessere Zusammenarbeit zwischen Schule und Elternhaus zu erzielen.[153] Freilich war diese Form

152 In einem Artikel in der Zeitschrift *Sozialistischer Erzieher* (1922), H. 9, heißt es: »Die Elternvertreter haben in zwei Jahren bitter erfahren [. . .], was es heißt, nur ›beratender Natur‹ zu sein, beschränkt zu sein auf ›Wünsche und Anregungen‹, keinen Einblick in die behördlichen Erlasse und Verfügungen zu haben, keine Elternversammlungen ohne Zustimmung des Lehrkörpers berufen zu können, kurzum, von jeder Mitbestimmung im Schulleben ausgeschlossen zu sein und dort vor den Lehrern die Rolle des lästigen Eindringlings zu spielen. Kann man sich wundern, daß viele es satt haben, nach Art verankerter Schiffe sich ums festgelegte Achterteil im Kreise zu drehen?« Zit. nach Werder/Wolff (246, S. 218).

153 1904 schreibt A. Lomberg: »Eltern und Lehrer stehen einander kalt und

des Verkehrs noch völlig abhängig von der Meinung des Lehrers bzw. der Schulleitung über den Nutzen, den solche Elternabende der Schule bringen würden. In einer kleinen Schrift von 1893 faßte Tews[154] seine Gedanken zu diesen Elternabenden zusammen; er stellte sie sich eingebettet in ein lebendiges Schulleben vor, an dem das Elternhaus in vielfacher Weise partizipierte. Elternabende sollten eine unter zahlreichen Anstrengungen sein, die Beziehungen zwischen Schule und Elternhaus zu verbessern. »Mit Elternabenden die kranke Schule überhaupt kurieren zu können, kann nur ein Charlatan, kein ernster Pädagoge versprechen.«[155]

Neben den Elternabenden empfahl Tews »pädagogische Abende«, worunter er, ähnlich wie später die Befürworter von »Elternschulen«, Informationsveranstaltungen über pädagogische Probleme verstand, die jedermann offenstanden.[156]

Von Elternabenden auf Klassen- und Schulgemeindeebene wird u. a. aus Halle und Potsdam berichtet; allerdings geht aus dem Bericht auch hervor, daß sie vor allem an Bürgerschulen stattfanden. In der Beschreibung finden wir eine Haltung der Eltern dargestellt, die uns aus ähnlichen Veranstaltungen in heutigen Volksschulen vertraut ist:

»Die Vorträge, Mitteilungen und Belehrungen wurden durchweg mit Verständnis und Zustimmung, ja mit einer gewissen Hochachtung aufgenommen. Die Debatten bewegten sich in mäßigem Umfange und immer in erwünschter Richtung zur Unterstützung solider Erziehung. Eine gewisse Scheu, vor so großer Versammlung das Wort zu ergreifen, war allerdings nicht zu verkennen.«[157]

Ein anderer Schulmann gibt einen Bericht von dem Elternabend einer ersten Klasse 1888 in Altenburg, aus dem die erörterten Themen ersichtlich werden:

»1. Bericht über den Zweck der Elternabende; 2. ein Vortrag über Märchenunterricht; 3. Mitteilungen über die anderen Unterrichtsfächer; 4. Schulordnung betreffend; 5. Individualitäten der Kinder; 6. Allgemeines.«[158]

fremd gegenüber und nehmen vielfach nur auf geschäftsmäßigem Wege Notiz voneinander (139, S. 382).

154 Tews (227).

155 A.a.O., S. 12.

156 Vgl. hierzu auch Buschmann (28, S. 1065 ff.).

157 Zit. nach Tews (227, S. 13/14).

158 Ebd.

Aus der Beschreibung geht hervor, wie wenig sich im Grunde an Form und Inhalt eines Elternabends in den letzten hundert Jahren geändert hat – wobei wir davon ausgehen müssen, daß es sich bei der betreffenden Schule vermutlich um eine direkt an die Mittelschule angeschlossene Elementarklasse bzw. um eine Vorschulklasse gehandelt hat:

»Nach dem Vortrage entspann sich eine lebhafte Debatte, in welcher sich die Eltern meinen Ausführungen anschlossen und für dieselben durch Mitteilungen aus dem Familienleben weitere erhebliche Gründe beibrachten. Betreffs des zweiten Punktes der Tagesordnung wurde den Eltern an das Herz gelegt: 1. beim Schreiben der Kinder auf richtige Haltung des Körpers und des Stiftes zu achten; 2. sich beim Nachhelfen im Lesen und Schreiben der Leseart des Lehrers anzuschließen; 3. die in der Schule zu behandelnden biblischen Geschichten und Märchen den Kindern nicht vorher zu erzählen, weil dadurch der Unterricht sehr beeinträchtigt wird. Über den dritten Punkt, die Schulordnung betreffend, wurde erwähnt, die Eltern möchten darauf achten, daß die Kinder ihre Schulsachen stets in der vorgeschriebenen Weise imstande hätten. Auf Ansuchen mehrerer Eltern wurde gestattet, daß die Kinder bei nasser und kalter Witterung ihre Stiefel während der Schulzeit mit warmen Schuhen vertauschen. Von großer Wichtigkeit war der fünfte Punkt: Mitteilungen über Individualitäten der Kinder. Viele körperliche Gebrechen und geistige Eigentümlichkeiten einiger Kinder, welche mir noch unbekannt waren, wurden mir mitgeteilt. So hatten Eltern und Lehrer von diesem Abend großen Gewinn. In ungezwungener Unterhaltung saßen wir noch lange beisammen, und beim Abschied gaben alle mir ihren Dank zu erkennen und den Wunsch, bald wieder einen solchen Abend zu veranstalten.«[159]

Allerdings verlaufen Elternabende heute in der Grundschule zumeist weniger »ungezwungen«. Dies hängt nicht zuletzt damit zusammen, daß derartige Zusammenkünfte damals noch von besonders engagierten Lehrern organisiert wurden.

Wir erkennen hier eine Entwicklung im Schulwesen, wie sie auch auf anderen Gebieten stattgefunden hat, wenn fortschrittliche Erziehungskonzeptionen mit der ökonomisch-geschichtlich bedingten Verspätung aus den privilegierten Schulformen nach »unten« sich verbreitern. Diese Verbreiterung in das »niedere Schulwesen« hinein bringt es mit sich, daß die fortschrittlichen Züge verblassen oder verzerrt werden, da die herrschende Schulpolitik weder die finanziellen noch die per-

159 A.a.O., S. 14/15.

sonellen Ressourcen bereitstellt, um qualitative Verbesserungen im gesamten Schulbereich einzuführen.[160] Dies ist nicht nur an der Qualität der Lehrerausbildung abzulesen, die bis heute die höheren Schulen bevorzugt, insofern diese Lehrer ein kostenintensiveres Studium absolvieren, sondern z. B. auch an den Elternabenden, die heute in der Regel nicht mit jenem Engagement veranstaltet werden, das in der »Frühzeit« dieser Verkehrsform noch anhaftete und auch von Reformpädagogen, insbesondere in den Versuchsschulen, gepflegt wurde. Hinter dem scheinbar nur subjektiven Moment des vorhandenen oder fehlenden Engagements einzelner Lehrer steht die allgemeine gesellschaftliche Bewertung einer Zusammenarbeit zwischen der Institution Schule und der Elternschaft. (Die Schulbehörden gehen auch heute mit der Elternschaft in Arbeiterbezirken rigider um als mit der Elternschaft in bürgerlichen Bezirken, von der sie wissen, daß sie gegebenenfalls mehr gesellschaftlichen Druck ausüben kann; diese Haltung vermittelt sich, wenn auch nicht notwendigerweise und einlinig, an die Lehrerschaft.)

An der Mehrzahl der damaligen Volksschulen fanden freilich überhaupt keine Elternabende statt, und noch 1922 konstatierte Tews in der überarbeiteten Fassung seiner 1893 erschienenen Schrift *Elternabende* eine »Gegnerschaft« zu dieser Einrichtung. Sie war noch immer nicht zu einem Bestandteil des Schulalltags geworden.

Es haben sich in der Weimarer Republik, so können wir zusammenfassend sagen, wichtige Verkehrsformen zwischen Elternhaus und Schule herausgebildet und sind institutionalisiert worden. Die Elternmitbestimmung in Gestalt der Elternbeiräte garantierte jedoch den Eltern keinen direkten Einfluß auf die Verfassung und die Angelegenheiten der Schule. Die mit der revolutionären Situation von 1918/19 gegebene

160 Hoernle hierzu: »Aus dieser doppelten Aufgabe der Volksschule, gleichzeitig *Lehrinstitut und Verdummungsanstalt* [...] zu sein, entsteht eine Reihe von Widersprüchen in dem bürgerlichen Schulwesen, die sich darin äußern, daß die Bourgeoisie zwar entsprechend der Entwicklung der Technik und der Naturwissenschaften an gewissen Reformen des Unterrichts und des Lehrplanes interessiert ist, dennoch aber diese [...] Reformen [...] im Interesse ihrer Machterhaltung wieder einschränkt und vernachlässigt, wodurch bei allen bürgerlichen Schulreformen stets etwas Halbes, Verkrüppeltes und Verlogenes zustande kommt.« (92, S. 68.)

Chance, durch Basisorganisationen gesellschaftliche Lebensbereiche aktiv zu bestimmen und Entscheidungsprozesse zu initiieren und zu kontrollieren, war auch im Bereich der Schule nicht genutzt worden. Die schulpolitischen Kämpfe in den Anfangsjahren der Weimarer Republik haben indes gezeigt, welch beträchtliches Konfliktpotential zwischen den Eltern und der Schule besteht. Wo man die unmittelbaren Interessen der Betroffenen – Eltern, Lehrer, Schüler – gegen gesellschaftlich überkommene Strukturen durchzusetzen bestrebt war, wurde auch ein Verhältnis zwischen Schule und Eltern antizipiert, das die entfremdeten Verkehrsformen aufzuheben erlaubt.

Über die Verkehrsformen zwischen Eltern und Schule in der Zeit des *Nationalsozialismus* ist der einschlägigen Literatur wenig zu entnehmen. Wohl gibt es Darstellungen der nationalsozialistischen Erziehungsideologie und Schulpolitik[161], aber an keiner Stelle wird, soweit wir sahen, im einzelnen auf die Beziehungen zwischen Eltern und Schule eingegangen. Die Autoren beschränken sich darauf, die generelle Beschneidung des Elternrechts sowie die Auflösung der Elternbeiräte zu beschreiben. Gleichwohl lassen sich aufgrund von Daten über die politische Zugehörigkeit zu Parteiorganisationen einige Überlegungen anstellen:

Nach einer Erhebung von 1936[162] waren 97% der gesamten Erzieherschaft im NSLB, davon 32% Parteigenossen. Hunderte von Lehrern bekleideten hohe und sehr hohe Parteiämter, und 62% aller männlichen Parteigenossen im NSLB waren politische Leiter. 32% der männlichen Mitglieder und 52% der männlichen Parteigenossen befanden sich in den

161 Vgl. z. B. R. Eilers (42), der aber nur eine dreiviertel Seite auf die »Elternschaft« (S. 75/76) verwendet, in einer sonst sehr ausführlichen Darstellung. K. Diedrich (38) handelt in seinem historischen Einleitungskapitel die gesamte Periode des Dritten Reichs auf einer Viertelseite ab (S. 22). Uns ist aufgefallen, daß die meisten pädagogischen Werke nach 1945 die Zeit des Nationalsozialismus aussparen oder mit Floskeln wie »In der Zeit der Schreckensherrschaft . . .« übergehen. Auch neuere marxistisch orientierte Analysen zur Schulpolitik haben sich, soweit wir sahen, bisher noch nicht ausführlich mit dieser Periode befaßt. Wichtige Dokumente zur Erziehungsideologie und zur Schulpolitik des Nationalsozialismus finden sich abgedruckt in H. J. Gamm (61) und Michael Schepp (147).

162 Vgl. Dokument 37 in Gamm, a.a.O., S. 201.

Gliederungen der Partei, waren also in SS, SA, NSKK, NSFK oder NS-Marinebund organisiert. Schließlich waren über 10 000 Lehrer verantwortlich in der HJ und im Jungvolk tätig; 27 000 Lehrerinnen gehörten der NS-Frauenschaft an.

Vergegenwärtigt man sich dieses immense nationalsozialistische »Ideologiepotential« unter der Lehrerschaft, selbst mit der Einschränkung, daß manche Lehrer nur »nach außen hin mitmachten«, so dürfte sich ihre Beziehung zur Elternschaft darin erschöpft haben, den Eltern die nationalsozialistische Ideologie zu vermitteln. Die Mehrzahl der Eltern wird dies, ebenso wie im allgemeinen politischen Leben, apathisch oder klaglos hingenommen haben. Veränderungen im Schulbereich (eingeschränkte Allgemeinbildung in allen Schulzweigen; Organisierung der Kinder in der HJ; nationalsozialistische Indoktrination in allen Schulfächern und Schulbüchern, insbesondere in Deutsch und Geschichte; Agitation gegen »Nichtarische«, Kommunisten und andere Linke sowie gegen Angehörige der Bekennenden Kirchen etc.) trafen auf keine organisierte Gegenmacht. Die Elternbeiräte wurden aufgelöst, alle Eltern unterstanden nun, dem Führergrundsatz entsprechend, dem Schulleiter und bildeten die »Schulgemeinde«; ebenso wurden die beschließenden Lehrerkonferenzen aufgelöst und zu »beratenden Organen des verantwortlichen Schulleiters« umgewandelt.[163] Diese gemeinsame Entrechtung von Lehrern und Eltern mag in Einzelfällen zu einer stillen Kooperation beider geführt haben[164], in der regulären Schulpraxis aber, die von allen Versuchsschulen und fortschrittlichen Lehrkräften »gereinigt« war, gingen die Beziehungen zwischen Eltern und Lehrern ein in die straff »von oben nach unten« gegliederte Hierarchie. Unter dem Signum der »Volksgemeinschaft« blühte das Schulleben dort, wo Lehrer und Eltern einer Meinung über die Erziehung der Kinder zum Nationalsozialismus waren. Insbesondere die HJ, der Zwangsjugendverband, führte im Schulbereich, vor allem aber außerhalb der Schule, Lehrer (es gab HJ-Vertrauenslehrer), Schüler und Eltern zusammen.

163 Vgl. Freudenthal (55, S. 134).

164 Vgl. *Geschichte der Erziehung* (63, S. 606), in der über die Säuberungen der Schulen von fortschrittlichen Lehrern 1933 – leider sehr kurz – berichtet wird.

Heißt das, daß die Verkehrsformen zwischen Eltern und Schule dort ihren entfremdeten Charakter verloren haben, wo ideologische Übereinstimmung zwischen beiden bestand?

Im Eingangskapitel haben wir in Anlehnung an Holzkamp dargelegt, daß sich der Verwertungsstandpunkt des Kapitals, der die entfremdeten Arbeitsbedingungen der Eltern bestimmt, in der Schule fortsetzt, wo die Kinder um der Noten willen »Leistung erbringen« und ihrem Arbeitsprodukt ebenfalls »gleichgültig« gegenüberstehen. Dieser schulische Leistungsdruck vermittelt sich über den Familienzusammenhang an die Eltern und prägt deren entfremdetes Verhältnis zur Schule, da die künftigen Chancen ihrer Kinder auf dem Arbeitsmarkt das gesamte Familienschicksal beeinflussen.

Will man nun prüfen, ob die entfremdeten Verkehrsformen zwischen Eltern und Schule in der Zeit der »Volksgemeinschaft« ihren Entfremdungscharakter verloren, so müssen wir aus dem ideologischen Bereich der Erziehung an die ökonomische Basis gehen. Dort aber hatte sich an der Ausbeutungssituation des Arbeiters nichts geändert, im Gegenteil; die auf die Spitze getriebene imperialistische Politik des Nationalsozialismus (die »Kriegswirtschaft«) verlangte eine gesteigerte extensive und intensive Ausbeutung des Lohnarbeiters. Dem korrespondierte in der Erziehungsideologie das Schlagwort vom »Aufstieg des Tüchtigen«. Es konnte eine um so größere Überzeugungskraft entfalten, als tatsächlich bestimmte Barrieren, die bislang den Aufstieg in der bürgerlichen Gesellschaft blockiert hattten, gefallen waren – sofern politische Anpassung gewährleistet war. Gleichwohl änderte sich am *Klassen*schicksal der Menschen nichts.

3. Zusammenfassung

1. Wir haben die Geschichte des niederen Schulwesens unter dem Aspekt der Verkehrsformen zwischen Elternhaus und Schule betrachtet. Es interessierte uns die materielle Seite der Schulgeschichte des niederen Bildungswesens; wir wollten die »wirklichen Lebensprozesse«[165] der mit der Schule verbunde-

165 Marx/Engels (144a, S. 27).

nen Menschen in Erfahrung bringen und hieraus Schlüsse auf die Verkehrsformen ziehen. Dies konnte freilich nur in einer vorläufigen Form gelingen.

2. Wenn wir als entfremdete Lebensformen ganz allgemein solche verstehen, die aus der Arbeitsteilung resultieren und historisch-ökonomisch zur Ausbildung von vornehmlich produzierenden und vornehmlich konsumierenden Klassen sowie zu den entsprechenden Verkehrsformen führen[166], so müssen ihre Auswirkungen auch im ideologischen Bereich der Schule zu entdecken sein. Die Auswirkungen machten wir am Zugang der vornehmlich produzierenden Klassen zur Schule fest.

3. Für die niederen Volksschichten wurde lange Zeit ein äußerst geringes Elementarwissen, aber ein hohes Maß an ideologischer Indoktrination als ausreichend bzw. notwendig erachtet, um sie an ihr Klassenschicksal gefesselt zu halten. Dieser Tatbestand spiegelt sich deutlich im Lehrkanon und im Qualifikationsniveau der Lehrer wider. Solange der Schulbesuch noch nicht obligatorisch war, waren die Verkehrsformen zwischen Schule und Eltern geprägt von den unmittelbaren ökonomischen Bedürfnissen der Eltern und der Lehrer: die Lehrer konnten aufgrund ihrer ökonomischen Situation noch kein »Berufsethos« entwickeln, sie sahen in den Kindern Verdienstquellen; und die Eltern waren auf die Verfügbarkeit der Arbeitskraft ihrer Kinder angewiesen – sie in die Schule zu schicken, konnten sie nicht sonderlich wünschen.

In der Frühzeit der Industrialisierung wurde die Qualifikation der zukünftigen Lohnarbeiter durch eine Verbindung von produktiver Arbeit und Lernen erreicht, die Ausbeutung der Kinder war mit ihrer schulischen Lernarbeit gekoppelt. Unter diesen Umständen mußten die Eltern insofern am Schulbesuch ihrer Kinder interessiert sein, als diese ihnen die kümmerlichen Lohnpfennige nur dann einbringen konnten, wenn sie zur Schule gingen.

Mit zunehmender Industrialisierung unter kapitalistischen Produktionsbedingungen wurde eine minimale Qualifikation der zukünftigen Lohnarbeiter unabdingbar – der Lehrkanon wurde erweitert, das Qualifikationsniveau der Lehrer stieg.

4. In dem Maße, wie der Staat mit der Durchsetzung der

166 A.a.O., S. 32.

Schulpflicht das Bildungswesen immer mehr unter seine Kontrolle brachte, verlagerten sich die Verkehrsformen zwischen Eltern und Lehrern aus dem ökonomischen Bereich in den bürokratisch-ideologischen. Die Verbindung von produktiver Arbeit und Lernen ging mit der Einschränkung der Kinderarbeit im letzten Drittel des 19. Jahrhunderts zurück; aus den Fabrikschulen und anderen Formen des niederen Schulwesens entwickelte sich die Volksschule. Sie hatte in der Zeit des aufblühenden Kapitalismus die Aufgabe, dem zukünftigen Lohnarbeiter einen minimalen Wissensbestand zu vermitteln, vor allem aber, die Kinder für eine begrenzte Zeitspanne dem Zugriff des Kapitals zu entziehen.

5. Die Arbeiterschaft konnte von der Volksschule als Pflichtschule keine Verbesserung ihrer Lage erhoffen. Mit der Zuspitzung der Klassengegensätze erkannten die Eltern die Schule immer deutlicher als eine Klassenschule, die am Schicksal ihrer Kinder als Lohnarbeiter nichts änderte.

6. Die Vermittlung des elementaren und des ideologischen Wissens war gebunden an die Lehrerschaft.

Die Lehrer des niederen Volkes befanden sich jahrhundertelang in einer zwiespältigen Lage: Erstens übten sie neben ihrer Lehrtätigkeit ein weltliches oder kirchliches Handwerk aus, das ihre materielle Reproduktion sicherte; die Lehrtätigkeit geriet zwangsläufig in Konflikt mit den anderen Tätigkeiten. Zweitens mußten sie die herrschenden Interessen gegenüber den Kindern des Volkes und ihren Eltern vertreten und wurden von diesen Interessen gleichzeitig selbst ausgebeutet; von diesem Konflikt zeugen die Widersprüche in der Entwicklung der Lehrerausbildung. Drittens mußten sie zwar die herrschenden Interessen vertreten, aber sie waren gleichzeitig von den Eltern abhängig, insofern sie von der Gemeinde angestellt und unterhalten wurden; deren ökonomisches Wohlergehen oder Elend war auch das ihre.

Die Widersprüchlichkeiten in der Berufsrolle des Lehrers bestimmten und bestimmen sein Verhalten den Eltern gegenüber. Seine Doppeltätigkeit ist gefallen; hingegen ist der ideologische Konflikt geblieben, Herrschaftswissen vermitteln zu müssen, auch wenn dies den eigenen und den Interessen der Mehrzahl der Eltern entgegensteht. Dieser Widerspruch drückt sich bis heute in Konflikten zwischen Lehrern und staatlichen Bürokratien, aber auch in Konflikten zwischen Lehrern und Eltern aus.

7. Als die Arbeiterschaft in der zweiten Hälfte des 19. Jahrhunderts zu einer organisierten politischen Kraft zu werden begann, stieg objektiv ihre Chance, mit einem größeren Anteil als bisher am gesellschaftlichen Reichtum zu partizipieren, und es wuchs subjektiv ihre Bereitschaft, hierfür auch im Bereich der Schule zu kämpfen. Der Schulkampf des organisierten Teils der Arbeiterklasse und verbündeter Schichten, vor allem der sich gleichfalls emanzipierenden Lehrerschaft, galt der Erringung qualitativer Verbesserungen im Bildungswesen.

8. Dieser Kampf um das Recht auf Bildung verschärfte den Widerspruch, in dem sich die herrschenden Klassen befanden, nämlich einerseits die Schulpflicht (formeller Ausdruck für die ökonomische Notwendigkeit einer minimal vorgebildeten Arbeiter- und Bauernschaft) erzwingen zu müssen und andererseits das Recht auf Bildung so weit einzuschränken, daß der Zwangscharakter der Schule als Institution und des Unterrichts als Indoktrination gewahrt blieb.

9. Prinzipiell machte der Schulkampf deutlich, daß eine einheitliche, obligatorische und qualitativ hohe Bildung unter den bestehenden Verhältnissen nicht zu erlangen war. Diese Einsicht bestimmte aber vorerst nur das Verhalten der politisch fortgeschrittensten Teile der Eltern- und Lehrerschaft. Sie erkannten, daß sie sich zur Abschaffung der Klassenschule verbünden mußten. Wo es zu einer solchen Koalition kam (progressive Lehrer- und Elternvereine und Elternbeiräte; Organisierung in den sozialistischen Parteien), wurden die entfremdeten Verkehrsformen, die zwischen ihnen herrschten, vorübergehend aufgehoben.

10. Die historische Chance, die mit der revolutionären Situation von 1918/19 auch für eine Umgestaltung des Bildungswesens gegeben war, konnte nicht genutzt werden. Mit dem erneuten Aufstieg der bürgerlichen Klassen in der Weimarer Republik, der im Faschismus endete, wurden die progressiven Bestrebungen und Errungenschaften in der Schulpolitik ausgelöscht (insbesondere die Einrichtung der Elternvertretung, die Versuchsschulen und die Zusammenarbeit zwischen fortschrittlichen Lehrern und Eltern).

11. Über alle historischen Entwicklungen hinweg hat sich in den Verkehrsformen zwischen den Schulen für die unteren Gesellschaftsklassen und den Eltern ein Merkmal erhalten: Die Schule hatte nie die Aufgabe, die Kinder der unterdrückten Klassen von ihrem Klassenschicksal zu emanzipieren. Deshalb konnten sich zwischen Lehrern und Eltern keine autonomen Beziehungen herstellen. Die Verkehrsformen zwischen beiden waren und sind geprägt von den gesamtgesellschaftlichen Verhältnissen, in denen es unterschiedliche Klassen gibt.

Wir haben nun im folgenden zu klären, wie sich die Verkehrsformen zwischen lohnabhängigen Eltern und Schule nach dem Zusammenbruch des Faschismus gestalteten. Bei allen Unterschieden der Situation 1918 und 1945 kann man wohl sagen, daß 1945 ein Neuanfang auch für den Aufbau des Schulwesens möglich geworden war.

Die föderalistische Entwicklung des Schulwesens führte zu bildungspolitischen Kontroversen zwischen den großen Parteien, insbesondere zwischen CDU und SPD. Rückständige Schulstrukturen wurden, je nach Bundesländern verschieden, entweder abgebaut oder aufrechterhalten. Es kam zu Auseinandersetzungen um die konfessionelle Bindung der Grundschule, die ja in der Weimarer Republik nicht abgeschafft worden war. – Die besonders in ländlichen Gebieten zahlreichen »Zwergschulen« konnten den gesellschaftlichen Anforderungen an den Bildungssektor nicht mehr genügen, sie wurden allmählich zu Mittelpunkt-Schulen zusammengefaßt.

Die wesentlichen Forderungen aus der Debatte um die Einheitsschule, wie sie vor und nach 1918 von fortschrittlichen Gruppen und Parteien aufgestellt worden waren, wurden nach 1945 zwar in einzelnen Ländern von linken Parteifraktionen wieder erhoben, konnten aber nicht durchgesetzt werden. »Einheitsschulkonzepte wurden im Zuge eines undifferenzierten Antikommunismus als Schulkonzeption der DDR für die BRD praktisch tabuisiert.«[167] Das dreigliedrige allgemeinbildende Schulwesen blieb bestehen.

Erst Ende der sechziger Jahre gewann im Verlauf der bil-

167 W. Klafki (116a, S. 229).

dungspolitischen und sozialwissenschaftlichen Debatte um die »Chancengleichheit« die von der SPD und von fortschrittlichen Lehrern favorisierte Konzeption der Gesamtschule an Boden. Sie knüpfte allerdings weniger an die ursprünglichen Vorstellungen einer Einheitsschule und deren egalitäre Tendenzen an als vielmehr an Schulreformen in Schweden, England und den USA.[168] Die Einrichtung von Gesamtschulen[169] als Versuchsschulen fand nur zögernd statt und stößt bis heute auf den Widerstand konservativer parteipolitischer Kräfte und Lehrerverbände. – Ob in diesem Schultyp das dreigliedrige Schulwesen abgeschafft ist, ob also der Klassencharakter der Schule erloschen ist, bleibt kontrovers. Empirische Untersuchungen über den Auslesemechanismus von Gesamtschulen kommen zu widersprüchlichen Ergebnissen.[170] Die Gesamtschule als Ergebnis einer »Reform von oben« erlaubt vielleicht eine »gerechtere« Auslese; sie verwirklicht aber nicht die wesentlichen Forderungen einer Einheitsschul-Konzeption, die eine einheitliche Bildung für alle Kinder des Volkes mindestens über die ersten acht Schuljahre vorsah und schulische Lernprozesse mit produktiver Arbeit verbinden wollte. Im Rahmen einer solchen Konzeption wäre auch die Stellung der Eltern zur Schule eine andere, verlören die Verkehrsformen ihren entfremdeten Charakter. – Wir brauchen diesen Gedanken nicht weiter zu verfolgen, da eine solche Schulkonzeption in andere gesamtgesellschaftliche Zusammenhänge eingebettet sein müßte. Zudem dürfen wir nicht vergessen, daß die Mehrzahl der Kinder nach wie vor das traditionelle dreigliedrige Schulsystem durchläuft und infolgedessen auch ihre Eltern mit diesen Schulen verkehren.

168 Vgl. ebd.
169 Wir sprechen hier von integrierten, nicht von additiven Gesamtschulen.
170 Vgl. hierzu z. B. F.-W. Geiersbach u. a. (62a).

III. Gegenwärtiger Diskussionsstand

Wir wollen nun die Verkehrsformen zwischen Eltern und Schule unter drei Gesichtspunkten weiterverfolgen: Im *ersten Teil* stellen wir die Entwicklung der Elternmitbestimmung nach 1945 dar und fragen nach den faktischen Möglichkeiten einer Elterneinflußnahme auf die Schule. Im *zweiten Teil* erörtern wir unter einem ideologiekritischen Interesse exemplarisch ausgewählte Literatur zum Verhältnis zwischen Eltern und Schule und konfrontieren diese Positionen im *dritten Teil* mit Darstellungen aus der Schulpraxis, in denen der Verkehr zwischen Eltern und Schule unter politisch-pädagogisch handlungsrelevanten Aspekten reflektiert wird.

1. Elternmitbestimmung nach 1945

Die Mitbestimmung der Eltern knüpfte nach dem Krieg an die Institution der Elternbeiräte an, allerdings in veränderter Form. Die Eltern wählen ihre Vertreter nicht mehr klassenübergreifend nach einem bestimmten Schüler-Schlüssel (und schon gar nicht mehr aufgrund parteipolitischer Listen), sondern aus jedem Klassenverband werden in der Regel zwei Elternvertreter gewählt, und aus ihnen setzt sich der Schulelternbeirat zusammen. Hinzu kommen die Klassenelternschaften und die Gesamtelternversammlung. Daneben besteht, vor allem in den süddeutschen Ländern, die »Schulpflegschaft« fort, in der Vertreter der Eltern, der Gemeinde und der Kirche, teils gewählt, teils ernannt, zusammenkommen.

Die Aufgabe der Elternvertreter in den Elternbeiräten oder Schulpflegschaften beschränkt sich hauptsächlich auf Kontakte mit Lehrerschaft und Schulleitung, auf die »Mitwirkung bei der Gestaltung des Schullebens und [die] Herstellung guter Verbindungen zwischen Schule und Haus.«[1] H. Heckel faßt Anfang der fünfziger Jahre die Mitwirkungseinrichtungen für die Eltern so zusammen:

1 F. Hilker (87, S. 31).

»Überall bestehen heute bei den allgemeinbildenden Schulen [. . .] zum Zwecke der gemeinschaftlichen Gestaltung des Schullebens, insbesondere auf den Gebieten der Schulpflege [. . .] mit dem Ziel der Pflege des Zusammenwirkens von Schule und Elternhaus Klassen- und Schulelternschaften, Elternräte, Elternbeiräte, Elternausschüsse, Elternvertretungen, Elterngemeinschaften, Elternversammlungen, Klassen- und Schulpflegschaften, Schulgemeinden, Schulbeiräte. Ihre Bildung ist meist im Erlaßweg geregelt; die Mitarbeit erfolgt auf feiwilliger Grundlage. Eine Mitwirkung in der Schulleitung, Schulverwaltung oder Schulaufsicht haben diese Organe nicht.«[2]

Und F. Hilker konstatiert Mitte der fünfziger Jahre:

»Die Entwicklung der Zusammenarbeit von Schule und Haus verläuft positiv und fruchtbar.«[3]

Auch Th. Ellwein beurteilt die Entwicklung, die die Formen der Mitbestimmung und Einflußnahme der Eltern in den fünfziger Jahren aufweisen, positiv:

»Die Zahl der ernstlich interessierten Elternbeiräte wächst ebenso wie die der Schulen, die sich um eine gute Zusammenarbeit mit den Eltern bemühen. [. . .] In den Notizbüchern meiner Reise gibt es Schulen, in denen Mütter freiwillig die Milch warmmachen oder kochen, ja sogar Kochunterricht geben und bei Hausarbeiten helfen. Es gibt die vielen Schulvereine, die finanziell manches leisten, was dem Schulträger nicht möglich wäre. Es gibt Elternbeiräte, Schulpflegschaften oder Ortsschulbeiräte, die viel massiver mit der Verwaltung reden, als die Lehrer es je tun könnten.«[4]

H. Kümmel spricht in derselben Zeit von »Brücken«, die durch die »Abhaltung von Klassenelterntreffen und Schulgemeindeabenden« sowie Elternbeiräten zwischen Elternhaus und Schule geschlagen würden.[5] Betont wird von allen Autoren der pädagogische Charakter der Elternmitsprache und Elternmitwirkung; einige warnen allerdings explizit vor einer politisch verstandenen Elternmitsprache. So meint Ellwein beschwörend:

»Die Wünsche und Ansichten der Eltern decken sich ja doch weit mehr

2 H. Heckel (79, S. 91). Dies impliziert auch, daß die Eltern keinen Einfluß auf die Auswahl und die Vermittlung der Lehrstoffe haben. Eine Ausnahme hiervon bildet das hessische Schulgesetz.

3 F. Hilker (87, S. 31).

4 Th. Ellwein (43, S. 124 ff.).

5 H. Kümmel (124, S. 3).

mit denen der Schule, als etwa die Absichten der unzähligen Vereine und Interessengruppen, die immer ›von oben‹ her versuchen, die Schule als Vorspann ihrer Interessen zu benutzen.«[6]

Hingegen hält J. Kob die »so oft beschworene Gefahr eines ›Berufselterntums‹ [. . .], also eine Haltung im Sinne der Elternfunktionäre, die auf Einfluß und Mitbestimmung im ganzen Schulsystem drängen«[7], für unbegründet; er konnte bei den von ihm befragten Eltern »eher eine ›privatistische‹ Mentalität« feststellen. Die Ansicht, daß Elterneinflußnahme auf die Schule nicht politisch sein dürfe, ist nicht nur typisch für die fünfziger Jahre. Noch 1969 schreibt O. Kampmüller über Elternvereine (zu denen sich an einigen Orten die Elternbeiräte, aber auch »freie Eltern« zusammengeschlossen haben):

»Natürlich werden kluge Eltern alles vermeiden, was ihrem Verein den Charakter einer zweiten Schulaufsichtsbehörde geben könnte. Sie werden sich nicht als zusätzliche Inspektoren des Lehrers aufspielen wollen, sondern Helfer ihres Kindes bleiben und den Lehrer bei seiner schwierigen Aufgabe unterstützen, seine Autorität stärken. Sie werden sich nicht zu Beschwerdeämtern degradieren lassen, sinnvolle Kritik den Lehrern jedoch nicht verschweigen. Sie werden jede Einmischung in Amtshandlungen oder in Angelegenheiten der Schuldisziplin vermeiden und die Würde des Lehrers wahren. [. . .] Sie werden die Erörterung partei- oder kulturpolitischer Angelegenheiten vermeiden, dafür aber um so intensiver pädagogische Fragen erörtern und sich in gemeinsamer Arbeit zu besseren Erziehern ausbilden.«[8]

Und ganz ähnlich heißt es bei E. Lemberg 1970:

»Wie oft lassen sich nicht Elternvereinigungen mangels eigenen Urteils für die Zwecke einzelner Lehrergruppen einspannen! [. . .] Sicher würden die Elternvereinigungen an Interesse gewinnen, wenn sie, statt eines peudoparlamentarischen Rituals, zu jugendkundlichen, erzieherischen,

6 Ellwein, a.a.O., S. 124.

7 J. Kob (120, S. 74).

8 O. Kampmüller (110, S. 41/42). In derselben Tonart schon Gaudig: »Wenn die neuere Schulgesetzgebung die Vertretung der Eltern als eine in sich selbständige Körperschaft gestalten will, und wenn sich dann schon bei der Wahl in oft unerträglicher Weise die Kämpfe der Parteien abspielen, die sich dann im weiteren Wirken fortsetzen, so wird leicht der große Segen der Heranziehung der Eltern zu pädagogischer Mitwirkung in sehr gefährlichen Unsegen gewandelt. Muß denn unser unseliger *Parlamentarismus* auch hier durch das Eindringen in eine Kultursphäre, für die ihm die wirkenden Kräfte fehlen, den wirklich neuen und wertvollen Gedanken der *Erziehungsgemeinschaft* verderben? Die Schule ist kein Kampfplatz der politischen Parteien.« (62, S. 70).

psychologischen Vorträgen und Diskussionen benützt würden. [. . .] Besser als das [Modell] der gegenseitigen Interessenvertretung erscheint mir eines, das Eltern und Lehrer als Mitarbeiter eines gemeinsamen Unternehmens bewußt macht.«[9]

Auch K. Schleicher, der sich prinzipiell für eine Elternpartizipation ausspricht, weist auf damit verbundene Gefahren hin: »Dominanz von Minoritäten, Entfremdung durch Verbands- und Gruppeninteressen, vordergründige Politisierung.«[10]

De facto verlief die Entwicklung der Elternmitsprache nach 1945 freilich nicht überall so reibungslos und auf den pädagogischen Bereich beschränkt, wie die bisher zitierten Autoren den Anschein erwecken wollen. Ein besonders dramatisches Beispiel für die politische Auseinandersetzung über die Neugestaltung der Volksschule gab es in Berlin. Hier wurde aufgrund der besonderen politischen Lage nach dem Kriege das Konzept der Einheitsschule aufgegriffen. Die kommunistischen und sozialdemokratischen Schulpolitiker hofften bei der Durchsetzung der Einheitsschule auf die Unterstützung der Elternschaft.[11] Die die Einheitsschule befürwortenden Kräfte in der Schulverwaltung gingen »von der Annahme aus, gerade die zahlreichen unteren Bevölkerungsschichten würden in der sie begünstigenden Einheitsschule Gelegenheiten für pädagogische und darüber hinaus gesellschaftliche Mitwirkung erkennen und sie auch nutzen«.[12] Es zeigte sich aber sehr bald, daß die Chance der Mitsprache nicht so sehr von den »unteren Bevölkerungsschichten« wahrgenommen wurde (die in der Nachkriegssituation viel zu stark mit der materiellen Sicherung ihres Lebens beschäftigt waren) als von konservativ gesinnten Eltern, die ihre traditionellen Bildungsprivilegien bedroht sahen.

9 E. Lemberg (133, S. 152).

10 K. Schleicher (201, S. 15). Vgl. zu seiner Position auch S. 174 ff. unserer Arbeit. Für wie gefährlich sogenannte »demokratische Kräfte« es erachten, wenn die Elternschaft beginnt, sich über schulischen Mißständen zu organisieren, geht auch aus einer Polemik des »demokratischen Clubs e. V.« gegen den »Arbeitskreis Berliner Eltern« (ABE) hervor. Mit Rundschreiben an die Vorsitzenden der Elternausschüsse der Berliner Schulen, weitere Elternvertreter und andere interessierte Eltern sowie an Leiter und Lehrerkollegien der Berliner Schulen und Schulaufsichtsbeamte warnt der »demokratische Club« vor der »wachsenden Gefahr einer eindeutigen Politisierung der Elternarbeit an den Berliner Schulen« (36).

11 Vgl. M. Klewitz (117).

12 A.a.O., S. 208.

»In Gestalt des Stadtelternausschusses, den der Rechtsanwalt Dr. Hans Menzel, Mitglied der FDP und entschiedener Gegner der Schulreform, [. . .] 1949 ins Leben rief, enstand eine oppositionelle Bewegung [. . .]. Mit dem Anspruch, die ›Begabten und Unbegabten‹ rechtzeitig zu trennen, ›um beiden Gruppen ein erfolgreiches Arbeiten zu gewährleisten‹, setzte sich der Stadtelternausschuß für die Restauration der tradierten Schultypen ein.«[13]

Anders als in der Periode des Weimarer Schulkampfes konnten in dem Berliner Konflikt die fortschrittlichen Parteien nicht die an sie gebundenen Massen mobilisieren – die 1951 erfolgte Novellierung des Schulgesetzes, die das Experiment der Einheitsschule mit einer achtjährigen gemeinsamen Grundausbildung beendete, wurde »ohne nachhaltigen Einspruch der Elternschaft vollzogen«.[14] Als Kompromiß wurde die sechsjährige gemeinsame Grundschule ausgehandelt, auf der die Oberstufe des praktischen Zweiges, des technischen und des gymnasialen, aufbaut.[15]

Der hier klar zutage tretende politische Aspekt des Elterneinflusses (bzw. der Elternohnmacht) auf die Gestaltung der Schulverhältnisse findet sich in allen späteren grundsätzlichen Schulreform-Debatten wieder, und stets sind es überwiegend die konservativen, »bildungsbewußten« Elternschichten, die, wie schon im Weimarer Schulkampf und in der Berliner Einheitsschul-Diskussion nach 1945, besonders aktiv werden, sei es in der Auseinandersetzung um die Förderstufe Ende der fünfziger, Anfang der sechziger Jahre[16], in der bis heute

13 A.a.O., S. 209/210.

14 A.a.O., S. 212.

15 Darüber hinaus haben sich auch in Berlin einige Gymnasien halten können, auf die die Schüler schon nach der 4. Grundschulklasse kommen.

16 Vgl. hierzu die konservative Streitschrift Schelskys *Anpassung oder Widerstand,* in der er gegen Pläne zur Vereinheitlichung des Lehrerstandes polemisiert: »›Ständische Reste‹ sind [. . .] so etwas wie ›historisches Kapital‹ und keineswegs nur unter dem Gesichtspunkt der die demokratische soziale Egalität störenden Distanzen anzusehen« (199, S. 116). Er spricht auch von einer »Usurpierung der Interpretation des Elternrechts« (S. 136), denn: »Daß die Eltern die optimale Ausbildung der Bildungsfähigkeit ihrer Kinder als letzten und höchsten sozialen Wert anerkennen, [. . .] ist ein unberechtigter Anspruch der Schule; Kontinuitätsbedürfnisse des Sozialstatus bei den Familien sind ebenso berechtigte Erziehungsmotivationen wie umgekehrt die Abweisung des sozialen Aufstiegs über die Schulbildung auch bei Begabung der Kinder berechtigt sein kann, da die betreffenden Eltern den ›sozialen Aufstieg‹ vielleicht anders beurteilen als die Lehrer.« (S. 157)

parteipolitisch ausgemünzten Kontroverse über die Gesamtschulen, oder – und hier ganz explizit – im Streit um die Hessischen Rahmenrichtlinien.[17]

Erst im Verlauf der von der GEW und bewußten bildungspolitischen Gruppen initiierten und propagierten Grundschul-Kampagne[18] gelang es, wenn auch noch in einem vergleichsweise geringen Ausmaß, Arbeitereltern an schulreformerischen Sachverhalten zu interessieren, teilweise sogar zu mobilisieren. Aber zu keiner Zeit nahm die Kampagne den Charakter eines Massenprotests an, und nur in wenigen, großen Städten scheint sie die Arbeitereltern hinreichend erfaßt zu haben. Es sollen mit dieser Einschätzung keineswegs die Bemühungen von Gewerkschaft, freien Elternvereinen, Eltern-Lehrer-Zusammenschlüssen etc. gering geachtet werden; doch sind deren Wirkungsmöglichkeiten und Wirkungen auf die gesamte Elternschaft offenkundig begrenzt.

Erst recht blieb die seit Mitte der sechziger Jahre geführte bildungspolitische Debatte um eine »Ausschöpfung der Begabungsreserven« weitgehend auf den Forschungssektor und das bildungspolitische Establishment beschränkt. Von der Einführung der Vorschule, die in diesem Zusammenhang die wichtigste Reform ist, nahmen gerade die Eltern aus der Arbeiterschaft kaum Notiz, und bis heute ist die Vorschule ja auch noch kein obligatorischer Bestandteil der Schule.

Gleichwohl entstanden im Zuge der Grundschul-Kampagne Bürgerinitiativen, die allerdings ebenfalls zumeist nicht von Arbeitereltern getragen wurden, sondern von Eltern aus den bürgerlichen Schichten, die angesicht der eklatanten Mißstände in der Grundstufe um die Chancen ihrer Kinder in den weiterführenden Schulen fürchten müssen.[19]

17 1972 gründeten konservative hessische Eltern einen Verein (hEV = hessischer Elternverein), dem heute mehrere tausend Eltern angehören, die sich gegen »linke« Unterrichtsinhalte und »linke« Lehrer wenden. – Vgl. auch den tendenziösen Artikel in der *Bunten Illustrierten: Das süße Gift der roten Lehrer* vom 3. Oktober 1974, S. 128.

18 Vgl. z. B. die Broschüre *Berliner Grundschultage 73* (19) sowie M. Hartlaub (76).

19 »Im Extremfall wird die Abschiebung von sog. Problemkindern aus der Klasse ihrer Kinder zum Inhalt von Initiativen.« Frohn (57, S. 19). »In jüngster Zeit eskalieren Konflikte zwischen Eltern und Schulverwaltung so stark, daß die Behörde

Derartige Basisaktivitäten zeigen, wie fragwürdig vielen Eltern die offiziell für sie vorgesehenen Wege der Einflußnahme werden. Eine besondere Bedeutung im Verkehr zwischen Eltern und Schule gewinnt in den letzten Jahren die verschärfte politische Kontrolle, der »linke« Lehrer vom Staat unterworfen werden und die in einzelnen Fällen massive Elternproteste hervorgerufen hat.[20]

Prüfen wir zunächst, welche Breitenwirkung die Arbeit der Elternvertreter auf die gesamte Elternschaft hat.

Der Rückfluß der Informationen von den Elternvertretern in die Gesamtelternschaft ist gering. In der Regel haben die Eltern, insbesondere in Schulen, die in »bildungsarmen« Einzugsbereichen liegen, durchaus ungenügende Vorstellungen von ihren Einflußmöglichkeiten. Es sind auch zumeist nicht die Eltern selbst, die auf die Wahl ihrer Vertreter drängen, diese wird vielmehr routinemäßig vom Klassenlehrer auf die Tagesordnung gesetzt. Hierbei hängt es von seiner eigenen Einstellung zur Elternmitbestimmung ab, wie ausführlich und in welcher Weise er die Eltern über ihre Rechte und Pflichten informiert. Da der Kontakt der Eltern einer Klasse untereinander selten eng ist – besonders dann nicht, wenn es sich um eine erste oder neu zusammengestellte Klasse handelt –, kennen sie einander kaum. Wen sollen sie wählen?[21] So werden

auf Schulstreiks mit der Androhung von Geldbußen für denjenigen reagierte, der »Schulpflichtige durch Mißbrauch des Ansehens, durch Überredung oder durch andere Mittel anregt, den Vorschriften über die Schulpflicht entgegen zu handeln.« So das Berliner Bezirksamt Tiergarten zum Streik an der Fritzlar-Homberg-Schule (vgl. *Tagesspiegel* vom 12. 6. 1975); vgl. auch *Spiegel* 29. 9. 75.

20 Vgl. z. B. die GEW-Dokumentation des »Falles« R. Brentzel (64) sowie L. Lehmann (131), aus dessen Falldarstellungen politischer (und anderer) Disziplinierungen allerdings auch die ambivalente Rolle der Eltern hervorgeht.

21 In der Tat typisch beschreibt das *Elternblatt* 8/71 den Zustand: »Ihre Chancen, auch wirklich gewählt zu werden, sind ausgezeichnet. Sollte sich jedoch – was aller Erfahrung widerspricht – ein Gegenkandidat finden, dann sind Sie ihm sicher um Längen voraus« – nun allerdings verläßt die Beschreibung den Boden der Realität –: »Sie haben sich vorher beim Kultusministerium oder beim Rektor Ihrer Schule die für die Elternarbeit wichtigen Bestimmungen verschafft.« (Abgebildet ist hierzu ein Peek & Cloppenburg-Herr, der versonnen auf ein Blatt Papier in seiner Hand schaut und neben sich einen Stapel Folianten aufgestapelt hat). (46, S. 17) »Die Wahl der Elternvertreter in den einzelnen Klassen vollzieht sich leider häufig so, daß sich eben jemand bereit findet, das Amt zu übernehmen und danach geschieht nicht

meist ein schulinteressierter, redegewandter Vater und eine engagierte Mutter Elternsprecher – der »Geschlechterproporz« soll nach Möglichkeit gewahrt bleiben.

Die meisten Eltern wissen nicht, worüber ihre Vertreter in den Ausschußsitzungen verhandeln – in den Elternausschüssen dominieren »Vertreter des öffentlichen Dienstes, während die große Masse der in der Wirtschaft tätigen Angestellten, Arbeiter und Selbständigen darin ebenso fehlen wie Frauen«.[22] Die Vertreter können die Elternschaft nur auf den selten stattfindenden Elternabenden (in der Regel dreimal im Jahr) informieren. Gerade Arbeiterväter, die oft nicht einmal zum Elternabend kommen, könnten schon aus zeitlichen Gründen kaum ein solches Amt übernehmen; die Freistellung von der Arbeit für derartige Pflichten wird von Gewerkschaften und Elternvereinen zwar immer wieder gefordert, aber ohne erheblichen Erfolg. Man kann also sagen, daß die Elternvertretung faktisch einen relativ geringen Einfluß auf die Gesamtelternschaft hat und ihrerseits relativ entfernt von der Basis arbeitet. Unter diesen Umständen kann von einem lebendigen Verkehr zwischen Eltern und Schule keine Rede sein. Erst dann, wenn von der Elternvertretung aktuelle Schulkonflikte aufgenommen werden – etwa bei Lehrerausfall, Klassenzusammenlegungen, baulichen Mißständen des Schulgebäudes oder verkehrsunsicheren Schulwegen –, werden Teile der Elternschaft wirklich aufmerksam. Entsteht aus einem solchen Konflikt eine Elterninitiative, drohen also die Eltern, ihre auf den »pädagogischen Raum« begrenzten Mitbestimmungsrechte auf »Verwaltungsangelegenheiten« auszudehnen, so greifen in aller Regel die Schulbehörden ein und verweisen die Eltern in die Schranken der Elternmitbestimmung.[23] Bei solchen

mehr viel«, stellt ein Informationsblatt des Berliner Elternvereins ANE (Arbeitskreis Neue Erziehung) *Eltern und Schule* (47, S. 2) lapidar fest.

Kob ermittelte, daß nur 16% aller befragten Eltern sich bereiterklärten, sich gegebenenfalls als Elternvertreter wählen zu lassen (120, S. 69). Baur (17a, S. 140) ermittelte, daß die »Bereitschaft, sich in den Elternbeirat wählen zu lassen, [. . .] in den unteren [. . .] Schichten erheblich geringer [ist] als in den höheren, ebenso wie es in den unteren Schichten auch erheblich seltener vorkommt, daß die Eltern schon einmal Mitglied des Elternbeirats waren.«

22 *Elternbildung* . . . (45, S. 3).

23 So antwortete z. B. ein Berliner Bezirksstadtrat für Volksbildung auf einen

Konflikten spielt die Haltung der Lehrer und der Schulleitung eine entscheidende Rolle.

»Bei der heutigen Lage der Schule und dem vorherrschenden Bewußtsein in unseren Schulen ist diese Bedingung [der positiven Einstellung des Lehrers im Konfliktfall, B.-R.] allerdings nur in den wenigsten Fällen gegeben. Dabei wird man nicht einmal von einem bösen Willen der Lehrerschaft ausgehen können. Die beamtenrechtliche Eingrenzung des Lehrerberufs und die zu befürchtenden Sanktionen sowohl von seiten der Kollegen als auch von seiten des Rektors oder der Schulaufsicht lassen es vielen Lehrern angeraten erscheinen, möglichst wenig Kontakt zu aktiven Eltern zu pflegen.«[24]

Treten Elterninitiativen mit Forderungen an die Schulbürokratie heran, die sich nicht mehr ›integrieren‹ oder unterschlagen lassen, wie in jüngster Zeit, wenn sich Eltern mit dem Mittel des Schulstreiks gegen die faktische Erhöhung von Klassenfrequenzen im Grundschul-Bereich zur Wehr setzen[25], so reagieren Schulbürokratie und politische Parteien mit der Androhung von Prozessen und Geldstrafen. Die Funktion der Elternmitbestimmung besteht also vor allem in der *Kanalisierung* von Konflikten.

Von den Lehrern erwartet die Schulbehörde als Vertreterin staatlicher Interessen nicht nur die reibungslose »Einsozialisierung« der Schüler, sondern auch der Eltern. Sie greift ein sowohl dann, wenn Lehrer es versäumen, mit den Eltern in der vorgesehenen Weise zu kooperieren, als auch, wenn Lehrer die Interessen der Eltern über die institutionalisierte Mitbestimmung hinaus aktiv unterstützen. In beiden Fällen weicht der Lehrer von dem schmalen Pfad der Beamtenloyalität ab.

Die ambivalente Rolle des Lehrers, dessen Loyalität einer-

Elternbrief, in dem ein dringend notwendiger Schulneubau gefordert wurde: »[. . .] daß der Bau einer Schule nicht der kurzfristigen Entscheidung eines einzelnen entspringt, sondern in unserer pluralistischen demokratisch-parlamentarisch organisierten Gesellschaft Stück für Stück in mühevoller Kleinarbeit bzw. mit vielen Gesprächen, Verhandlungen, Beratungen bis hin zur endgültigen Entscheidung durch die von der Bevölkerung gewählten Vertreter, dem Abgeordnetenhaus, geführt werden muß. [. . .] Wir sind sicher, daß es nicht in Ihrem Interesse liegt, durch vorschnelles Auskunftersuchen diese Entwicklung, die bisher in allen Fällen zum gewünschten Erfolg geführt hat, zu stören.« (47, S. 3)

24 G. Dallmann (35, S. 16).

25 Vgl. z. B. *Spiegel* vom 16. 6. 1975, S. 36.

seits von seinen vorgesetzten Behörden eingefordert, andererseits in der praktischen Schularbeit von Schülern und Eltern beansprucht wird, äußert sich in Wut, Hilflosigkeit oder in Resignation:

»Der verfluchte Beamtenstatus [. . .] Denken Sie, da käme mal einer vom Ministerium an unsere Schule und sagte: ›Los Leute, nun redet mal frei von der Leber weg, was vielleicht falsch ist in dem Laden!‹ Nein, sowas verlangt keiner zu hören. Das könnte ja in Kritik an Erlassen ausarten! Sie müßten mal erleben, was an unserer Schule los ist, wenn ein hoher Beamter antanzt! [. . .] es ist als käme der liebe Gott. Da herrscht dann bei uns stille Andacht und kriecherische Ergebenheit.«[26]

»Von oben wird mehr Mist befohlen, als Schüler unten machen können.«[27]

»Die Schüler haben die Lehrer gefressen, den Lehrern liegen die Schüler im Magen, die Eltern haben sowieso alles, was Schule heißt, satt. Und das Schulamt blickt stumm auf dem grünen Tisch herum.«[28]

Wir stimmen Frohns Einschätzung zu, der hierzu feststellt:

»Im Rahmen der bürokratischen Institutionalisierung von Erziehung und Ausbildung in unseren verwalteten Schulen müssen Mitbestimmung von Lehrern und Schülern ebenso legitimationsgefährdend und störend wirken wie Initiativen von Eltern. [. . .] Die meisten Lehrer und Schulbehörden sind sich in dem Bestreben einig, engagierte Eltern als ›schulfremde Personen‹ unter Vorwänden wie: der unbefugten Einmischung in schulaufsichtliche Angelegenheiten, des Eingriffs in die pädagogische Freiheit des Lehrers, der Störung des Schulbetriebs, soweit wie möglich, aus der Schule ihrer Kinder herauszuhalten.«[29]

Konflikte im Schulbereich sind immer auch Konflikte, die über den innerschulischen Rahmen hinausweisen. Um das Verhältnis von schulischer Elternmitbestimmung und gesamtgesellschaftlicher Interessenvertretung zu klären, wollen wir kurz die allgemeinrechtliche Stellung der Eltern skizzieren:

Die Beziehungen zwischen Eltern und Schule sind in den Artikeln 6 und 7 des Grundgesetzes niedergelegt. Artikel 6

26 1969 brachte der *Stern* eine Serie *Lehrer X* (Nr. 45-51) von H. Nogly (167), der »landauf, landab« Dutzende von Lehrern aller Schultypen befragte. Zitat Nr. 48, S. 66.

27 A.a.O., Nr. 45, S. 64.

28 A.a.O., Nr. 46, S. 56.

29 Frohn (57, S. 19).

setzt zwar die Pflege und Erziehung der Kinder als das natürliche Recht und die Pflicht der Eltern fest, beruft sich aber andererseits auf die staatliche Gemeinschaft, die über die Erfüllung dieser Elternrechte und -pflichten zu wachen hat. Das öffentliche Schulwesen untersteht daher ausschließlich der Aufsicht des Staates (Art. 7), wobei allerdings aufgrund des ebenfalls im GG verankerten förderalistischen Prinzips die Hoheit in Erziehungsfragen nicht beim Bund, sondern bei den Ländern liegt. Die oberste Instanz in Schulfragen ist also auch für die Eltern der jeweilige Kultusminister bzw. Senator eines Landes (und im Konfliktfall das Bundesverfassungsgericht).

Allgemein verwirklicht sich die Einflußnahme der Eltern auf die Schule in einer parlamentarischen Demokratie durch das Wahlrecht. Im Wahlakt manifestiert sich ihre Willensentscheidung auch zu Schulfragen, d. h. die Eltern haben die Möglichkeit, ihre Stimme der Partei zu geben, deren schulpolitisches Programm sie befürworten, bzw. die Partei durch Stimmentzug zu schwächen, mit deren Schulpolitik sie nicht (mehr) einverstanden sind.

Über die Elternmitbestimmung gibt es in diesem Zusammenhang, grob gesprochen, zwei kontroverse Meinungen. Die eine Position geht davon aus, daß ein angemessener Einfluß der Eltern auf die Schule in der pluralistisch verfaßten Demokratie garantiert sei; die andere Position verweist auf die Diskrepanz zwischen Verfassungsrecht und Verfassungswirklichkeit, die im Schulbereich eine direkte Einflußnahme der Eltern auf Entscheidungsprozesse behindere.[30] Die erste Auffassung begreift den Staat als oberste Interessenausgleichsinstanz, so daß letzten Endes die Interessen aller zum Wohl der Gemeinschaft in Übereinstimmung gebracht werden. Dieser Staatsbegriff findet seinen ideologischen Ausdruck auch in der Pädagogik.[31] Der Bereich, in dem Kinder, also noch unmündi-

30 Als Beispiel für die erste Position analysieren wir die gesetzlich verankerte Elternmitbestimmung im neuen Berliner Schulverfassungsgesetz von 1974. Vgl. Anhang II, S. 277 ff.

31 Eine äußerst interessante Ausprägung findet diese Ideologie in den Auseinandersetzungen um die politische Bildung als Erziehungsauftrag der Schule. Sie wurden immer besonders intensiv und kontrovers nach politischen Umbrüchen geführt – so nach 1918, nach 1933, nach 1945. Vgl. hierzu die Quellensammlung *Soziale und politische Erziehung* (143), sodann insbesondere das Gutachten zur politischen Bildung und Erziehung des Deutschen Ausschusses aus dem Jahr 1955.

ge Menschen versammelt werden, erscheint als einer, der von politischen Interessenkonflikten freigehalten werden muß. Aus der politischen Unmündigkeit der Kinder wird die politische Enthaltsamkeit der Lehrer abgeleitet. Sie sollen sich, zumal als Staatsbeamte, einer politischen Einwirkung auf ihre »Klientel« enthalten. Das Beamtentum wird hierbei als ein institutioneller Ausdruck des Staates als des obersten Interessenvertreters aller Gesellschaftsmitglieder verstanden. Ein wesentlicher Grund, warum den Lehrern Neutralität auferlegt wird, sind die Eltern, die hinter ihren politisch unmündigen Kindern als politisch Mündige stehen. Würden sich Lehrer und Eltern nicht nur als Erziehungspartner gegenübertreten, sondern auch als politische Partner bzw. Kontrahenten, so geriete die Schule – dies ist die Auffassung all derer, die die Schule als einen politikentlasteten Sektor begreifen – in den Strudel der tagespolitischen Ereignisse und könnte ihre »eigentlich« erzieherische Aufgabe nicht mehr wahrnehmen.[32]

Die zweite Auffassung geht von konkreten Diskrepanzen zwischen Verfassungsrecht und Verfassungswirklichkeit aus – im Bildungswesen insbesondere von dem verfassungsmäßig garantierten Recht auf gleiche Ausbildung und der schichtspezifischen Auslesefunktion der Schule. Der Staat wird deshalb nicht als Instanz des Interessenausgleichs begriffen, sondern als Institution, die die Interessen bestimmter gesellschaftlicher Gruppen auf Kosten anderer befördert. Diese Auffassung umgreift sowohl radikaldemokratische Positionen, die eine gerechtere Interessenwahrnehmung im Rahmen der bestehenden Verhältnisse für möglich halten, wenn bestimmte Reformen durchgeführt werden, als auch marxistische Positionen, die den Staat als Klassenstaat analysieren, in dem die Interessen der herrschenden Klassen sich gegen die der Beherrschten

32 Ausdruck im Schulleben findet diese Ideologie z. B. in einer Begrüßungsrede eines Schulleiters an die Eltern: »Schule ist ein Spiegelbild der Gesellschaft. [. . .] Sie ist nur in dem Ausmaß wirkungsvoll, human und lebensnah, wie Eltern, Lehrer und Schüler von den Möglichkeiten der Freiheit, Verantwortung, Bindung und Toleranz Gebrauch machen, die uns in dieser Gesellschaft gegeben sind. [. . .] Machen Sie einen vernünftigen Gebrauch von der Möglichkeit, die der Gesetzgeber einsichtig vorgesehen hat: Nutzen Sie Ihre Eltern-Rechte, kommen Sie zu uns, [. . .] erst wenn beides zusammenkommt – Rechte und Pflichten – und beide Bereiche maßvoll und vernunftorientiert in gegenseitiger Achtung von uns allen entfaltet werden . . .« – Vgl. D. Ansorge (5, S. 210 f.).

durchsetzen. Im Rahmen dieser Staatsauffassung wird die Schule, wie andere gesellschaftliche Bereiche auch, als ein soziales Feld betrachtet, in dem Interessenkonflikte ausgetragen werden und in einem widerspruchsvoll verlaufenden Prozeß zugunsten der herrschenden Klassen entschieden werden.

Wir haben den institutionellen Aspekt der Verkehrsformen zwischen Eltern und Schule vor allem unter dem Gesichtspunkt betrachtet, daß schon das rechtlich-institutionelle Arrangement notwendigerweise gewisse Einschränkungen und Deformationen in den Beziehungen zwischen Lehrern und Eltern bewirkt, die einen freien und unmittelbaren Verkehr zwischen Eltern und Lehrern ausschließen. Fassen wir die wesentlichen Punkte zusammen:

1. Die Spannung zwischen dem Verfügungsrecht der Eltern über ihre Kinder und dem Recht des Staates, auf den Erziehungsprozeß durch das öffentliche Bildungswesen Einfluß zu nehmen, bezeichnet den allgemeinen politischen Rahmen, in den die »Erziehungspartner« Eltern und Lehrer gestellt sind. So gesehen, treffen sie nie als unpolitische Partner, als lediglich Erziehende aufeinander, sondern sie wirken als wahlberechtigte Bürger auf die Entscheidungen ein, die die herrschenden politischen Gruppen über die Schule fällen. Mit dem allgemeinen Wahlrecht sind hier Beschränkungen aufgehoben worden, die die Entscheidungsbefugnisse der Eltern vor dessen Einführung auf dieser allgemeinen politischen Ebene beeinträchtigt haben.

2. Lehrer und Eltern werden aber nicht nur als wahlberechtigte Bürger in den Prozeß bildungspolitischer Entscheidungen einbezogen, sondern die Lehrer auch als Staatsbeamte; sie sind zu einer besonderen Staatsloyalität verpflichtet. Hiervon zeugen die Auflagen zu politischem Wohlverhalten, die Lehrern nicht erst neuerdings, sondern, wie wir gesehen haben, auch zu früheren Zeiten gemacht wurden. Und die Eltern werden mit zusätzlichen Mitbestimmungsrechten in dem Bereich der Erziehung ausgestattet, den der Staat kontrolliert. Hier war die Einrichtung der Elternbeiräte nach dem Ersten Weltkrieg ein wichtiger Fortschritt.

3. Die politische Dimension des öffentlichen Erziehungsbereichs wird im herrschenden Ideologieverständnis, das den

Staat als »oberste Interessenausgleichsinstanz« faßt, geleugnet. Hinter den im engeren Sinne pädagogischen Rechtfertigungen des »politikentlasteten Raums Schule« erscheint das latente Konfliktpotential einer politisch agierenden Eltern- und Lehrerschaft. Die »Entpolitisierung« der Schule nach 1945 gründete sowohl auf dem Trauma der bürgerlichen Parteien (und der westlichen Siegermächte) von der »roten Gefahr«, die angeblich die Weimarer Republik zerstört hatte und im Staatswesen der DDR Realität geworden war, als auch auf dem Schock einer unbewältigten faschistischen Vergangenheit.

4. Historische und aktuelle Schulkonflikte verweisen auf die Brüchigkeit der herrschenden Ideologie, die Schule sei allen politischen Auseinandersetzungen enthoben. In diesen Schulkonflikten begegnen Lehrer und Eltern einander nicht mehr bloß als »Erziehungspartner«, sondern auch in politischen Rollen; die Frage der Parteinahme für- oder gegeneinander stellt sich für beide, vermittelt über die bildungspolitischen Alternativen.

5. Werden die Lehrer, insbesondere durch ihren Beamtenstatus, auf die politisch herrschende Ideologie verpflichtet, so die Eltern durch eine Form der Mitbestimmung, die ihnen materiale Entscheidungsbefugnisse über das Bildungswesen vorenthält.

6. Da die Schule im herrschenden politischen System keine egalitäre Bildung vermitteln kann, spielt auch die Elternschaft in Kontroversen über die Einflußnahme auf die Schule – sei es im außerschulischen oder im innerschulischen Bereich – keine einheitliche Rolle. Vielmehr spiegeln sich gesellschaftliche Gegensätze in der Elternschaft so wider, daß die bildungsbewußten und bildungsbevorzugten Bevölkerungsschichten entsprechend ihren gesamtgesellschaftlichen Machtpositionen auch in Angelegenheiten der Schule dominieren.

7. Auf die Elternmitbestimmung in der Schule bezogen heißt dies, daß die Eltern aus den oberen Gesellschaftsklassen die bereitgestellten Mitbestimmungsinstrumente besser zu gebrauchen verstehen als die übrigen Eltern. Insbesondere Arbeitereltern können aufgrund ihrer allgemeinen Lebens- und Arbeitssituation an der Elternmitbestimmung kaum teilnehmen.

8. Es treffen daher in den Mitbestimmungsgremien vor

allem Lehrer und Eltern aus gehobenen Schichten zusammen. Die Distanz der Arbeitereltern zur Schule – äußeres Zeichen der entfremdeten institutionalisierten Verkehrsformen – wird durch die vorgegebenen Formen der Mitbestimmung nicht verringert.

2. Systematische Ansätze zur »Beziehung zwischen Elternhaus und Schule«

Wir wenden uns nun einer ideologiekritischen Betrachtung des Verhältnisses zwischen Elternhaus und Schule zu, wie es in der Pädagogik und Erziehungswissenschaft vorherrscht. Die im folgenden zu erörternden sozialwissenschaftlichen Positionen sind, explizit oder implizit, einer Wissenschaftstheorie verbunden, die Forschungsobjekte abgelöst von ihren historischen Wurzeln dem analytischen Interesse zugänglich macht. Hierzu bedarf es mehr oder weniger streng formulierter Regeln, die den Forschungsgegenstand in seine erkennbaren Dimensionen aufgliedern. Dies soll geschehen, ohne daß der zu erforschende Wirklichkeitsausschnitt durch das eingreifende Forschungsinteresse deformiert wird. Die Bedeutung der Forschungsergebnisse wird in einem gesonderten Schritt geprüft, indem wiederum Regeln aufgestellt werden, um Bewegungen der Praxis prognostizieren zu können – sei es mit dem Ziel der Veränderung oder der Stabilisierung der Verhältnisse.

Ein solches analytisch-empirisches Wissenschaftsverständnis hat bislang kaum in die Pädagogik Eingang gefunden. Aufgrund ihrer bis in die jüngste Zeit wirksamen geisteswissenschaftlich-hermeneutischen Tradition problematisiert die Pädagogik das Theorie-Praxis-Verhältnis in anderer Weise als etwa die analytisch-empirisch verfahrende Psychologie oder Soziologie.[33] Der ursprünglich in der Pädagogik dominierende naive Begriff der Einheit von Theorie und Praxis[34] gründete

33 Im angelsäschsischen Bereich sind freilich analytisch-empirische Verfahren weit stärker in die Pädagogik – die dort ja auch eine andere Wissenschaftsgeschichte hat – eingedrungen.

34 Vgl. hierzu D. Kamper (107, S. 587).

nicht zuletzt darin, daß viele Pädagogen dieses Verhältnis nur auf einer pragmatischen Ebene reflektierten. Bis heute »theoretisieren« über pädagogische Probleme weit mehr Praktiker als in anderen Wissenschaften. So hat sich hier ganz natürlich eine gewisse »Naivität« im Wissenschaftsverständnis erhalten, oft gepaart mit einem religiös-antizivilisatorischen Sentiment[35], das in anderen Zweigen der bürgerlichen Wissenschaft[36] längst überwunden ist.[37]

Pädagogische und erziehungswissenschaftliche Abhandlungen über die Beziehungen zwischen Elternhaus und Schule sind überwiegend gekennzeichnet entweder durch einen moralisch gefärbten Optimismus im Hinblick auf die Veränderbarkeit von Praxis (dem die spezifische Borniertheit, mit der reale Interessenkonflikte aus der Analyse ausgeblendet werden, nicht widerspricht) oder durch einen technokratisch gefärbten Pessimismus hinsichtlich der Veränderbarkeit von Praxis durch Vernunft und Handlungsfähigkeit der betroffenen Subjekte. Gemeinsam ist beiden eine ahistorische Betrachtungsweise (also auch die Verleugnung der historisch orientierten geisteswissenschaftlichen Hermeneutik) sowie – damit verbunden – Unverständnis für die Dialektik von Produktivkräften und Produktionsverhältnissen, die verlangt, das historische Moment mit der Analyse der jeweiligen materiellen Lebensbedingungen zu verknüpfen.

Ein Beispiel für den »pädagogischen Optimismus« sind die Arbeiten von O. Kampmüller aus den sechziger Jahren. In dem 1961 erschienenen *Handbuch für die erfolgreiche Zusammenarbeit zwischen Schule und Elternhaus*[38] werden alle

35 Vgl. z. B. H. Müller-Eckard (157): »Die robotisierende Turbine der modernen technischen Zivilisation, das bourgeoise Wettrennen nach einem Lebensstandard [. . .], der Aberglaube der Politiker an die Macht und die Gewalt und die in alle Räume des Menschendaseins eindringende Verwaltungs- und Ordnungsbürokratie, die weitgehend von politischen Unsachverständigen gelenkt wird, haben auch das Kind, dieses wehrlose, anfällige und ungeschützte Wesen, in einen verhängnisvollen Sog gezerrt, in ein auswegloses Schicksal.« (S. 7)

36 Vgl. zu diesem Begriff F. Tomberg (235).

37 Den Übergang von der Pädagogik zu den Erziehungswissenschaften beschreibt Kamper als Kollision der pädagogischen Praxis »mit der authentischen bürgerlichen Wissenschaft, die sich in einer Methode begründet weiß und immer erst nachträglich auf die Wirklichkeit bezieht«. (107, S. 587)

38 O. Kampmüller (108).

denkbaren Verkehrsformen zwischen Schule und Elternhaus »katalogisiert« und mit pädagogischen Hinweisen, wie sie »zu handhaben« seien, versehen. Der Katalog beginnt mit den »Schülerheften als Bindeglied zwischen Schule und Elternhaus«, der »Beurteilung des Schülers vom Gesichtspunkt der Verständigung zwischen Eltern und Lehrer«, dem »Mitteilungsheft«; er setzt sich fort über »Berichte des Schülers über sich selbst«, »Briefwechsel zwischen Eltern und Lehrern«, »Klassenzeitungen, Elternzeitschriften«, »Gelegentliche und freie Unterredungen zwischen Eltern und Lehrern«, »Nachfragen – Sprechstunde – Sprechtage«, »Elternbesuche im Unterricht«, »Hausbesuche des Lehrers«, »Elternbesuche in der Lehrerwohnung«, »Elternabende und Elternversammlungen«, »Das Puppentheater bei der Elternversammlung« (gemeint sind hier keine Kindervorführungen, sondern die Aufarbeitung von Eltern-Lehrer-Konflikten), »Ton- und Bildaufnahmen aus der Schule im Dienste der Verständigung mit den Eltern« bis hin zur Schulausstellung, durch die die Eltern am Schulleben teilhaben sollen.

Kampmüller füllt diesen Katalog mit einem so reichen schulpraktischen Erfahrungswissen, daß auch heute noch Lehrer und Erziehungswissenschaftler aus der Lektüre lernen können. Er legt Kenntnisse der Lebensbedingungen gerade der Arbeiterkinder und ihrer Eltern vor, aus denen zeitgenössische Lehrer und Erziehungswissenschaftler durchaus Nutzen ziehen können. Sein pädagogischer Optimismus speist sich aus jener idealistischen Tradition, in der der Lehrer als »Volksaufklärer« und, jedenfalls bis 1914, als »Nationalerzieher« galt. Das idealistische Moment besteht in der Leugnung der sozialen Gegensätze, ja Konflikte, nicht in der Mißachtung der Lebensbedingungen der unteren Gesellschaftsklassen. Aus dieser Tradition wird verständlich, daß Kampmüller zwar von einem gestörten Verhältnis zwischen Eltern und Schule ausgeht, es aber im wesentlichen als ein »Mißverständnis«[39] interpretiert, das durch pädagogisch-moralische und methodische Aufklärung zu beheben sei. Darauf gründet seine Konzeption einer »Elternschulung« als »wesentlicher Bestandteil aller Erwachsenenbildung«[40], in der der »Elternlehrer mit weisem

39 Vgl. ders. (109).
40 A.a.O., S. 31.

Taktgefühl seine Hörer auf mangelnde Erziehungs- und Aufopferungsbereitschaft« hinweise.[41] Für die »erstarrten Beziehungen« zwischen Lehrern und Eltern macht er die »verwaltete Schule« verantwortlich, die die Eltern aus der Schule »verbannt«[42], statt sie mit ihren Zielen vertraut zu machen.

»Gerade die einfachen Eltern verstehen [. . .] heute sehr häufig die modernen Formen des Bildungserwerbs gar nicht mehr, sie haben von vornherein eine Aversion gegen Ungewohntes, die sie [. . .] entweder dazu treibt, zu Schule und Lehrerschaft eine Feindstellung zu beziehen oder einfach zu resignieren.«[43]

Kampmüllers ideologische Position ist die des aufgeklärten Konservativismus; ihr gesellschaftlicher Schauplatz, auf dem sie sich tätig verwirklicht, ist die Dorfschule. Das aufklärerische Moment dabei besteht in dem Realismus und in der Genauigkeit, mit der den gestörten Beziehungen zwischen Eltern und Schule nachgegangen, und in der Empathie, die für die Eltern und Kinder aller Gesellschaftsklassen aufgebracht wird. Das konservative Moment besteht in der unbefragt akzeptierten Autorität der Schule als einer staatlichen Institution, der sich die Eltern – bei aller Gleichberechtigung und Partnerschaft – prinzipiell unterzuordnen haben. Die Autorität der Schule wird nicht nur institutionell festgemacht, sondern auch quasi-biologisch. Kampmüller stattet die Schule als »Ersatzform« der Familie wie diese mit einem »mütterlichen« und einem »väterlichen« Element aus, verkörpert in der Rolle der Lehrerin und des Lehrers:

»Alle Harmonie in der Bildungsarbeit und in der Elternarbeit muß sich zum einen aus dem planenden, vorwärtsdrängenden Streben des Lehrers und zum andern aus den zur Ruhe gemahnenden, zu Friede und Eintracht, zur Empfänglichkeit und Aufgeschlossenheit neigenden Eigenschaften der Lehrerin ergeben.«[44]

Das historische Moment in den Beziehungen zwischen Eltern und Schule hypostasiert Kampmüller zu einem anthropologischen:

41 A.a.O., S. 18.
42 A.a.O., S. 40 ff.
43 A.a.O., S. 49.
44 Kampmüller (108, S. 7).

»Das Phänomen der Feindschaft wird es in der Beziehung zwischen Elternhaus und Schule immer geben, womit aber nicht gesagt sein soll, daß die der Schule gegenüber feindlich eingestellten Eltern moralisch minderwertiger wären [. . .]. Freilich wird durch sie der Lehrer gezwungen zu kämpfen, aber mit der ritterlichen Achtung vor dem Feinde.«[45]

In einer ähnlichen Tradition steht K. Diedrich, der sein vielzitiertes Buch *Elternhaus und Schule* ebenfalls Anfang der sechziger Jahre veröffentlichte. Auch bei ihm fehlt die Reflexion auf die geschichtliche Bedeutung des Themas angesichts des gegenwärtigen Problemzusammenhangs, von dem aus die Beziehungen zwischen Elternhaus und Schule interpretiert werden. Die reale historische Entwicklung wird so zu einem Überblick über den »Strukturwandel«[46] im »Verhältnis der Erziehungspartner«.[47] Er zeichnet ihn – überaus knapp – an der pädagogischen Ideengeschichte nach, sowie an einigen Überlegungen zu schulrechtlichen und schulreformerischen Bestrebungen. In diesem Zusammenhang spricht er vom »Rückgang der Familienerziehung«, dem »Autoritätsschwund in Schule und Haus« und beklagt mit Schelsky den geschwundenen »Ganzheitscharakter« im Leben »des modernen Menschen«.[48] Aus der historischen Betrachtung bleiben alle klassenspezifischen Unterschiede ausgespart; *die* Elternschaft wird als Erziehungseinheit *der* Schule als einer ebensolchen Einheit gegenübergestellt. Die realen Lebensverhältnisse der Eltern und die materielle Verfassung der Schulen kommen in diesem Geschichtsverständnis nur pauschal vor.[49] So charakterisiert Diedrich z. B. das »wirkliche Verhältnis zwischen Elternhaus und Schule« um die Jahrhundertwende als eines, das sich zwar durch »ein geringes Interesse« der Eltern auszeichnete, in dem es aber auch zu keinen »Reibungen und Span-

45 Kampmüller (109, S. 55).
46 K. Diedrich (38, Vorwort).
47 A.a.O., 1. Kap. (Überschrift).
48 A.a.O., S. 28 und S. 55.
49 Es »hat sich die Zusammenarbeit der beiden Erziehungspartner, obgleich ihr Verhältnis zueinander nach dem historischen Ursprung und seinem Wertgehalt auch festliegt, in den einzelnen Zeitstufen nach Grad und Art sehr unterschiedlich vollzogen. [. . .] Elternhaus und Schule unterliegen einem ständigen Strukturwandel . . .« (A.a.O., S. 69).

nungen« kam, denn »die Eltern blieben in respektvoller Entfernung« von der Schule.

»Elternhaus und Schule konnten, wie es im Volksliede von den beiden Königskindern heißt, nicht zusammenkommen, weil zwischen ihnen ein tiefes Wasser lag«
– nämlich die »lebensfremde Lernschule«.[50]

Im Hinblick auf die gegenwärtigen Beziehungen zwischen Elternhaus und Schule, meint Diedrich, gelte, daß das Gefüge dieser Erziehungsgemeinschaft allgemein erschüttert sei; einerseits hätten die meisten Eltern für die Erziehung ihrer Kinder kaum Zeit und verhielten sich gegenüber der Schule gleichgültig, andererseits seien die Lehrer bis zur Höchstgrenze ihrer Arbeitskraft belastet.[51] Kooperation zwischen Elternhaus und Schule sei aufgrund der »bedrohlichen Lage der Gesamterziehung« geboten, die sowohl die Schule als auch die Eltern erkannt hätten. Ein »Bedürfnis nach einer inneren Gemeinschaft« bestehe auf beiden Seiten, um das »erziehlich gefährdete heranwachsende Geschlecht« zu schützen.[52] Mit einer heute vielleicht naiv anmutenden Zuversicht hält Diedrich »die seit Generationen verwurzelte Entfremdung des Elternhauses von der Schule« im Prinzip für überwunden; was an »Spannungen« und »Vorurteilen über Schule und Lehrerschaft«[53] noch vorhanden sei, könne und müsse durch die »Begegnung« der »Partner« »weggeräumt« werden. Fehle es allerdings an innerer Bereitschaft und Stärke, so sei eine erfolgreiche Zusammenarbeit nicht zu erwarten – »Nervosität und Hast, Zeitmangel und materielle Einstellung stehen einer Zusammenarbeit entgegen«.[54]

Im Hauptteil seines Buches erörtert Diedrich sehr ausführlich die verschiedenen Verkehrsformen zwischen Lehrern und Eltern – Hausbesuche, Sprechstunden, Elternabende, Unterrichtsbesuche, Klassenveranstaltungen, Schulfeste, Elternmitbestimmung etc. – sowie die Inhalte des Verkehrs – Schulanfängerprobleme, Förderungsmaßnahmen, Zurückstellungen,

50 A.a.O., S. 13.

51 Vgl. a.a.O., S. 25.

52 A.a.O., S. 70.

53 Ebd. Interessanterweise erwähnt Diedrich nicht die Entfremdungsformen, auf die die Eltern in der Schule treffen.

54 A.a.O., S. 71.

Auslese, Zensuren, Hausaufgaben etc. – vor einem reichen schulischen Erfahrungshintergrund. Sein moralisch begründetes Engagement orientiert sich dabei an einer Art Idealbeziehung zwischen Eltern und Schule, die sich aus den »gemeinsamen Interessen an der Unterrichts- und Erziehungsarbeit«[55] speist. Die Entfremdung in den Verkehrsformen begreift er deshalb eher als Abweichungen von dieser Idealbeziehung denn als Ausdruck der Schulwirklichkeit. So geraten die Eltern in die Rolle von Kindern, die es durch die Schule zu erziehen und auf den richtigen Weg zu bringen gilt – mit verständnisvoller Liebe ebenso wie mit autoritativer Strenge:

> »Reformen und Änderungen können von den Eltern nicht ohne weiteres verstanden werden, weil ihnen der dazu notwendige Einblick in pädagogische Grundlagen und Zusammenhänge fehlt. [. . .] Man übersieht, daß der Lehrer ein Fachmann ist. [. . .]. Ein Mitdenken der Eltern in allen pädagogischen Vorgängen kann ihre Kritik in richtige Bahnen lenken.«[56]

Diedrichs Anspruch, die Gesamtheit der Eltern-Schule-Beziehungen in Vergangenheit und Gegenwart zu erfassen, bleibt formal. Die Phänomene werden zwar in ihrer Vielfalt benannt und klassifiziert, Diedrich kann aber keine Theorie entwickeln, die sie erklären würde. Die gesellschaftlichen Konflikte, die auch auf die Beziehungen zwischen Eltern und Schule durchschlagen, werden zu Mißverständnissen, Versäumnissen, Vorurteilen und Unwissen (zumeist nur auf der Seite der Eltern) bzw. zu Appellen an den guten Willen, die moralische Pflicht, das gegenseitige Verstehen etc. herunterstilisiert.

Ebenfalls Anfang der sechziger Jahre erschien H. Bachs *Schulische Erziehungsberatung*[57], ein Buch, das sich, auch wenn der Titel dies nicht unmittelbar vermuten läßt, sehr detailliert mit unserer Thematik beschäftigt. Denn unter »schulischer Erziehungsberatung« versteht Bach »die ganze Vielfalt der Kontakte zwischen schulischen und häuslichen

55 A.a.O., S. 94. »Eine von solchem erzieherischem Wollen erfüllte Einheit [. . .] bleibt zwar ein Ideal, aber je mehr sich die Wirklichkeit ihm nähert, desto mehr kann die Elternschaft [und die Lehrerschaft? d. Verf.] zur Bildung und Festigung einer Klassengemeinschaft beitragen.« (Ebd.)

56 A.a.O., S. 89.

57 H. Bach (11).

Erziehern, welche die Erziehungsbelange eines bestimmten Kindes zum Thema haben«.[58] Unsere allgemeine Frage nach dem Charakter der Verkehrsformen zwischen Eltern und Schule spitzt Bach auf das »schulschwierige Kind« zu:

»Durch welche besonderen Merkmale sind die Kontakte zwischen schulischen und häuslichen Erziehern, die zur Förderung eines bestimmten Kindes gesucht werden, *grundsätzlich* charakterisiert?«[59]

Bach selbst kennzeichnet seinen methodischen Ansatz als phänomenologischen, dem eine historisch-verstehende Betrachtung vorangehen müsse.[60] In seiner historischen Analyse orientiert er sich freilich weniger an der geisteswissenschaftlichen als vielmehr an einer familiensoziologischen Interpretation (*Die Entwicklung der Familienerziehung hinsichtlich ihrer Beratungsbedürftigkeit*[61]) mit Verkürzungen wie: steigende Industrialisierung, Fluktuation der Bevölkerung, Trennung des Arbeitsplatzes von der Familie, Wandlung von der Großfamilie zur Kleinfamilie, »Unrast und erhöhte Reizbarkeit«, Verkümmerung der erzieherischen Funktionen der Familie.[62] Hinzu kommt eine grob-assoziative Darstelllung der Schulpädagogik (*Die Wandlungen der Schule hinsichtlich ihrer Beratungsbereitschaft*[63]), die ihrerseits das Kriterium historisch-verstehender Untersuchung keineswegs erfüllt. Ähnlich wie Diedrich, allerdings ohne dessen pauschalen Optimismus in den guten Willen der beiden Erziehungspartner, gelangt Bach zu dem Ergebnis:

»Die Übernahme zusätzlicher Erziehungsfunktionen setzt sich also im Bereich der Schule weniger aufgrund des Wunsches, den Eltern Assistenz in ihrer Erziehungsarbeit zu leisten, durch, sondern vielmehr als ›Notwehr‹ gegenüber den überhandnehmenden Unterrichtsstörungen. Die Aufgabe der Charaktererziehung wird der Schule durch die konkrete Situation geradezu aufgenötigt.«[64]

58 A.a.O., S. 10. Beispiele für den Verkehr zwischen Eltern und Schule, wie sie der Schulpsychologe erfährt, bringt W. Bärsch (12).

59 A.a.O., S. 12 (Hervorhebung B.-R.).

60 Ebd.

61 Überschrift Kap. I.

62 Vgl. S. 15 ff.

63 Überschrift Kap. II.

64 A.a.O., S. 33. Bach verfährt bei der Erörterung der einzelnen Probleme, z. B. Hausaufgaben, Schulreife, Zurückstellung, Sitzenbleiben, Umschulung, Überweisung an eine Sonderschule, Übergang auf weiterführende Schulen, Auslesekriterien

Bach begreift die Rolle der Schule gegenüber den Eltern als die der Verantwortung tragenden Autorität; den Eltern soll die »erzieherische Bedeutung« schulischen Handelns einsichtig gemacht werden. Ihm entgeht allerdings nicht, daß die Schule über den Lehrer ihre Erwartungen in Verkehrsformen an die Eltern vermittelt, die unter Umständen eine Verständigung gerade verhindern. Drei typische Gesprächsverlaufsformen zwischen Lehrern und Eltern bei Disziplinproblemen beschreibt er folgendermaßen:

»Die erste überläßt die entsprechenden Erziehungsüberlegungen ganz den Eltern und begnügt sich damit, sie allgemein zu einer Intensivierung ihrer Bemühungen anzuhalten; die zweite erstreckt sich auf das ›Wie‹ dieser Erziehungsarbeit, beschränkt sich aber auch auf das für die Wiederherstellung der Schuldisziplin unmittelbar Erforderliche; die dritte Version schließlich umgreift die Erziehungslage des betreffenden Kindes als Ganzes bis hin zu den Fehlhaltungen seiner Erzieher selbst.«[65]

Daß die letzte Gesprächshaltung besonders selten ist, begründet Bach mit dem falschen Selbstverständnis der Schule als Bildungsanstalt, dem gegenüber die »Charaktererziehung« zweitrangig sei. Er warnt die Schule vor einer »erzieherischen Fehlhaltung«, die »sich vor allem in erhöhter Kritikempfindlichkeit im Gespräch mit den Eltern sowie in der Bevorzugung des Vorschriftenmachens gegenüber der echten Beratung kundtut«.[66] Bei den Lehrern artikulieren sich die entfremdeten Verkehrsformen in »erzieherischen Fehlhaltungen«[67], vor allem in der aus der Amtsautorität erwachsenden »Amtseitelkeit«.[68] Bach beschreibt die dafür typischen Schulsituationen,

»[. . .] bei denen der Schulmeister die Eltern seiner Kinder nach besonderen Vorfällen, schlechten Noten usw. zur Schule zu zitieren pflegt, sie einsilbig empfängt, auf den zurechtgestellten Stuhl im Klassenraum hindeutet, sich hinter seinen Schreibtisch placiert und ihnen sein Anliegen – wie ein Staatsanwalt seine Anklageschrift – vorträgt, einige pädagogische

etc., insofern ganz positivistisch, als er sie nicht nach ihrer gesellschaftlichen und individuellen Bedeutung gewichtet, sondern quasi gleichrangig nebeneinanderstellt; dies allerdings mit einem umfassenden praxisnahen Wissen.

65 A.a.O.

66 A.a.O., S. 91.

67 Ebd.

68 Ebd.

Verhaltensmaßregeln anschließt und damit endet, ob noch irgendwelche Fragen oder Unklarheiten bestünden.«[69]

Zu Recht macht Bach die unzureichende Ausbildung der Lehrer für das »erziehungsberaterische Defizit« im Schulalltag verantwortlich, ohne sich freilich Gedanken zu machen, inwieweit das gesamte Schulwesen sowohl in der Organisationsstruktur wie in der Zielsetzung verändert werden müßte – und ob dies unter den gegebenen gesellschaftlichen Bedingungen überhaupt möglich wäre –, wenn die Rolle des Lehrers sich um die »erziehungsberaterische« Dimension erweiterte.

Ohne die unterschiedliche Klassenzugehörigkeit der Eltern als bestimmenden Faktor für deren Einstellung gegenüber der Schule systematisch zu bedenken, unterscheidet Bach methodisch vier Phasen in der schulischen Erziehungsarbeit:

1. Aufnahme des Gesprächs (Kontakt der Gesprächspartner, Darstellung der Probleme, Schwierigkeiten, Symptome, Fragen usw.);

2. Erfassung der Entwicklungslage des Kindes und, eng damit verbunden,

3. Erfassung der Erziehungslage des Elternhauses;

4. Beratung.

Über den Zusammenhang der Phasen in der praktischen Arbeit des Lehrers heißt es:

»Während die 1. Phase im Regelfall verhältnismäßig kurz ist, bedürfen die 2. und 3. häufig größerer Ausführlichkeit; die 4. kann gelegentlich in einer einzigen Aussprache bestehen, in anderen Fällen sich über eine Vielzahl von Gesprächen erstrecken. Nicht selten geht die Aufnahme des Gesprächs unmittelbar in die folgenden Phasen über, so daß sie sich kaum besonders abhebt; auch bietet sich oft die Erziehungslage des Elternhauses vor der Entwicklungslage des Kindes zur Erfassung an, so daß die 2.

69 A.a.O., S. 91. Zehn Jahre später, 1972/73, wird das hier beschriebene Verhalten des Lehrers für würdig befunden, Thema und Problem eines Hochschulseminars zu sein, und dort so beschrieben: »Um die ihnen gestellte Aufgabe der Elternabende zu bewältigen, greifen die Lehrer auf die Vorstellungen und Formen vom Umgang mit Schülern zurück. Der Zwang der Eltern in die Rolle von Schülern [sic! B.-R.] wird durch die Atmosphäre und räumliche Situation verstärkt, in der die Zusammenkünfte stattfinden. Nicht wenige Eltern haben in denselben Räumen die Schulbank gedrückt und müssen nun wieder miterleben, wie einer vorn steht und ihnen alles sagt. Die Eltern fügen sich als die Unterlegenen oder sie bekämpfen die Abwehrtendenzen des Lehrers.« Vgl. *Elternbildung als Aufgabe allgemeinbildender Schulen* (45, S. 5).

und 3. Phase vertauscht sind; die Beratung schließlich setzt meist – zumindest ansatzweise – bereits in den voraufgegangenen Phasen an.«[70]

Diese Konzeption für die Erhebung der Ausgangslage könnte als unangemessene Imputation psychologischer Diagnostik in den Schulbereich mißverstanden werden. Bach geht es jedoch keineswegs vorrangig um strenge diagnostische Instrumente wie Tests und Fragebögen; er gibt vielmehr eindeutig dem Gespräch zwischen Lehrern und Eltern – auch dem Gespräch unter Kollegen – den Vorzug. Hierzu sagt er: »So groß die Formenvielfalt der Beratung[71] nun auch zweckmäßigerweise zu halten ist, zweierlei umschließt sie sicher nicht: die praktische Fürsorge und die Behandlung der Eltern.«[72]

Bach charakterisiert die Lage der meisten Lehrer als Dilemma zwischen Unterrichtstätigkeit und Erziehungsberatung und geht von einem Widerspruch zwischen den »didaktischen« und den »beraterischen« Anforderungen an den Lehrer aus. Dabei ignoriert er indes gerade die Erfahrungsebene, auf der der Widerspruch zwischen »didaktischen« und »beraterischen« Anforderungen an den Lehrer Eltern und Lehrern bewußt wird und sie zu einer Lösung führen könnte. Diese Ebene ist nicht primär die des *individuellen* Handelns (obgleich sie niemals unterschlagen werden darf), sondern die der gemeinsam zu entfaltenden Einsicht in die schulischen Lern- und Unterrichtsbedingungen – also der Objektivierung der

70 Bach, a.a.O., S. 128.

71 Als »äußere Formen der Beratung« kennzeichnet Bach (S. 160 ff.)
1. die von den Eltern zu unterzeichnenden Zensuren;
2. Verkehrshefte;
3. Schulveranstaltungen;
4. Hospitationen der Eltern im Unterricht;
5. Private Kontakte [! – B.-R.]
6. Kurzbesuche der Eltern in der Pause, beim Bringen und Abholen der Kinder;
7. Hausbesuche (ihnen räumt Bach eine zentrale Rolle in der schulischen Erziehungsberatung ein);
8. Sprechstunden, u. U. auch in der Wohnung des Lehrers;
9. Kinderarbeiten – Klassensitten;
10. Elternzeitschriften – Merkblätter – Rundschreiben;
11. Bastel-, Spiel- oder Singabende für die Eltern bis hin zu Arbeitsgemeinschaften der Eltern;
12. Elternabende (wenigstens einmal im Monat, um die Motivation der Eltern wach zu halten).

72 A.a.O., S. 151.

individuell erlebten Konflikte. Statt dessen unterstellt Bach, daß die Ansprüche und Anforderungen der Schule prinzipiell zu Recht bestehen und in der Berufsrolle des Lehrers ihren angemessenen Ausdruck finden können. Seine These, es sei »ein dringendes Erfordernis, daß [. . .] der Charaktererziehung als gleichrangiger Aufgabe neben der Bildungsaufgabe i. e. S. Recht, Raum und Beachtung in der Schule eingeräumt wird«[73], hindert ihn jedoch daran, der Frage nachzugehen, wie und warum es dazu kam, daß die Schule die Aufgabe der »Charaktererziehung« von der »Bildungsaufgabe i. e. S.« trennt. Mit anderen Worten: Der bürgerlichen Klassenschule geht es nicht um die Bildung und Erziehung des »ganzen Menschen«, sondern um eine klassenspezifische Qualifikation der künftigen Arbeitskräfte.

Weniger ein pädagogisch-psychologisches als ein empirisch-analytisches Interesse liegt J. Kobs Arbeit *Erziehung in Elternhaus und Schule* zugrunde, die ebenfalls in den frühen sechziger Jahren erschienen ist. Kob selbst nennt seine Untersuchung eine »soziologische Studie«, und es zeugt für das damals noch gespannte Verhältnis zwischen der Pädagogik und den angrenzenden Sozialwissenschaften, wenn Kob sich gleichsam dafür entschuldigt, in die Domäne der Pädagogik einzudringen.[74]

Kobs Wissenschaftsverständnis bekundet sich in seiner der empirischen Untersuchung vorangestellten theoretischen Analyse über das »Verhältnis von institutioneller und nicht institutioneller Erziehung in der Gegenwart«. Er beschränkt sich »bewußt auf vorwiegend formale Strukturen«. »Fragen nach bestimmten Interessen- und Erwartungsinhalten und konkreten Verhaltensweisen« bleiben zunächst »bewußt außerhalb der Darstellung«. Aber auch in seiner empirischen Erhebung will Kob »das Verhältnis von Elternhaus und Schule [. . .] nicht auf der Ebene des Interessenkonfliktes abhandeln [. . .] und auch nicht im Umkreis politischer, schul-

73 A.a.O., S. 179.

74 J. Kob (120, Vorwort). Die Erhebungen fanden 1957/58 in Hamburg statt. Befragt wurden Eltern von Schülern in Grund- und Hauptschulen sowie Gymnasien. Die Erhebungstechnik bestand in einmaligen, ca. halbstündigen formalen Interviews mit überwiegend geschlossenen Antworten. Die Befragten waren in der Regel Mütter.

planerischer und rechtlicher Überlegungen«; vielmehr gilt sein Interesse dem »strukturellen Untergrund der Beziehungen [...], die zwischen beiden Instanzen bestehen«.[75] Er folgt damit einem Interpretationsansatz, der sich durch einen für die sechziger Jahre typischen Soziologismus auszeichnet. Reale historische Entwicklungen werden in Strukturmerkmale eingeschmolzen: »Institutionalisierung der Erziehung« bezeichnet den komplexen, widersprüchlich verlaufenden Prozeß der gesellschaftlichen Arbeitsteilung im Bildungswesen. Die »vorfindbaren Widersprüche«[76] sind sozusagen die Hürden, die es bei der Theoriebildung zu nehmen gilt.

Die Werthaltungen, die ein solches Theorieverständnis bestimmen, werden nicht offengelegt, sondern wirken latent in den Begriffen, etwa wenn Kob von der »wesensmäßigen Differenz von Lebens- und Erziehungsraum«[77], den »Gefahren eines totalen Erziehungsdenkens«[78], dem »Abbau der ›Traditionsbestimmtheit‹ von Gesellschaft und Einzelnem«[79] spricht und den Geschichtsprozeß in »vorindustrielle« und »industrielle« Gesellschaft spaltet.[80] Die Dialektik in der Entwicklung von Produktivkräften und Produktionsverhältnissen, zu denen die Bildungsinstitutionen gehören, erscheint ihm daher als »Parallelität«:

»Das [...] Phänomen der Institutionalisierung der Erziehung legt die Anwendung des Begriffes von der ›Trennung von Lebens- und Erziehungsraum‹ nahe. Die Parallele zur Entwicklung in der Arbeitswelt ist [...] deutlich [...]: dort die Konzentration der Produktion im Betrieb, hier die Konzentration der Erziehung in der Schule.«[81]

In seiner empirischen Analyse sucht Kob »die Rolle der Schule für das Bewußtsein und das Verhalten der Eltern« zu

75 A.a.O., S. 35.

76 Kob markiert sie als »Übergänge« (S. 34), also wiederum mit einem formalen Begriff.

77 Ebd.; dabei definiert Kob »den Begriff des ›Lebensräumlichen‹ als den gesamten Bereich außerhalb der institutionellen Erziehung, [...] gleichgültig, ob es sich dabei um den Produktionsraum, Privatraum, Freizeitraum und was auch immer handelt.« (S. 30)

78 Ebd.

79 A.a.O., S. 4.

80 Ebd.

81 A.a.O., S. 25.

bestimmen.[82] Hierzu konstruiert er drei Elterntypen, die sich durch den Grad ihres »pädagogischen Selbstbewußtseins« (stark, mittel, schwach) voneinander unterscheiden; es wird gemessen an der »Bereitschaft zur Abgabe elterlicher Funktionen an die Schule bzw. der gegenteiligen im Sinne der ausdrücklichen Bewahrung der familiären Einflüsse und Ansprüche«.[83] Je stärker die Bewahrung der familialen Ansprüche, desto größer ist das »pädagogische Selbstbewußtsein«. Kob ignoriert jedoch das komplexe Problem, wie die Klassenlage und die besondere Situation einer Familie ihre »Bereitschaft zur Abgabe elterlicher Funktionen« prägt. Er korreliert lediglich die einzelnen Typen mit den Väterberufen[84] und entdeckt bei den Arbeitern im Vergleich zu Selbständigen und höheren Beamten ein sehr viel schwächeres pädagogisches Selbstbewußtsein.

Die drei Typen werden auf ihre Werthaltungen und Verhaltensformen gegenüber der Schule befragt, wobei uns besonders problematisch erscheint, daß Kob die Definition des »pädagogischen Selbstbewußtseins« konstant hält, statt sie für die jeweilige Fragestellung neu zu fassen. Er kommt zu dem Ergebnis, daß der Elterntypus mit einem starken pädagogischen Selbstbewußtsein Elternversammlungen häufiger besucht als die anderen, vor allem aber, daß die Wahl des Schulzweiges von dem »pädagogischen Selbstbewußtsein« abhängt: Ist es stark, so wünschen die Eltern das Gymnasium als Schullaufbahn für ihre Kinder, umgekehrt korreliert ein »schwaches pädagogisches Selbstbewußtsein« mit dem Hauptschulabschluß.

Im Gegensatz zu Kob, der die Wahl des Schulziels als rein

82 A.a.O., S. 36.

83 A.a.O., S. 44. Der mittlere Typ ist doppelt so stark besetzt wie die beiden Extremtypen, was u. E. schon methodisch gegen Kobs Verfahren spricht. Noch problematischer aber erscheint uns die Operationalisierung von »pädagogischem Selbstbewußtsein« durch folgende Fragen:
- Frage nach den Strafvollmachten der Schule;
- Frage nach den Institutionen mit dem größten Einfluß auf die Kinder;
- Frage nach Bedürfnis allgemein-erzieherischer Beratung durch den Lehrer;
- Einstellung zur Einführung der Tagesschule;
- Frage, ob der Lehrer ein Kind auch für Vergehen, die es außerhalb der Schule beging, strafen dürfe.

84 Dies ist besonders problematisch, weil hauptsächlich Mütter befragt wurden.

familiale Entscheidung versteht[85], gehen wir davon aus, daß in dieser Wahl die vorangegangenen Erfahrungen der Eltern mit der Schule, also die Verkehrsformen zwischen ihnen und der Schule, gleichsam in »geronnenem« Zustand aufbewahrt sind. Wir erfahren aus der statistischen Untersuchung nichts über die Verlaufsformen der Entscheidung für ein bestimmtes Schulziel. Wäre Kob diesen Verlaufsformen nachgegangen, so hätte er gewiß nicht die (inzwischen durch viele Untersuchungen widerlegte) These formuliert, daß »bei den Arbeitern [. . .] nirgends das Gefühl [bestand], einer ›Klasse‹ anzugehören, die von der Gesellschaft in die Volksschule ›verbannt‹ worden wäre«.[86] So kann er die »charakteristische Unentschiedenheit«[87] der Arbeitereltern dafür verantwortlich machen, daß sie kein höheres Schulziel für ihre Kinder anstreben.

Als Beweis der positiven Beziehungen zwischen Elternhaus und Schule führt Kob die hohe Übereinstimmung in der Beurteilung der Leistungen der Kinder durch die Eltern und die Lehrer an, die entsprechend hoch mit der Wahl des Schulziels korreliert. Er spricht in diesem Zusammenhang von einer »durchaus angemessenen Haltung« der Eltern, die sich derart in Übereinstimmung mit dem Lehrer befinden.[88] Dabei verschließt er freilich die Augen davor, daß Arbeitereltern gar nichts anderes übrig bleibt, als das Lehrerurteil über ihre

85 Er spricht von der »›vorpädagogischen‹ Rolle des Elternhauses« bei der Schulzielwahl (S. 65).

86 A.a.O., S. 57.

87 Ebd.

88 A.a.O., S. 61. Kob nimmt auch die Eltern gegen das Vorurteil in Schutz, sie trauten dem Eignungsurteil des Lehrers nicht: Er spricht von der »quantitativen Bedeutungslosigkeit der gerichtsnotorischen Einsprüche von Eltern gegen die Ausleseurteile der Schule«. (S. 63) Demgegenüber stellt R. Pettinger fest: »Die von den Eltern geäußerten Kenntnisse beschränken sich hauptsächlich auf die derzeit besuchte bzw. auf die für einen späteren Besuch vorgesehene Schule der Kinder. Ein solchermaßen *eingeschränkter Informationsausschnitt* [Hervorhebung B.-R.] besagt aber, daß die Eltern über die schulischen Alternativen nicht in demselben Umfang informiert sind; den Eltern fehlt damit die Voraussetzung, unter den gegebenen schulischen Möglichkeiten abzuwägen und die der Bildungsfähigkeit der Kinder entsprechende Schule zu wählen.« (179, S. 43) Und zusammenfassend: »Die bestehende Praxis der Informierung« sei dahin zu charakterisieren, »daß den einzelnen Schulleitungen oder Klassenlehrern vorbehalten bleibt, nach ihrem Verständnis, ihrem Wollen und ihren bildungspolitischen Absichten zu entscheiden, wie und inwieweit sie die Eltern informieren«. (S. 44)

Kinder anzunehmen – ihn müssen sie als Autorität in Leistungs- und Begabungsfragen akzeptieren.[89] Im übrigen fällt es natürlicherweise denjenigen Eltern nicht schwer, mit dem Lehrer übereinzustimmen, deren Kinder relativ mühelos gute Leistungen erbringen.

Die Teilnahme der Eltern an Elternversammlungen hängt ab vom Leistungsstand ihrer Kinder: Je schlechter diese in der Schule stehen, um so seltener besuchen ihre Eltern die Elternversammlungen. Diese Tatsache ist den Lehrern nichts Neues – wie aber ist sie zu erklären? Kob mag sich nicht festlegen:

»Ob nun die guten Leistungen des Kindes Anlaß für die Kontaktbereitschaft der Eltern sind, oder ob umgekehrt die intensivere Kooperation Ursache für die besseren Leistungen ist, ist eigentlich gar keine alternativ zu beantwortende Fragestellung.«[90]

Ihn interessiert auch nicht, »ob dieses System, das eine intensive Mitarbeit des Elternhauses als Voraussetzung für die Bewährung des Kindes in der Schule setzt, pädagogisch angemessen oder sozial gerecht ist«[91]; er konstatiert lediglich, *daß* »diese Entwicklung zu einer enormen Intensivierung der Kontakte zwischen Elternhaus und Schule geführt hat und damit zugleich zu einer weitgehenden Anpassung der elterlichen Erziehungspraktiken an die der Schule«.[92] Wenn er dann anmerkt, daß die elterliche Kooperationsbereitschaft nachlasse, sobald die Entscheidung über das Schulziel gefallen sei[93], nähert er sich den eigentlich bestimmenden Momenten in den Beziehungen der Eltern zur Schule; er interpretiert sie allerdings nicht in ihrem vollen Ausmaß, weil er in dem formalstrukturellen Gegensatz zwischen »Lebens«- (= außerschulischem) und »Erziehungs«- (= schulischem) »Raum« verharrt. Tatsächlich sind die Erwartungen der Eltern ja nicht, wie Kob

89 Kob hingegen spricht vom »wenigstens subjektiv neutralen Argument der geringen ›Begabung‹« (S. 56).

90 A.a.O., S. 72.

91 Ebd.

92 Ebd.

93 Er konstatiert dieses nachlassende Interesse der Eltern an schulischen Angelegenheiten nicht nur für die Eltern, die die Hauptschule für ihre Kinder als Schullaufbahn antizipieren, sondern auch für die, die das Gymnasium planen. Hier käme er heute vermutlich zu einem anderen Ergebnis, weil nun der Übergang auf die Oberschule nicht mehr automatisch mit einem gesicherten Abschluß und anschließenden Studium verbunden ist.

unterstellt, »völlig begrenzt auf die besondere Schulsituation des eigenen Kindes und die schulischen Ziele, die sie für dieses Kind gesetzt haben«[94]; diese »schulzielorientierten« Erwartungen sind vielmehr Ausdruck der weitergreifenden Erfahrung, daß von der schulischen Qualifikation des Kindes dessen späterer »Marktwert« abhängt und die Lebenssituation der Eltern hiervon in gewissem Maße mitgeprägt wird. Es ist also verständlich, daß das Interesse der Eltern an der Schule nachläßt, sobald der Tauschwert, soweit die Schule ihn der künftigen Arbeitskraft zusetzt, durch die Schulzweigwahl bestimmt ist: *Er ist das Bindeglied zwischen »Lebens- und Erziehungsraum«.*[95]

Wir können daher Kob auch nicht zustimmen, wenn er unterstellt, die Eltern »akzeptierten« die Schule. Er sieht seine Annahme durch die geringe Kritikbereitschaft der Eltern gegenüber der Schule bestätigt: Zwei Drittel aller Eltern sind mit der Schule »zufrieden«.[96] Uns scheinen diese Zahlen allerdings darauf hinzudeuten, daß die Eltern aufgrund des in der Regel »standardisierten« und weitgehend von Lehrerimpulsen abhängigen Verkehrs mit der Schule diese als eine Instanz wahrnehmen, deren Zielen und Lehrangeboten man sich im Interesse des Kindes beugen muß. Das »Unzufriedenheitspotential« läßt sich nach unseren Erfahrungen auch nicht durch eine »Kontrollforschung«[97] erfassen, die Eltern einer kurzen, einmaligen Befragung durch Fremde aussetzt. Ihre Kritik an der Schule äußern Eltern erst dann lebhaft und konkret, wenn sie aus ihrer Haltung der »Schulfrommheit«[98] durch Kontrast-

94 A.a.O., S. 73.

95 Entsprechend seiner Interpretation vom getrennten »Lebens- und Erziehungsraum« schätzt Kob u. E. auch die Meinungen der Eltern über die Funktion der Schule falsch ein. Er meint nämlich, aus der Tatsache, daß die meisten Eltern von der Schule »Wissensvermittlung« erwarten, die wenigsten »Vorbereitung auf das Berufsleben«, schließen zu können, daß »keine Rede von einer Relativierung auf soziale und berufliche Interessen« (S. 78) sein könne. »Man beläßt die Schule vielmehr völlig in ihrer ›Autonomie‹, akzeptiert alle ›Zweckfreiheit‹ ihrer Bildungsbemühungen« (S. 78). Schon die mit der Fragestellung suggerierte Trennung zwischen »Leben allgemein« und »Berufsleben« muß zu falschen Antworten führen.

96 A.a.O., S. 79.

97 Vgl. hierzu H. Goos' und B. Wagners kritischen Artikel über positivistische Bildungsforschung (67).

98 Kob, a.a.O., S. 78.

erlebnisse und durch eine detaillierte Erkundung ihrer realen Erfahrungen mit der Schule herausgerissen werden.[99]

Zu geradezu eklatanten Fehlinterpretationen kommt Kob, wenn er das Datum, daß über 40% der Eltern von Hauptschülern (im Vergleich zu knapp unter und knapp über 10% der Eltern von Grundschülern und Gymnasiasten) der Meinung sind, die Kinder lernten in der Schule zu wenig, nicht als Kritik an der Qualifikationsfunktion der Schule erkennt. Daß die elterliche Kritik nicht der mangelnden oder mangelhaften Berufsvorbereitung gelte, ergibt sich für Kob aus der Kontrollfrage nach der berufsvorbereitenden Funktion der Hauptschule: Nur 6% der Eltern waren der Ansicht, daß die Schule zu wenig auf das Berufsleben vorbereite.[100] Es handele sich hier also um enttäuschte Hoffnung auf mehr Allgemeinbildung. Eine solch ausgeprägte Unzufriedenheit der Eltern mit der Hauptschule verweist jedoch *objektiv* auf deren Funktion als berufliche Ausleseinstitution, auch wenn die Eltern in der Befragung diesen Zusammenhang nicht aussprachen (heute täten sie dies mit Sicherheit), ja, ihn scheinbar leugneten, wie die 6% suggerieren. Die Eltern konnten diesen Zusammenhang schon deswegen nicht zu Protokoll geben, weil Kob selbst ihn durch seine Theorie vom »Lebens- und Erziehungsraum« kaschiert.

In der getrennt von der Elternbefragung durchgeführten Erhebung der Einstellung der Lehrer gegenüber den Eltern[101] bestätigten die einzelnen befragten Lehrer nicht das negative Pauschalurteil über die angebliche Feindschaft der Eltern gegenüber der Schule, auf das Kob in seinen Vorgesprächen mit Lehrern gestoßen war. Er interpretiert dies als eine Bestätigung für die hohe Zufriedenheit der Eltern mit der Schule. Sollte es sich also bloß um ein Mißverständnis gehandelt

99 Dies geht sogar aus Kobs eigener Untersuchung hervor, wenn er nämlich bei dem Drittel der Eltern, die unzufrieden mit der Schule sind, genauer nachfragt. Es stellt sich dann heraus, daß 25% der Eltern, die den Hauptschulabschluß für ihre Kinder vorsehen, Kritik am Lehrer äußern.

100 A.a.O., S. 88.

101 Kob gibt zu, daß der fehlende Rückbezug zwischen Eltern- und Lehrerbefragung gewiß dazu geführt habe, daß »eine Reihe von wichtigen Aspekten ausgeblendet geblieben sei« (S. 93). Während er in seiner Hauptuntersuchung – in der Elternbefragung – mit vorwiegend geschlossenen Interviewfragen gearbeitet hat, führte er die Gespräche mit den Lehrern in Form von offenen Interviews.

haben? Wie uns scheint, nimmt Kob die Aussagen der Lehrerschaft über ihr Verhältnis zu und ihre Zusammenarbeit mit den Eltern nur in ihrem Oberflächencharakter wahr und kommt dadurch zu dem voreiligen Schluß, die Zusammenarbeit mit den Eltern sei Teil der pädagogischen Qualifikation geworden.[102] So erstaunt ihn auch nicht sonderlich, daß der von den Lehrern angegebene Prozentsatz der Eltern, die Elternversammlungen besuchen, beträchtlich höher lag als der von den Eltern selbst angegebene. Man könne, so schließt er optimistisch, geradezu von einem Prozeß gegenseitiger Anpassung sprechen, und es seien nicht nur die Eltern, die sich um eine Anpassung an die schulischen Erwartungen bemühten, sondern auch die Lehrer – »wenn auch nicht in demselben Ausmaß«.[103] Doch die Differenzierung der Elternschaft nach Klassenzugehörigkeit verdeutlicht die Konflikte zwischen Eltern und Lehrern: Kob selbst muß nämlich zugeben, daß die Lehrer aus den Schulen, die in einem Arbeiterbezirk lagen, häufiger als ihre Kollegen eine »kritische Haltung« der Eltern gegenüber der Schule annahmen, und sie beurteilten die Hilfe der Eltern für ihre Kinder in bezug auf schulische Anforderungen wesentlich ungünstiger als die Lehrer an den anderen Schulen. Ähnlich negativ äußerten sich die Schulleiter dieser Schulen über die Arbeitereltern. Sie sprachen von einer »verbreiteten Uninteressiertheit der Elternschaft, welche die [. . .] Zusammenarbeit mit ihr für die Schule bedeutungslos mache«.[104]

Kob fühlt sich nicht herausgefordert, diese bedeutsamen Unterschiede in der Einstellung der Lehrerschaft gegenüber den Eltern aufzuhellen, sondern kreidet deren entfremdete Beziehungen zur Schule ihnen selbst an:

> »Die wesentlich geringere Aktivität der Eltern und ihre Unsicherheit bei der Frage des schulischen Aufstiegs ihrer Kinder läßt diese ›Anwaltschaft‹ für die Eltern den Lehrern und Schulleitern dort nicht so zwingend erscheinen wie an den anderen Schulen.«[105]

Erst in seinen Schlußüberlegungen bekundet Kob Zweifel an seiner These vom »angepaßten« bzw. »unsicheren« Verhal-

102 A.a.O., S. 99.
103 A.a.O., S. 103.
104 A.a.O., S. 106.
105 A.a.O., S. 107.

ten der Eltern gegenüber der Schule. Er hat dabei aber nicht die Emanzipierung sowohl der Eltern wie der Lehrer aus schulischen Zwängen im Sinn, sondern, seinem positivistischen Ansatz gemäß, eher das Programm eines aufgeklärten Technokraten:

»Wenn es nicht gelingt, auch in den ›unteren‹ Sozialschichten die Aktivität bei der schulischen Zielsetzung zu entwickeln oder ihr Fehlen irgendwie zu kompensieren, bedeutet jene strukturelle Entsprechung von sozialer Zielstrebigkeit und Schulerfolg, die heute gegeben ist, eine Form sozialer Ungerechtigkeit, die einer der wesentlichen Bemühungen unserer Schulpolitik widerspricht, und zugleich einen *Verzicht auf ›Begabungsreserven‹*, den sich eine moderne Gesellschaft nicht leisten kann. Die Unsicherheit Schulfragen gegenüber und das geringe ›pädagogische Selbstbewußtsein‹ der Arbeiterschaft erforderte *in diesem Zusammenhang* eine Änderung im Verhalten der Schule und in den Planungen der Schulpolitiker.«[106]

Wir haben mit diesen vier Autoren exemplarisch das Gesellschaftsverständnis illustriert, das in der Pädagogik und Sozialwissenschaft über die Beziehungen zwischen Elternhaus und Schule in den sechziger Jahren herrschte und vielerorts noch heute herrscht. Deutlich wurde vor allem bei Bach, Diedrich und Kampmüller das normative Erklärungsmuster, das zwar eine Differenz zwischen Anspruch und Wirklichkeit in den Beziehungen konstatiert, deren Gründe aber nicht objektiviert, sondern auf die Einsicht und den Willen der Betroffenen setzt, um diese Differenz zu überwinden. Es suggeriert, daß die »Gestörtheit« in den Beziehungen zwischen Eltern und Schule aufhebbar sei, ohne daß es dazu gesellschaftlicher Veränderungen bedürfe. Dies gilt auch für Kob, der die Beziehungen zwischen Eltern und Schule zwar empirisch untersucht, aber aufgrund seines eingeschränkten Geschichtsverständnisses nur ihren Oberflächencharakter erfaßt.

Im Laufe der sechziger und zu Beginn der siebziger Jahre rückten bestimmte Widersprüche (vor allem das Verhältnis von langfristigen und kurzfristigen Bildungsinvestitionen) im Bildungswesen ins öffentliche Bewußtsein. Es setzte eine breite sozialwissenschaftliche Forschung und Diskussion über ungenutzte »Begabungsreserven« und die Ursachen ein,

106 A.a.O., S. 113 (Hervorhebungen B.-R.).

warum die bestehenden Bildungseinrichtungen diese nicht erschließen. Im Zuge dieser Diskussion erlangten auch die Beziehungen zwischen Elternhaus und Schule erneute Aufmerksamkeit, nun allerdings in einem gewandelten Verständnis.

Wir wollen dies stellvertretend am Werk K. Schleichers aufzeigen. Schleicher ist in starkem Maße von der angelsächsischen Schulforschung beeinflußt und bestrebt, deren Konzeptionen auf deutsche Verhältnisse zu übertragen. Die Schule müsse Eltern*bildungs*arbeit[107] leisten mit dem Ziel, Bildungsbarrieren abzubauen und eine »emanzipatorisch verstandene Chancengleichheit«[108] zu fördern. Elternbildungsarbeit sei auf die Mitwirkung der Eltern (aber auch der Lehrer und Schüler) »an bildungspolitischen und unterrichtlichen Entscheidungen und fortgesetzten Planungen«[109] angewiesen. Dies setze eine stärker dezentralisierte Schulverwaltung »nach amerikanischem Vorbild«[110] voraus. Elternbildungsarbeit richte sich sowohl auf die Eltern wie auch auf die Schüler als künftige Eltern. In diesem Sinne schlägt Schleicher »Parent-Teacher-Student-Associations« sowie gezielte Pädagogik-Kurse in den Abschlußklassen der Sekundarstufe vor[111], die die Jugendlichen auf ihre spätere Elternrolle vorbereiten sollen und die von Bildungsmaßnahmen mit »poly-humanem Praxisbezug«[112] begleitet sein sollen. Derartige Bildungskurse sollen dem Jugendlichen auch nach Abschluß seiner Schulzeit in außerschulischen Bereichen offenstehen. Dabei geht Schleicher von einem lückenlosen Informations- und Beratungsnetz für Eltern aus:

107 Schleicher versteht Elternbildung im weiteren als »integrative Aufgabe der Sozial-, Familien- und Bildungspolitik« (200, S. 242). Vgl. die sehr ähnliche Auffassung von W. Bäuerle (14), (15). Vgl. auch E. Lemberg (133), der eine »Elternforschung« fordert, »die die unterschiedliche Bildungsaffinität der verschiedenen Bevölkerungsgruppen studiert. Auf deren Ergebnissen wäre eine vorausschauende und differenzierte Pflege des Bildungsdenkens und Bildungsverhaltens dieser Bevölkerungsgruppen zu entwickeln«. (S. 155)

108 Schleicher (202, S. 15).

109 A.a.O., S. 14.

110 Schleicher (200, S. 242). Allerdings führe eine Dezentralisierung nicht notwendigerweise zu einem demokratischen Bildungswesen – wenn nämlich die Gefahr einer »›Herrschaft‹ von Minoritäten« bestehe (202, S. 11).

111 Schleicher (200, S. 240 f.).

112 A.a.O., S. 240.

»Bei dieser Vorinformation [in Schul- und Berufsschulzeit, B.-R.] wird eine anschließende Beratung junger Mütter wirksamer werden. [...] Wenn auf diese Weise eine Prädisposition für die Probleme des Schuleintritts angelegt ist, wird sich eine längerwährende Einschulungsberatung leicht anschließen lassen und werden auch die Informationen der Massenmedien bereitwilliger und kritischer aufgenommen. Eine derartig geförderte Aufmerksamkeit bei den Eltern und ein entsprechend früher Kontakt zur Schule würden die anschließende Kooperation selbstverständlich machen, zumal wenn der Kontakt durch ›parent liaison workers‹, durch Fernübertragung von Unterrichtsstunden (USA, seit 1953) und dadurch gefördert wird, daß Eltern den Unterricht ihrer Kinder beobachten dürfen. Wird die Schule schließlich noch zu sog. ›Community Centers‹ ausgebaut, in denen Erwachsene und Jugendliche nebeneinander und miteinander Weiterbildung suchen, dann wird bei der nachwachsenden Generation ein bewußteres Verhältnis zur Schule möglich werden.«[113]

Die gestörten Beziehungen zwischen Eltern und Schule – bzw. die allgemeine mangelhafte Erziehungskompetenz der Eltern heute[114] – versteht Schleicher nicht, wie z. B. noch Kampmüller, als aufhebbar durch den pädagogischen Eros des Lehrers und eine ihrer gesellschaftlichen Verantwortung bewußte Schule; er betrachtet sie vielmehr mit den Augen eines Technikers[115], der mit dem entsprechenden Handwerkszeug diese Beziehungen »entstören« kann. Hierbei verlieren die gesellschaftlichen Widersprüche ihre Dynamik und werden dichotomisiert in »unaufhebbare« und in »aufhebbare« Faktoren.[116] Zu den unaufhebbaren Faktoren zählt Schleicher die »verschiedenen physiologischen, psychologischen und soziologischen Prämissen«, die aufgrund des »immer schnelleren Sozialwandels« die Werthaltungen und Lebensbedingungen der Generationen voneinander trennen. Aufhebbar (durch Bildungsarbeit) hingegen seien »die vordergründig-impulsiven Reaktionen«.[117]

Abstrakt verknüpft Schleicher die Notwendigkeit der »Kooperation« zwischen Elternhaus und Schule zwar mit dem

113 A.a.O., S. 241.

114 Vgl. a.a.O., S. 242.

115 Schleicher selbst distanziert sich von dem »Technokratievorwurf«, wenn er z. B. »Elternmitwirkung« fordert, um »den technokratischen Dirigismus von Schulverwaltung und Bildungsplanung einzuschränken« (201, S. 13).

116 Schleicher (200, S. 242).

117 Ebd.

gesellschaftlichen Ziel der Emanzipation[118] – »Bildung [. . .] in ihrer Funktion zur humanen Selbstentfaltung«[119], »partizipatorische Demokratie«[120] –, in den Konktretionen aber verliert diese Zielvorstellung ihren aufklärerischen Anstrich, tritt ein Effektivitätskriterium in Kraft, das seine Legitimation aus den gegebenen Gesellschaftsverhältnissen bezieht:

»[. . .] gilt die Kooperation als unerläßlich, weil nur so die vorhandenen Kapazitäten der Familie genutzt und der Schule zu optimalem Erfolg verholfen werden kann.«[121]

Die Mitwirkung der Eltern soll »von oben« ins Schulwesen eingeführt werden, um ein mögliches »Ausufern« der gewährten Rechte zu verhindern. Die Gefahren, die aus »einer zu großen Nachholsituation hinsichtlich der Mitbestimmung« erwachsen können, illustriert Schleicher recht demagogisch an einem Beispiel aus den USA:

»Als in Ocean Hill-Brownsville z. B. die farbige Elternschaft zur Verwirklichung ihrer lokalen und politischen Bildungsvorstellungen einige Lehrer (mehr oder minder legal) entließ, daraufhin die Lehrergewerkschaft zum Streik aufrief und die dann streikenden Lehrer von bildungseifrigen Eltern zusammengeschlagen wurden, da zeigte sich, wie schwer es ist, Kinder gleichzeitig vor wenig engagierten Lehrern, fehlgelenkten Eltern und vor Schulverwaltungen und Interessenverbänden zu schützen.«[122]

Die Furcht Schleichers vor unkontrollierten Basisaktivitäten kommt auch in seiner Sorge zum Ausdruck, daß die »Eltern beginnen [. . .], ihren Forderungen mit Demonstrationen, Flugblattaktionen oder auch mit dem Mittel des Schulstreiks politischen Nachdruck zu verleihen«.[123] An anderer Stelle spricht er von »nur punktuell aufgereizten« »Mitbestimmungswünschen der Eltern«, die »von Minoritäten entfremdet oder politisch mißbraucht werden«.[124] Es ist nur folgerich-

118 Schleichers Zynismus kommt in dem eher feuilletonistischen Satz zum Ausdruck: »[. . .] Eltern nehmen sich oft nur wenig Zeit für die Beschäftigung mit ihren Kindern, da sie stark beansprucht sind oder [sich] ›emanzipieren‹ wollen« (202, S. 31).

119 Schleicher (201, S. 15).

120 Schleicher (202, S. 10).

121 Schleicher (201, S. 16).

122 A.a.O., S. 17.

123 A.a.O., S. 30.

124 Schleicher (202, S. 8).

tig, wenn ihm die Eltern in der Rolle von Unmündigen erscheinen, die der bildenden Anleitung bedürfen, um ihre Interessen zu erkennen und angemessen zu vertreten. Begrenzte Konflikte, die aus einer verstärkten Elternmitwirkung resultieren, sind in Kauf zu nehmen; prinzipiell aber geht Schleicher an keiner Stelle von antagonistischen Interessenkonflikten aufgrund der Klassenlagen der Eltern aus, sondern teilt die Eltern ein in »desinteressierte« und bildungsbewußte, die indes beide nur eine »geringe Kooperationserfahrung«[125] besäßen und erst »mitverantwortungsfähig«[126] gemacht werden müßten. Deshalb sollte »mit der Partizipation [. . .] nicht total begonnen [werden], sondern mit steigender Kooperationserfahrung und -kompetenz« soll sie allmählich »ausgeweitet und den neu entstehenden Bedürfnissen angepaßt werden«.[127]

Die exemplarische Literaturauswahl[128] zum Thema »Beziehungen zwischen Elternhaus und Schule« sollte zeigen, wie sich die entfremdeten Verkehrsformen im herrschenden »wissenschaftlichen Bewußtsein« der Gegenwart spiegeln. Unsere ideologiekritische Analyse suchte den eingangs gekennzeichneten Wissenschaftsbegriff zu konkretisieren, an dem wir das ahistorische Untersuchungskonzept kritisierten. Es führt zu einem Theorie-Praxis-Verständnis, das entweder der Wirklichkeit eine Theorie überstülpt, die über die realen gesellschaftlichen Widersprüche und Interessen der Betroffenen hinweggeht und sich zum Anwalt gesamtgesellschaftlicher Nutzenüberlegungen macht (Kob, Schleicher), oder das die lebendige Vielfalt der Wirklichkeit zwar beschreibend-katalogisierend erfaßt (Diedrich, Bach, Kampmüller), dabei aber nicht von einer Theorie angeleitet wird, die die erfaßten Phänomene zu erklären vermag. Im ersten Fall führt das falsche Theorie-Praxis-Verhältnis zu sozialtechnokratischen

125 A.a.O., S. 7.
126 A.a.O., S. 12.
127 A.a.O., S. 7.
128 Es kam uns also nicht auf einen vollständigen Literaturbericht an. Um sich die gängige Literatur zu »Elternhaus und Schule« zu erschließen, verweisen wir auf die Bibliographien von Diedrich (38), Bach (11), Kampmüller (108) und Schleicher (201), (202).

Lösungen, im zweiten Fall zu moralischen Appellen an die Individuen.

3. Darstellungen aus der Schulpraxis über die Beziehungen zwischen Eltern und Schule

Wir wenden uns nun Beschreibungen des Schulalltags zu, die uns möglicherweise genaueren Aufschluß über die herrschenden Verkehrsformen zwischen Eltern und Lehrern geben als die zuvor erörterten Studien. Die Beschreibungen stammen aus verschiedenartigen Quellen und von unterschiedlichen ideologischen Positionen. Zumeist haben die Berichte einen vorwissenschaftlichen Charakter, d. h. das Theorie-Praxis-Verhältnis wird nicht »wissenschaftlich« expliziert. Einen Teil dieser Darstellungen könnte man einem Konzept zuordnen, das in der neueren erziehungs- und sozialwissenschaftlichen Debatte Bedeutung gewinnt und mit dem Begriff »Handlungs-« oder »Aktionsforschung«[129] umschrieben wird. Gemeint ist eine praxisnahe Forschung, in der eine weitgehende Einheit des »forschenden Subjekts« und des »erforschten Objekts« erstrebt wird. Im Forschungsprozeß – dies der theoretische und praktische Anspruch – wird das »erforschte Objekt« zum mitforschenden Subjekt. Forscherische Tätigkeit bedeutet in diesem Zusammenhang tätiges Erkennen und Verändern des Praxisfeldes. Die erkannten Bedingungen, die »Forschungsergebnisse«, können dann nicht mehr leichter-

129 Vgl. hierzu W. Klafki (116) und Nr. 5/1975 der Zeitschrift *betrifft: erziehung* (75), in der Beispiele für *Handlungsforschung* gegeben werden; in beiden Quellen weiterführende Literatur. – Der Begriff stammt aus der angelsächsischen Sozialforschung (»action research«) der vierziger Jahre und meinte dort eine feldnahe Forschung, die aber nicht unbedingt den Anspruch auf gesellschaftsverändernde Ansätze erhob. Ein Zweig der Handlungsforschung führt auf die sozialwissenschaftlichen Untersuchungen der Chicagoer Schule zurück, in der z. B. Arbeiten wie die von Whyte (*Street Corner Society*) entstanden, die mit der Methode der teilnehmenden Beobachtung im Feld arbeiten und so ebenfalls die strenge Trennung zwischen »Forschungssubjekt« und »Forschungsobjekt« aufheben. Für die pädagogische Forschung sind die Arbeiten K. Lewins Vorläufer (er prägte auch den Begriff »action research«), der durch »teilnehmende Experimente« den Unterrichtsstil von Lehrern beeinflußte. Zur weiteren Entwicklung der Handlungsforschung in der Unterrichtsforschung vgl. Klafki, a.a.O., S. 269.

dings von gesellschaftlichen Instanzen aufgenommen und integriert werden, die sie möglicherweise fremdbestimmten Zwecken nutzbar machen wollen.

Der theoretische Vorsprung, den der Erziehungs- und Sozialwissenschaftler »ins Feld« trägt, verkleinert sich in dem Maße, wie er die von seinem Erkenntnisinteresse Betroffenen an seinem Wissen und an seinen Prämissen Anteil nehmen und sein theoretisches Wissen durch die aufgedeckten Praxisprobleme und Praxiswidersprüche in Frage stellen läßt. Er kehrt mit einem erweiterten Bewußtsein von der erfahrenen Wirklichkeit an seinen Arbeitsplatz zurück; und die Betroffenen verfügen nun ihrerseits über mehr systematische Erfahrungen von ihrer Situation, auf die sie möglicherweise aktiver als vorher einwirken können. »Auswertung« und Aufbereitung der Forschungsergebnisse[130] sollen übrigens nicht abgehoben von der Praxis geschehen, sondern Teil der gemeinsamen Forschungstätigkeit sein und den mit der Praxis weiterhin Konfrontierten Handlungshilfen geben.

Die »Praxisberichte«, die wir betrachten wollen, unterscheiden sich freilich von einem strengen »Handlungsforschungs-Ansatz«: sie sind zumeist unmittelbar aus der praktischen Arbeit selbst hervorgegangen. Soweit sie jedoch von Wissenschaftlern ernstgenommen und in ihre theoretische Arbeit einbezogen werden – wie dies in der letzten Zeit gerade in den Erziehungswissenschaften mit Darstellungen aus dem Schulalltag der Fall ist –, sind sie für forschungsstrategische Überlegungen im Rahmen der Handlungsforschung von Bedeutung. Denn die Erfahrungen der »Praktiker« stoßen die »Theoretiker« unter Umständen auf Sachverhalte und Probleme, die sie bislang wissenschaftlicher Beachtung nicht für würdig befanden.

Wenn heute Berichte von der »Basis«, die Lehrer schreiben, mit Spannung aufgenommen werden, so darf nicht übersehen werden, daß die Tradition der »schreibenden Lehrer« lang ist. Die politische Bedeutung, die den heutigen Schulberichten

130 Von den analytisch-empirischen Wissenschaften, die von einer Trennung des Forschers und des »Untersuchungsobjektes« ausgehen, wird das methodische Problem aufgeworfen, wie derart gewonnene Forschungsergebnisse intersubjektiv überprüfbar seien oder gemacht werden könnten.

zugrunde liegt oder angeheftet wird, hängt mit einem gewandelten Berufsverständnis zusammen, das den pädagogischen ›Auftrag‹ nicht mehr unabhängig von der gesamtgesellschaftlichen Ziel- und Funktionsbestimmung der Schule begreift. Ein gänzlich anderes berufliches Selbstverständnis steht hinter älteren Berichten von Lehrern, die über ihre Praxis schrieben. Sie wollten oft nicht mehr als »Ratschläge« und Erfahrungen vermitteln, die zur Lösung pädagogischer Probleme anregen sollten. Auch diese Tradition zieht sich bis in die Gegenwart.[131]

In dieser Literatur finden sich Hinweise über den Verkehr zwischen Lehrern und Eltern. Kümmel z. B. hält es 1953 für selbstverständlich, daß »Elternschaft und Lehrer in eine gemeinsame Front gehören«, von ihrem gemeinsamen Erziehungsauftrag her seien sie »einander verbunden in der ehrlichen Sorge um die jungen Menschen«, sie müßten deshalb »vom ersten Tage an ›am gleichen Strange ziehen‹ und jede mögliche Reibung vermeiden«.[132] Er möchte Ratschläge für eine »virtuose Beherrschung der Technik oder Kunst des Umganges mit den Eltern« geben.[133] Auch die für Lehrer oft kennzeichnende »Politikscheu« wird bei ihm sichtbar, so wenn er z. B. sagt, daß »Klassen- und Gesamtelterntreffen oder Klassenelternvorsitzende und Schulelternbeiräte« niemals wieder zu »Instrumenten unduldsamer Parteipolitik werden dürfen«.[134]

Kümmel sieht die Schranken für eine fruchtbare Zusammen-

131 Vgl. z. B. H. Kümmel mit seiner kleinen Schrift *Klassenelterntreffen* (124), F. Wigdorowa, *Meine Schulklasse* (249), E. Ulrich, *Ich bin eine Lehrerin* (237), E. Schmack, *Junge Lehrer in der Schulwirklichkeit* (203), A. Simon und J. Scherl, *Der Elternabend einmal ganz anders* (217), H. Rumpf, *40 Schultage, Tagebuch eines Studienrats* (194) – sein Ansatz geht allerdings über ein unmittelbares Praxisinteresse hinaus, er kritisiert die steigende »Verbürokratisierung« der Schule –, O. Kampmüller, *So hilfst du deinem Schulkind* (110). Hierher gehören auch populärwissenschaftliche »Elternbücher«, etwa die von G. Werner, *Keine Angst vor Schularbeiten* (247), B. Schönfeldt und H. Matthiessen, *Eltern als Hilfslehrer? Die Schule hört zu Hause nicht auf* (205), K. Meynersen, *Im Namen der Kinder – Eltern lernen Mitverantwortung im ZDF* (146) und R. Dirx, *Kinder brauchen gute Schulen* (40) und viele andere. Diese Sparte ist deswegen interessant, weil dies Bücher sind, die man durchaus auch im Buchsortiment großer Kaufhäuser finden kann.

132 Kümmel, a.a.O., S. 3.

133 A.a.O., S. 5.

134 A.a.O., S. 6.

arbeit zwischen Eltern und Schule vor allem bei den Eltern. Er spricht von »unverständlicher Gleichgültigkeit«, »geharnischter Opposition«, »krankhafter Meckerei« und verlangt von ihnen »Interesse und Verständnis«, »Vorurteilsfreiheit«, »aktive Mitarbeit«.[135] Seine Vorschläge zur Gestaltung von Elternabenden stehen ganz in der Tradition einer noch überschaubaren Schulgemeinde, in der der Schule eine gesellschaftlich integrierende Funktion zukommt:

»Der Referent – ob Lehrer, Arzt, Seelsorger, Berufsberater, Vater oder Mutter – fasse sich kurz, volkstümlich und möglichst heiter-lebendig. Dafür dauere die Diskussion umso länger; sie sei frisch und aufgelokkert.«[136]

Im selben Ton redet noch fünfzehn Jahre später Kampmüller mit den Eltern:

»Schick dein Kind sauber gewaschen und ordentlich gekleidet zur Schule – Achte darauf, daß Hefte und Bücher sauber eingebunden sind – Achte darauf, daß das Kind die Hausaufgaben an einem sauberen Arbeitsplatz erledigt und mit gewaschenen Händen an die Arbeit geht« etc.[137]

135 A.a.O., S. 7.

136 A.a.O., S. 16f.

137 Kampmüller (110, S. 13). In der sozialwissenschaftlichen Forschung wird dieses Thema so abgehandelt: »Sauber gewaschen und gekämmt kommen alle guten Schüler und 90% der schwachen in die Schule. Die Kleidung ist bei 2% der Leistungsstarken, aber bei 11% der Leistungsschwachen unordentlich. Über unsaubere Schulbücher wird bei keinem der Guten, aber bei 28% der Schwachen geklagt. Gelegentlich oder häufiger unpünktlich zur Schule kommen 6% der Erfolgreichen und 38% der Versager. Als Gründe werden von den Lehrern bei den Versagern vor allem Verschlafen und Nachlässigkeit der Eltern angegeben. Für die gleiche Nachlässigkeit der Eltern spricht es wohl, wenn 9% der schwachen Schüler gelegentlich unentschuldigt die Schule versäumen. Alle Unterschiede zwischen den Gruppen sind signifikant.« L. Kemmler (114, S. 71).

»Moderner« im Ton als Kampmüller kommen Schönfeldt/Matthiesen und Werner mit ihren Ratschlägen zu den Eltern: »Befreien Sie sich getrost von der Vorstellung, die Lehrerin oder der Lehrer Ihres Kindes könnte es als Zumutung empfinden, wenn Sie um eine Unterredung bitten. Das Gegenteil ist der Fall.« Werner, a.a.O., S. 91. Es werden in dieser Art von Literatur auch Erkenntnisse aus den Erziehungswissenschaften popularisiert, etwa, daß »Hausaufgaben in der herkömmlichen Form [...] keinerlei leistungssteigernden Wert« haben (Schönfeldt/Matthiesen, a.a.O., S. 24), oder daß erwiesen sei: »Freiwillig in die Schule kommen zumeist die Eltern der Kinder, die es in Wirklichkeit gar nicht nötig hätten. [...] Die anderen Eltern dagegen, die wirklich echten Kummer mit ihren Kindern haben, bleiben der Schule fern.« (Werner, a.a.O., S. 91). Wahr ist freilich auch, daß die »anderen Eltern« derartige Elternbücher nicht lesen.

Die aus den frühen sechziger Jahren stammenden und von Schmack kommentierten »Tätigkeitsberichte« (der heutigen 2. Hausarbeit entsprechend) junger Lehrer stehen noch fest auf dem Boden der christlichen Ethik. So heißt es z. B. in einem Bericht:

»Eine vorsichtige Beobachtung und gesicherte Erfahrung legen es nahe, eine starke Gruppe als proletarisch und erschreckend asozial zu bezeichnen. Ein kirchlich-religiöses Leben wird ignoriert. Das sittliche Niveau liegt abnorm tief. [. . .] Viele Familien sind aus der Ordnung geraten.«[138]

Was heute unter der Ermittlung der »sozio-kulturellen Determinanten des Lernens« verstanden wird, erscheint dort noch unter dem Titel: »Meine Schularbeit, ein Versuch, die ›Standortgebundene Schule‹ zu verwirklichen«.[139] Die Gliederung dieses Tätigkeitsberichtes weist eine detaillierte Erhebung sowohl der soziologischen[140] wie der psychologischen[141] Daten aus, die ein Lehrer für seinen Unterricht[142] berücksichtigen muß:

»Um nun das Kind in seinen Reaktionen verstehen zu können, um ihm in seinen Schwierigkeiten helfen zu können, ist es unbedingt notwendig, daß der Lehrer sich mit dem häuslichen Milieu, in dem das Kind aufwächst, vertraut macht, daß er die Widersprüche zwischen Erziehungs- und Bildungsideal des Elternhauses und der Schule aufzudecken sucht und von hier aus auszugleichen und die Konflikte zu lösen trachtet. So

138 Schmack (203, S. 36). So aber auch noch zehn Jahre später: »Das Kind entstammt einer jungen Familie mit recht negativer Grundhaltung gegen Hergebrachtes. Religionslos. Vater nörglerisch, kritisch, unduldsam und weltverbesserungswütig.« (Aus einem Schülerbogen; vgl. *Elternblatt* 7/71 (46, S. 20).

139 A.a.O., S. 35.

140 »A. Meine Bemühungen, die Erziehungs- und Bildungssituation zu erfassen
1. Der Schulort und seine Bewohner
2. Die soziologische Struktur des Schulorts
a) die Siedler
b) die Bewohner des Mietblocks
c) die Bewohner des Sozialblocks
d) Spannungen innerhalb der Siedlung

141 B. Meine Bemühungen, der gegebenen Erziehungssituation gerecht zu werden
1. Das Kind in seiner Familie – Auffinden von Mangelsituationen
2. Vertrauen, Liebe und Frohsinn, Kräfte zu grundlegender Erziehung
[. . .]

142 C. Meine Bemühungen, aus der Bildungssituation auf der Grundlage des Heimatprinzips zu arbeiten.« (ebd.)

habe ich denn versucht, mir aus Bemerkungen der Kinder und Eltern, aus Aufsätzen, aus Verhaltensweisen der Kinder, durch Einsichtnahme in Karteikarten, durch Elternbesuche ein Bild von den Verhältnissen zu machen, in denen die Kinder aufwachsen, um die dabei gewonnenen Erkenntnisse in der Erziehungsarbeit der Schule zu berücksichtigen.«[143]

(Es wird in der heutigen Curriculum-Diskussion gern unterschlagen, daß der »situative Ansatz«, vor allem im Rahmen von »Sozialem Lernen«, keineswegs neu ist, sondern seine Wurzeln u. a. in der traditionellen heimatkundlichen Pädagogik hat.) Aus dieser Sicht auf die Eltern vor allem aus proletarischem Milieu resultiert für den Erzieher Einzelarbeit am gefährdeten Kind, die wir in der klassischen Manier der Falldarstellung vorgeführt bekommen.[144]

Simon/Scherl berichten insbesondere über ihre Erfahrungen mit Elternabenden und nehmen hier die »typischen« Probleme auf:

»Empfinden wir es nicht als einen peinlichen Mißtrauensbeweis, wenn wir im großen Raum vor wenigen Besuchern sitzen? – Selbst jene Lehrer, die ein solches Erlebnis zum Anlaß nehmen, über *die Interesselosigkeit der Eltern* zu klagen, werden im Innersten spüren, daß sie selbst zu der unangenehmen Tatsache ihren Teil beigetragen haben.«[145]

Die Autoren machen zahlreiche Vorschläge zur Gestaltung von Elternabenden[146], hinter denen die Konzeption des Lehrers als Elternbildner steht. Auch hier ist der Lehrer noch fest verwurzelt in einer ethisch-christlichen Tradition, die seine Liebe zu den Kindern und Eltern aller Gesellschaftsklassen bestimmt.

Als Mitte der sechziger Jahre die Reformbedürftigkeit des Bildungswesens unverkennbar wurde und der Staat unaufschiebbare Bildungsinvestitionen tätigte, wandelte sich auch

143 A.a.O., S. 40.

144 »Eine Rücksprache mit der Mutter gestaltete sich als fruchtlos [weil nämlich die Mutter in einem »eigenartigen Verhältnis lebt«, sie ist Fabrikarbeiterin, d. Verf.]. Öfters suchte ich Gelegenheiten, mit W. allein zu sprechen, und eines Tages erfuhr ich dann von ihm, daß sie einen kleinen Schrebergarten hätten und daß er dort einige Kaninchen und eine Ente aufzöge [. . .]. In meiner Klasse saß H., ein ordentlicher und echter Junge – der ebenfalls tierlieb ist und einen heilsamen Einfluß auf W. ausübt.« Vgl. a.a.O., S. 36.

145 Simon/Scherl (217, S. 16). Vgl. auch A. Simon (216).

146 Wir halten das Werk von Simon/Scherl für wesentlich anregender als das von L. Rössner (188).

der Charakter der Praxisberichte. Ein Ausläufer des »Reformbewußtseins« dieser Zeit ist das jüngst vom ›Arbeitskreis Grundschule‹ herausgegebene Buch *Unser Kind kommt zur Schule. Schulanfang mit Eltern*[147], das trotz der inzwischen deutlich gewordenen Zurücknahme von Bildungsreformen noch an der Möglichkeit festhält, durch Aufklärung über bildungspolitische Mißstände Eltern und Lehrer für die Durchsetzung jener Bildungsreformen zu gewinnen, die seit den sechziger Jahren gefordert werden. »Unbefangen« ist auch dieses Buch noch zu nennen, weil es – ohnehin nur den bildungsbewußten – Eltern suggeriert, mit mehr Engagement für schulische Belange ließen sich schulische Mißstände beseitigen. Die staatlich-bürokratischen Widerstände, die gerade dieses Engagement verhindern, werden nicht klargemacht.

Eine zweite Kategorie von »Darstellungen aus der Praxis« könnte man als »Schulreportagen« bezeichnen. Hier ist vor allem Th. Ellweins Bericht aus den fünfziger Jahren zu nennen.[148] Leider widmet er dem Thema »Schule und Eltern« nur wenige Seiten, auf denen der Verkehr zwischen Eltern und Schule ziemlich harmlos dargestellt ist und die schichtspezifischen Unterschiede im Verhalten der Eltern gegenüber der Schule sowie der Lehrer gegenüber den Eltern völlig unbeachtet geblieben sind. Eine wissenschaftliche Reportage in dieser Form hat es freilich bis heute nicht mehr gegeben[149], wohl aber Reportagen in Zeitungen, Illustrierten, Elternblättern. Als ein Beispiel zitieren wir den *Stern*-Bericht von H. Nogly aus dem Jahr 1969, *Lehrer X.*[150] »Lehrer in der ganzen Bundesrepublik wurden für diese Serie befragt. Begeisterte, hämische, erbitterte, aufbrausende, bemühte, zukunftsgläubige, skeptische Lehrer.«[151] Ihre Aussagen, im Schutz der Anonymität gemacht, werfen Licht auch auf die Verkehrsformen zwischen Schule und Eltern. Eine Lehrerin erzählt, wie ein Schüler sie so gereizt habe, daß sie ihm eine Ohrfeige gab.

147 Vgl. (7a). Vgl. auch H. Speichert (218a).
148 Th. Ellwein (43).
149 1976 wird ein empirischer Bericht über verschiedene Schultypen erscheinen, der auch auf das Problem des Verhältnisses zwischen Lehrern und Eltern eingeht. Vgl. Autorengruppe (10a).
150 H. Nogly (167); im folgenden nach *Stern* Nr. zit.
151 *Stern* Nr. 50, S. 93.

»Am nächsten Tag, mitten im Unterricht, fliegt die Klassentür auf. Da steht ein Mann, ein wüster Kerl, ein Arbeiter oder gar Hilfsarbeiter. Der reißt sein Hemd auf und zeigt mir seine Brust. Da waren lauter Narben drauf, wahrscheinlich Messerstiche von Wirtshauskeilereien. Er schreit: ›Ich hab im Leben genug einstecken müssen! Meinen Jungen schlagen Sie nicht nochmal, verstanden?‹ Was soll man da machen? Da kann man nur noch nicken.«[152]

Ein Lehrer über die Kollegen:

»Ja, sie sind fähig, einen Schüler abgrundtief zu hassen! Und sie sagen es auch noch laut im Lehrerzimmer ›Der gehört erschossen!‹ sagen sie. (. . .) Und wie sie über die Eltern eines Schülers herziehen! ›Kein Wunder, daß der Schmidt schlecht ist in Mathematik. Die Mutter hurt!‹ Sie sagen es nicht in bedrückter Erkenntnis einer Situation. Sie sagen es mit genüßlicher Verachtung in der Stimme.«[153]

Ein Lehrer (nicht nur über die Kinder):

»Die Kinder, die wir in der Hauptschule haben, die sind derartig blöd – also ich weiß nicht, ich halte die Kinder für dumm. Die wollen doch gar nicht.«[154]

Ein anderer Lehrer:

»Alles, was einen Funken Intelligenz hat, wandert an die Ober- oder Realschule ab. Uns bleiben die Sitzenbleiber, die Doofen, die notorischen Rüpel, eine stupide Masse, die einen anekelt.«[155]

Ein Lehrer aus einer Industriestadt:

»Ich unterrichte an einer Schule in einer ganz miesen Gegend, alles Arbeiter und Handwerker. Die besseren Leute haben das Viertel längst verlassen. Die Kinder sind entsprechend. [. . .] Prügeln darf ich nicht. Die Ganoven lauern ja bloß darauf, daß mir die Hand ausrutscht, schon habe ich ein Verfahren am Hals.«[156]

Ein anderer Lehrer aus einer Industriestadt:

»Eine Gegend ist das hier bei mir, pfui Deibel noch mal! Alles sozialer Wohnungsbau. Weiber, die von drei, vier Kerlen fünf, sechs Kinder haben. Und denen soll ich was beibringen! [. . .] Und die Entschuldigungszettel, die die Mütter schreiben, wenn ihr Liebling mal krank ist.

152 *Stern* Nr. 45, S. 62. K. Wünsche sagt: »Denn es ist kein Geheimnis, daß es Prügel natürlich weiterhin gibt.« (252, S. 25).
153 *Stern* Nr. 46, S. 56.
154 Ebd.
155 Ebd.
156 Ebd.

Die Zettel strotzen vor Rechtschreibfehlern! [. . .] Ich weiß nicht, warum diese Kinder nicht lernen wollen. Sie wollen eben nicht! Dann sollen sie doch dämlich bleiben.«[157]

Ein »linker« Lehrer:

»Als Lehrer Kinder aus sozial tiefstehendem Milieu vor sich zu haben, das ist nun mal Dreckarbeit, vor der man nicht zurückscheuen darf! Ich darf doch Kinder nicht aufgeben!«[158]

Entweder, so resümiert Nogly, habe er auf seiner Fahrt durch die bundesdeutsche Schullandschaft stets »die Falschen erwischt«, »oder es gibt ihn nicht, den glücklichen Lehrer«[159] – nur einen habe er getroffen, einen Dorfschullehrer, der in einer Zwergschule 40 Kinder unterrichtete, deren Eltern er schon das Einmaleins beigebracht hatte.

Wie sind diese Aussagen von Lehrern zu deuten? Gewiß können sie nicht ohne Umschweife verallgemeinert werden. Wie aber kommt es zu der offenen Brutalität, mit der über Eltern aus der Arbeiterklasse und ihre Kinder geurteilt wird?[160] Im Eingangskapitel haben wir die These aufgestellt, die empirisch belegte politische Abstinenz bzw. die konservative Einstellung breiter Lehrerschichten aufgrund ihrer Herkunft und beruflichen Lage rührten daher, daß diese Lehrer kein angemessenes Wissen und Bewußtsein von den zentralen gesellschaftlichen Konflikten hätten, also auch nicht erkennen könnten, wie die Lebens- und Arbeitsbedingungen der Eltern der jeweiligen Klassen von diesen Konflikten geprägt werden. Das verzerrte Bewußtsein, das zu den bornierten Meinungen über die Arbeiterklasse führt, resultiert aus der Berufsrolle des Lehrers und seiner jeweiligen Arbeitssituation. Während jedoch die Berufsrolle von ihm eine eindeutige Identifikation mit den herrschenden staatlichen und gesellschaftlichen Normen und Maßnahmen verlangt, ist seine Arbeitssituation – besonders in der Grund- und Hauptschule in Arbeiterbezir-

157 A.a.O., S. 56 ff. Vgl. auch Rodewald (186, S. 9), der von einer Junglehrerin berichtet: »Tja, wie soll es schon sein. Die meisten Kinder sind von den Arbeitern der Zementfabrik. Sie sind halt dumm. Da kannst Du nicht viel mit machen.«

158 *Stern* Nr. 50, S. 89.

159 *Stern* Nr. 46, S. 58.

160 Ganz offensichtlich provoziert das Medium, in diesem Fall eine Illustrierte, die Anonymität garantiert, derart unverblümte Äußerungen, die sich deshalb in dieser Form in der offiziellen pädagogischen Literatur nicht finden.

ken – von Konflikten gezeichnet; die berufliche Tätigkeit – Unterrichten – verläuft nicht reibungslos, der Lehrer muß gegen vielfältige Widerstände kämpfen, die die Schüler und ihre Eltern durch ihre Teilnahmslosigkeit seiner Arbeit entgegensetzen. Die wahren Gründe hierfür zu erkennen, würde dem Lehrer eine partielle Distanzierung von der ihm angetragenen Berufsrolle gebieten. Eine solche Distanzierung ist risikoreich, im Extremfall kann sie Berufsverbot bedeuten. Verharrt der Lehrer aber in dem Bewußtsein, das ihm sein Stand anträgt, so wird eine Annäherung an das wirkliche, nicht durch Standesvorurteile verstellte Leben der Kinder aus der Arbeiterklasse unmöglich; die Widersprüche, auf die er in seiner Praxis stößt, bleiben unerkannt und ungelöst. Das Leiden, das sie ihm verursachen, ohne daß er es durchschauen könnte, wendet er nun aggressiv gegen die Eltern und die Kinder, die ihm die Ausübung seines Berufes erschweren. Es ist kein Zufall, daß der einzig »glückliche« Lehrer, den Nogly entdeckt hat, ein alter Dorfschullehrer ist; er kann sich noch an eine Tradition anlehnen, in der der Volksschullehrer, der selbst aus den unteren Gesellschaftsklassen kam und keine Chance hatte, eine höhere Schule zu besuchen, über die Seminarausbildung in die ›höhere Gesellschaft‹ aufgestiegen ist und durch seine Arbeit mit den unteren Klassen verbunden bleibt. Deren Lebenssituation kennt er aus eigener Erfahrung.[161]

Etwa seit 1970 erscheinen Artikel und Berichte »auf dem pädagogischen Markt«, die die Schule als »eine Anstalt zur Reproduktion der Arbeitskraft« begreifen, »durch die Lehrer und Schüler in Rollen gezwungen werden, die jede sinnvolle pädagogische Arbeit fast unmöglich machen«.[162] Es geht diesen Autoren um den politischen und pädagogischen Spielraum dieses »fast«, um die Auslotung von Strategien, diesen Spielraum bis an seine Grenzen zu erweitern.

»In dieser Situation versucht mancher Lehrer im Rahmen dessen, was Schulpflicht und ministerielle Richtlinien an Raum freilassen, das Schulgeschäft anders zu betreiben. Solche Versuche können weder Modelle

161 Den konservativen Charakter dieser Tradition arbeitet B. Lehmann (128, bes. S. 39 f.) heraus.

162 J.-G. Klink (118, S. 10).

abgeben noch einen neuen Lehrplan schaffen. Aber sie führen zu Erfahrungen mit der Unvollkommenheit der Realität, mit Hoffnung und Ratlosigkeit. Wenn solche Versuche gemacht werden, geschieht das meist heimlich, nur ab und zu werden sie veröffentlicht, auffällig oft anonym.«[163]

Es handelt sich insbesondere um die Berichte von K. Wünsche (1972), I. Mann (1973), J.-G. Klink (1974), H. Kuhlmann (1975) sowie M. du Bois-Reymond / B. Söll (1974).[164] Sie interessieren uns unter dem Gesichtspunkt, wie hier unter dem Anspruch, einen aufgeklärten Unterricht zu betreiben, Eltern und Lehrer miteinander in Beziehung treten. Allen diesen Berichten ist gemeinsam, daß sie den wirklichen, nicht den ideologisch verbrämten Schulalltag zeigen wollen, und zwar aus der Position des Handelnden.[165] Der Widerspruch zwischen Theorie und Praxis kann so zwar nicht aufgehoben, wohl aber auf eine höhere Stufe gehoben werden.[166]

Die Widersprüche, auf die der Lehrer in der Schule stößt, sind für die Land- und Arbeiterkinder und ihre Eltern zweifellos am schärfsten; es ist daher kein Zufall, daß alle Berichterstatter ihre Erkenntnisse aus Grund- und Hauptschulen haben, die auf dem Land oder in Arbeiterbezirken liegen. Wünsche deckt diese Widersprüche vor allem in der Sprache

163 K. Wünsche (252, S. 8 f.). Gerade sein Buch hat die größte Publizität erreicht; das liegt nicht nur an seiner unbestrittenen Qualität, sondern auch daran, daß es »das erste« dieser Art war und zudem in einem renommierten Verlag erschien. I. Manns Veröffentlichung, die unserer Meinung nach durch ihre politische und pädagogische Konsequenz hervorragt, hat bei weitem nicht die ihr gebührende Verbreitung gefunden. Dies liegt auch an dem Verlag (edition 2000), dessen Radius vergleichsweise gering ist. Die unter Lehrern und Erziehungswissenschaftlern so einflußreiche Zeitschrift *betrifft: erziehung* besprach das Buch erst zwei Jahre nach seinem Erscheinen (vgl. *betrifft: erziehung* 5/75, S. 76).

164 Wünsche, a.a.O., Mann (142), Klink, a.a.O., Kuhlmann (126), du Bois-Reymond/Söll (23).

165 Wünsche geht es um »nichts als den Alltag aufzurühren, damit sein normales Dasein etwas mehr beachtet wird.« (A.a.O., S. 9) Klink will darstellen, »was Schüler und Lehrer in der Alltagsarbeit der Schule bewegt« (a.a.O., S. 5); du Bois-Reymond/Söll sprechen vom Terror des Schulalltags (a.a.O., *Einleitung*) vgl. auch diess. (22).

166 »Diese Arbeit weicht von der etablierten wissenschaftlichen Forschungsmethode ab, die scheinbar als einzige Objektivität verbürgt [. . .]. Die emanzipatorische Veränderung der Schule gelingt nur, wenn Schüler, Eltern und Lehrer zusammenarbeiten. Dies erfordert die Konstitution einer wissenschaftlichen Methode, die den notwendigen Erfordernissen der Praxis standhält.« Mann, a.a.O., S. 127.

auf; zusammen mit den Kindern analysiert er die Sprache der Herrschenden, so wie sie ihnen in Lesetexten entgegentritt, und im konstruktiven unterrichtlichen Handeln destruieren er und seine Schüler sie. Die Schüler (»Es sind Volksschüler, die Kinder von Leuten, die man einfache nennt«[167]), Angehörige der »schweigenden Mehrheit«, werden über diesem Handeln beredt, sie lernen, ihre Interessen zu sagen – und wer sie sagen kann, kann auch lernen, sie durchzusetzen. Die Schweigenden, die die Klassenschule stumm gemacht hat, beredt zu machen und sie zu ihrer eigenen Sprache zu ermutigen, versteht Wünsche als den politischen Auftrag des Lehrers, den er mit pädagogischer Kunst, wissenschaftlichem Denken und Phantasie erfüllen muß. Hierbei ist für Wünsche klar, daß die Eltern der Kinder, ebenso wie diese selbst, zum Reden, zum Widerspruch provoziert werden müssen. Wenn seine Schüler zu Hause von der Schule und dem, was sie dort an Erkenntnissen gesammelt haben, erzählen, so zwingen sie ihre Eltern, sich mit diesen Erkenntnissen auseinanderzusetzen. Dies geschieht nicht konfliktfrei (es ist die Pflicht des Pädagogen, die Kinder nicht in Konflikte zu stürzen, in denen sie gegen ihre Eltern unterliegen), eröffnet aber die Chance, anders zu handeln als zuvor:

»Als Martin sich eines Tages durch Prügel von seinem Vater bedroht sah, fragte er ihn einfach: ›Warum tust du das?‹ und er fuhr fort mit allen Argumenten, die ihm aus unseren Gesprächen gegenwärtig waren. Der Vater, verblüfft, ließ sich auf eine Unterhaltung ein.«[168]

Mann entwickelt die Widersprüche der Schule historisch-dialektisch. Das historische Subjekt ist sie selbst; aus ihren eigenen Schulerfahrungen (*Wie ich als Schülerin die Widersprüche in der Schulsituation erlebte*), denen eines Arbeiterkindes, begreift sie die gegenwärtigen Widersprüche ihrer Praxis als Lehrerin. Ihre wesentlichen Erinnerungen beziehen sich auf das Verhältnis von Tauschwert und Gebrauchswert in der Schule und außerhalb von ihr:

»Meine Schwester hatte den Auftrag vom Lehrer, für eine Aktion gegen den Kitsch geschmacklose Haushaltsgegenstände in die Schule mitzubringen. Diese Dinge sollten im Rahmen eines Schulfestes aufgestellt werden

167 Wünsche, a.a.O., S. 11.
168 A.a.O., S. 44 f.

und gegen Entgelt von den Besuchern kaputtgeschmissen werden. [. . .] Als meine Mutter den Vorschlag machte, daß sie wenigstens ein angeschlagenes Stück mitnehmen sollte, meinte sie: ›Es muß aber heil und kitschig sein.‹ [. . .] Dem Lehrer war es gelungen, daß meine Schwester meiner Mutter die Fähigkeit absprach, zwischen häßlich und schön unterscheiden zu können. Den Nutzwert unserer Gegenstände konnte und wollte er aus seiner Klassenlage heraus nicht beurteilen.«[169]

Den Tauschwertcharakter von Zensuren quittiert Iris' Mutter mit der unmittelbaren Befriedigung: Windbeutel bei Hertie, um ihre Tochter zu trösten, wenn die Zensur schlecht war (während Eltern Zeugnisse gewöhnlich mit Geld in die Sparbüchsen ihrer Kinder vergüten, gewissermaßen ein symbolischer Vorgriff auf den späteren Lohn im Lohnarbeitsverhältnis.)

»Da ich entschieden zu meiner Familie hielt und meine Familie zu mir, waren meine Beziehungen zu meinen Lehrern [. . .] durchweg gestört.«[170]

Wenn Iris Mann später als Lehrerin die früheren Rollen vertauscht hat, wenn sie nun selbst Repräsentantin des Tauschwertstandpunktes der Schule ist, so unterläuft es auch ihr, daß sie ein Kind einzig nach den Leistungsanforderungen der Schule beurteilt und seine wahren Interessen, sein wahres intellektuelles Vermögen verkennt. Aber sie sichert sich, im Gegensatz zu den meisten ihrer Kollegen, gegen die Blindheit und Brutalität, die das »normale« Verhalten des Lehrers im Schulalltag bestimmen, indem sie sich niemals von ihren lebensgeschichtlichen Erfahrungen, die Klassenerfahrungen waren, abschneiden läßt. So erkennt sie beispielsweise, daß das Kind, das fast nur Fünfen im Zeugnis hat, mehr über Tiere weiß als alle andern in der Klasse, daß es dieses Wissen in das »normale« Schulleben nur nicht einbringen durfte:

»Nur mühsam konnte ich mich mit dem Gedanken anfreunden, daß der Junge klug war und ich kein pädagogisches Wunder vollbracht hatte.«[171]

Daß sie sich von der üblichen Lehrerrolle distanziert, indem sie so konsequent wie möglich von den auf Handeln gerichteten Interessen der Kinder ausgeht und ihren Unterricht da-

169 Mann, a.a.O., S. 23.
170 A.a.O., S. 25.
171 A.a.O., S. 46.

nach einrichtet, bemerken die Eltern der Kinder sehr wohl; und während Mann den Zynismus des Rektors und des Kollegiums zu spüren bekommt[172], halten die Eltern zu ihr:

»Unerwartet für mich war das Verhalten der Eltern. Sie erschienen fast alle zu den Elternabenden. Sie boten mir ihre Hilfe an bei Ausflügen und Festen. Sie bemühten sich, den Kindern das Material mitzugeben, das sie für den Unterricht brauchten. Sie teilten mit mir die Verantwortung für die Heimkinder, indem sie diese einluden [...]. Das Verhalten der Eltern stärkte immer wieder meinen pädagogischen Optimismus.«[173]

Für Mann liegt das aufklärerische Moment der Arbeit in der Schule »in dem Protest der unterprivilegierten Kinder gegen den herkömmlichen Unterricht«. Dieser Protest ist »die große Chance für die Lehrer, sich zu verändern«; er provoziert sie, »nach der Ursache des unangepaßten Verhaltens der Kinder [zu] fragen«.[174] Sie lernen aus dem Widerspruch, der zwischen ihrer Arbeitssituation und der der Eltern von Arbeiterkindern besteht, das Wesen der Klassengesellschaft erkennen.

An diese weit vorgeschobene Position Manns arbeitet sich auch Klink heran, indem er Praxiserfahrungen, die er während eines Jahres in einer Hauptschulklasse machte, offenlegt. Dabei sieht er seine Rolle als »politischer Pädagoge«[175] vor allem darin, im Rahmen von Partei (SPD), Gewerkschaft und als Erziehungswissenschaftler an der Hochschule auf die notwendigen Veränderungen in der Schule hinzuwirken und gleichzeitig die Schüler zu mündigen Menschen zu erziehen, die ihre Interessen wahrnehmen und Gesetze, die sie nicht für richtig halten, ändern. »Solange sie aber noch nicht geändert sind, so lange gelten sie auch für mich.«[176] Wie allen Lehrern, die mit dem Anspruch in der Schule arbeiten, Emanzipationsprozesse[177] einzuleiten, sorgt sich Klink ganz wesentlich um die Qualifizierung seiner Schüler. Wo er die institutionellen Schranken hierfür in seiner Arbeit erfährt, reagiert er betrof-

172 Vgl. a.a.O., S. 53.
173 Ebd.
174 A.a.O., S. 67.
175 Klink, a.a.O., S. 118.
176 A.a.O., S. 85.
177 Kuhlmann spricht von einer »Erziehung zu kämpferischer Demokratie« (a.a.O., S. 10).

fen, erscheint ihm der Widerspruch zwischen Anspruch und Wirklichkeit nahezu unlösbar:

»Ich bin davon überzeugt, daß alle sechs Schüler, wenn sie Väter hätten, die den weiterführenden Schulbetrieb kennen, spätestens nach dem 6. Schuljahr zur Realschule oder zum Gymnasium übergegangen wären. [. . .] Ich weiß, daß damit die Hauptschule noch mehr ausgepowert wird. Aber was darf mich das Schicksal einer Institution scheren, wenn es um das Wohl von Individuen geht? Das Elend unserer Schulorganisation und ein fragwürdiges Qualifikationsdenken dürfen nicht zu Lasten derer gehen, für die dieses Elend individuell gemildert werden kann. Bis alle Schüler die gleiche Schullaufbahnchance in einem horizontal gegliederten Schulsystem bekommen, so lange werde ich – paradox das Ganze! – die Hauptschule weiter auspowern!«[178]

Für Klink stellt sich der Widerspruch auf der Ebene Individuum versus Gesellschaft, und er erwartet die Lösung von den gesellschaftlich verantwortlichen Kräften, sozusagen von oben (»Bis alle Schüler [. . .] bekommen«). Individuell, als Lehrer im Schulalltag, gerät er immer wieder in die Situation, erkennen zu müssen, daß »der Widerspruch zwischen außerschulischer Arbeit und schulischen Anforderungen«[179] unlösbar ist. Um den Anspruch, Fürsprecher für jedes einzelne Kind zu sein –

»Mich ›belastet‹ am meisten, daß mich die Kinder auch außerhalb der Schulstunden nicht loslassen: Ich muß mich als Lehrer um den einzelnen kümmern. Und 34 einzelne in einer Klasse sind für einen einzelnen Lehrer zuviel!«[180] –,

einzulösen, muß er seine Lehrerrolle um die außerschulische Wirklichkeit seiner Schüler erweitern:

»Elternbesuche, Sonnabendgespräche[181], ganztägige Wanderungen, am Nachmittag kommen die Schüler ›mal eben vorbei‹, Gespräche mit Be-

178 Klink, a.a.O., S. 147. Dies war auch der Punkt, an dem Mann den Zynismus des Rektors und des Kollegiums am schärfsten zu spüren bekam – ihr wurde vorgeworfen, zu viele Schüler für die weiterführende Schule zu empfehlen.

179 Mann, a.a.O., S. 41.

180 Klink, a.a.O., S. 121.

181 Klink richtete für die Kinder feste Sprechstunden ein, in denen er mit ihnen allein oder zu mehreren über schulische oder häusliche Probleme sprach und dann gezielt auch Eltern in die Schule bitten konnte. Klink besuchte aber die Eltern auch zu Hause.

hörden (Mathias muß zum Gericht, Kurt soll eine Beihilfe bekommen usw.) [. . .]. Wenn Lohar mein Sohn wäre, hätte ich . . .«[182]

Er macht hier dieselben Erfahrungen, von denen im *Neuköllner Schulbuch* berichtet wird. Dort allerdings war der Anspruch von Anfang an, der gesellschaftlichen Wirklichkeit, die in besonderer Form in einer Schulklasse aufgehoben ist, aus der Klasse heraus zu folgen.[183] Seinen spezifischen Ausdruck findet dieser Anspruch in biographischen Skizzen über jedes »Elternhaus« sowie in geographischen und historischen Skizzen über den Bezirk, in dem die Schule steht, in dem die Eltern und Kinder leben.

Was Wünsche, Klink und Kuhlmann als das Elend des Hauptschülers und der für ihn vorgesehenen Schule bezeichnen, beginnt, wie Mann und du Bois-Reymond/Söll zeigen, bereits in den Grundschulen, die in Arbeiterbezirken liegen. Klink sagt:

»Wie sehr doch das Urteil der Schule für die meisten Kinder unabänderliche Bedeutung hat, fast Schicksal ist und als solches hingenommen wird!«[184]

Und Wünsche:

»Die Eltern, die Schüler haben sich damit abgefunden, daß es heißt: Friß, Vogel, oder stirb!«[185]

Aus beiden Berichten wird deutlich, daß das »Schulschicksal« schon mit dem ersten Schultag seinen Lauf nimmt. Allerdings sind zu Beginn weder die Kinder noch ihre Eltern schon so entmutigt und in ihr Schicksal ergeben wie später, wenn die Würfel gefallen sind und der Übergang in die höhere Schule so gut wie unmöglich geworden ist. Was Klink über Elisabeth sagt: »Der Vater arbeitet bei der Müllabfuhr und kann sich gar nicht vorstellen, daß seine Tochter die Realschule besuchen könnte«[186], gilt freilich bereits für die Arbeitereltern in der Grundschule.[187]

182 Ebd.

183 Du Bois-Reymond/Söll, a.a.O., Bd. I, S. 19.

184 Klink, a.a.O., S. 34.

185 Wünsche, a.a.O., S. 11.

186 Klink, a.a.O., S. 143.

187 Vgl. du Bois-Reymond/Söll, a.a.O., Bd. I, S. 221. Dort wird für jedes Kind eine »Aufstiegsprognose« gestellt. – Einige Kinder sind bereits dabei, sie zu erfüllen; sie blieben »programmgemäß« sitzen.

Auch Kuhlmann erkennt, daß »der Widerspruch, in dem der Lehrer gegenüber den Arbeiterkindern und auch mit sich selbst steht, [...] zumindest im Schulbetrieb unaufhebbar« ist[188], und bestimmt von daher das »neue Selbstverständnis von der Rolle des Lehrers«.[189] Er kann diesen Widerspruch »für die politische Erziehung der Jugendlichen wirksam werden [...] lassen«.[190] Wie Klink (von dem ihn allerdings in seiner gesamten politischen Einschätzung der Zustände vielerlei trennt) warnt Kuhlmann vor den Illusionen eines Unterrichts, der die traditionellen autoritären Strukturen, die das Verhältnis zwischen Schüler und Lehrer prägen, voluntaristisch aufheben will; er warnt vor allem im Hinblick auf die Qualifizierung der Schüler:

»Den Schülern muß klar sein, worum es im Unterricht geht, welche Lernziele erreicht werden sollen. Sie müssen erkennen können, daß sie etwas lernen, Kenntnisse und Wissen anreichern, mit denen sie anderen gegenüber bestehen können, ja, auf die sie stolz sein können. [...] Hinter diesen Überlegungen steht die Auffassung, daß man, so sehr auch spontane Abwehrhandlungen der Schüler verstanden werden können als Antwort auf ein irrationales und nicht-emanzipatives Schulsystem, diese jedoch nicht romantisierend hochstilisieren darf als Rebellion und Vorstufe von Interessenvertretung, sondern daß man Prozesse zu einer bewußten Interessenvertretung einleiten muß.«[191]

188 Kuhlmann (126, S. 93).

189 A.a.O., S. 10.

190 A.a.O., S. 93.

191 A.a.O., S. 94 f. Kuhlmann (126) beschreibt das Interesse von Eltern und Schülern der Hauptschule am Tauschwert von Unterricht sehr anschaulich. Er hatte in der Klasse mehrere projektorientierte Unterrichtseinheiten durchgeführt. Er begründete seinen Schülern und den Eltern den Nutzen eines solchen Unterrichts, indem er sie darauf hinwies, daß es gälte, zu lernen, wie man lerne. »Diese Argumentation aber besaß für Eltern wie für Schüler wenig Überzeugungskraft. ›Wozu braucht eine Sekretärin die Fähigkeit zu selbständigem Problemlösungsverhalten?‹, wurde mir etwa entgegengehalten, ›Sie hat doch im wesentlichen reine Routinearbeit zu machen.‹ Schüler, welche sich über Aufnahmeprüfungen bei verschiedenen Firmen informiert hatten, wiesen darauf hin, daß im deutsch-sozialkundlichen Bereich allein Rechtschreibung, Zeichensetzung und konkretes Faktenwissen geprüft würden.« (S. 88) Kuhlmanns Schlußfolgerung: »Dies deutet darauf hin, daß im Bewußtsein der Schüler [und ihrer Eltern, B.-R.] *die Entfremdung der Arbeit im Beruf schon in der Schule vorweggenommen* ist.« (S. 90) Wenig später spricht Kuhlmann explizit von der »Tauschwertorientierung« (S. 93) der Schüler (und der Eltern), die eine »Entfremdung ihrer selbst, eine Vergewaltigung des Gebrauchswerts ihrer Arbeit« bedeute.

Das Problem, in welches emotionell-praktische und in welches strategisch-theoretische Verhältnis sich der politisch bewußte Lehrer zur Arbeiterklasse zu setzen hat, beschäftigt Kuhlmann immer wieder:

»Nichts wäre verhängnisvoller, als in der Schule [. . .] seine Art ›Proletkult‹ zu betreiben. Die objektive Lage wie auch das Bewußtsein der Arbeiter sind in sich zu widersprüchlich, als daß sie heroisiert werden könnten. Solche falsch verstandene ›Parteilichkeit‹ auf seiten des Lehrers wird von den Schülern mit Recht durch Skepsis, Ablehnung, ja Aggressivität quittiert.«[192]

Diese Abwehr würde, so können wir erweiternd hinzufügen, dem Lehrer auch von den Eltern entgegengebracht. Denn wie die Schüler, so sehen auch sie den Lehrer vorrangig in seiner Rolle als Autorität. Selbst wenn ihnen diese Autorität »normalerweise« im Gewand des Zynismus oder der Gleichgültigkeit gegenübertritt, haben sie sie verinnerlicht – was in der Tat das Ausmaß der Entfremdung anzeigt, das zwischen ihnen und der Schule herrscht. Kuhlmann kapituliert vor diesem Problem. Er meint zwar, daß der Lehrer seine Vorurteile gegenüber dem »Arbeitermilieu« überprüfen und sich mit den historischen und gesellschaftlichen Bedingungen der Lage der Arbeiter auseinandersetzen, sich um die Kenntnis der »breiten Kultur der Arbeiter« bemühen müsse; aber:

»Letzteres stößt [. . .] auf beträchtliche Schwierigkeiten, da kaum umfangreichere Studien über die Arbeiterkultur vorliegen.«[193] »Wir wissen einfach noch zu wenig über Arbeiterkinder, ihre Lebensbedingungen, ihr Bewußtsein, ihr Sozialverhalten.«[194]

Dies ist eine eigenartig konventionalistische Wendung in Kuhlmanns sonst dezidiert unkonventioneller Auseinandersetzung mit den pädagogischen und politischen Implikationen seines Berufes. Er hofft auf die Sozialforschung. Doch wer, wenn nicht die Betroffenen selbst, sollte die »umfangreichen Studien« betreiben und erarbeiten, die Kuhlmann (und nicht nur er) vermißt? Der politisch gewiß weit weniger als Kuhlmann fortgeschrittene Bach bezeichnet in diesem Zusammenhang »die Breite [des] Zuganges der Schule zu den Elternhäu-

192 A.a.O., S. 61.
193 A.a.O., S. 60.
194 A.a.O., S. 112.

sern und die Dauer intensiver Kontaktmöglichkeiten als unvergleichlich«, denn: »Wer vermag wie der Lehrer über ein, zwei oder mehr Jahre mit 30 oder 40 Kindern das Gespräch über Erziehungsdinge [und andere! – d. Verf.] zu führen?«[195] Klink geht der Frage, die Kuhlmann bewegt, ganz naiv, prinzipiell aber richtig nach, wenn er z. B. anläßlich der Zuschüsse, die er für möglichst viele Eltern von der Behörde erwirken will, um die Klassenreise zu finanzieren, einkalkuliert, daß »dabei ein paar [Eltern] durchrutschen, die sich für das Eingesparte einen neuen Nußknacker aus Teakholz fürs Wohnzimmer kaufen«.[196] D. h., Klink vertraut darauf, daß er durch die lebendige Praxis als Lehrer sehr viel über die »breite Kultur der Arbeiter«, ihre »Lebensbedingungen« und »ihr Bewußtsein« in Erfahrung bringen kann. Im *Neuköllner Schulbuch* wird der Versuch unternommen, sich der weiteren und engeren Lebensumstände von Arbeitereltern zu vergewissern und aus ihnen zu lernen.[197]

195 Bach (11, S. 102).

196 Klink, a.a.O., S. 129.

197 Hierzu sagte schon Gaudig (62): »Der Lehrer muß die Lebensanschauungen, den Gedankenkreis, die Gesinnungen, die Handlungsweise, die Sprache, die Ausdrucksbewegungen der Volksschichten kennen, aus denen die Kinder seiner Schule stammen, *und zwar nicht in bloßer Allgemeinheit* [Hervorhebung B.-R.], sondern in eben den konkreten Ausprägungen, die die Landschaft, der Schulort zeigen. Mit allen Mitteln, die Geographie, Geschichte, Wirtschaftslehre, Anthropologie, Sprachlehre und vor allem Psychologie schon auf dem Seminar an die Hand gegeben haben, gilt es, das Stück Volkstum, mit dem man es zu tun hat, gründlich zu studieren [. . .]. So sehr man auch die Auffassung von Karl Marx über die Abhängigkeit aller Lebenserscheinungen von den wirtschaftlichen verwerfen wird, so kann doch die hervorragende Bedeutung des wirtschaftlichen Lebens für das Ganze der Lebenserscheinungen besonders in unserer Zeit mit ihrer auf dem Gegensatz der wirtschaftlichen Lage beruhenden Klassenbildung und ganz besonders bei den Angehörigen des vierten Standes kein Zweifel sein. [. . .] Besonders wichtig ist außer der Bekanntschaft mit den Gruppen der nationalen Produktion, zu denen die Väter der Kinder, vielleicht auch die Mütter gehören, die Bekanntschaft mit dem, was die Volkswirtschaft ›Verbrauch‹ nennt, so z. B. mit dem Verhältnis, in dem die verschiedenen Verbrauchsgebiete den Kosten nach zueinander stehen. Unter den Gebieten des Verbrauchs fordern außer der Ernährung die Wohnverhältnisse nachdrückliche Beachtung. Im Gebiete des politischen und sozialen Lebens *darf kein Lehrer sich von einem gründlichen Studium der* in seinem Wirkungskreis vertretenen *politischen und sozialen Anschauungen* dispensieren, weil er sonst vieles in den Gesinnungen der Eltern, besonders der Väter, nicht versteht. Dabei ist scharf zwischen den offiziellen Anschauungen der Parteien und den wirklichen Anschauungen der Parteigenossen [. . .] zu scheiden. [. . .] Von besonderem Wert wird [dem Lehrer] die

Neben ausführlicheren Praxisberichten wie den oben erwähnten erscheinen in jüngerer Zeit zunehmend (wenngleich immer noch zu wenige) Aufsätze, die den »Alltag« des Lehrers auch unter dem Gesichtspunkt von »Elternarbeit« an die Öffentlichkeit bringen. So berichtete z. B. M. Bauer 1970 über ihre ersten vier Dienstjahre als Junglehrerin auf dem Land (leider ohne Ortsangabe), an deren Ende sie die »Schnauze voll«[198] hat; der Mund war ihr gestopft worden. Es war durchaus »normal«, was man ihr zumutete: Zwei Wochen vor Dienstantritt wies man ihr in einer vierklassigen Dorfschule das 5./6. Schuljahr als Klassenlehrerin zu – die Klasse war im Kollegium verrufen. »Kein Schulrat riet, kein Schulleiter leitete, kein Mentor führte, die Kollegen machten ihre Tür hinter sich zu.«[199] Nach drei Tagen möchte sie lieber »putzen, servieren oder Bücher verkaufen«.[200] Da es an Lehrern mangelt, beträgt ihre Stundenzahl 30 statt 23, und zwar quer durch alle Fächer. Die Dorfbücherei ehrenamtlich zu führen und eine Klassenreise mit drei Schuljahrgängen zu machen, gehören zu ihren Pflichten; daneben die Anstrengungen der 2. Ausbildungsphase. In der zweiten Hälfte des 1. Dienstjahres muß sie eine 2. Klasse übernehmen, wieder mit 30 Stunden, wovon 12 in drei weiteren Klassen zu geben sind (Kurzschuljahre). In ihrem 2. Dienstjahr bekommt sie eine 1. Klasse zugewiesen – Wünsche nach weiterqualifizierenden Lehrgängen »können nicht berücksichtigt« werden; eine zugesagte Lehrerdienstwohnung entpuppt sich als selbst zu finanzierende »Lehrerwohnung«. Ihr Hausarbeits-Thema, für das sie umfangreiche Vorstudien geleistet hatte, wird abgelehnt (inoffiziell geäußerte Meinung des Schulrats: »Ich befürchte, das könnte ins Politische abgleiten«[201] – Bauer hatte über »Die Lehrerin im Spannungsfeld zwischen Beruf und Familie« schreiben wol-

Kenntnis der Gesinnung sein, die die Familienmitglieder zueinander hegen und die sich in den Verkehrsformen ausprägt« – andernfalls kommt es »doch wieder zu einem ›*abstrakten*‹ Verkehr [Hervorhebung B.-R.], indem wir mit dem Abstraktum ›Mann aus dem Volke‹, ›sozialdemokratisch gesinnter Vater‹ oder wie sonst die abstrakte Formel lauten mag, verkehren.« (S. 40 f.)

198 M. Bauer (16) – so der Titel.

199 A.a.O., S. 22.

200 Ebd.

201 A.a.O., S. 24.

len). – Alle diese »Randbedingungen« halten sie nicht davon ab, einen Elternausschuß zur Teilung der Klasse im Fachunterricht Mathematik zu gründen, der eine Resolution an das Kultusministerium verfaßt – Ablehnung wegen Lehrermangel; einen Antrag an den Schulträger zur Finanzierung einer halben Lehrkraft zu stellen – Ablehnung wegen Geldmangel; einen Antrag an den Kreissportverband zur Finanzierung von 10 Sportstunden pro Woche zu stellen – »wurde den Eltern vom Schulleiter als aussichtslos ausgeredet und daher nicht abgeschickt«[202]; freiwillige Förderungsstunden einzurichten »inoffiziell und gegen den Widerstand des Kollegiums, denn die GEW hat ja erst die 29 Stunden durchgedrückt«[203]; Teilungsstunden in Mathematik zu organisieren – Ablehnung durch den Schulleiter mit der Begründung: »Wir können vor den Eltern nicht vertreten, daß die Kinder zwei Stunden nach Hause geschickt werden.«[204]

Der Bericht von Bauer, nicht länger als vier Seiten, spricht Bände über die bürokratischen Hindernisse, die einer Lehrerin in den Weg gelegt werden, die ihren Beruf genau nimmt. Das »›Friß, Vogel, oder stirb!‹ gilt auch für ihn [den Lehrer – B.-R.]«, sagte Wünsche.[205]

Die Entfremdung in der Arbeitssituation des Lehrers (wie des Schülers) besteht darin, daß es ihm unmöglich gemacht wird, sich die »Produkte« seiner Arbeit anzueignen – das Produkt eines wissenschaftlichen und praktischen Interesses an einem Thema (Examensarbeit); das Produkt seiner planerischen Überlegungen (Teilungsstunden, die einen besseren Unterricht garantieren würden); das Produkt seiner intellektuellen Neugier (Wunsch nach Fortbildungskursen, die der Arbeit dienlich wären); das Produkt seiner Solidarität mit den Eltern. Die Produkte werden im Aneignungsprozeß selbst zerstört, zerstückelt, unkenntlich gemacht. Insofern ist das Elend des »Kopfarbeiters« nicht geringer als das des »Handarbeiters« – allerdings wird jener mit den Privilegien seines Standes bestochen. Wie man aber an den Erfahrungen von Bauer sieht, schützen auch die Standesprivilegien nicht gänzlich vor Ver-

202 A.a.O., S. 25.
203 Ebd.
204 Ebd.
205 Wünsche, a.a.O., S. 27.

sehrung von Leib und Seele.[206] Der Lehrer kann die Standesprivilegien lediglich auf Kosten von etwas, von jemandem, in Anspruch nehmen, d. h. nur um den Preis seiner Korrumpierung, sei es, daß er sein hohes Gehalt dazu benutzt, sich auf Kosten der Schüler ein erträgliches Leben zu bereiten, indem er den Unterricht nicht gründlich vorbereitet (bzw. vorbereiten kann, weil er hierzu gar keine Zeit hat), sei es, daß er seine freundlichen Gefühle für Schüler und Eltern unterdrücken oder in ihr Gegenteil verkehren muß, weil sie ihn letzten Endes zwängen, auch außerhalb der Schule zu helfen, zu vermitteln, aufzuklären, sich in seinen Vorurteilen in Frage stellen zu lassen – Erkenntnisse und Handlungen, die seine »Rolle« nicht einschließen.

Einer der ersten, die sich explizit mit dem Thema »Elternarbeit« befaßt haben, war H. Frohn mit seinem 1972 veröffentlichten Aufsatz *Kooperation mit den Eltern – Chance für einen demokratischen Unterricht*.[207] Auch er geht von einer »gesellschaftskritischen Berufspraxis als Lehrer« aus und charakterisiert sie als »harte Kleinarbeit im Schulalltag, die nur nach einer gründlichen Analyse und der daraus folgenden Veränderung der sozialen, psychischen, juristischen und institutionellen Determinanten von Unterricht Aussicht auf Erfolg haben kann«.[208] Insbesondere beschäftigen Frohn die Voraussetzungen, die ein fortschrittlicher Lehrer erfüllen muß, um seine aufklärerischen Ziele im Unterricht verwirklichen zu können. Denn:

> »Der größte Teil der Eltern, wenn nicht sogar alle, erwarten, daß ihre Kinder in der Schule ›etwas lernen‹! [. . .]. So ist die Mehrzahl der Eltern und entsprechend auch deren Kinder der Auffassung, daß Politik nicht in den Grundschulunterricht [oder überhaupt in den Unterricht, B.-R.] gehört.«[209]

Die Voraussetzungen sind:

1. das Leistungsniveau der Klasse darf nicht niedriger sein als das der Parallelklassen;

206 Ihre Ehe wird wegen »Zerrüttung« geschieden; sie hat einen schweren Autounfall »aus eigenem Verschulden, vermutlich Unaufmerksamkeit aus Zeitnot« (S. 23); das vierte Dienstjahr endet mit ihrem körperlichen Zusammenbruch.

207 Frohn (56).

208 A.a.O., S. 37.

209 Ebd.

2. die Schüler sollen gern in den Unterricht kommen; »die Eltern sollen sich über ihre Kinder mit dem Lehrer identifizieren können«[210];

3. um einen motivationsfördernden Unterricht halten zu können, muß der Lehrer ihn gründlich planen und vorbereiten – das wiederum erfordert einen großen Zeit- und Materialaufwand, wenn sein Unterricht »›besser‹, d. h. interessanter und effizienter sein soll als der des konventionellen Kollegen«[211];

4. »Gespräche und *das gesamte Auftreten des Lehrers* [Hervorhebung B.-R.] dürfen bei den Eltern keine Abwehrhaltungen provozieren, die auch bei sachlicher Diskussion nicht mehr abgebaut werden können«[212];

5. der Lehrer darf bei den Eltern nicht den Verdacht aufkommen lassen, »ein ›radikaler Linker‹ zu sein«.[213] Diesen Verdacht kann er ausräumen, »wenn es ihm gelingt, über das Verständnis für die individuellen und sozialen Probleme der Kinder und der Eltern ihr Vertrauen zu gewinnen«.[214] Er wird dann vielleicht sogar von ihnen unterstützt, jedenfalls toleriert.

Fassen wir zusammen:

Bei der Zusammenarbeit mit den Eltern muß der »engagierte Lehrer«[215] »von der je konkreten sozial und regional abhängigen Einstellung der überwiegenden Zahl der Eltern und ihren Erwartungen an den Lehrer«[216] ausgehen.

Konkrete Arbeit mit den Eltern unter der Zielsetzung eines emanzipatorischen Unterrichts bedeutet:

1. Einberufung einer Elternversammlung sofort nach Schulbeginn, »um die Toleranzschwelle der Eltern kennenzulernen und erste Konflikte zu vermeiden«.[217]

2. Hausbesuche bei den Eltern, die nicht zum Elternabend kommen – »sie könnten aufgrund mangelnder Information zu

210 A.a.O., S. 38.
211 Ebd.
212 Ebd.
213 A.a.O., S. 39.
214 Ebd.
215 A.a.O., S. 38.
216 A.a.O., S. 39.
217 Ebd.

latenten ›Gegnern‹ des Lehrers werden«.[218]

3. Emanzipatorischer Unterricht kann nicht über die Köpfe der Eltern hinweg betrieben werden, d. h., die Unterrichtsziele müssen den Eltern vermittelbar sein. Das bedeutet im konkreten Fall, daß der Lehrer Kompromisse schließen muß.[219]

4. Der Lehrer muß Verständnis zeigen für Eltern, die ihre Kinder stark autoritär erziehen; freilich muß er sie immer wieder über die »schädlichen psychologischen Folgen« aufklären.[220]

5. Der Lehrer muß sich für Schüler und Eltern glaubhaft »von seiner Rolle als Autoritätsperson«[221] distanzieren können und dadurch zu einem humaneren Verhalten gegenüber beiden gelangen. (Besonders bei jungen Kollegen, die mit einem emanzipatorischen Anspruch in die Schule kamen, besteht die Gefahr, daß sie in autoritäre Erziehungsmethoden zurückfallen, wenn sie in der Praxis scheitern.)

6. Eltern und Schüler müssen an der Planung von emanzipatorischem Unterricht beteiligt werden; sie gewinnen auf diese Weise Einblick in die Arbeit der Schule, können sie mitgestalten und mitkontrollieren.

7. Die Eltern sind im Unterricht immer willkommen.[222]

8. Besonders bei »brisanten« Unterrichtseinheiten sollen die Schüler Diskussionsergebnisse schriftlich fixieren und sie ihren Eltern zeigen.

9. »Die Schüler lernen im Unterricht, sich mit potentiellen Argumenten oder Gegenpositionen der Eltern auseinanderzusetzen.«[223]

10. Schüler sollen bei Elternabenden dabeisein.

218 Ebd.

219 Diese von Frohn u. a. erhobene Forderungen erscheint heute vielen wie eine Kampfansage an eine bornierte und stumpfe Unterrichtspraxis – und ist es auch. Darüber sollten wir aber nicht vergessen, daß schon vor über 50 Jahren z. B. Gaudig (62) verlangte, Lehrziele, Lehrplan, Lehrgänge, Lehrmethoden den Eltern einsichtig zu machen, »damit die Eltern nicht denken: ›Wozu das Zeug?‹« (S. 18) Gaudig spricht in diesem Zusammenhang von dem »Bild des sich stetig entwickelnden Lehrers« (S. 19), das auch für die Eltern entstehen muß.

220 Frohn, a.a.O., S. 39.

221 Ebd.

222 Vgl. hierzu auch R. Prahm (181).

223 Frohn, a.a.O., S. 39.

11. »Die Eltern und Schüler werden motiviert, emanzipatorischen Unterricht auch von den Fachlehrern zu fordern.«[224]

12. »Wegen der Wahrscheinlichkeit von Konflikten mit anderen Lehrern und der Schulbehörde zielt die Zusammenarbeit von Lehrern, Schülern und Eltern auf die Fähigkeit, sich in Auseinandersetzungen solidarisch zu verhalten.«[225]

13. Von den Beteiligten ist »die Frage nach potentiellen Bündnispartnern zu stellen und zu lösen«.[226]

Das Fazit aus seinen Erfahrungen mit »emanzipatorischem Unterricht« zieht Frohn zwei Jahre später in einem Artikel *Eltern und Lehrer im Schulkampf*[227], das tendenziell für alle hier erörterten Ansätze gilt:

»Schulpraxis von Lehrern unter gesellschaftsverändernden Intentionen muß bei den gegebenen politischen Kräfteverhältnissen durch kooperationswillige Eltern und progressive Organisationen im Umfeld der Schule durch flankierende Maßnahmen abgesichert werden. [. . .] Elternmitbestimmung in der Schule und Zusammenarbeit von Eltern und Lehrern sind [. . .] nur zu begrüßen, wenn sie an der allseitigen polytechnischen Ausbildung *aller* [Hervorhebung B.-R.] und an der demokratischen Weiterentwicklung der Schule und Gesellschaft ausgerichtet sind.«[228]

Die pädagogischen und politischen Positionen, die aus den zuletzt besprochenen Praxisberichten deutlich werden, beziehen nur selten die historischen Dimensionen ihrer Darstellung ein – zumindest werden diese nicht expliziert. Es geht u. E. darum, die historische Entwicklung, die zu bestimmten Widersprüchen in gesellschaftlichen Teilbereichen wie der Schule führt, auch in praxisnahe empirische Darstellungen hineinzunehmen. Nur so lassen sich Fehleinschätzungen der Wirklichkeit, die aus einem pragmatisch verkürzten Praxisverständnis resultieren, vermeiden. (Die Gefahr, die Wirksamkeit des eigenen Handelns falsch einzuschätzen, droht oft gerade

224 Ebd.

225 Ebd.

226 Ebd. Vgl. hierzu L. Lehmann (131), der den »Fall Frohn« in seinem »Pamphlet« (S. 7) darstellt.

227 Frohn (57).

228 A.a.O., S. 20. Vgl. auch den Artikel von Rodewald (186); er sagt: »Diese politische Bewußtseinsbildung beseitigt sicher nicht ad hoc die herrschenden Machtverhältnisse. Aber sie verbessert die subjektiven Bedingungen, die bisher diese Machtverhältnisse noch stabilisieren. [. . .] Ziel der Elternarbeit [. . .] ist daher politisierende Aufklärungsarbeit.« (S. 18)

denen, die sich im Bereich der Schule besonders engagieren.)

Bevor wir unsere Vorstellung von einer aufgeklärten Praxis zwischen Lehrern und Eltern entfalten, wollen wir noch näher auf die Träger der Verkehrsformen eingehen – auf »die« Lehrer und auf »die« Eltern.

IV. Die Träger der Verkehrsformen

Lehrer und Eltern als Träger der Verkehrsformen zwischen Elternhaus und Schule sind uns im Verlauf unserer Arbeit in ganz unterschiedlicher Weise begegnet. Im Eingangskapitel vergewisserten wir uns der Rollen, die sowohl der Lehrer als auch die Eltern im herrschenden Wissenschafts- und Alltagsverständnis spielen, und bezogen sie auf unsere Frage nach dem Charakter der Verkehrsformen. Wir erhielten hier erste Anhaltspunkte für die konfliktgeladenen Beziehungen, die zwischen den beiden Trägern herrschen.

Wir vertieften unsere Fragestellung sodann durch eine historische Analyse der Entwicklung der Verkehrsformen im niederen und späteren Volksschulwesen. Hier zwangen uns die gedrängte Darstellung sowie die schwierige Quellenlage dazu, das Verhältnis zwischen Lehrern und Eltern stark zu verallgemeinern oder aber exemplarisch zu konkretisieren. Die jeweiligen Produktionsverhältnisse, die auch die Beziehungen zwischen Elternhaus und Schule bestimmen, gaben uns Aufschluß über den von den wirklichen Interessen der Betroffenen entfremdeten Charakter der Verkehrsformen.

Erneut begegneten uns Lehrer und Eltern im schulrechtlich-institutionellen Bereich, der den Verkehr zwischen ihnen, abgehoben von den realen Interessenkonflikten, regeln will; sodann im ideologischen Bereich literarischer und wissenschaftlicher Darstellungen, die die entfremdeten Formen des Verkehrs entweder zu verdecken oder offenzulegen bestrebt sind. Im ersten Fall führt die Unterschlagung von Interessenkonflikten dazu, die konkreten Erfahrungen der Betroffenen zu verfälschen – damit erscheinen die Betroffenen selbst in einem falschen Licht; im zweiten Fall führt die Aufklärung über die Schulwirklichkeit dazu, das Elend, aber auch die Handlungsmöglichkeiten der Betroffenen zu zeigen; sie erscheinen in ihrer Menschlichkeit.

Unser Anspruch, die gesellschaftliche Wirklichkeit in den herrschenden Verkehrsformen zu erfassen, muß sich an den betroffenen Menschen selbst festmachen – an den Eltern auf der einen Seite, den Lehrern auf der anderen. Dabei stoßen wir auf das Problem, wie von der vielfältigen Wirklichkeit zu abstrahieren sei, ohne sie zu verstümmeln oder aus dem Blick zu verlieren; denn jeder Lehrer hat – im Rahmen des institutionell Möglichen und gesellschaftlich Sanktionierten – eine eigene Weise, mit den Eltern seiner Klasse zu verkehren; und er verkehrt mit den verschiedenen Eltern durchaus unterschiedlich. Entsprechendes gilt von dem Verhalten der Eltern gegenüber verschiedenen Lehrern.

Die unterschiedlichen Einstellungen sowohl bei Eltern wie bei Lehrern müssen nach bestimmten Gesichtspunkten gruppiert werden, damit es überhaupt möglich wird, über individuelle Erfahrungen hinaus Aussagen zu den Verkehrsformen zu machen. Deshalb setzen wir uns im folgenden mit einer Verfahrensweise auseinander, die eben solche Gruppierungen herstellt – der typologischen. Hierbei können wir auf zahllose, bis in die Gegenwart unternommene Versuche zurückgreifen, Lehrertypologien aufzustellen, und zwar sowohl wissenschaftliche als auch vorwissenschaftliche. Hingegen gibt es zwar vorwissenschaftliche Elterntypologien, jedoch, soweit uns bekannt ist, keine mit wissenschaftlichem Anspruch.

Wir haben also zu prüfen, wieweit der typologische Ansatz unserem Zweck dienen kann, die Wirklichkeit in den Verkehrsformen zu erhellen.

1. Zum Problem von Lehrertypologien

> »Die Lehrer haben die entsagungsreiche Aufgabe, Grundtypen der Menschheit zu verkörpern, mit denen es der junge Mensch später im Leben zu tun haben wird.«
>
> B. Brecht, *Flüchtlingsgespräche*

Wir unterscheiden zunächst zwischen vorwissenschaftlichen Urteilen über »den Lehrer« und wissenschaftlichen Aussagen, die den Anspruch auf objektive Gültigkeit erheben, wenn sie »Normbilder des Berufsverhaltens«[1] aufrichten.

Vorwissenschaftliche Typologien über den Lehrer haben ihre Wurzel in der Alltagserfahrung, die jedermann mit Leh-

1 H. W. Baumann (17, S. 1).

rern macht und gemacht hat. Man spricht vom »typischen Pauker« oder sagt: »Der hat etwas typisch Lehrerhaftes an sich.« Solche »typischen« Aussagen über Lehrer kommen aus dem Mund oder der Feder von Schülern, Eltern, Literaten, Karikaturisten, auch von Lehrern selbst über ihre Kollegen.

M. Simoneit[2], den man als einen »naiven Typologen« kennzeichnen könnte, charakterisiert zum Beispiel den Lehrer

- als Zensor;
- als Schulmeister;
- als Pauker;
- als Prügler;
- als Trottel;
- als »Heideschulmeister«;
- als Schimpfer;
- als Gouvernante.

Der Lehrer als Zensor »ist der dürre Mann mit den Sorgenfalten auf der Stirn und dem erhobenen dünnen Zeigefinger, der ungerufen überall dort erscheint, wo das Leben gerade schön zu werden beginnt. Er personifiziert die überflüssige Belehrung.«[3] Der Schulmeister ist »ein beleibter alter Herr mit der großen Brille auf der runden Nase, über die er, seine Schüler musternd, sie – nicht unfreundlich – von unten nach oben anschaut«[4], und die »Heideschulmeister« sind »Gestalten, die mit dem Blick nach oben nur Sterne, mit dem Blick nach unten nur Blumen schauen«, denen »die Pädagogik zur Poesie wird«.[5]

An diesen Charakterisierungen wird uns bewußt, daß typologische Aussagen offenbar nicht zeitunabhängig sind, denn diese Lehrertypen sind heute so gut wie »ausgestorben«. Ja, typologische Einteilungen beziehen sich unter Umständen ganz direkt auf das zeitgebundene Moment als unterscheidendes Kriterium. So führt z. B. Ellwein[6] in seiner Schulreportage aus den fünfziger Jahren drei Lehrertypen an, die er nach

2 M. Simoneit (218). Derartige vorwissenschaftliche typologische Äußerungen werden beiläufig in sehr vielen pädagogischen Schriften gemacht und können ganz »naiv« darauf vertrauen, ohne weitere Erklärungen verstanden zu werden. Vgl. z. B. J. Jung (105), die in Briefen an ihre ehemaligen Seminaristinnen vor dem Lehrer als Routinier (S. 9) warnt, den idealen Lehrer beschreibt (S. 59/60), die mütterliche Lehrerin charakterisiert (S. 96/97).

3 Simoneit, a.a.O., S. 14.

4 A.a.O., S. 15.

5 A.a.O., S. 17/18.

6 Ellwein (43).

ihrem Alter und der damit zusammenhängenden unterschiedlichen Berufsausbildung differenziert; hieraus leitet er dann unterschiedliche Berufseinstellungen ab. Da ist die Gruppe der Lehrer aus der älteren Generation, die in der Mehrzahl noch durch die frühere Seminarausbildung gegangen sind, also der Jahrgang um 1900.

Bei dieser Gruppe von Lehrern »wird man immer wieder überrascht von dem begeisterten Eifer [. . .]. Das ist ein kämpferischer Eifer, ein pädagogischer, ein reformerischer und oft ein wissenschaftlicher [. . .]. Ihr Leben war oft ein Kampf; die Solidarität der Lehrerschaft ist für sie selbstverständlich und notwendig.« Aufgrund ihrer Erfahrungen »stehen sie oft den politischen Kräften mit Mißtrauen gegenüber. Mißtrauisch sind viele von ihnen auch gegenüber der nachwachsenden mittleren Generation, die ein mehr pragmatisches Verhältnis zur Wissenschaft und zur Politik hat.« Das ist die Gruppe derer, die die Lehrerakademien in der Weimarer Zeit besuchten, ihre Ausbildung während des Nationalsozialismus empfingen oder nach dem Krieg mit einer Notausbildung versehen in die Schulen gingen. »Die Jüngeren endlich haben zumeist im Krieg oder danach das Abitur gemacht und dann die sehr unterschiedliche Lehrerausbildung der Nachkriegszeit erlebt« – sie, »denen ›alles in den Schoß fällt‹, und für die man so eifrig gekämpft hat, werden mit väterlicher Sorge beobachtet, ob sie denn das Erreichte nun sorgfältig bewahren.«[7]

Es ist kein Zufall, sondern das »Erzeugnis einer bestimmten Situation in der Geschichte des Lehrerseins«[8], wenn »wissenschaftliche Lehrertypologien« gebildet werden. Sie stammen aus einer Zeit, in der sich der Lehrerstand – insbesondere der Volksschullehrerstand, wie wir gesehen haben – aus überkommenen Abhängigkeitsverhältnissen emanzipiert hat.[9] In den zwanziger Jahren gab es eine Vielzahl typologischer Versuche, von denen wohl am berühmtesten E. Sprangers allgemeine Typologie der *Lebensformen* (1921) und seine auf diesem Werk mitberuhende Arbeit *Der geborene Erzieher* geworden sind, sowie G. Kerschensteiners *Seele des Erziehers* (1921). Diese Typologien gehen von normativen Setzungen aus, an denen sie die Wirklichkeit messen. Sie tragen idealtypische

7 A.a.O., S. 177 ff.

8 Baumann (17, S. 2).

9 Baumann, der mit seiner 1959 geschriebenen Arbeit noch ungebrochen in der geisteswissenschaftlichen Tradition steht, entkleidet diese Emanzipation freilich jeglichen politischen Charakters. Er sieht in ihr nur das Ergebnis, »zu einer eigenständig-pädagogischen Gestaltung der Bildungswirklichkeit, speziell der Schule und somit des Lehrerseins frei zu werden« (S. 5).

Züge. So bestimmt Kerschensteiner die wahre Erziehernatur, in Anlehnung an Sprangers geisteswissenschaftliche Psychologie der »Lebensformen«, wie folgt:

»Der Erzieher ist eine im geistigen Dienst einer Gemeinschaft stehende Lebensform des sozialen Grundtypus [einer der sechs von Spranger aufgestellten, B.-R.], die aus reiner Neigung zum werdenden, unmündigen Menschen als einem eigenartigen, zukünftigen Träger zeitloser Werte dessen Gestaltung nach Maßgabe seiner besonderen Bildsamkeit in dauernder Bestimmtheit zu beeinflussen imstande ist und in der Bestätigung dieser Neigung ihre höchste Befriedigung findet.«[10]

Der Lehrertypus wird hier rein »aus dem *pädagogischen* Sinn des Erzieherseins [...] und nicht aus irgendwelchen außerpädagogischen Daten oder Gesetzlichkeiten«[11] definiert. Ohne hier auf die methodischen Probleme[12], die einer derartigen geisteswissenschaftlich angeleiteten normativen Typologie zugrunde liegen, eingehen zu wollen, erscheint uns heute eine solche »Definition« des Lehrers und Erziehers fremd, ja, sogar in gewisser Weise verlogen, da wir nichts von den uns bekannten und vertrauten Verhältnissen in ihr wiederfinden. Der reformerische Idealismus, der Kerschensteiner inspirierte, ist verblaßt, vergangen. Wenn wir indes den heute so geläufigen Emanzipationsbegriff in der Pädagogik bis in seine geisteswissenschaftlichen Wurzeln zurückverfolgten, müßten wir *auch* auf jene Tradition zu sprechen kommen, der Kerschensteiner und seine Zeitgenossen sich verpflichtet fühlten und deren Kennzeichen es ist, die materiellen Bedingungen des menschlichen Lebens in ihrem Zwangscharakter nicht wirklich zur Kenntnis zu nehmen. Dies scheint uns ein erster erklärender Hinweis zu sein, warum in den damaligen Typologien von »außerpädagogischen Daten« nicht die Rede ist, zu denen wir in diesem Fall auch die Beziehung des Lehrers zu den Eltern seiner Kinder rechnen müssen.

Neben den normativen Typologien stehen die empirisch verfahrenden, die »typische« Lehrereigenschaften oder das »typische Wesen« des Lehrers aus der systematisierten Erfahrung ermitteln wollen. Solche Versuche haben E. Hylla, W. Döring, F. Schneider und viele andere in den zwanziger

10 G. Kerschensteiner (115, S. 54).
11 Baumann, a.a.O., S. 52.
12 Vgl. dazu Baumann, a.a.O., S. 50 ff.

Jahren unternommen[13], Ch. Caselmann, an diese Tradition anknüpfend, nach dem Zweiten Weltkrieg.[14] Sei es, daß sie empirische Lehrereigenschaften mittels Lehrerbefragungen Anlagentypen im Sprangerschen Sinne zuordnen wollen (Döring; Hylla ohne Rekurs auf Spranger), oder auf diesem Wege ein »Urbild« des Lehrers zu finden hoffen (Schneider), sei es, daß sie systematisch-induktiv eine Hierarchie von polaren Eigenschaftspaaren aufstellen, die einen »Typenspiegel« (von 88 Typen) ergibt, wenn diese Eigenschaftspaare durch alle möglichen Kombinationen hindurch variiert werden (Caselmann) – die leitende Absicht in allen Fällen ist, zu empirisch-gesetzmäßigen Aussagen über »den Lehrer« zu gelangen.

Nach 1945 wurden erneut Lehrertypologien aufgestellt, die an die Tradition der zwanziger Jahre anknüpften. Sie waren weitgehend spekulativ – im Gegensatz zu den angelsächsischen Versuchen mit ihrer stark empirisch-pragmatisch orientierten Unterrichtsforschung.[15] Wiederum galt das Erkenntnisinteresse der Frage, was denn »den guten Lehrer« ausmache. Seit der Reformdebatte der sechziger Jahre bis heute ist die Einsicht in die Schlüsselrolle des Lehrers für die effektive Organisierung von Lernprozessen der Motor, sich Gedanken über seine Persönlichkeit zu machen. Hierbei verkehrte sich der geisteswissenschaftliche Optimismus der zwanziger Jahre, der den »idealen« Lehrer konzipierte, nicht zuletzt aufgrund der Erfahrung mit dem Nationalsozialismus in »typologische Resignation«[16] und in ein generelles Unbehagen, sich wissenstheoretisch mit der Methode von Typologien auseinanderzusetzen (Caselmann ist die Ausnahme). Gleichwohl hielt die ideologische Ernüchterung nicht von typologischen Versuchen ab, die nun allerdings mehr auf das »Realbild« des Lehrers zielten.

G. Müller-Fohrbrodt subsumiert die neueren »Ergebnisse« dieser weitgehend ohne gesicherte empirische Forschung ermittelten Aussagen über den »typischen« Lehrer unter folgenden Strukturmerkmalen[17]:

13 Vgl. Baumann, a.a.O., S. 21 ff.
14 Ch. Caselmann (29).
15 Vgl. G. Müller-Fohrbrodt (158, Einleitung); Baumann, a.a.O., Einleitung.
16 Baumann, a.a.O., S. 7.
17 Müller-Fohrbrodt, a.a.O., S. 24 ff.

- Konfliktgeladenheit des Lehrerberufs;
- Umgang mit Kindern;
- Beamtenstatus;
- ungeklärte Stellung in der Gesellschaft und zur Gesellschaft;
- Berufswahlsituation.

Für alle diese Bereiche werden Eigenschaftsbündel oder -listen oder »typische« Beziehungen formuliert, die ein stark negativ gefärbtes Bild des »typischen« Lehrers ergeben. Vor allem psychoanalytisch orientierte Überlegungen zur Lehrerpersönlichkeit, von denen Th. W. Adornos Aufsatz von 1965[18] und P. Fürstenaus Studie von 1969[19] berühmt geworden sind, haben das neurotische Konfliktpotential, das im Lehrerberuf angelegt ist, herausgearbeitet. Die Problematik all dieser ›Bilder‹ vom »typischen Lehrer« besteht nach Müller-Fohrbrodts Ansicht darin, daß sie empirisch nicht abgesichert sind und daß die wenigen Untersuchungen, die mit empirischen Methoden arbeiten, erhebliche Schwächen aufweisen.[20] So ermittelten z. B. Kratzsch/Vathke in ihrer Studie u. a. durch Befragungen die »berufliche Zufriedenheit« des Lehrers und setzten die subjektiven Einstellungen fälschlich mit der Realität in eins.[21]

Bei all diesen Versuchen, Aussagen über »den Lehrer« zu machen, seien sie nun empirischer oder spekulativer Natur, kommt man zunehmend von dem klassischen typologischen Ansatz ab; in den Vordergrund rückt statt dessen eine stärker dynamische Interpretation der Lehrer*rolle*. Das deutlich von der amerikanischen Soziologie beeinflußte Rollenkonzept rief

18 Th. W. Adorno (3).

19 P. Fürstenau (58).

20 Vgl. Müller-Fohrbrodt, a.a.O., Kap. 4. Sie selbst verfährt in neopositivistischer Manier, indem sie »aus dem Katalog der Behauptungen über die typische Lehrerpersönlichkeit« (S. 66) Aussagen auswählt, diese zu Hypothesen zusammenstellt, in Testfragen operationalisiert und die Hypothesen durch eine Reihe von Testbatterien hindurch an Samples von Lehrer- und Nichtlehrerstudenten sowie Junglehrern auf ihren Wahrheitsgehalt prüft. Hierbei stellt sie im wesentlichen fest, daß die dem Lehrer zugeschriebenen Eigenschaften gar nicht »lehrertypisch« sind. Dieser Ansatz führt unserer Meinung nach in eine Sackgasse, weil er die Frage nach dem wirklichen *Verhalten* des Lehrers unter seinen konkreten Arbeitsbedingungen wiederum nicht beantwortet.

21 Vgl. dazu K. Lehmann (130, S. 39/40).

eine Vielzahl rollentheoretischer Arbeiten über den Lehrer hervor, die die Aspekte seines Berufes nun differenzierter faßten, als dies in den älteren Typologien der Fall war. In unserem Zusammenhang ist an diesen – ob nun stärker typologisch oder rollentheoretisch verfahrenden – Arbeiten vor allem eines von Bedeutung: Wir finden in ihnen, wie schon in den älteren Typologien, keine Anhaltspunkte dafür, ob und wie die konkreten Beziehungen des Lehrers zu den Eltern sein Berufsverhalten und seine Einstellungen prägen. In diesem Punkt ist also trotz steigender Differenzierung und größerem »Realitätsgehalt« kein Fortschritt zu verbuchen.

Wir können die Frage, ob wir mittels einer Lehrertypologie allgemeine und die Wirklichkeit einholende Erkenntnisse über die Verkehrsformen zwischen Lehrern und Eltern gewinnen können, folgendermaßen zusammenfassen:

1. »Naive« Lehrertypologien fangen aus der Alltagserfahrung und im alltäglichen Sprachgebrauch eine Vielzahl von verschiedenartigen Lehrer-Merkmalen ein. Das zumeist negativ getönte Bild solcher typologischer Aussagen bringt immerhin Teile der konkreten Schulwirklichkeit zum Vorschein, in der die Verkehrsformen zwischen Lehrern und Schülern zu diesen »Typus-Urteilen« geronnen sind. Minder plastisch, überhaupt weniger häufig sind »Typus-Urteile« über den »guten«, den »idealen« Lehrer im vorwissenschaftlichen Bereich.

2. Das Bestreben, psychologische, moralische oder soziologische Gesetze zu finden, die den »idealen« Lehrer und, im systematischen Sinne, alle Lehrerpersönlichkeiten nach bestimmten Kriterien ordnend erfassen, drückt sich in den »wissenschaftlichen« Typologien aus. Sie unterscheiden sich von den »naiven Typologien« durch geringere Anschaulichkeit. Sie rekurrieren nicht wie jene unmittelbar auf die sinnliche Erfahrung, sondern die Erfahrung bricht sich hier in einer Reihe von erkenntnistheoretischen Überlegungen zum Verhältnis von Theorie und Praxis. Zu fragen ist, ob in den »wissenschaftlichen« Typologien dieses Verhältnis richtig bestimmt ist.

3. Dabei zeigt sich, daß in die ihrem Anspruch nach wertfreien Typologien entweder unter der Hand vorwissenschaftliche Wertsetzungen eingehen, oder daß a priori festgelegte

Werthaltungen explizit zur typus-konstituierenden normativen Kraft werden, wie z. B. Sprangers *Lebensformen*. Solche Werthaltungen sind jedoch abhängig von ideologischen Traditionen (und diese wiederum von bestimmten historisch-ökonomischen Bedingungen), so daß die derart konstruierten »Idealtypen« die lebendige Erfahrungswelt nicht mehr repräsentieren oder sie gar verfälschen.

4. Weder in den rein normativen Typologien, in denen die geschichtliche Entwicklung gleichsam ausgeklammert ist, noch in den historisch-empirischen Typologien finden wir die Beziehung des Lehrers zu den Eltern als eine den Typus des Lehrers mitbestimmende Größe berücksichtigt. Wir erklären dies aus einer Fixierung auf den pädagogischen Bereich, die ein Merkmal der geisteswissenschaftlichen Tradition war, die bis heute nachwirkt. Die unmittelbaren und die verdeckten politischen und wirtschaftlichen Einflüsse auf die Schule, also auch auf den Lehrer, spielten in dieser Tradition für die »freie pädagogische Entscheidung« als wirklichkeitsbestimmende Kräfte keine Rolle – sie standen sozusagen außerhalb des wissenschaftlichen Problembewußtseins. Daher erschienen auch die Eltern nur als »Leerstelle« in den Typologien.

5. Doch auch in neueren Lehrertypologien und Arbeiten zur Lehrerrolle[22], die sich inhaltlich scheinbar der geisteswissenschaftlichen Tradition nicht mehr verpflichtet fühlen, sondern eher von der pragmatischen Hoffnung geleitet sind, typische Lehrereigenschaften festzustellen, um in Ausbildung und Unterricht die Bedingungen für »gute« Lehrer zu schaffen, kommen die Eltern nicht angemessen vor. Dies ist um so erstaunlicher, als im Vergleich mit früheren Typologien das Bewußtsein von der Bedeutung »außerpädagogischer Faktoren« wie Ausbildung, Herkunft, politische Einstellung, psychische Verfassung etc. gewachsen ist. Vermutlich wurzelt in der Schwierigkeit, »außerpädagogische Faktoren« in eine Lehrertypologie aufzunehmen – noch dazu unter empirisch-methodischen Gesichtspunkten –, das Unbehagen an Typologien überhaupt; das Rollenkonzept ist bemüht, die »Geschlossenheit« von Typologien aufzubrechen.[23]

22 Es sei nochmals daran erinnert, daß wir hier nur einschlägige deutsche Literatur berücksichtigen.

23 Eine soziologische Kritik am Rollenbegriff liefert F. Haug (78).

6. Weder das Rollenkonzept noch das Typuskonzept sind Produkte einer Wissenschaftstradition, die in ihrer Erkenntnismethode vom realen gesellschaftlichen Lebenszusammenhang und seinen Brüchen ausgeht. Die Typologien erfassen das Ziel von Bildung und Erziehung nicht im Hinblick auf die späteren materiellen Reproduktionschancen der Schüler, sondern verankern es im Bildungsprozeß selbst – Bildung als »Wert an sich«. Wie sich »Bildung« in aktuellen Tauschwert beim späteren Verkauf der Arbeitskraft umsetzt, wie dieser Tauschwert sich in der Beziehung Lehrer – Schüler und Lehrer – Eltern herstellt (wie er sich in jedem Schul*typ* herstellt): diese Fragen nimmt die Wissenschaft vom »Lehrertypus« und von der »Lehrerrolle« nicht auf.

Trotz dieser grundsätzlichen Kritik am Typusbegriff wollen wir den Versuch unternehmen, »Typenbilder« von Lehrern zu entwerfen, die den Erfahrungskanon von Lehrern und Eltern in ihrem schulischen Verkehr miteinander sinnlich-konkret machen und gleichzeitig verallgemeinern. Es geht uns dabei nicht darum, absolute Aussagen über Persönlichkeitszüge und Verhaltensweisen zu machen; auch nicht darum, alle »Variablen« zu erfassen. (Genau dies kann ja Typologien niemals gelingen). Vielmehr wollen wir unter *heuristischen* Gesichtspunkten typische Erscheinungsformen des entfremdeten Lehrer-Eltern-Verkehrs darstellen. Die heuristische Absicht liegt darin, durch die typologisch bedingten Zuspitzungen die Erkenntnis und die Diskussion unter den Betroffenen (zunächst einmal den Lehrern selbst) voranzutreiben. Unser implizites »Konstruktionsprinzip« für die Typenbilder ist der Qualifikationsaspekt der Schule. Wieweit es möglich und unter einem handlungsrelevanten Interesse sinnvoll wäre, einen solchen typologischen Versuch zu »verwissenschaftlichen« – indem die typus-konstituierenden Kategorien expliziert würden –, soll hier offen bleiben. Wir hätten gegen ein solches Verfahren Bedenken. Es könnte dabei nämlich abermals der lebendige Zusammenhang, aus dem die Informationen gewonnen wurden, zerstört werden. Hingegen hielten wir es für nützlich, wenn Erfahrungen aus dem Schulbereich auch von anderen unter typologischen Zuspitzungen erfaßt und verallgemeinert würden – dies verstehen wir unter dem »heuristischen Wert«, den wir unseren Skizzen beimessen.[24]

Unsere typologischen Aussagen beziehen sich auf Grund- und Hauptschullehrer, die vorwiegend mit lohnabhängigen Eltern verkehren. Das heißt nicht, daß die Aussagen für andere Schulzweige irrelevant wären. Das, was an den Typenbildern unannehmbar erscheint, läßt sich nicht ohne weiteres aufheben, allenfalls dadurch, daß die *realen Menschen* sich in andere Verhältnisse begeben. Allerdings: Sollte es sich herausstellen, daß unsere typologischen Unterstellungen als unwahr empfunden und deswegen zurückgewiesen werden, so wäre dies eine gute Gelegenheit, zwischen den Betroffenen öffentlich eine Debatte in Gang zu setzen, die wir bislang so sehr vermissen.

2. Typologische Skizzen von Lehrern[25]

Uns interessieren folgende typologische Zuspitzungen:

Der Lehrer als
- Routinier;
- Zyniker;
- Engagierter;
- Resignierter;
- Karrierist.

Der Routinier

Der Routinier hat sich in seinem Beruf eingerichtet und weiß, wie er ihn betreiben muß, um sich nicht kaputt zu machen.[26]

24 Genau diese Intention verfolgt auch H. Stubenrauch (224a), wenn er eine Lehrerkonferenz sowie ein Lehrerkollegium typisiert. Er tut dies unter einer allgemeineren Fragestellung als wir; aber alle unsere typologischen Aussagen könnten diesem Kollegium zugeschrieben werden.

25 Wir sprechen im folgenden verallgemeinernd vom »Lehrer«, nicht von der Lehrerin. Hiermit soll natürlich nicht gesagt sein, daß die dargestellten Verhaltensweisen nicht auch auf Lehrerinnen zutreffen.

26 »Die Kinder unterscheiden die Arbeit eines Stundengebers, der den Unterricht so schnell wie möglich hinter sich bringen will, sehr wohl von der Arbeit eines Lehrers, die von dem Wunsch getragen ist, ihnen wirklich etwas beizubringen.« Klink (118, S. 115). – »Die routinierte Erziehung [. . .]. Die Methoden des Lehrers sind eingefahren. Es ist immer wieder das gleiche. Erziehung wird so häufig zur Dressur, zum Trott. [. . .] Die Kinder fühlen sich hier sehr bald gelangweilt, sie

Er ist kein Neuling mehr; die zweite Lehrerprüfung hat er hinter sich. Doch erst unter dem Druck des Schulalltags und der Prüfung hat er sich allmählich jene Techniken erworben, die ihm nun bei der Bewältigung seiner Arbeit hilfreich sind. Das Kollegium und den Schulleiter vermag der Routinier unter arbeitspragmatischen Gesichtspunkten ziemlich genau einzuschätzen. Er läßt sich gegenüber Kollegen, der Leitung und der Schulbehörde nichts zuschulden kommen, versieht seinen Dienst. Seine Klasse hat er »im Griff«, er kennt als Fachlehrer alle Tricks, die Schüler zu beschäftigen, ohne daß dies eine aufwendige Stundenvorbereitung erforderte. Höhere Klassen sind ihm lieber als Schulanfänger, die noch keine feste Arbeitshaltung haben.

Ein solcher Lehrer »kennt die Eltern«. Über sie sagt er: »Es ist immer dasselbe. Es gibt die Gutwilligen, mit denen kann man sich einigen, die kann man überzeugen. Dann gibt es die Querulanten, die denken, ihr Kind ist ein neuer Einstein; bei denen muß man die Ruhe bewahren. Aber die meisten kümmern sich ja ohnehin nicht um die Schule.«

Der Routinier bestellt sich Eltern in seine Sprechstunde und erklärt ihnen freundlich, aber unbeteiligt, warum er den Schüler X nicht für die 10. Klasse vorschlagen kann oder warum die Schülerin Y sich »ranhalten« muß, um das Klassenziel zu erreichen. Seine Pflichtelternabende absolviert er pünktlich; er macht die üblichen Scherze und kommt dann »zur Sache«. Leger vor den Eltern sitzend berichtet er knapp, aber nicht anschaulich, was er in der letzten Zeit mit der Klasse durchgenommen hat und bis zu den Ferien noch »schaffen« muß; er macht Mitteilung über Konferenzbeschlüsse und läßt hierzu auch kurz den Elternvertreter Stellung nehmen. Es folgt eine durch die Frage: »Hat jemand von Ihnen noch Fragen?« eingeleitete Diskussion, von der die Eltern aber keinen exzessiven Gebrauch machen. Anwesend ist ohnehin nur knapp ein Drittel. Am Schluß läßt der Routinier so viel Zeit, daß einzelne Eltern noch mit »persönlichen Anliegen« zu ihm kommen können. Er ist fertig, bevor der Hausmeister in der Tür steht und mit den Schlüsseln klappert.

machen mit, weil sie selbst den Weg des geringsten Widerstandes gehen, weil sie selbst sich anpassen an ihren Erzieher und zum kleinen Routinier werden.« Kampmüller (109, S. 17).

Der Routinier macht keine Hausbesuche – außer es wird ihm vom Schulleiter nahegelegt, sich »doch mal um Familie Z zu kümmern«, um herauszufinden, warum der Schüler Z dauernd den Unterricht schwänzt. Aber das ist wirklich die Ausnahme, denn in der Klasse des routinierten Lehrers gibt es keine Probleme, die er durch die Klassentür hinaustrüge. Zwar hat er, wie jeder Kollege, Disziplinprobleme, und es »rutscht ihm auch schon mal die Hand aus«, aber niemals bei den Falschen; soweit schätzt er die Eltern richtig ein.

Seine Vorstellung von dem häuslichen Lebensrahmen seiner Kinder (er würde allerdings nie sagen: »Meine Kinder«[27]) ist dürftig und ungenau, Kinder und Eltern hat er »in Schubladen sortiert«.

Dem Routinier ist es egal, ob die Schüler etwas lernen; ihre Zukunft interessiert ihn nicht. Er hat das Bestreben, sein Geld auf leichte Weise zu verdienen, und da dies in der Schule unmöglich ist, weil die Arbeit die Nerven aufreibt, will er es wenigstens so leicht wie möglich verdienen.

Der Zyniker

Der Zyniker ist in aller Regel erst durch die Tätigkeit in der Schule zynisch geworden. Es ist durchaus möglich, daß er eine Zeitlang der Vorstellung von guter und fundierter Arbeit gefolgt ist. Im Schulalltag ist er jedoch bald zu der »Erkenntnis« gekommen, daß in der Grund- und Hauptschule guter Unterricht mit einem immensen Arbeitsaufwand verbunden ist. Den kann oder will er nicht leisten. Statt dessen vertritt er nun die Meinung, die Kinder seien in der Mehrzahl dumm, und es sei sinnlos, Mühe auf den Unterricht zu verwenden, gegen »das Milieu« komme man ohnehin nicht an. Der Zyniker diskriminiert offen. Schlechte Schüler haben bei ihm keine Chance, schon gar nicht, wenn sie »verhaltensauffällig« sind. Er sorgt dafür, daß sie seine Klasse auf die eine oder andere Weise verlassen müssen. Er kämpft um kein Kind.

Den Eltern begegnet er mit Ablehnung und Arroganz, die er in fachliche Überlegenheit kleidet: »Das zu beurteilen, müssen Sie schon mir überlassen.« Elternabende benutzt er gern als

27 »Kollege O. meinte in einem Gespräch, ich sollte nicht immer von den ›Kindern‹ sprechen, schon gar nicht von ›meinen Kindern‹. Es müßte wohl ›Schüler‹ heißen.« Klink (118, S. 125).

Arena, in der Kämpfe über Noten- und Disziplinfragen ausgetragen werden und in denen er von vornherein als Sieger feststeht, weil er Partei und Schiedsrichter in einer Person ist. Besonders gern legt er sich mit Eltern an, die nicht seiner Meinung sind; er kann ihnen leicht beweisen, daß er die Lage richtig einschätzt, und sie falsch. Die Mehrzahl der Eltern schüchtert er ein, sie wagen nichts einzuwenden. Deshalb verlaufen die Elternabende in gespannter Atmosphäre, die Eltern sitzen wie Schüler aufgereiht vor ihm. Den Zyniker reizt es durchaus, auch »persönliche Probleme« eines Schülers (unter Nennung seines Namens) vor der Elternschaft zu »behandeln«. Dabei schaut er die anwesende Mutter offen an und fragt sie: »Habe ich nicht recht, Frau B?« Frau B wagt keinen Widerspruch. Kommt der Vater X Frau B zu Hilfe, indem er die Meinung äußert, es sei ja nicht nur der Junge von Frau B, der Unruhe in der Klasse stifte, da gäbe es wohl noch andere, überhaupt müsse man sich über die Disziplin in der Klasse wundern, so wird der Zyniker heftig und packt weitere Geschichten über den Schüler B aus, die dessen unverträglichen Charakter bestätigen. Hinterher klopft er aber Frau B begütigend auf die Schulter und sagt: »Na, wir wollen es noch mal mit Ihrem Jungen versuchen, ich habe ja für vieles Verständnis, nur wissen Sie . . .«. So muß ihm Frau B zu guter Letzt noch dankbar sein.

Mutete man dem Zyniker zu, Eltern zu Hause zu besuchen, so wiese er das mit Entrüstung von sich: »Wer bin ich denn, zu denen hinzugehen, womöglich noch in meiner Freizeit – sollen sie doch in die Schule kommen, wenn sie etwas von mir wollen.«

Der Zyniker hat keine Skrupel, wenn seine Schüler nichts lernen, im Gegenteil; denn das erhärtet seine Meinung von der Dummheit der »unteren Schichten«. Darin läßt er sich gern von einer bestimmten Art Bücher – »Ich habe da neulich in einer Untersuchung gelesen . . .« – und von der Fraktion des Kollegiums bestätigen, die die »Dinge so sieht« wie er.

Der Engagierte

Der Feind des Zynikers ist nicht der Routinier (ihn verachtet er zwar, weil er selbst sich klüger dünkt, aber im Zweifelsfall koaliert er mit ihm), sondern der Engagierte. Der Engagierte ist zumeist ein Neuling. Er hat idealistische Flausen im Kopf, die ihm »schon noch vergehen werden« – so sagen die »Alten« im Lehrerzimmer.

Der Engagierte tritt in zwei Varianten auf:

- als naiver Engagierter und
- als politisch bewußter Engagierter.[28]

Der Engagierte beginnt seine Schularbeit optimistisch. Dann kommt der Schock, von dem er zwar in seiner Ausbildungszeit hat reden hören (»Praxisschock«), auf den er aber nicht wirklich vorbereitet worden ist. Seinen Optimismus kann der Engagierte angesichts der auf ihn einstürmenden Schulwirklichkeit nicht aufrechterhalten. Im Lehrerzimmer trifft er auf die Routiniers und auf die Zyniker, die beide über ihn lächeln – der Routinier in Abwesenheit des »Neuen«, der Zyniker offen. Wenn der Engagierte Glück hat, gibt es im Kollegium einen Gleichgesinnten. Sie klammern sich aneinander und tauschen ihre Erfahrungen aus. Der Schulleiter ist ihnen, besonders zu Anfang, wohlgesinnt, denn sie übernehmen freiwillig Zusatzstunden, das Kartenamt und die Schulbibliothek.

Der Engagierte möchte jedes Kind seiner Klasse lieben, genau kennenlernen und vorwärtsbringen. Vom »Sitzenlassen« hält er nichts, er kämpft um jeden Schüler. Er trägt seine Probleme aus der Klasse ins Lehrerzimmer und in die »Außenwelt«. »Da müßte man doch eigentlich . . .«, sagt er oft. Die Kollegen gewähren ihm selten Hilfe, weil sie meist selbst hilflos sind. Der Engagierte verscherzt sich aber auch leicht Sympathien, wenn er Ratschlägen nicht folgen mag, die er für falsch hält.[29]

Weil er existentiell von allem in der Schule betroffen ist, kümmert er sich eindringlich auch um die außerschulischen

28 Auf den politisch bewußten Engagierten gehen wir ausführlich in unserem letzten Kapitel ein.

29 »Meine Kollegen sind ausnahmslos Junglehrer. Ich habe verstehen gelernt, was sie meinen, wenn sie sagen: ›Die älteren Kollegen denken vielleicht, wir wären arrogant oder wüßten manches besser und schauten auf ihre Erfahrung kritisch herab und erkennten sie nicht an. Das stimmt so nicht. Wir merken in der Schule, daß uns vieles fehlt, daß wir überall Schwierigkeiten haben, daß wir manchmal nicht weiter wissen. Und dann fragen wir. Und die Antworten hinterfragen wir wieder. Da meinen manche ältere Kollegen oft schon, wir wollten sie kritisieren.‹« Klink (118, S. 69/70).

Belange seiner Schüler; er ist interessiert, fragt nach den Eltern, dem Beruf des Vaters. Er stellt hohe Erwartungen an Schüler und Eltern und ist enttäuscht, wenn die Schüler ihre bei den anderen Lehrern erworbenen Verhaltensmuster auch bei ihm zeigen und wenn von den Eltern nicht alle oder nur wenige zu seinen liebevoll vorbereiteten Elternabenden kommen. Er versucht hier, die abweisende Schulatmosphäre zu überspielen, kauft Bier ein, stellt Aschenbecher auf, ordnet die Stühle im Kreis an. Er begrüßt die Eltern herzlich und gibt seiner Hoffnung auf »gute und enge Zusammenarbeit« Ausdruck. Er setzt sich zwischen sie und versucht, lebendig aus dem Unterricht zu erzählen. Dabei entgeht ihm, daß er selbst viel spricht, die Eltern wenig. Diesen Fehler bemüht er sich beim nächsten Elternabend, den er nicht erst ein Vierteljahr später ansetzt, zu korrigieren. Er hört nun genauer hin, wenn einer aus der Elternrunde etwas sagen will. Er spricht mit großer Anteilnahme über die Kinder und sucht allen, auch und gerade den schwierigen, gerecht zu werden. Er redet mit den Eltern offen über die Probleme, die er mit der Klasse hat. Die Eltern fassen Mut und berichten, wie es beim Vorgänger war. Das bringt den Engagierten in Konflikte. Möglicherweise sagen die Eltern, bei Herrn A sei die Klasse »besser in Schuß« gewesen. Dann muß der Engagierte seine Unterrichtsmethoden und seine Einstellung zu Disziplinfragen verteidigen. Er tut dies ungeschützt und ist betroffen, wenn einige Eltern ihm hierin nicht zustimmen. Es möge ja alles schön und gut sein, was er mit den Kindern vorhabe, aber das Wichtigste sei doch wohl, daß sie lesen und schreiben lernten. Und wie es denn mit den Hausaufgaben aussehe, sie hätten das Gefühl, die Kinder bekämen nicht genug auf. Der Engagierte legt seine Meinung dar, er sagt, es sei wissenschaftlich längst bewiesen, daß Kinder durch Hausaufgaben nicht viel lernten. Die Eltern können ihm dies nur schwer glauben und weisen ihm nach, daß ihre Kinder Nachteile davon haben, wenn sie bei ihm »nichts aufbekommen«, wohl aber bei den anderen Lehrern. Schließlich einigt er sich mit den Eltern auf einen Kompromiß.

Auf seinen Elternabenden, die sich durch den sehr viel offeneren und herzlicheren Umgangston von anderen abheben, vergißt der Engagierte die Uhrzeit (der Hausmeister wartet). Er möchte mit jedem am Schluß noch ausführlich reden, ganz besonders mit denen, die vorher wenig gesagt haben. – Auch auf seinen Elternabenden, die zwar besser besucht sind als die seiner Kollegen, sind diejenigen Eltern nicht anwesend, mit denen er wegen der Probleme ihrer Kinder in der Schule am dringendsten sprechen möchte.

Der Engagierte leugnet die Trennung zwischen Arbeit und Freizeit – er gibt seine freie Zeit in die Arbeit. Nicht nur, daß er die Nachmittage zu umfangreichen Unterrichtsvorbereitungen nutzt, sich über neue Projekte und Methoden informiert, er hat auch die Eltern und Schüler ermutigt, ihn jederzeit anzurufen – und dies ernst gemeint. Um sich einen Eindruck von seinen schwierigen Kindern zu verschaffen, macht er Hausbesuche und erfährt dort Wichtiges über die Lebensumstände von Eltern und Kindern. Dabei merkt er, daß die Eltern Vertrauen zu ihm bekommen. Sie berichten ihm auch von Dingen, die mit der Schule oder dem Kind unmittelbar nichts zu tun haben.

Der Engagierte erkennt: er kann, bei aller Bemühung, nicht alle Kinder so fördern, wie dies nötig wäre. Er fragt nach den Gründen und entdeckt viele schulische Mißstände, auf die er immer wieder in Lehrerkonferenzen hinweist; seine Kritik wird aber immer nur formal verstanden. Der Engagierte stößt auch auf viele außerschulische Faktoren, die seine Arbeit behindern.

Hat der Engagierte wirklich etwas gelernt, so wird seine anfänglich naive Einstellung zu einer bewußt politischen. Hat er sich jedoch in den widerspruchsvollen Erscheinungen verstrickt und sieht keinen Ausweg mehr, so droht er zu resignieren. Selten bleibt ein Lehrer sein Schulleben lang ein Engagierter.

Der Resignierte

Der resignative Lehrertyp ist neben dem Routinier und dem Zyniker am häufigsten in einem Kollegium vertreten. Es gibt ihn in einer gutartigen und einer bösartigen Variante. In der bösartigen Form ähnelt er dem Zyniker, freilich kennt er nicht die explizite Verachtung für Schüler und Eltern, die den Zyniker kennzeichnet. Seine Verachtung beruht eher auf Enttäuschung, und das Bösartige steckt mehr in der Auswirkung seiner Handlungen als in seinen Intentionen.

Der gutartige Resignierte ist oft ein ehemaliger Engagierter und hat sich noch einen Rest Engagement erhalten, den er aber nicht mehr produktiv zu wenden weiß. Er hat aufgegeben; er macht seinen Unterricht weder gut noch schlecht. Die »Neuen« warnt er vor den Tücken gewisser Kollegen. Er koaliert punktuell mit den Engagierten, ist indes kein zuverlässiger Bündnispartner für deren Anträge in Lehrerkonferenzen.

Zu den Kindern seiner Klasse ist er nicht unfreundlich, tut aber nichts für die Qualifikation der Schüler, da er die Schwierigkeiten als unüberwindbar ansieht. Faktisch unterscheidet er sich in seinem Unterricht nicht vom Routinier, dem er überhaupt viel »Unterrichtstechnisches« abgeguckt hat. Warum nicht in der fünften Stunde einen Film zeigen – auch wenn dessen Inhalt nichts mit dem Unterricht zu tun hat? Der Resignierte verdrängt »den ganzen Schulkram« so gut wie möglich.

Auch zu den Eltern ist der Resignierte nicht unfreundlich. Er bittet sie in die Schule, wenn es Probleme mit einem Schüler gibt, doch hat er die Hoffnung verloren, daß Zusammenarbeit mit ihnen Nutzen bringe. Den Optimismus von Eltern im Hinblick auf die Leistungsfähigkeit ihrer Kinder dämpft er – »Gewiß, Ihr Sohn ist begabt, aber ich würde Ihnen doch abraten, ihn auf die höhere Schule zu schicken, wissen Sie, wir haben da unsere Erfahrungen ...« –, die Ängstlichkeit von Eltern, daß ihr Kind zu wenig leiste, bestärkt er: »Ja, das ist eine schwierige Geschichte mit Ihrer Tochter, ich weiß auch nicht, was man da machen könnte ...«

Die Elternabende, die er veranstaltet, sind mäßig besucht. Die Eltern bringen ihm Achtung entgegen, weil auch ihre Kinder nichts wirklich Unfreundliches über ihn erzählen (»Wie war es heute in der Schule?« – »Och, nichts Besonderes, ganz gut so, langweilig«). Zu »dramatischen« Auseinandersetzungen zwischen ihm und den Eltern kommt es nicht. Er leitet den Elternabend, aber er hält sich dabei zurück. Die Eltern betrachten den Besuch zwar als lästig, aber nicht als unangenehm. Am Schluß steht er für Fragen zur Verfügung, hört jedoch nur mit einem Ohr hin, wenn die Eltern ihm von ihren Sorgen berichten.

Er macht keine Hausbesuche. Auf die Frage eines jungen

Engagierten, warum nicht, antwortet er: »Weißt du, wenn du erst mal ein paar Jahre in dieser Mühle hier warst, denkst du auch anders darüber.«

Der Resignierte, wenn er noch jung ist, möchte heraus aus der Schule.

Der Karrierist

Was der Resignierte nur selten schafft – der Schule beruflich zu entkommen –, gelingt dem Karrieristen, weil er es von Anfang an darauf anlegt. Er beginnt seine Schullaufbahn voller Energie und Zielstrebigkeit. Wie der Engagierte übernimmt er freiwillig Ämter und zeichnet sich in Konferenzen überdies durch konstruktive Vorschläge aus, die auch den älteren Kollegen einleuchten. Er ist in allem Pragmatiker.

Er macht keinen schlechten Unterricht und bedient sich dabei der Mittel, die trotz der angespannten materiellen Situation den Schulen zur Verfügung stehen oder die »organisierbar« sind. Er wird bald der »Sachverständige« für Schulausstattung, auf seine Initiative geht der Kauf eines Tageslichtprojektors zurück. Er absolviert sofort den Filmvorführ-Kurs und berät die Kollegen, die neue Medien in ihrem Unterricht einsetzen wollen. Dem Schulleiter wird er bald unentbehrlich, dieser schätzt das stets ausgewogene Urteil des Karrieristen über Schüler, Kollegen und in »Sachfragen«.

Der Karrierist ist in der ganzen Schule beliebt – nur einige wenige Kollegen können ihn nicht ausstehen. Mit der Schulsekretärin, die sich zu allen außer ihren Lieblingen wie ein Drache verhält, steht er auf gutem Fuß (»Man muß auch mit den einfachen Leuten reden«), und mit dem Hausmeister trinkt er einen, wenn's sein muß, damit er ihm die Klemmleiste in seiner Klasse befestigt.

Die Schüler haben Respekt vor ihm, einige bewundern ihn, sein Unterricht ist jedenfalls nicht langweilig, und er vermag in ihnen das Gefühl zu wecken, daß sie »etwas geschafft« haben, wenn die Stunde zu Ende ist. In den Klassen, in denen der Karrierist unterrichtet, herrschen ein munterer Ton und straffe Disziplin. Zuweilen macht er einen Witz auf Kosten eines schlechten oder verhaltensgestörten Schülers und erlaubt, daß gelacht wird. Aber er gibt jedem seine Chance – wer sie nicht wahrnimmt, hat Pech gehabt.

Der Karrierist zeichnet sich durch einen unpersönlichen, neutralen Umgang mit der Elternschaft aus. Er denkt institutionell, nicht in personalen Kategorien. Prinzipiell gehören die Eltern nicht in den Umkreis seiner Aktivitäten. »Das Private geht mich nichts an.«

Selbstverständlich hält er die vorgeschriebene Anzahl von Elternabenden, und zwar in einer zügigen, heiter-forschen Manier. Es darf gelacht werden. Die Eltern begegnen ihm mit Respekt und sind froh, daß ihre Kinder einen Lehrer »erwischt haben, der weiß, was er will«. Sie finden zwar nicht alle seine Maßnahmen in Ordnung, zum Beispiel zensiert er zu streng und fackelt bei den schlechten Schülern nicht lange mit dem Sitzenlassen, aber sie fügen sich, weil sie den Eindruck haben, daß »der Mann da vorne« den Überblick hat.

Es gibt nur sehr wenige Eltern, die dem Karrieristen in die Parade zu fahren wagen. Das sind die, deren Kinder schlecht in der Schule stehen und die dies nicht als Familienmakel ansehen, sondern als einen Skandal, den die Schule zu verantworten hat. In solchen Situationen läßt der Karrierist keinen Zweifel daran, daß er die Institution vertritt, nicht die Interessen einzelner Eltern, die zudem mit einer derart – er »möchte sich da vorsichtig ausdrücken« – unkooperativen Haltung die redlichen Bemühungen der Schule, jedes Kind nach seinen Kräften und Fähigkeiten zu fördern, »torpedieren«.

Eltern zu Hause zu besuchen, um etwas zu erfahren, was er nicht weiß, fällt dem Karrieristen schon deswegen nicht ein, weil er glaubt, bereits alles zu wissen. Denn er informiert sich ständig, bildet sich weiter, belegt Kurse, schreibt Aufsätze für Fachzeitschriften. Das macht ihn über die Schule hinaus bekannt. Sei es, daß er den Weg über den Prorektor zum Rektor wählt, sei es, daß er Seminarleiter oder Hochschullehrer wird oder in die Verwaltung geholt wird – seine Jahre als Lehrer in der Schule sind gezählt.

Nimmt er in einem höheren Amt als dem des Lehrers zu den Möglichkeiten von »Elternarbeit« Stellung, so verweist er auf seine langjährige Praxis, die ihn die Probleme gründlich hat kennenlernen lassen. Das Schlimmste, was passieren kann, sagt er (natürlich nicht offen), ist, daß die Eltern sich ihres Einflusses bewußt werden. »Natürlich« sollen sie an den Entscheidungen im Rahmen der Elternmitbestimmung beteiligt werden, Gremienarbeit kennenlernen, die Komplexität der akuten Probleme erkennen. Aber es muß alles »im angemessenen Rahmen bleiben«, Laien können nicht die Befugnisse von Fachleuten zugesprochen bekommen. Er ist sicher, daß ihm da jeder Einsichtige zustimmt, und mit den paar Lehrern, die anderer Meinung sind, muß »kurzer Prozeß« gemacht werden.

Der Karrierist tritt auch in Gestalt des duckmäuserischen Denunzianten und Intriganten auf – aber diese Variante ist nicht mehr so häufig und gefragt wie die des optimistischen Technokraten.

Das den hier geschilderten Typen Gemeinsame besteht darin, daß die Lehrer und die Eltern in ihrer Isolation gefangen bleiben. Dies gilt nicht nur für das Verhältnis der Lehrer zu den Eltern, sondern auch der Eltern und der Lehrer untereinander. Deshalb erscheinen sie als handlungsunfähig, den schulischen und außerschulischen Zwängen ausgeliefert. Diese Situation kann sich so lange nicht ändern, wie die Isolation aufrechterhalten wird. Selbst der Engagierte droht hieran zu zerbrechen. Erst recht müssen die Eltern vor den Hindernissen resignieren, die zwischen ihnen und den Lehrern sich aufrichten.

An der Isolation der beiden Gruppen hat das staatlich gelenkte Bildungssystem ein Interesse; ihre Aufhebung hätte begrenzte Veränderungen im Schulbereich zur Folge, die auf andere gesellschaftliche Bereiche übergreifen könnten. Der Staat und seine Interessenvertreter versuchen deshalb mit allen ihnen zur Verfügung stehenden Mitteln, die Aufhebung der Isolation zu verhindern. Ein ideologisches Mittel dazu ist die formale Eltern- und Lehrermitbestimmung in Schulangelegenheiten. Sie löst gerade jene Probleme nicht, die entfremdete Verkehrsformen zwischen Lehrern und Eltern hervorbringen.

Wir wollen, wenn wir die Diskussion über die Eltern als Träger schulischer Verkehrsformen abgeschlossen haben, beide, Lehrer und Eltern, in eine Situation versetzen, in der sich ihre Handlungspotenzen zeigen können. Diese Situation kann nur die schulische Arbeit des Lehrers und der Kinder sein – sie konstituiert ja die Verkehrsformen. Uns sollen dann nicht mehr in erster Linie die Lehrer bekümmern, die sich außerstande sehen, die Isolation zwischen sich und ihren Kollegen sowie zwischen sich und den Eltern aufzuheben, oder die aus dieser Lage so viele Vorteile ziehen, daß sie sie gar nicht verändern wollen; wir wollen vielmehr einem Lehrer in sein Arbeitsfeld folgen, der die beschriebenen »typischen Erfahrungen« gemacht hat und der lernen will und lernen kann, ja, lernen muß, andere Erfahrungen zu sammeln – solche nämlich, die die »versteinerten Verhältnisse« der Schule mit den ihr zugehörigen Verkehrsformen zwar nicht »zum Tanzen bringen«, wohl aber auf nicht scheinhafte Handlungsalternativen hin befragbar machen. Dabei kommt es uns darauf an, die Handlungszwänge in ein *vorwärtstreibendes* Verhältnis zu den Handlungsmöglichkeiten zu setzen.

3. Typologisierte Elternhaltungen

So wie über den Lehrer werden umgangssprachliche typologische Urteile auch über die Eltern gefällt – vorwiegend von Lehrern. Und gerade dann, wenn Lehrer Eltern typologisch oder quasi-typologisch beschreiben, sagen sie damit immer auch etwas über den Verkehr zwischen Lehrer- und Elternschaft.

Kampmüller will »jene Typen von Eltern vorstellen, über die ich mich als Lehrer geärgert, zumindest aber gewundert habe«.[30] Er teilt die Eltern ein in:
- die Aufgeregten;
- die Plappersüchtigen;
- die Bequemen;
- die Drohenden;
- die Herzlosen;
- die Quertreiber;
- die Schauspieler;
- die Falschspieler;
- die Fachsimpler;
- die Unsichtbaren.

Das Kriterium der Einteilung bilden offenbar Persönlichkeitsmerkmale, die die Eltern im Verkehr mit der Schule

30 Kampmüller (110, S. 37).

hervorkehren. Dabei stellt sich für Kampmüller die Frage nach »schichtspezifischem« Verhalten noch gar nicht. »Mit all diesen Eltern«, sagt er, »kann man zurechtkommen« – lediglich eine Gruppe kann der Lehrer »ganz und gar nicht ausstehen [. . .], das sind diejenigen, die nie zu ihm kommen, die er nie antrifft, die Unsichtbaren«.[31] Hinter diesem unreflektierten Urteil stehen nicht nur Borniertheit und Unwissenheit, sondern offenbar auch einige schmerzliche Berufserfahrungen. Denn die Bemühung des Lehrers um Kontakt mit allen Eltern (mit allen kann man »zurechtkommen«) werden von einigen zurückgewiesen, obgleich er die Mühe nicht scheute, sie aufzusuchen (die er dann »nie antrifft«). Allerdings forscht Kampmüller nicht nach den Gründen für ein solches Elternverhalten – und erst dadurch wird sein typologisches Urteil borniert.

Die »Herzlosen« »sehen in der Schule eine Zuchtanstalt. Sie vertrauen auf die Rute und glauben, damit könne man in die leeren Köpfe Wissen und Wollen hineinpraktizieren«.[32] Kampmüller hat für sie nur Verachtung übrig, sie sind ebenso dumm und unaufgeklärt wie ihre Kinder »mit ihren leeren Köpfen«. Es ist aber Kampmüllers eigene historische »Leere«, die ihn vergessen läßt, daß die Schule für die Eltern dieser Elterngeneration noch eine Zuchtanstalt war und daß die heutigen Eltern, die eine solche Meinung über die Schule äußern, so etwas wie eine vorbewußte historische Generationserfahrung ausdrücken, indem sie die Bedrohung durch die Schule in das Bild des Lehrers mit der Rute kleiden.

Die »Quertreiber« kennt jeder Lehrer, denn sie sind Brüder der »Drohenden«, weil sie Unruhe in die Schule bringen, die Gesetze der Diskretion und der elterlichen Unbefugtheit in schulischen Fragen nicht achten – während die »Schauspieler« dem Lehrer unterstellen, er sei in seinem (negativen) Urteil über ihr Kind durch »ein paar Tränen«, einen »Augenaufschlag« oder einen »besonders warmen Händedruck«[33] beeinflußbar. Wie dumm von ihnen! Pygmalion ist nicht im Klassenzimmer und nicht in der Lehrersprechstunde. Beim

31 A.a.O., S. 40.
32 A.a.O., S. 38.
33 A.a.O., S. 39.

»Falschspieler« – ein ähnlicher Fall – »weiß der Lehrer natürlich sofort, daß hier geschwindelt wird, und leider spürt er auch, daß damit weder ihm noch den Eltern und schon gar nicht dem Schüler geholfen ist«.[34] Warum fragt er nicht nach den Gründen der »Elternlügen«? Der »Falschspieler« ist ja doch, bleiben wir in Kampmüllers Typologie, die aggressive Variante des Aufgeregten und Herzlosen, die aus derselben Schulangst stammt.

Den einzigen Hinweis auf Eltern aus »gebildeten Kreisen« gibt neben dem Typus des »Drohenden« der des »Fachsimplers« – es sind dies Eltern, »die sich in methodische Angelegenheiten des Unterrichts mischen, von denen sie nichts verstehen«.[35] Auch sie verletzen, wie die »Quertreiber«, das von der Schule seit je gewahrte Gesetz der Nichteinmischung.

Kampmüller preßt die Eltern in eine Typologie, die ihr Verhalten gegenüber dem Lehrer zum Maßstab nimmt, ohne dieses Verhalten in seinen Tiefendimensionen zu erfassen. Aber auch im Lehrerverhalten steckt eine anthropologische Konstante:

»[. . .] können wir damit rechnen, daß es in beiden Lagern, also bei den Eltern und bei den Lehrern, eine kleine Zahl von chronisch unzufriedenen und chronisch begegnungsfeindlichen Erziehern gibt [. . .], die Ewig-Gleichgültigen.«[36]

Das statische Element aller Typologien findet bei Kampmüller einen statistischen Ausdruck:

»Ich schätze den Anteil dieser chronisch kontaktfeindlichen Erzieher aber sehr niedrig, er dürfte auf keinen Fall mehr als fünf Prozent betragen. Annäherungsweise bei einem Drittel der übrigen 95 Prozent verläuft der Kontakt gleichmäßig harmonisch, bei zwei Drittel dagegen gibt es *vorübergehende* [Hervorhebung B.-R.] Differenzen.«[37]

Wenn Kampmüller sagt, er wolle nur jene »Typen von Eltern« beschreiben, über die er sich geärgert bzw. gewundert habe, und daß der Kontakt zwischen Eltern und Lehrern bei rund einem Drittel harmonisch sei, so können wir schließen, daß dieser Elternanteil gar nicht typologisiert wurde, sondern

34 A.a.O., S. 40.
35 Ebd.
36 Kampmüller (109, S. 10).
37 Ebd.

nur jene zwei Drittel, bei denen es »vorübergehende Differenzen« gibt. Diese Quantifizierung entspricht ungefähr einer durchschnittlichen Klassenzusammensetzung nach den Gesellschaftsklassen und -schichten, wenn wir annehmen, daß ca. ein Drittel der Schüler aus »bildungsbeflissenen« Elternhäusern stammen, die in der Tat zumeist keine Differenzen mit der Schule haben. Kampmüller typologisiert also genau jene Eltern, um die es auch uns geht. Und hier ist nun wichtig, daß sich hinter der scheinbaren Wertfreiheit (im Sinne schichtspezifischer Unabhängigkeit) ein Klassenurteil verbirgt: Arbeiter, kleine Angestellte und kleine Selbständige, die jene zwei Drittel ausmachen, werden charakterisiert als eine Mehrzahl von inkompetent oder irrational reagierenden Leuten, die es nach Meinung von Kampmüllers hinzugedachtem Lehrer allerdings, alles in allem, nicht besser wissen können und sich deshalb von ihm als je einzelne belehren bzw. abkanzeln lassen müssen. Dabei fällt auf, daß der Anlaß des »Nachfragens« in der Lehrersprechstunde zumeist die Leistung der Schüler ist und der Lehrer seine Aufgabe darin sieht, den Eltern die schulischen Leistungsnormen als gerecht und unumstößlich vorzustellen. Die Eltern sind seinem bornierten Klassenurteil (die »Plappersüchtigen«, die »Herzlosen« etc.) ausgeliefert, da er den späteren Tauschwert ihrer Kinder auf dem Arbeitsmarkt durch seine autonome Leistungsbewertung mitbestimmt.

Ebenfalls um eine Typologisierung von Elternhaltungen gegenüber der Schule bemüht sich Bach[38], und zwar interessieren ihn vor allen Dingen »typische Anfangseinstellungen von Eltern« im Verkehr mit der Schule. Er unterscheidet folgende Typen:

- die Eltern mit »Behördenkomplex« (Zurückhaltung, Scheu, Beflissenheit, Servilität);
- die Eltern, die den Lehrer »als eine Art Handwerker« einschätzen, mit dem man nur »reine Sachfragen« zu besprechen habe;
- die Eltern mit »überspannten Erwartungen« an den Lehrer (übertriebene Hochschätzung);
- die Eltern, die den Lehrer einzig als »Anwalt für das

38 Bach (11, S. 107 ff.).

Klassenganze« sehen (was zu einer »resignierend-einsilbigen Anfangseinstellung zu führen pflegt«);
- die Eltern, die den Lehrer einzig als »Anwalt des eigenen Kindes« sehen und von daher »Riesenansprüche« stellen;
- die Eltern, die sich total von der Schule abhängig machen, was zu »Vorsicht« und »Opportunismus« führen kann, aber auch zu einer positiven Anfangshaltung;
- die Eltern, die die Schule an ihren eigenen (positiven oder negativen) Schulerfahrungen messen (»Ressentimentcharakter«);
- die Eltern, die die Schule an den (positiven oder negativen) Schulerfahrungen ihres Kindes messen;
- die Eltern, die mit »Erleichterung« reagieren (wenn sie ihre Ängste unbegründet finden).

Wir sehen, daß Bach mit differenzierteren Kategorien den Verkehr zwischen Eltern und Schule zu beschreiben bemüht ist als Kampmüller. Doch auch bei ihm finden wir keine deutlichen Hinweise auf die Klassenzugehörigkeit der Eltern. Es scheint, als seien Eltern aus allen Schichten unter die typisierten Haltungen subsumierbar. Versucht man jedoch, die Eltern unter dem Gesichtspunkt ihrer Klassenzugehörigkeit den verschiedenen Typen zuzuordnen, so ergeben sich folgende Hinweise:

Die Eltern »mit Behördenkomplex« sowie die »mit Erleichterung« reagierenden zählen gewiß nicht zu den oberen Gesellschaftsschichten (diese begreifen den Lehrer überwiegend als Fachautorität, mit dem man »reine Sachfragen« bespricht, wobei Bach hier nicht die Variante der Eltern aufnimmt, die ihre eigenen Erziehungsgrundsätze auch in der Schule verwirklichen und mit dem Lehrer »Erziehungsgespräche« führen wollen); eher treten kleine Angestellte oder kleine Selbständige dem Lehrer mit »Zurückhaltung, Scheu, Beflissenheit und Servilität« gegenüber oder aber mit »überspannten Erwartungen«, die sich in »übertriebener Hochachtung« äußern, wenn ihre Erwartungen nicht enttäuscht werden (hierzu gehört auch der Typ mit »Riesenansprüchen«).

Für uns ist die Typologisierung der Elternhaltung, die den Lehrer als »Anwalt für das Klassenganze« wahrnimmt, vor allem bedeutsam. Denn wir finden hier, wenn auch nicht in eindeutiger Weise, einen Hinweis auf die Einstellung von

Arbeitereltern gegenüber der Schule. Für sie ist es nämlich unter Umständen und im Gegensatz[39] zum kleinen Angestellten, zum mittleren oder höheren Beamten oder Akademiker minder problematisch, ihr Kind aus der Familie in die Schule zu entlassen. Sie haben häufig schon vor der Einschulung des Kindes Erfahrungen mit Krippe, Kindergarten oder Hort gesammelt. Insofern fügen sich Arbeitereltern schneller in die schulischen Erwartungshaltungen und akzeptieren, daß der Lehrer nicht nur für ihr Kind da ist.

Ganz richtig (wenn auch vermutlich mit anderem Bedeutungsgehalt) bescheinigt Bach dieser »Anfangshaltung« einen »resignierend-einsilbigen« Charakter. Denn obwohl sich Arbeitereltern schneller den schulischen Erwartungen fügen, heißt dies ja nicht, daß sie die schulischen Zwänge nicht wahrnähmen. Sie wissen schon bald, daß ihr Kind dort Leistungsnormen unterworfen ist, die es nicht so gut erfüllen kann wie die Kinder, deren Vater »etwas Besseres« ist, bzw. daß die Schule wenig unternimmt, wenn ihr Kind in Schwierigkeiten kommt. Da gibt es nicht viel zu reden, »das ist so«. Diese Einstellung von Arbeitereltern hängt freilich in ihrer je verschiedenen Tönung von der Einstellung des Lehrers ihnen gegenüber ab – Bach berücksichtigt diese »Variable« für seine Typen nicht – und kann deswegen auch ihren resignativen Charakter verlieren, wenn der Lehrer sich in der Tat zum »Anwalt für das Klassenganze« macht, diese Haltung den Eltern offenlegt und sich gleichzeitig als »Anwalt für das Elternganze« versteht. – Wir kommen auf diesen Punkt im nächsten Kapitel zurück.

Die mangelnde »Trennschärfe« von Bachs Typologie zeigt sich besonders deutlich am Typ der »total Abhängigen« mit den Versionen: Vorsicht – Opportunismus – positive Anfangshaltung. Da Bach als »typische Gesamthaltungen« von Eltern der Schule gegenüber die »Partnerhaltung« von der »Abhängigkeitshaltung« unterscheidet, müssen wir den Typ der »total Abhängigen« wohl ebenfalls eher den unteren Gesellschaftsklassen zuschlagen, da eine partnerschaftliche Hal-

39 Wir wollen mit unserer Interpretation natürlich nicht sagen, daß sich nicht auch Arbeitereltern in den anderen typologischen Kategorien auffinden lassen, und umgekehrt Akademiker in der hier besprochenen Kategorie; uns kommt es hier auf eine »typenimmanente« Interpretation an.

tung gegenüber der Schule allemal subjektive und gesellschaftliche Ressourcen voraussetzt, also ein gewisses Maß an Autonomie und Unabhängigkeit, das sich auch im Verkehr mit der Schule ausdrückt. Bach faßt allerdings »Abhängigkeit« weniger als eine gesellschaftliche Kategorie denn als eine psychoanalytische. Die »Vorsichtigen« wären demnach solche Eltern, die sich aus Unsicherheit und Angst an das Urteil des Lehrers binden, die »Opportunisten« solche, die sich in allem nach dem Lehrer richten, weil sie sich hiervon Vorteile für ihr Kind versprechen. »Positiv« verläuft der Kontakt, wenn durch den »sachten Nachdruck« der Schule »zögernde Eltern bewegt« werden, »schließlich doch ihr Erziehungsverhalten zu korrigieren«[40], womit wiederum nur gemeint sein kann, es den schulischen Erziehungsnormen anzupassen.

Schließlich geht es noch um den Elterntypus, der seine Einstellung und sein Verhalten der Schule gegenüber aus seinen eigenen bzw. den Schul-Erfahrungen seines Kindes speist. Mit dem Begriff des »Ressentimentscharakters« kritisiert Bach fehlende Sachlichkeit im Verhalten dieser Eltern – wobei ja nicht die Übertragung von positiven Erfahrungen auf den aktuellen Verkehr zu Schwierigkeiten führt (hier wäre eher von »Sentiment« zu sprechen), sondern nur die von negativen. Auch der »Ressentimenttyp« scheint uns auf die Eltern der unteren Schichten zu zielen, insofern hier eine unreflektierte Haltung charakterisiert wird, die im gängigen Verständnis Eltern aus den gehobenen Schichten nicht zugeschrieben wird.

Wir finden also auch hier wieder vorwiegend die Eltern aus unteren Bevölkerungsschichten typologisiert, was nicht erstaunlich ist, denn im schulischen Verkehr fallen »Fehlhaltungen« auf, nicht aber »glatte« Beziehungen. Hinter diesen »Fehlhaltungen« verbirgt sich das jeweilige Ausmaß der Entfremdung, das im Verhalten der so typisierten Eltern erscheint. – Bei dieser Auswahl vorwissenschaftlicher Typenbilder von Eltern wollen wir es belassen.

Wir kritisierten einerseits eine subjektivistische Darstellung der Eltern in der traditionellen pädagogischen Literatur, in der zumeist überhaupt nicht nach Schicht- bzw. Klassenzugehö-

40 A.a.O., S. 115.

rigkeit differenziert wird; andererseits ist auch eine soziologische Darstellung unbefriedigend, die sich in einer groben Zweiteilung der Eltern in Unterschicht und Mittelschicht erschöpft.

Wäre es nicht möglich, die Eltern in ihrem Verkehr mit der Schule analog zu unseren Lehrerskizzen zu typologisieren und auf diese Weise eine Anschaulichkeit herzustellen, die in Kampmüllers und, in geringerem Grade, in Bachs Elterntypen trotz ideologischer Verfälschungen vorhanden ist, weil sie aus direkten Schulerfahrungen gewonnen worden sind? Grundlage eines solchen typologischen Vorgehens dürfte freilich nicht eine quasi-charakterologische Zuspitzung wie bei den Lehrerskizzen sein, wo die Quintessenz der typologischen Beschreibung in Bezeichnungen wie »der Routinier«, »der Karrierist« etc. einging. Eine entsprechende Elterncharakterisierung – etwa: der Aufsässige, die Larmoyante etc. – würde freilich die unterschiedliche Klassenlage der Eltern nicht evident machen, wie wir gerade gesehen haben. Wir müßten also die gesellschaftliche Position der Elternschaft eines Arbeiterbezirks[41] zum Ausgangspunkt der typologischen Beschreibung nehmen und kämen dann etwa zu Skizzen über den kleinen Selbständigen, den kleinen Angestellten[42],

41 Kob löste diese Frage für seine Untersuchung (120) so, daß er schulische »Milieutypen« (S. 37) konstruierte. Die Milieutypen bestimmten sich nach der überwiegenden Berufsstruktur des Einzugsgebietes. Er ermittelte auf diese Weise drei Milieutypen: 1. »Schulen, deren Einzugsgebiet in einem Arbeiterwohngebiet liegt«, 2. »in einem Wohngebiet mit Einwohnern hauptsächlich aus der ›gehobenen Mittelschicht‹«, 3. »in einem gemischten Wohngebiet«. (Ebd.) Die Väterberufe teilte er nach Angaben des Statistischen Landesamtes ein in: Selbständige, höhere Beamte und Angestellte, sonstige Beamte und Angestellte, Arbeiter, Rentner und Sonstige. Im ersten Milieutyp machen die Arbeiter 53% aus, im zweiten 20%, im dritten 31%. Es geht Kob dabei aber nur um den quantitativen Aspekt der jeweiligen Berufe; ihre Spezifik (etwa kleine vs. gehobene Selbständige; Facharbeiter vs. Hilfsarbeiter etc.) kann er deshalb auch in seiner Elterntypologie (starkes, mittleres, schwaches pädagogisches Selbstbewußtsein gegenüber der Schule) nicht berücksichtigen.

42 Die Elternschaft eines Arbeiterbezirks besteht ja nicht nur aus »Arbeitern«, sondern auch aus Eltern, die zu den Zwischenschichten gerechnet werden müssen. »Vielleicht«, sagt Wünsche ganz in unserem Sinne, »könnte man unsere Schüler zusammenfassen als die Kinder der Lohnabhängigen [. . .] wenn man sieht, daß bei uns heutzutage auch der selbständige Landwirt oder Einzelhändler den Abhängigen zuzuzählen ist, weil ihn seine Kredite bzw. sein Vertrag mit Edeka zu einem macht, der in erster Linie Aufträge ausführt.« (252, S. 13 f.) Vgl. auch die Arbeit von S. Kracauer (122) über die Situation der Angestellten in den zwanziger Jahren.

den traditionellen Proletarier, den aufgestiegenen Proletarier, das Subproletariat, den Gastarbeiter etc. Eine solche Skizze könnte z. B. so aussehen[43]:

Der *kleine Selbständige* muß heute um seine Existenz kämpfen – die Konkurrenz sitzt ihm im Nacken. Es ist der Blumen- oder Obsthändler um die Ecke, der Schneidermeister oder Kioskbesitzer. Das Geschäft wurde von den Eltern übernommen oder aber in Jahren mühsamer Arbeit aufgebaut. Die Frau arbeitet mit. Einen Acht-Stunden-Tag gibt es nicht. Auch wenn man etwas zurückgelegt hat, gehören Geldsorgen zum Leben. Aber man ist stolz auf das Erreichte, hängt »am Eignen«. Den Kindern wünscht man ein besseres, gesichertes Leben. Sie sollen »etwas Solides« lernen, vielleicht studieren – wenn sie das Zeug dazu haben. Was mit dem Laden wird, muß man sehen. Vielleicht, daß man ihn später einmal verkauft und sich ein geruhsames Alter schafft.

Von der Schule erwartet der kleine Selbständige, daß sie sein Kind gemäß seinen Fähigkeiten, seiner Begabung fördert. Auch dort herrscht der Wettbewerb – es gibt Dumme und Gescheite, und daß die Gescheiten vom Lehrer anders behandelt werden müssen als die Dummen, leuchtet jedem ein. Deshalb ist für den kleinen Selbständigen die Schulwelt in Ordnung, wenn sein Kind einen Lehrer hat, der ihm einen klaren Rangplatz in der Klasse zuweist und zu den Eltern sagt: »Ihr Sohn ist ein cleverer Bursche, er könnte noch mehr leisten, wenn er sich dahinterklemmt.« Sie nehmen dann zu Hause ihren Jungen ins Gebet und versprechen ihm ein Fahrrad, wenn sein Zeugnis zufriedenstellend ausfällt. – Am liebsten ist diesen Eltern als Lehrer ein Karrierist.

Die Schulwelt ist für den kleinen Selbständigen nicht in Ordnung, wenn ein Unterricht gemacht wird, der seinem Weltbild zuwiderläuft, wenn z. B. ein junger Kollege die Klasse führt, der nicht vorrangig für Ruhe, Ordnung und Sauberkeit sorgt und auch über die Leistungsbewertung andere als die üblichen Vorstellungen hat. Da kann es zu Konflikten kommen, denn die Eltern müssen befürchten, daß ihr Kind in einer solchen Klasse nicht genügend lernt – und das

43 Vgl. hierzu die Biographien von Familie Willms, Familie Schmidt und Familie Liebenau im 2. Bd. des *Neuköllner Schulbuch* (23).

wirkt sich später zu ihren Ungunsten aus. Diese Meinung vertritt die Mutter auf dem Elternabend, den sie pflichtbewußt besucht (ebenso, wenn dies nötig ist, die Lehrersprechstunde) – ihr Mann hat für »so etwas« keine Zeit, die Schule gehört in den Zuständigkeitsbereich der Frau. Für ihre Meinung findet die Frau des kleinen Selbständigen Zustimmung bei anderen kleinen Selbständigen. Wenn unter ihnen ein Vater ist, der sich selbst um die Schulangelegenheiten seiner Kinder kümmert – vielleicht sogar Elternsprecher ist –, kann es zu heftigen Debatten kommen. »Unsere Kinder dürfen nicht unter den schlechten Schülern leiden! Früher, als noch Herr X die Klasse führte ...« Diese Eltern schließen sich notfalls mit Gleichgesinnten zusammen, um die Versetzung eines »chronischen Störenfrieds« in eine Parallelklasse durchzusetzen ...

Obgleich eine solche typologische Darstellungsweise durchaus geeignet sein könnte, die Erscheinungsformen des Verkehrs zwischen Eltern und Lehrern anschaulich zu machen, geht eine wesentliche Bedingung des entfremdeten Verkehrs nicht in sie ein. Wir sagten im Eingangskapitel, es handele sich bei der gegenseitigen Einschätzung von Lehrern und Eltern nicht um eine gleichsam komplementäre Blindheit und Fremdheit in der Kommunikation, an der beide »Partner« gleichermaßen »schuld« hätten; vielmehr seien die Beziehungen zwischen beiden wesentlich bestimmt durch die Sanktionsgewalt, die der Lehrer als »Verteiler von Sozialchancen« über die Eltern besitze. Diese Sanktionsgewalt bewirke bei den Eltern Abwehrhaltungen, von denen Anpassung eine Variante sei.

Die Eltern sind also in ihrem »Verkehrsverhalten« nicht in demselben Maße autonom wie der Lehrer, sondern sie müssen weitgehend die Verkehrsformen akzeptieren, die er ihnen anbietet bzw. zumutet. Zwar ist auch der Lehrer in seinem Verhalten nicht frei, er unterliegt den z. T. widersprüchlichen Anforderungen seiner Berufsrolle, den Zwängen seines Arbeitsplatzes. Aber im Verkehr mit den Eltern kann sein Verhalten eher autonom sein als das der Eltern ihm gegenüber. Deshalb konnten wir das Verhalten des Lehrers gegenüber den Eltern auch typologisch zugespitzt in seinen entfremdeten Ausdrucksformen veranschaulichen, es erscheint vor allem den Eltern als autonomes.

Hingegen variiert das Verhalten der Eltern gegenüber dem Lehrer stark, je nachdem, wie er ihnen entgegentritt. Wir deuteten dies in der Skizze des kleinen Selbständigen an, der einmal auf einen Lehrer trifft, der seine Erwartungen an die Schule erfüllt, ein andermal auf einen Lehrer, der ihn durch andere Leistungsnormen verunsichert. Auf der Oberfläche verläuft der Verkehr »glatt« oder konfliktgeladen, also in zwei konträren Erscheinungsformen. Beide Male indes ist das Wesen des Verkehrs entfremdet. Der Hauptpunkt ist, daß der Lehrer aufgrund seiner gesellschaftlichen Stellung Macht über die Eltern ausübt. Die gesellschaftliche Ohnmacht der Eltern aus den unteren Gesellschaftsklassen gegenüber dem Qualifikationsprozeß ihrer Kinder bleibt in beiden Fällen bestehen.

Für eine Elterntypologie bezeichnen diese Abhängigkeit und diese Variationsbreite die Hauptschwierigkeit. Wir können die Elterntypen nicht, wie es der typologischen Methode entspräche, »feststellen«, es sei denn, wir konzipierten die Elterntypen auf einen bestimmten Lehrertypus hin – etwa den Zyniker – bzw. spielten alle denkbaren Kombinationen von Lehrer-Eltern-Typen durch. Darum kann es aber nicht gehen, denn wir messen der typologischen Methode ja keinen absoluten Wert bei, sondern einen heuristischen, der unsere Erkenntnis über die Wirklichkeit voranbringen soll. Zudem bliebe selbst bei einem erweiterten typologischen Ansatz der Widerspruch bestehen, daß das Verkehrsverhalten der Eltern zwar auf der Erscheinungsebene deutlich vom Lehrer abhängt, damit aber nicht notwendigerweise das Wesentliche des Verkehrs erfaßt ist.

Wir müssen uns also, um weiterzukommen, grundsätzlich mit dem Problem der Klassenzugehörigkeit von Eltern auseinandersetzen.

4. Zum Klassen- und Schichtbegriff

Wir sind im Verlauf unserer Arbeit wiederholt auf ein Problem gestoßen: in welcher Weise die zitierten Autoren – und wir selbst in unserer Distanzierung von oder Identifikation mit ihnen – von »den Eltern« reden.[44] Für die einen sind die Eltern allein durch das Merkmal »Erziehungsberechtigte« charakterisiert; andere wenden ihr Interesse ohnehin nur einer bestimmten Gruppe zu und meinen mit »den Eltern« vorwiegend oder ausschließlich Arbeitereltern. Die meisten schließen sich den Begriffen der soziologischen Schichtungstheorie an und gliedern die Eltern in »Unterschicht« und »Mittelschicht«, ohne sich jedoch in der Regel über die theoretischen und methodischen Implikationen dieser Theorie – die ihrerseits viele Varianten hat – Rechenschaft abzulegen. Die Begriffe werden dann noch vager als in ihrer ursprünglichen Definition.

Im vorwissenschaftlichen Verständnis erscheint das Problem als nicht besonders schwerwiegend: Jeder Lehrer, jeder Pädagoge und Erziehungswissenschaftler »weiß«, welche Eltern der andere meint, ob er nun von »Arbeitereltern« oder »Unterschichteltern« oder »denen, die nie zu Elternabenden kommen« spricht bzw. von den »Bildungsbewußten«, denen, »auf die man sich verlassen kann«. Erst in einem strengeren Wissenschaftsverständnis wird eine klare Begriffsbestimmung für die theoretisch-empirische Analyse bedeutsam.

Soweit es sich bei Untersuchungen über »Elternhaus und Schule« um empirische Arbeiten handelt, z. B. die von Kob, werden auch bestimmte Merkmale definitorisch angegeben, nach denen eine Einteilung der Eltern in Untergruppen erfolgt. Insbesondere trifft dieses Vorgehen für die in unserem Eingangskapitel zitierten Autoren zu, die über die unterschiedlichen Bildungschancen Aussagen machen. Hingegen gehen gerade neuere praxisnahe Darstellungen, wie wir sahen, ohne weitere Explikation von einem Klassenbegriff aus, der sich eher an die marxistische Tradition anlehnt.[45]

44 O. Preuss (183, S. 109) hierzu: »[...] daß der Lehrer nicht mit ›den‹ Eltern zu tun hat, sondern mit Eltern, die verschiedenen sozialen Gruppen mit unterschiedlichen Disponierungsmöglichkeiten [...] angehören [...].« Er selbst spricht im folgenden von »Unterschicht-« und »Mittelschichteltern«.

45 Die begriffliche Unsicherheit geht z. B. aus Rodewalds Artikel (186, S. 10) hervor: »Für unsere Darstellung reicht es aus, wenn wir die Begriffe Unter- und Mittelschicht, so problematisch sie sind, benutzen.« Er definiert »Unterschicht« im folgenden mit marxistischen Kategorien, nämlich von der Stellung des Individuums im Produktionsprozeß her. Dieses Vorgehen bietet sich nicht nur für ihn an, denn es

In knapper, ausgezeichneter Weise kontrastiert M. Baethge den Klassen- mit dem Schichtbegriff:

»Der Klassenbegriff zielt nicht auf irgendwelche soziale Ungleichheiten und Verhaltensdifferenzen zwischen Bevölkerungsgruppen, sondern auf jene *grundlegenden Gegensätze (Antagonismen)* in der Gesellschaft, die aus der Produktionsweise resultieren, die gesellschaftliche Herrschaftsstruktur sowie die ökonomischen, sozialen und kulturellen Differenzierungen im einzelnen begründen und damit letztlich die Triebkräfte der gesellschaftlichen Entwicklung darstellen. [. . .] Demgegenüber stellt der Schichtbegriff im wesentlichen auf die *Deskription der Oberflächenstruktur der bürgerlichen Gesellschaft* ab [. . .], der Begriff der Schicht bezeichnet eine quantitativ und in bezug auf die sie auszeichnenden Merkmale nicht exakt bestimmbare Anzahl von Personen, die aufgrund ihrer sozioökonomischen Position ähnliche soziale Orientierungsmuster, Verhaltensweisen und das Bewußtsein der Gleichwertigkeit untereinander und der Höher- bzw. Minderwertigkeit gegenüber anderen sozialen Schichten ausbilden können; die Gemeinsamkeiten der Orientierungen, Werthaltungen und sozialen Verhaltensweisen können sich etwa im Bildungsverhalten, Konsumverhalten, in politischen Präferenzen oder Lebensgewohnheiten äußern.«[46]

Während also der Klassenbegriff die gesellschaftlichen Antagonismen herausstellt, ebnet der Schichtbegriff, so wie er in der neueren bürgerlichen Sozialwissenschaft gebraucht wird, diese ein. Die ideologische Funktion des Schichtbegriffs besteht darin, die historische Dynamik, die für den marxistischen Klassenbegriff kennzeichnend ist und eine klassenlose Gesellschaft intendiert, zu hypostasieren (»Es wird immer Müllmänner und Professoren geben«, ist der vulgarisierte Ausdruck dieser Ideologie), oder aber die unterschiedlichen gesellschaftlichen Positionen als funktionale zu verstehen, so daß »jeder jede Funktion wahrnehmen und damit jede gesellschaftliche Position erreichen kann«. (»Jeder, der nur will und tüchtig genug ist, kann vom Schuhputzer zum Präsidenten aufsteigen.«)

Gegenüber dem marxistischen Klassenbegriff machen die Schichttheoretiker geltend, daß mit dem Schichtbegriff die Struktur der spätbürgerlichen Gesellschaft besser zu erfassen

scheint zu erlauben, ohne »Übersetzung« an die Ergebnisse der Sozialisationstheorie anzuknüpfen, die die Begriffe »Unterschicht« und »Mittelschicht« in ihren Untersuchungen benutzt – allerdings keineswegs in homogener Weise.

46 M. Baethge (13, S. 323 ff.).

sei. Besonders in der angelsächsischen Forschung wird mit Schichtmodellen gearbeitet, die, je nach Bedarf, neben der »Unter-« und der »Mittelschicht« weitere Unterteilungen vornehmen – von »untere Unterschicht« bis »obere Oberschicht«. Die Kriterien zur Ermittlung der Schichten hängen vom jeweiligen Forschungsinteresse ab und können sowohl den »Bestand an Büchern« als auch »Einkommen« umfassen.[47] Wie jedoch Baethge in dem zitierten Aufsatz richtig anmerkt, »zeigt sich die innere Abhängigkeit der Schichtungstheorie vom bestehenden Produktionsverhältnis« darin, daß meist Beruf, Ausbildung und Einkommen als Merkmale gewählt werden, um die Schichtzugehörigkeit zu bestimmen.

Nun bedeutet freilich der marxistische Klassenbegriff, der für die bürgerliche Gesellschaft die beiden »Grundklassen«[48] Proletariat und Bourgeoisie ausmacht, nicht, daß die zwischen diesen Klassen stehenden Bevölkerungsgruppen ignoriert würden, etwa die Gruppe der Beamten, Angestellten, Bauern, kleinen Selbständigen; sie konstituieren Zwischenschichten, die allerdings – anders als bei den Schichtungstheoretikern – nicht als gleichrangig mit den Grundklassen begriffen werden, sondern deren historisches Schicksal es ist, in der einen oder der anderen Grundklasse aufzugehen.[49]

Unsere Aufmerksamkeit gilt also nicht nur den Eltern, die im Produktionssektor arbeiten, sondern ebenso den ihnen nahestehenden Zwischenschichten der kleinen Angestellten,

47 Vgl. zur Kritik an Schichtmodellen G. Bühlow et al. (25, S. 20 ff.), die u. a. feststellen: »Wer, z. B. als Lehrer, mit sozialisationstheoretischen oder bildungssoziologischen Untersuchungen konfrontiert wird, steht vor Problemen bei der Übertragung und Konkretion der scheinbar unmittelbaren empirischen Befunde.« Sie sind »jedoch nicht als Ausdruck der objektiven Lage realer sozialer Gruppen zu werten, sondern allenfalls als Idealtypen« (S. 28). »Legte man die Indikatoren, die Scheuch 1957 als Ausdruck gesellschaftlicher Schichtung und zugleich als bewußtseinskonstituierende Momente wählte, einer heutigen Schichtmessung zugrunde, dann wären fast ausnahmslos alle Individuen der Oberschicht der oberen Mittelschicht zuzuordnen, und entsprechend müßte sich das Bewußtsein aller gesellschaftlichen Gruppen umgewälzt und vereinheitlicht haben.« (S. 30)

48 Vgl. hierzu das Stichwort »Klasse« im *Philosophischen Wörterbuch* von M. Buhr und G. Klaus (26, S. 567 ff.).

49 Eine besondere Diskussion wird unter Marxisten um den Begriff und die Existenz einer »neuen Klasse« von Bürokraten und Funktionären nach sozialistischen Revolutionen geführt.

Beamten und Selbständigen[50], da ihr Klassenschicksal eng mit dem des Proletariats verbunden ist – die gesellschaftliche Entwicklung treibt sie dazu, entweder ins Proletariat einzugehen oder in der Bourgeoisie aufzugehen. Und dadurch ist auch ihr Bewußtsein als widersprüchliches und schwankendes bestimmt. Dies drückt sich nicht zuletzt in ihrer Einstellung zur Schule aus, wie sozialisationstheoretische Untersuchungen nachgewiesen haben.

Bei unserem Vorhaben, den entfremdeten Charakter in den Verkehrsformen zwischen Elternhaus und Schule aufzuzeigen, dürfen wir ein wesentliches Moment nicht aus den Augen verlieren: die Eltern, die in einer abhängigen Stellung im gesellschaftlichen Reproduktionsprozeß stehen, werden auch in ein Verhältnis zur Schule gesetzt, das durch Abhängigkeit gekennzeichnet ist. Wir haben dieses Verhältnis in seinen geschichtlichen Wandlungen beobachtet und an der Qualität und Quantität der »Beschulung« der Kinder der unteren Klassen festgemacht. Hier zeigte sich, daß die jeweiligen herrschenden Klassen die Bildung der unteren Gesellschaftsklassen so einzurichten bestrebt waren, daß sich an deren Lage prinzipiell nichts änderte – d. h., daß sich prinzipiell an der Klassenstruktur nichts änderte. (Wo es den unterdrückten Klassen gelang, Bildungsprivilegien der herrschenden Klassen zu brechen oder wenigstens zu bedrohen, war dies ein Ergebnis allgemeiner Klassenkonflikte – bis hin zu revolutionären Situationen). An diesem Zustand hat sich bis heute grundsätzlich nichts geändert. Die Drei-Klassen-Schule hat zwar ihren ständischen Charakter verloren, den erhöhten Qualitäts- und

50 Wir können den Schichttheorien nicht in ihrer Annahme folgen (die freilich nicht durchgängig gemacht wird), die gesamtgesellschaftliche Entwicklung in den spätindustriellen Nationen erzeuge eine immer breiter werdende »Mittelschicht«, die in sich die oberen und unteren Schichten aufsauge. Der relativ angewachsene Wohlstand der unteren Gesellschaftsklassen ändert nichts an ihrer abhängigen, fremdbestimmten Arbeitssituation und an der Konzentration des gesellschaftlich erarbeiteten Reichtums in wenigen privaten Händen. Zudem wird von dieser Annahme unterschlagen, daß der allgemein höhere Lebensstandard in den westlichen Industrienationen nur auf Kosten einer immer größeren Verelendung anderer Völker erreicht wird. »Der Umfang der durch das Kapital und den kapitalistischen Staat angeeigneten Lohnarbeit nimmt – gemessen an der Gesamtzahl der Erwerbstätigen – ständig zu. Von ca. 71% im Jahre 1950 ist er auf ca. 82% im Jahre 1969 angestiegen.« F. Deppe (37, S. 83).

Mobilitätsanforderungen der Wirtschaft wird durch organisatorische und curriculare Schulreformen Rechnung getragen (das dieser Entwicklung korrespondierende schichtungstheoretische Konzept leitet aus solchen Reformen die prinzipielle »Chancengleichheit« im »modernen« Bildungswesen ab); aber die Einheitsschule mit einer polytechnischen Bildung für alle Kinder als Ansatz zur Aufhebung der Trennung von Kopf- und Handarbeit existiert bei uns nicht (und kann im marxistischen Gesellschaftsverständnis vor der sozialistischen Revolution nicht existieren).

So sind denn die Lehrer als »Kopfarbeiter« und Vertreter staatlicher Bildungsinteressen von den Eltern, an deren Klassenschicksal sich nichts ändern soll, durch gesellschaftliche Schranken getrennt, die zwar durch subjektive Anstrengung und Einsicht in die gesellschaftlichen Verhältnisse im einzelnen Fall überwunden, nicht aber beseitigt werden können. Für diese Eltern hat die Isolation ihren Ursprung in der »Abgetrenntheit des außerberuflichen Bereiches von der gesellschaftlichen Produktion«.[51] Und zum außerberuflichen Bereich gehört für die lohnabhängigen Eltern die Schule[52], in der und für die sie nicht produzieren. Es liegt auf der Hand, daß diese Eltern auch und gerade im Verkehr mit der Schule isoliert voneinander bleiben und dem Lehrer als jeweils einzelne, ja, vereinzelte gegenübertreten. So ergeben sich zwar im einzelnen Unterschiede im Verkehr zwischen Eltern und Schule, je nachdem, ob es sich um einen lohnabhängigen Arbeiter oder einen lohnabhängigen Angestellten oder einen um seine ökonomische Existenz bangenden kleinen Selbständigen handelt. Aber das wesentliche Moment der Entfremdung liegt für diese Eltern in der Gebundenheit an ihr Klassenschicksal, das sie *auch* von einer aufgrund des Stands der Produktivkräfte möglichen Bildung ausschließt.

51 Holzkamp (96, S. 250).

52 »Die ›vertikalen‹ Bereiche des beruflichen und außerberuflichen Lebens [der Lohnabhängigen, d. Verf.] sind in vielfältige informelle und institutionalisierte Teilbereiche gegliedert, wobei die außerberuflichen Teilsektoren in unterschiedlich gearteter objektiver Beziehung zum Bereich der gesellschaftlichen Produktion stehen. In den verschiedenen Schichten und Gesellschaftsbereichen müssen auch die Dimensionsstrukturen interpersoneller Wahrnehmung in unterschiedlicher Akzentuierung und phänomenaler Erscheinungsweise auftreten, was im einzelnen theoretisch und empirisch abzuklären ist.« (A.a.O., S. 253)

V. Ein Modell für eine veränderte Praxis der Verkehrsformen zwischen Eltern und Lehrern

»Der Verkehr der Schule und des Elternhauses muß eine Geschichte haben.«
H. Gaudig

In diesem Kapitel soll von den Bedingungen, den Grenzen und den Möglichkeiten des Lehrers[1] die Rede sein, zu lernen, wie sein Verkehr mit den Eltern eine Geschichte gewinnen kann, wodurch seine Arbeit in der Schule – soweit sie Anspruch darauf erhebt, die Zustände dort zu verändern – um eine wichtige Dimension erweitert würde. Wir wollen die Bilanz aus unseren eigenen Erfahrungen und aus der vorangegangenen Analyse ziehen – eine Bilanz, die in allererster Linie dem Lehrer dienlich sein soll.

Wir gehen von den praktischen Anforderungen an den Lehrer aus. Darüber soll freilich nicht vergessen werden, daß unsere Überlegungen immer auch im Hinblick auf die Ausbildung des Lehrers angestellt werden. Wie sie dort in den konkreten und unterschiedlichen Ausbildungsgängen ihre Anwendung finden können, welche hochschuldidaktischen Umsetzungen und Erweiterungen oder Modifikationen sie erfahren müssen, soll uns hier nicht beschäftigen. Klar ist jedenfalls, daß der Lehrer, der bereits während des Studiums – einer Zeit, in der er noch nicht unter unmittelbarem Handlungsdruck steht – die Chance hat, über die Bedeutung des Verkehrs zwischen sich und seinen zukünftigen Schüler-Eltern nachzudenken, Zweifel und Umwege vorwegnehmen kann, die er andernfalls erst im Laufe seiner Unterrichtstätigkeit wahrnähme. Dies setzt freilich voraus, daß Lehrerstudenten schon während ihres Studiums Gelegenheit haben, mit Lehrern in der Praxis zusammenzuarbeiten – eine Konzeption, die in den neuen Lehrerbildungsgesetzen deutlich eingeschränkt wird, was nur zeigt, für wie gefährlich der Staat den »Praxiskontakt« zukünftiger Lehrer hält, solange diese noch nicht gänzlich seiner Kontrolle unterliegen.

1 Mitgemeint sind immer auch die Lehrerinnen und Vorklassen-Erzieherinnen.

Wenn wir unsere Überlegungen zu einer veränderten Praxis im Verkehr zwischen Lehrern und Eltern in Form eines Modells darlegen, so könnte es auf den ersten Blick scheinen, als verführen wir nun selber so wie die von uns kritisierten Konzepte der Elternbildungsarbeit. Modelle erwecken oft den Anschein, als verkürzten sie die Wirklichkeit in pragmatischer und technokratischer Manier.

Auch uns geht es auf der pragmatischen Ebene unmittelbar um Handlungsanweisungen. Aber diesen Handlungsanweisungen liegen auf einer nichtpragmatischen Ebene Erkenntnisse und Erfahrungen zugrunde, die wir in den vorangegangenen Kapiteln in objektivierter Form offengelegt haben. Dem Leser wird schnell deutlich werden, daß wir uns mit dem Lehrer identifizieren, den wir im Modell vorstellen. Das Bewußtsein, das dieser Lehrer durch seine Arbeit erworben hat, ist eines, das nicht mehr naiv auf die Wirklichkeit antwortet. Ein Lehrer, der in der modellhaft dargestellten Weise mit seinen Eltern verkehrt und seine Schularbeit betreibt, kann dies erst, nachdem er zahlreiche theoretische und praktische Fragen bedacht hat. Ein aufgeklärtes Verständnis der Möglichkeiten und Grenzen der Zusammenarbeit mit Eltern in der Schule und ein entsprechendes Handeln können ohne solche Reflexionsprozesse nicht zustande kommen.

Wie immer Lehrer ihre Arbeit in der Schule begreifen, wie immer sie versuchen mögen, Mißstände und Widersprüche zu bewältigen – um eine Frage kommen sie nicht herum: »Wie halte ich es mit den Eltern?«

Diese Frage muß insbesondere den Lehrer beschäftigen, der sich als fortschrittlich versteht, als Lehrer also, der die herrschenden Zustände in der Schule verändern will. Deshalb beziehen wir uns vor allem auf ihn, wenn wir aufgrund unserer Erkenntnisse Handlungsanweisungen für den Verkehr zwischen Lehrern und Eltern vermitteln wollen. Dazu ist notwendig, uns über die bisher geleistete theoretische Aufarbeitung hinaus zu legitimieren, indem wir unsere eigenen Erfahrungen mit der Praxis darlegen. Sodann wollen wir, anknüpfend an unsere typologischen Lehrerskizzen, jenen Lehrer genauer bestimmen, dem wir zutrauen und vertrauen, unsere Handlungsanleitungen kritisch aufzunehmen und ihnen in den möglichen und gebotenen Abwandlungen auf seine jeweilige Situation hin zu folgen. Die Handlungsanleitungen selbst sollen im dritten Schritt entwickelt werden. Sie beziehen sich konkret auf Vorschule und erste Klasse, sie beanspruchen aber eine darüber hinausreichende Bedeutung.

1. Legitimierung einer handlungsanleitenden Kompetenz

Unsere eigenen Erfahrungen mit der Praxis des Verkehrs zwischen Eltern und Schule gründen auf fünfjähriger Forschungstätigkeit in einem Curriculum-Projekt für die zukünftige Eingangsstufe, die damals noch für eine realisierbare Bildungsreform gehalten wurde.[2] Inzwischen ist der Zurücknahme von bildungspolitischen Reformen auch die obligatorische integrierte Eingangsstufe zum Opfer gefallen. Übrig bleibt die schrittweise Institutionalisierung eines obligatorischen Vorschulbesuchs. Doch auch sie wird nicht zu der überfälligen Reform der Grundschule führen, denn die Vorbereitung der Kinder auf die Grundschule soll in Vorklassen stattfinden, denen keine einheitlichen curricularen und institutionellen Konzepte zugrunde gelegt sind. Ein Teil der Vorschulkinder wird nach wie vor in den Kindergärten verbleiben, ein anderer Vorklassen an Schulen besuchen, je nach Bundesland. In jedem Fall werden Vorschulkinder z. T. auch künftig von Kindergärtnerinnen mit Zusatzausbildung versorgt werden und nicht von Grundstufen-Lehrern. Die Lehrperson wird also nach Abschluß der Vorklasse wechseln; damit wird das Ziel einer integrierten Eingangsstufe zunichte gemacht. Die Konstanz der Lehrperson ist nicht nur für die Fünf- bis Siebenjährigen von hoher Bedeutung, sondern auch für ihre Eltern. Gerade für förderungsbedürftige Kinder hängt das weitere Schulschicksal beträchtlich vom »Schulstart« ab, der sie in der ersten Klasse mit den Kulturtechniken konfrontiert. Der Schock, mit dem viele Kinder (und ihre

2 Neben der Berliner Forschungsgruppe unter Leitung von Prof. W. Schulz arbeiteten an dieser Aufgabe mehrere Forschungsgruppen in der Bundesrepublik, alle mit sehr verschiedenen inhaltlichen und methodischen Schwerpunkten; die Gruppen wurden von der VW-Stiftung finanziert. Vgl. H. Bennewitz / F. Weinert (18) sowie die kritische Besprechung dieses Rechenschaftsberichtes von K. Günther in *b:e* 2/7, S. 70 f.

Eltern) – ganz besonders die »leistungsschwachen« oder »verhaltensauffälligen« – auf die Lernanforderungen in der ersten Klasse reagieren, wird nicht wesentlich gemildert, wenn sie aus einer normalerweise eher spielerisch orientierten Vorschulgruppe mit der »Tante« in die Schule überwechseln. Systematisch kann den in der ersten Klasse auftretenden Lern- und Verhaltensschwierigkeiten jener Kinder nur vorgebeugt werden, wenn der Übergang von der Vorschule in die Schule ohne drastische Einschnitte und Brüche erfolgt.[3]

Die restriktiven Bedingungen, denen heute selbst die Arbeit im Kindergarten unterliegt, lassen die kontroverse Vorschul-Diskussion über das »freiere« Lernklima im Kindergarten gegenüber der Schule[4] irrelevant erscheinen. Möglichen »Verschulungstendenzen« im Vorschulbereich kann nicht durch eine Entscheidung für den Kindergarten vorgebeugt werden, sondern nur dadurch, daß die Grundsätze einer aufgeklärten wissenschaftlichen Pädagogik sowohl im Kindergarten als auch in der Schule praktisch verwirklicht werden. Freilich kann auch die integrierte Eingangsstufe das Elend der Grundschule nur dann mildern, wenn der anschließende Unterricht auf reformierten Curricula und Lernbedingungen, wie sie die Eingangsstufe verwirklichen sollte, aufbaut. –

Obschon wir mit der Zielsetzung einer integrierten Ein-

3 Im *Bericht '75 des Bildungsrates* wird ein eindeutiges Votum für die integrierte Eingangsstufe sowie, damit verbunden, für eine neue Organisation der Grundstufe abgegeben. Aufgrund vorzeitiger Einschulungen sog. »Kann-Kinder« und Rückstellungen von schulpflichtigen Kindern als »nicht schulreif« sowie aufgrund des Sitzenbleibens können in einer ersten Klasse Kinder im Alter zwischen 5 und 8 Jahren sitzen, wie die Kommission feststellt. Sie spricht sich ebenfalls gegen Schulreifetests aus, deren prognostischer Wert zu gering ist, um darauf die Aufnahme oder Ablehnung eines Kindes zu stützen. Zudem diskriminieren Schulreifetests schichtspezifisch; die Mehrzahl der zurückgestellten Kinder kommen aus den unteren Sozialschichten. Die Rückstellungsquoten (BRD-Durchschnitt: 12%) variieren an den Grundschulen zwischen 0 und 25%. »Nach den Feststellungen der Bildungskommission ist ›nach keiner anderen Klasse der Grundschule die Zahl der Sitzenbleiber größer als nach der ersten Klasse‹: im Bundesdurchschnitt des Schuljahres 1972/73 jedes 22. Kind. Dabei wird ein Drittel aller Nichtversetzungen überhaupt bereits nach der ersten Klasse ausgesprochen, die Hälfte aller Sitzenbleiber der neun Pflichtschuljahre bleiben in den ersten beiden Klassen auf der Strecke. [...] Entsprechend weist der Bericht '75 aus, daß nahezu zwei Drittel der Kinder, die an eine Sonderschule für Lernbehinderte überwiesen wurden, bereits am Ende des ersten Schuljahres nicht versetzt wurden.« Vgl. H. Lührig (140, S. 6 f.).

4 Vgl. z. B. J. Zimmer (254).

gangsstufe arbeiteten, bedeutet das nicht, daß die alltäglichen Schulbedingungen für unsere Forschungsarbeit außer Kraft getreten wären. Zu Beginn des Projekts arbeiteten wir mit Vorschulklassen sowohl im Schulbereich wie im Kindergarten; später konzentrierten wir uns auf Vorschulklassen an Schulen, die entweder von Lehrern oder von Vorklassen-Leiterinnen (den ersten in Berlin) geführt wurden. Unsere Versuchsklassen lagen überwiegend in Arbeiterbezirken; sie hatten die normale Gruppenstärke (in der ersten Klasse geringfügig unter dem Durchschnitt), die üblichen räumlichen Bedingungen, aber aufgrund unserer curricularen Zielsetzungen eine bessere Materialausstattung. Die Lehrpersonen bekamen für die Dauer ihrer Mitarbeit im Projekt eine geringfügige Stundenermäßigung, um Zeit für Projektdiskussionen zu haben.

Ein praxisverbundenes Curriculum-Projekt kann seinen Anspruch nur dann einlösen, wenn die »Wissenschaftler« sich den praktischen Zwängen selbst unterziehen. Deshalb besuchten wir unsere Klassen nicht nur, um Unterricht zu beobachten – wenngleich dies eine unabdingbare Voraussetzung für den Curriculum-Konstruktionsprozeß ist –, sondern übernahmen regelmäßig selbst Unterrichtspartien. So wurden unsere Lehrer- und Erzieherkollegen in die Lage versetzt, ihrerseits die Klasse beobachtend zu erfahren, und die Kritik an unterrichtlichen Fehlern konnte zweiseitig geführt werden.

Die so schrittweise angeeignete Unterrichtskompetenz war zudem eine Voraussetzung für die Verbindung mit den Eltern, die, neben den Kindern und Lehrern, von unserer Praxis betroffen waren. Eltern ohne Erfahrung mit der Arbeit und Arbeitsweise der wissenschaftlichen Intelligenz, der »Curriculumforscher« zuzurechnen sind, können sich deren Funktion nur sehr schwer erschließen. Hingegen verbinden sie mit einem Lehrer, der ja ebenfalls zur wissenschaftlichen Intelligenz gehört, viele eigene und überdies auch gesellschaftliche Erfahrungen – obschon die Vorstellungen insbesondere von Arbeitereltern über den Lehrer nicht immer der Wirklichkeit entsprechen, weil sie ihn, abgesehen von ihren eigenen Schulerfahrungen, nur in wenigen realen Situationen erleben (umgekehrt gilt das Entsprechende).

Es ist also für den »Curriculumforscher« unerläßlich, über

die Arbeit des Lehrers nicht nur Bescheid zu wissen, sondern sie auch zu tun, und zwar sowohl in bezug auf die Unterrichtspraxis als auch in bezug auf die Eltern. Obgleich wir unseren Eltern des öfteren zu erklären versuchten, worin unsere Arbeit als Wissenschaftler besteht, blieben den meisten die Erklärungen fremd, und sie definierten uns mehr oder weniger umstandslos als Lehrer ihrer Kinder – eine Rollenbestimmung, die wir ja in der Tat miterfüllten.

Als Wissenschaftler mußten wir zugleich eine »Methodik der Elternarbeit« entwerfen; dies implizierte eine Beurteilung des soziologischen Forschungsinstrumentariums. Von unseren curricularen Zielsetzungen sowie von unserem Forschungsansatz her erwiesen sich die »klassischen« Methoden der Sozialforschung – Fragebögen, Interviews, Gruppendiskussionsverfahren u. a. – als problematisch, denn sie gehen von der Voraussetzung aus, daß der Forscher einen »Abstecher« ins »Feld« macht, sich sodann mit den »Ergebnissen« aus der Praxis zurückzieht und sie auswertet. Das entsprach nicht unserer Situation. Vielmehr zwangen uns die laufenden, nicht stillzustellenden Anforderungen der unterrichtlichen Praxis, im »Feld« zu bleiben und dort die jeweils nötigen Entscheidungen mit zu fällen. Insofern war unsere Situation der von »Handlungsforschern« vergleichbar.

Wir setzten zwar zu Beginn unserer Arbeit mit den Eltern einen Fragebogen[5] ein, aber seine begrenzte Funktion wurde uns rasch deutlich. Denn entweder verstanden die Eltern die Bedeutung der Fragen nicht und antworteten pauschal oder mit »Weiß nicht«, oder sie berichteten von anderen Dingen, die für uns von Interesse waren, jedoch nicht im Fragebogen vorgesehen waren. Insofern wurde das Argument, das uns zu diesem methodischen Vorgehen veranlaßt hatte, nämlich die »Vergleichbarkeit« der Antworten zu gewährleisten, mindestens teilweise hinfällig.

5 Der Fragebogen umfaßte in 38 aufgeschlüsselten Fragen (offenen und geschlossenen) vier Hauptkomplexe: Zur Erziehung; zur Freizeit der Eltern; Schulbildung, Einkommen und Beruf; Wohnverhältnisse. Beim ersten Komplex interessierten uns die frühkindliche Erziehung, allgemeine Erziehungshaltungen und -wertvorstellungen, Besonderheiten in der Entwicklung wie Sprachstörungen, Einstellung zur Schule; beim zweiten Komplex ging es um Interessen außerhalb des Berufs, insbesondere kulturelle und Bildungs-Interessen.

Wir[6] gingen daher bald zu offenen Gesprächen bei Hausbesuchen über, die nur in einigen Leitfragen vorstrukturiert waren. Der zunehmend informeller werdende Charakter der Gespräche ergab sich aus der wachsenden Vertrautheit der Gesprächspartner und dem steigenden Interesse der Eltern an der fortlaufenden Schulpraxis. Es wurde möglich, an vielen konkreten Beispielen auf den Unterricht einzugehen und hierzu die Meinung der Eltern zu erkunden oder ihre Fragen zu beantworten. Ebenso rückten die anderen Lebensbereiche der Eltern, insbesondere ihre Arbeitsverhältnisse, in den Blick.[7]

Dieser Form, die Eltern in unsere Arbeit einzubeziehen, gesellten sich die Elternabende, die wir mit Beginn der Vorklasse monatlich veranstalteten. Hier informierten wir die Eltern über unsere Unterrichtserfahrungen des vergangenen Monats und über die Unterrichtsziele und -vorhaben für die nächste Zeit, erörterten Probleme einzelner Kinder, diskutierten unterschiedliche Meinungen zu Disziplinfragen, baten die Eltern um Berichte, was ihre Kinder von der Schule zu Hause erzählten, zeigten Videoaufnahmen aus dem Unterricht.[8] – Darüber hinaus richteten wir nachmittägliche »Schülerzirkel« ein (ab Mitte der Vorklasse), die von »Zirkelmüttern« geleitet wurden, die für diese Arbeit bezahlt wurden.[9]

Die auf diesen Wegen gewonnenen Informationen über den außerschulischen Lebenszusammenhang der Kinder kamen uns in unserer unterrichtlichen Praxis sowohl bei situationsbezogenen Unterrichtsvorhaben als auch bei der Bestimmung angemessener Leistungsanforderung und -bewertung und angemessener disziplinarischer Maßnahmen zugute. Besonders bei Eingangsstufenkindern, die noch nicht, wie ältere Schüler,

6 Diese Aufgabe nahmen in der hier dargestellten Weise vor allem B. Söll und die Autorin wahr; ihr Verständnis von »Elternarbeit« entsprach nicht in jeder Hinsicht dem der Projektgruppe insgesamt.

7 Ausführlich berichtet hierüber das *Neuköllner Schulbuch* (23).

8 Zwar nahmen auch hin und wieder Eltern am Unterricht teil, aber die Eltern eines Arbeiterbezirkes, insbesondere die Väter, finden hierzu selten Zeit. Wir fanden, daß Video-Aufnahmen diesen Mangel wenigstens zu einem Teil ausgleichen können.

9 Das Geld hierfür wurde von einem gemeinnützigen Berliner Verein, der »Aktion Bildungsförderung«, aufgebracht; die Aktion wird durch öffentliche Mittel finanziert.

zulänglich von sich selbst berichten können, ist der Lehrer auf die Eltern als Informationsquelle angewiesen. Er kann den Situationsbezug im Unterricht überhaupt erst dann herstellen, wenn er auf konkrete Erlebnisse der Kinder und ihrer Familien zurückgreifen kann; er kann die im Unterricht erbrachten Leistungen der Kinder, die, je nach ihren familialen Vorerfahrungen, unterschiedlich hoch sind, überhaupt erst dann beurteilen, wenn er diese Vorerfahrungen einigermaßen überschaut; er kann disziplinarische Maßnahmen überhaupt erst dann sinnvoll einsetzen, wenn er weiß, wie und warum die Kinder sich in der Klasse je verschieden verhalten.

Neben der oben skizzierten Curriculum-Projektarbeit, die uns mit einer handlungsanleitenden Kompetenz für den Verkehr zwischen Lehrern und Eltern ausstattete[10], haben wir in verschiedenen Klassenstufen verschiedener Grund- und Hauptschulklassen hospitiert, Erfahrungen aus Diskussionen und Arbeitskontakten mit Grund- und Hauptschullehrern gesammelt, aus Gewerkschaftsproblemen und den Problemen politischer oder sonstiger Disziplinierung von Lehrern und Lehramtsanwärtern die für unser Thema bedeutsamen Schlüsse gezogen sowie Fragen der Elternarbeit im Rahmen unserer Hochschultätigkeit behandelt.

Wir lernten die schulische Wirklichkeit nicht nur aus eigener Anschauung kennen, sondern auch aus den Erfahrungsberichten anderer Lehrer. In ihnen fanden wir wesentliche eigene Erfahrungen bestätigt; auch sie halfen uns bei der Beurteilung schulischer Wirklichkeit.

Schließlich gingen in unseren Erfahrungshorizont die vielfältigen informellen Kontakte mit den Bewohnern unseres Wohnbezirks ein, wie sie auf der Straße, im Supermarkt, im Park oder in den Wohnungen von Bekannten geknüpft wurden, die ehemals »unsere« Eltern und Kinder waren – oder

10 Man sollte denken, daß eine fünfjährige Forschungstätigkeit alle an ihr Beteiligten umfassend qualifizierte. Dies ist aber unter den herrschenden Forschungsbedingungen nicht in dem gewünschten Ausmaß der Fall. Die je unterschiedliche Interessen- und Konkurrenzlage nicht nur der Forschungssektoren und -gruppen untereinander, sondern schon innerhalb eines Forschungsprojekts verhindern dies. Deshalb können wir für uns selbst zwar sehr wohl einen Kompetenzzuwachs verzeichnen; er mußte aber z. T. gegen die Absichten des Auftraggebers oder Teile der Projektgruppe mit den hiermit verbundenen Konflikten durchgesetzt werden.

mit Eltern und Kindern, mit denen wir auf diese oder jene Weise ins Gespräch kamen.

Gerade dieser letzte Erfahrungsbereich ist vielen Lehrern (und Wissenschaftlern, die sie ausbilden oder die in der Forschung arbeiten) aus dem Bewußtsein gekommen, während es älteren Lehrern und Pädagogen (ganz besonders, wenn sie auf dem Lande arbeiten) oft ganz selbstverständlich war, daß die pädagogische Arbeit nicht allein im Klassenzimmer stattfindet. In der »modernen« Pädagogik[11] spricht man in diesem Zusammenhang gern von »Entschulung der Gesellschaft«; darüber sollte man nicht die Überlegungen vergessen, die in der Reformpädagogik und auch schon früher im Hinblick auf eine freiere als die bestehende Unterrichtspraxis angestellt wurden. Freilich wird die kommunikative Natur von Erziehung im herrschenden Schulbetrieb weitgehend zerstört und verläuft unter fremdbestimmten Zielen.[12] Nicht nur die Schüler streben danach, die Kommunikation mit ihrem Lehrer über den Schulrahmen hinaus auszudehnen[13]; auch die Eltern möchten ihren Umgang mit dem Lehrer ihrer Kinder seines offiziellen Charakters entkleiden, ihn »als Menschen« kennenlernen. Alle Betroffenen – Schüler, Eltern, Lehrer – stoßen mit diesen Bedürfnissen so schnell an die institutionellen Schranken eines arbeitsteilig organisierten Erziehungsprozesses, daß sie nur unter besonderen Bedingungen sich dieser ihrer Bedürfnisse überhaupt noch bewußt werden können. Aber jene informellen Kontakte, die ein Lehrer unterhalten kann, wenn er dort wohnt, wo seine Schüler und Eltern wohnen, sind ein deutlicher Hinweis auf die Wünsche nach einem nicht entfremdeten Verkehr.

Es bleibt noch zu klären, was wir mit »Handlungsanleitung«

11 »In Sachen Erziehung gibt es eben nicht allzuviel neue Weisheit; wir müssen im großen und ganzen mit dem Schatz haushalten, der uns seit Jahrhunderten überkommen ist.« B. Otto (174, S. 9).

12 Die durch schulische Bedingungen zerstückelte Kommunikation zwischen Schülern und Lehrern beschreibt Kuhlmann (126): Als er mit seiner Hauptschulklasse von einer Klassenfahrt zurückkommt, bemerken seine Schüler (und er) mit Resignation und Verzweiflung, daß die auf der Klassenfahrt erreichte Offenheit in der Kommunikation in der Schule nicht aufrechterhalten werden kann.

13 Klink (118) erwähnt die nachmittäglichen Besuche seiner Schüler bei ihm zu Hause, und alle Lehrer, die ihre Arbeit nicht völlig unter das Gesetz der Arbeitsteilung stellen, machen ähnliche Erfahrungen.

meinen. »Anleitung« klingt nach einem Autoritätsverhältnis zwischen Anleitenden und Ausführenden. Handlungsanleitungen in diesem Sinne wären zu befolgende Rezepte, um gewünschte Handlungsergebnisse zu erzielen. Beide Bedeutungskomponenten spielen in unserem Begriffsverständnis eine Rolle, müssen aber auf unsere Interessen hin interpretiert werden. Als »Autorität« begreifen wir uns bei Problemen des Verkehrs zwischen Elternhaus und Schule, insofern (und *nur* insofern) unsere Erfahrungen hier umfassender und genauer sind als die anderer Personen; wo andere, abweichende oder genauere Erfahrungen gemacht wurden oder werden, sind wir »erfahrungsoffen«. Die »Autorität« bezieht sich ferner auf die Möglichkeit, unsere Erfahrungen veröffentlichen zu können und sie so einer breiteren Rezeption und Kritik zugänglich zu machen – ein Privileg, das z. B. sehr viele Eltern und Lehrer, die unsere Erfahrungen teilen, nicht in Anspruch nehmen können.[14] In dieser Hinsicht begreifen wir unsere »Autorität« als eine stellvertretende. Strenge (im Sinne eines empirisch-analytischen Wissenschaftsverständnisses) »Wenn (diese Anweisung befolgt wird) – dann (kommt jenes Ergebnis zustande)-Beziehungen« beabsichtigen wir mit unseren Handlungsanleitungen nicht herzustellen. Hingegen wollen wir unsere Erfahrungen mit alternativen bzw. erweiterten Verkehrsformen zwischen Eltern und Lehrern in einer systematischen und verallgemeinerbaren Weise präsentieren. Dabei können wir nicht an jedem Punkt alle möglichen Implikationen und Modifikationen ausbreiten (wohl allerdings mitbedenken), sondern überlassen dies den Lehrern, denen wir mit den Handlungsanleitungen in erster Linie dienen wollen.

2. Ansprüche an den Lehrer

Nur diejenigen Lehrer werden geneigt sein, unseren Überlegungen zu folgen, die unter den herrschenden Bedingungen

14 Damit sollen allerdings die Lehrer nicht aus der Verantwortung entlassen werden, alle Wege zu nutzen, um ihre Erfahrungen anderen zugänglich zu machen; wie Eltern aus ihrer Sicht über Schule schreiben könnten, bedarf gesonderter Überlegungen, die wir im Rahmen dieser Arbeit nicht anstellen können, die wir aber sowohl im historischen wie im aktuellen Kontext für äußerst wichtig halten.

des Schulbetriebes so leiden, daß sie diese Bedingungen in irgendeiner Weise verändern wollen. Zwar leiden in mancherlei Hinsicht auch jene Lehrer, die wir als zynisch, resigniert, routiniert oder karriereorientiert charakterisierten; aber sie ziehen daraus keine Konsequenzen, oder solche, die nicht zu Veränderungen, sondern zur Stabilisierung der schulischen Verhältnisse führen.

Wir betrachteten unter typologischer Zuspitzung auch den »naiven Engagierten«, der die Chance hat, zu einem »politisch bewußten Engagierten« zu werden, der also durch die Umstände lernt, naive oder idealistische Positionen[15] in eine aufgeklärte Praxis zu überführen. Wir führten diesen Typus in unseren Skizzen nicht aus[16] und wollen auch hier nicht vorab »definieren«, was unserer Meinung nach einen solchen Lehrer von seinen Kollegen unterscheidet, sondern die jeweiligen Konsequenzen seines Handelns in Übereinstimmung mit unseren Handlungsanweisungen ziehen. Dabei sind die Widersprüche und Hindernisse, auf die er in der Praxis stößt, der Gradmesser für den Realitätsgehalt unserer Vorschläge.

Jene anderen Lehrer, die wir typologisch abbildeten, kümmern uns allerdings insofern, als sie Teil des Kollegiums sind, auf das der fortschrittliche Lehrer in seiner Arbeit angewiesen ist – sei es, daß sie seine Arbeit behindern, sei es, daß ihre Zweifel und Einwände stellenweise auch die seinen sind. Langfristig muß er um sie als Bündnispartner werben. Auch ein fortschrittlicher Lehrer kann Zweifel an seinem Engagement bekommen, wenn er wahrnimmt, daß dieses Engagement von den wenigsten seiner Kollegen geteilt bzw. mitgetragen wird – und daß es seine Kräfte übersteigt. Kuhlmann sagt dazu:

»Es ist mir nicht [. . .] gelungen, jene Entwicklung [eines veränderten Sozial- und Arbeitsverhaltens der Schüler, B.-R.] im zehnten Schuljahr in der gleichen Weise fortzusetzen«[17]; und Klink muß sich von einem

15 Dem traditionellen idealistischen Lehrer (einer Variante des – zumeist jungen – »naiven Engagierten«) mit möglicherweise konservativen politischen und pädagogischen Ansichten trauen wir noch eher zu, unseren Überlegungen handlungsrelevante Aspekte abzugewinnen, als dem möglicherweise sich fortschrittlich gebenden Zyniker oder Karrieristen.

16 Eine »polemische Skizze« über »Linke« in der Schule zeichnet Kuhlmann (126, S. 91 ff.).

17 A.a.O., S. 114.

Kollegen vorhalten lassen: »Versuchen Sie sich vorzustellen, Sie würden jahraus, jahrein in der Hauptschule arbeiten. Sie haben sich doch sicher in schwierigen Situationen gesagt: Ich bin nur für ein Jahr in der Schule, dann gehe ich wieder zurück in die Hochschule.«[18]

Beide haben erkannt, daß es eben keine »normalen« Schulbedingungen sind, unter denen sie ihre Arbeit leisten müssen. Lehrern stellt sich dann die Alternative, die Schule zu verlassen (was viele der fortschrittlichsten Kollegen tun oder anstreben) oder ihre Arbeit *auch* als Kampf gegen die herrschende Verfassung der Schule zu verstehen. Einen dritten Weg gibt es für sie nicht, es sei denn, sie verleugneten ihre eigenen Erfahrungen (wie dies bisweilen der Zyniker und der Routinier tun).

Viele Lehrer vernachlässigen die Aufgabe, ein zureichendes Verhältnis zur Elternschaft herzustellen, aus durchsichtigen Gründen. Vor allem Lehrer in der 2. Ausbildungsphase werden von der Fülle der an sie gestellten Forderungen überwältigt.[19] Die Seminarveranstaltungen, die sie neben der Schularbeit besuchen, empfinden sie selten als hilfreich für die Praxis, eher als einen Dressurakt, der nach festen formalen Regeln abläuft. Hospitationsstunden müssen mit großem Arbeits- und Zeitaufwand vorbereitet werden und bringen dann nicht den Erkenntnisgewinn, der den Aufwand rechtfertigen würde. Gleichzeitig verläuft der tägliche Unterricht über weite Strecken ungeplant – die hohe Pflichtstundenzahl schon für Lehrer in der Ausbildung gebietet dies. Im übrigen hat kein Lehrer auf der Hochschule gelernt, eine ganze Woche Unterricht unter »normalen« Schulbedingungen zu planen. Hinzu kommen Disziplinprobleme mit den Schülern, die insbesondere Lehrer am Anfang ihrer Berufsarbeit verunsichern, während die »erfahreneren« Kollegen vor diesen Problemen entweder resigniert haben oder »ihre Tricks« anwenden. Nicht zu vergessen sind in diesem Zusammenhang alle über den Unterricht hinausgehenden Anforderungen des Schulalltags, angefangen von Pausenaufsichten auf überfüllten Schulhöfen, Klassenbuchführung, Heftkorrekturen bis hin zu Konferenzen, Fachbesprechungen, gewerkschaftlicher Schulgruppenarbeit.

18 Klink (118, S. 154).
19 Vgl. hierzu A. Bammé und E. Holling (15a).

Woher soll der Lehrer die Zeit für die Eltern seiner Schüler nehmen? Um sie sich zu kümmern, ist er zumindest nicht gezwungen. Nur den Minimalforderungen, eine Sprechstunde einzurichten und die vorgeschriebenen Elternabende abzuhalten, muß er genügen. Die Eltern haben ihm gegenüber keine Sanktionsmöglichkeiten. Elternbeschwerden in Konfliktfällen werden überwiegend informell »geregelt«. Deshalb stellen viele Lehrer den Verkehr mit den Eltern zurück, er wird auf einem »unteren Niveau« eingefroren. Darin wird der Lehrer durch das stille Einverständnis und Gleichhandeln seiner Kollegen bestätigt.

Im arbeitsteilig organisierten Erziehungsprozeß vollzieht der Lehrer die Trennung in einen unterrichtlichen und einen außerunterrichtlichen Bereich. Nach Schulschluß suspendiert er alle Probleme und Ansprüche seiner Arbeit; am Schultor verwandeln sich seine Schüler in »irgendwelche« Kinder, die ihn »als Lehrer« nichts angehen. Im Rahmen eines solchen Berufsverständnisses können die Eltern dem Lehrer Arbeit nur in seiner Arbeitszeit abverlangen, und als Arbeit definiert er natürlicherweise auch Kontakte mit ihnen. Nun verläuft aber die Trennung zwischen Arbeit und Freizeit für die Eltern in bezug auf die Schule umgekehrt zu der des Lehrers. Die Schule fällt aus ihrem Arbeitsleben heraus, sie können mit ihr nur in ihrer Freizeit verkehren. (Dies gilt im Prinzip auch für den nichtberufstätigen Teil der Eltern, z. B. für Hausfrauen – ihre Arbeit besteht darin, die notwendigen Reproduktionsbedingungen für die »Ernährer« der Familie zu schaffen und zu garantieren.) *Was so für den Lehrer in seiner Arbeitszeit von Bedeutung ist, wird für die Eltern in ihrer Freizeit bedeutsam*, wenn sie sich mit den schulischen Problemen ihrer Kinder beschäftigen. Entstehen Konflikte zwischen »Elternhaus« und »Schule«, etwa Leistungs- und Disziplinprobleme, so betreffen diese den Lehrer in seiner Arbeit, die Eltern außerhalb ihrer Arbeit. Wo die Lösung solcher Konflikte von einem Austausch zwischen Lehrern und Eltern mit abhängt, kann der Lehrer in seiner Arbeitssituation verbleiben, müssen die Eltern einen Teil ihrer Freizeit aufwenden. Es ist daher nicht erstaunlich, wenn gerade die Eltern, bei denen die Trennung zwischen Arbeit und Muße am schärfsten ist, also bei den abhängig Arbeitenden, nur schwer »den Weg zur Schule«

finden.

Was bedeutet dies nun für einen Lehrer, der, wie wir eingangs sagten, unter den schulischen Arbeitsbedingungen so leidet, daß er diese Bedingungen verändern will? Er stößt auf den Widerspruch, daß seine unterrichtliche Arbeit Stückwerk bleibt, weil er auf die außerschulischen Bereiche im Leben seiner Schüler keinen Einfluß hat, physisch, geistig und emotional von ihnen getrennt ist. Die Probleme, die die Schüler in ihrem Schulleben, seinem Arbeitsleben, aufwerfen, sind immer nur beschränkt lösbar, weil sie in Wahrheit nicht auf die Schule beschränkt sind, sondern im außerschulischen Leben der Schüler fortwirken oder dort ihren Ursprung haben.[20]

Der Lehrer wird, je klarer er diesen Widerspruch erkennt und analysiert, sein eigenes Berufsverständnis mit der Trennung in Arbeit und Freizeit anzweifeln; denn genau diese Trennung verhindert, daß die Arbeit ihn befriedigt, ihn also befähigt, die Ansprüche, die seine Schüler an ihn stellen, zu erfüllen. Die im Unterricht hervortretenden Leistungs- und Disziplinprobleme, mit denen er es vor allem zu tun hat, sind ja nichts anderes als verdeckte oder »verkehrte« Ansprüche der Schüler – sei es, daß sie das schulische Notensystem, mit dem qualitativ verschiedene Leistungen nach bestimmten Regeln quantifiziert werden, nicht akzeptieren können und darauf mit Protest, Resignation oder Opportunismus antworten, sei es, daß sie mit »Verhaltensstörungen« auf die Trennung in ein schulisches und ein außerschulisches Leben reagieren, die eine Bearbeitung von für sie existentiell wichtigen Problemen verbietet.

Der Lehrer, der sich dieser Widersprüche bewußt wird, stellt sich die Frage: »Wie halte ich es mit den Eltern?« nicht mehr ausweichend, sondern begreift, daß er in seiner Arbeit auf sie angewiesen ist. Denn wie soll er einen Unterricht planen und realisieren und die Leistungen der Kinder be-

20 »Das Streben, den Schüler nur als Schüler aufzufassen und ihn bei der erzieherischen Einwirkung so zu behandeln, als wäre er nur Schüler, ist gegen den innersten Sinn der Persönlichkeitserziehung, ganz abgesehen davon, daß diese Betrachtungsweise eine Fiktion ist, die nur dem Pädagogen möglich ist, der entweder sich von der Pflicht, seinen Zögling wirklich zu verstehen, dispensiert, oder der bei seinen ›ätiologischen‹ Erwägungen abbricht, wenn die kausale Linie aus der Schule ins Haus verläuft.« Gaudig (62, S. 4).

werten, wie auf Disziplinprobleme eingehen, wenn ihm das außerschulische Leben der Kinder so gut wie unbekannt (zumindest unzugänglich) ist, wenn er also ihre Lernvoraussetzungen und die Lernhemmnisse kaum kennt? Die curriculare Seite der Lehrertätigkeit bedarf der Stützung durch Erfahrungen und Kenntnisse der kindlichen »Lebenswelt«. Vorgefertigte Materialien und Curricula können solche Erfahrungen des Lehrers niemals ersetzen. (Wohl allerdings gewinnt er durch solche Erfahrungen Kriterien, mit denen er die Qualität derartiger Materialien und Curricula beurteilen und auf seine besondere Situation hin abwandeln kann.)

Der punktuelle und zumeist unergiebige Verkehr, der von der Schule für Lehrer und Eltern vorgesehen ist und den auch die Eltern aufgrund ihrer Arbeitssituation nur widerwillig oder gar nicht ausnutzen, bringt den Lehrer, der auf die wirklichen Bedürfnisse seiner Schüler eingehen will, dazu, nach neuen Verkehrsformen zu suchen. Dabei wird sein Dilemma immer größer, wie er allen hiermit verbundenen Ansprüchen in seiner Arbeitszeit genügen soll. Auf dieses Dilemma stoßen wir im folgenden immer wieder.

3. Handlungsanleitungen für den Verkehr zwischen Eltern und Lehrern

Der volle Kontext, in dem die von uns als Motto vorangestellte Forderung Gaudigs steht, lautet:

> »Der Verkehr des Elternhauses mit der Schule krankt zurzeit erstens am Mangel der Kontinuität und zweitens am Mangel der ›Totalität‹ des Interesses. [. . .] Schule und Elternhaus müssen bei jedem Kinde von Anfang an und dauernd [. . .] in Verbindung bleiben, und die Verständigung über das Kind muß das Kind in der Totalität seiner Lebenserscheinungen umfassen. [. . .] der Verkehr der Schule und des Elternhauses muß eine Geschichte haben, eine Geschichte, die der Geschichte der kindlichen Entwicklung entspricht.«[21]

21 Gaudig, a.a.O., S. 21. Vielleicht wundern sich diejenigen, die die ideologische Position von Gaudigs Pädagogik kennen, daß wir uns hier auf ihn berufen. H. Gaudig (1860-1923) wird zwar in den hiesigen einschlägigen pädagogischen Lexika und Werken der Reformpädagogik zugerechnet, dabei werden indes seine besonders

Aus unserer historischen Darstellung ging hervor, daß zwar der Verkehr zwischen Elternhaus und Schule eine Geschichte hat, daß aber diese Geschichte aufgrund der allgemeinen ökonomischen und politischen Verfassung sowie der besonderen Arbeits- und Lebensbedingungen der Volksschullehrer und ihrer Elternschaft eben jenen Mangel an Kontinuität und Totalität aufwies, den Gaudig noch 1917 beklagt hat. Wir beschrieben diesen Mangel als Entfremdungserscheinungen in den Verkehrsformen. Gaudigs umfassende Vorstellungen vom Verkehr zwischen Eltern und Lehrern fanden keinen Eingang in die Volksschule[22]; an diesem Zustand hat sich, wie wir weiterhin zeigten, bis heute nichts so entscheidend geändert, daß man von einer »Geschichte des Verkehrs« im Sinne Gaudigs sprechen könnte.

Für uns ist ganz besonders wichtig, daß Gaudigs Forderungen eine Systematik mitenthalten, die von der Schule entwickelt werden müßte, aber nicht entwickelt wird[23] – es geht Gaudig nicht nur um organisatorische Fragen, sondern auch um eine wissenschaftliche Haltung, mit der der Lehrer den Verkehr gestalten müsse. Die Geschichte der kindlichen Entwicklung, auf die er in seiner Arbeit angewiesen ist, kann er mit Hilfe der psychologischen Wissenschaft kennenlernen, allerdings darf er hierbei nicht stehenbleiben, sondern:

> »Das psychologische Verständnis muß sich dann weiter durchdringen mit dem Verständnis für die wirtschaftliche, politische und soziale Lage der Familie, überhaupt für ihre gesamte kulturelle Gegenwartslage.«[24]

Gaudig bestimmt ferner das Verhältnis von allgemeinem und besonderem Interesse des Lehrers in bezug auf die Eltern:

in der Vorkriegs- und Kriegszeit geäußerten nationalistischen Gedanken unterschlagen.

»Gaudig«, so schreibt *Meyers Neues Lexikon* (Leipzig, 1973) aus DDR-Sicht, »wollte Klassengegensätze durch nationalistisches ›Einheitsbewußtsein‹ verwischen.« – Wir meinen gleichwohl, daß wir uns auch mit Positionen kritisch befassen müssen, die in einem anderen ideologischen Umfeld beheimatet sind. Es gilt dabei allerdings, sich dieses Umfeldes bewußt zu sein.

22 Gaudig nimmt die höheren Schulen nicht aus; vgl. a.a.O., S. 1.

23 »Soweit ich sehen kann, hat [. . .] die Schule der Gegenwart weder die Energie, noch die Ordnungen und Formen der Energiebetätigung, die für die Zusammenarbeit mit dem Hause nötig sind.« (Ebd.)

24 A.a.O., S. 2.

»Das Verständnis ist teils ein generelles, z. B. das Verständnis für die Lage der proletarischen Familie in unserer Zeit, teils ein spezielles, nämlich das Verständnis für die Lage der einzelnen Familie, mit der man es zu tun hat.«[25]

Unsere Konzeption der Verkehrsformen zwischen Eltern und Schule kann sich auf vorbedachte Positionen in der Pädagogik berufen – wenngleich aus heutiger Sicht daraus gewiß andere pädagogische und politische Konsequenzen gezogen werden müssen, als Gaudig sie ideologisch vertrat. Wir wollen nun in exemplarischer Weise eine Geschichte des Verkehrs zwischen einem Lehrer, der mit einer Eingangsstufe arbeitet, und seiner Elternschaft aufbauen.

A. Bestandsaufnahme[26]

Zu Beginn seiner Arbeit macht der Lehrer eine Bestandsaufnahme im Hinblick auf:
- Klassenraum und Klassenausstattung;
- Daten über die Kinder und ihre Familien, die der Schule bekannt sind;
- Daten über die Kinder und ihre Familien, die der Schule und ihm nicht bekannt sind;
- Vorerfahrungen der Eltern mit der Schule;
- sozioökonomische Struktur des Wohnbezirks.

Klassenraum und Klassenausstattung

Nicht nur unter dem Gesichtspunkt seiner Tauglichkeit für den Unterricht, sondern auch in Anbetracht des im Schulgebäude verlaufenden Verkehrs zwischen Lehrer und Eltern sind Lage und Beschaffenheit des Klassenraums von Bedeutung. Am günstigsten, besonders für Kinder der Eingangsstufe, ist ein Klassenraum zu ebener Erde, der für die Kinder leicht zu finden ist; auch für die Eltern ist es angenehm, ohne Umwege zur Klassentür zu gelangen.

Die Beschaffenheit des Klassenraum-Mobiliars interessiert den Lehrer nicht zuletzt im Hinblick auf Elternabende; zumeist ist das Mobiliar ungeeignet für Erwachsene, höhere

25 Ebd.
26 Vgl. auch Anhang III, S. 286.

Stühle müssen beschafft werden können.

Was der Klasse an Mobiliar und Materialien für einen Unterricht fehlt, der die Kinder zu Selbsttätigkeit und sachbezogener Motivation erziehen will, sollte der Lehrer beizeiten aufnehmen, um mit den Eltern zu besprechen, ob sie möglicherweise helfen können, die mangelhafte Ausstattung durch ein altes Regal, einen Teppich oder durch Unterrichtsmaterialien zu ergänzen.

Daten über die Kinder und ihre Familien

In aller Regel weiß ein Lehrer, der eine neue Klasse übernimmt, so gut wie nichts von den Kindern. Über ältere Klassen kursieren im Kollegium Meinungen und Vorurteile (»Ein völlig versauter Haufen«; »Das ist eine anständige Klasse, da herrscht Ordnung«; »Den X kenne ich aus meinen Englischstunden, der bringt die ganze Klasse durcheinander«, etc.), oder der Lehrer kennt die Klasse aus dem Fachunterricht, oder er kennt einzelne Kinder, mit denen er in den Pausen gesprochen hat; er kann die Schülerbogen und das Klassenbuch zu Rate ziehen. Über eine Vorklasse freilich existieren derartige Informationen nicht, der Lehrer kann sich hier nur auf die bei der Anmeldung erhobenen Familiendaten stützen, die oft unvollständig sind. Wie soll er unter diesen Bedingungen einen Unterricht planen, der an die Lernvoraussetzungen der Kinder anknüpft? Wie soll er auf die Probleme der Kinder pädagogisch eingehen, wenn er keinerlei Anhaltspunkte über deren Ursachen hat? Wie soll er beurteilen, ob ein Kind ein Puzzlespiel deshalb falsch zusammensetzt, weil es hierin keine Vorerfahrungen hat / weil es nicht gewohnt ist, mit anderen Kindern zu arbeiten / weil es Angst vor dem Lehrer hat / weil es kurzsichtig ist? Wie soll er mit den Eltern kommunizieren, wenn er vielleicht nicht einmal ihren Beruf kennt? Der Schule sind in der Regel nicht oder ungenau bekannt:

- der Beruf des Vaters (sofern dazu überhaupt Angaben existieren, heißt es oft nur: Arbeiter, Angestellter etc.);
- der Beruf der Mutter (insbesondere Teilzeitbeschäftigungen);
- wer für das Kind zuständig ist und es in der Regel versorgt;
- wie viele Geschwister das Kind hat und wie alt diese sind;

- welche körperlichen Beschwerden das Kind hat (die schulärztlichen Untersuchungen verfahren hier meist so oberflächlich, daß sich der Lehrer nicht auf sie verlassen kann);
- die Wohnverhältnisse.

Den Lehrer werden im weiteren Verlauf seines Kontaktes mit den Eltern und seiner Arbeit mit den Kindern noch wesentlich mehr als die hier genannten Punkte interessieren; aber diese Daten sind sozusagen das grobe Gerüst, auf das er für seinen Unterricht und bei der Anbahnung einer Beziehung zu den Eltern angewiesen ist.

Vorerfahrungen der Eltern mit der Schule
Alle Eltern haben mit der Schule Erfahrungen gesammelt, bevor ihr Kind selber eine betritt; sie selbst sind zur Schule gegangen. Diese Vorerfahrungen beeinflussen ihre Anfangseinstellung zur Schule in hohem Maße. Der Lehrer wird nur allmählich Aufschluß über diesen Komplex der Vorerfahrungen gewinnen. Dagegen kann er schnell ermitteln, ob das Vorschulkind Geschwister hat, die auf dieselbe oder eine andere Schule gehen. Es ist für die Eltern ein bedeutsamer Unterschied, ob ihr Vorschulkind das erste (einzige) ist, das sie in Kontakt mit der Schule bringt, oder ob sie schon Schulerfahrungen durch ältere Geschwisterkinder, möglicherweise an derselben Schule, haben. »Wissen« die Eltern schon, »wie es mit der Schule läuft«, so übertragen sie ihre bisherigen Erfahrungen, seien diese positiv oder negativ getönt, auch auf den neuen Lehrer, d. h. er muß sich direkt und indirekt mit dem Verhalten seiner Kollegen (bzw. der Kollegen an anderen Schulen) auseinandersetzen. Dieses Moment ist manchem Lehrer nicht klar bewußt, er reagiert bisweilen mit Erstaunen oder Enttäuschung auf die vorgeprägten Erwartungen der Eltern, wenn sie seinen Absichten zuwiderlaufen. Da die Eltern immer auch mit dem Schulschicksal ihrer anderen Kinder befaßt sind, besonders wenn dieses mit Schwierigkeiten und Konflikten verbunden ist, muß der Lehrer sich über die Geschwisterkinder, die an der Schule sind, informieren. Erst dann kann er mögliche Ängste der Eltern (»Wissen Sie, mein Ältester ist jetzt in der vierten Klasse und kann immer noch nicht lesen«) gegenüber seinem eigenen Unterricht richtig einschätzen oder ihre Fragen über ihr jüngstes Kind (»Mei-

nen Sie, ich kann ihn mit meiner älteren Tochter zusammen in die Schule schicken?«) einigermaßen sinnvoll beantworten. Möglicherweise laufen in einem Kollegium über ältere Kinder und ihre Familienverhältnisse Vorurteile und Gerüchte um, die den Lehrer in seiner Haltung gegenüber Eltern und Kind beeinflussen, ihm den Blick auf die wirklichen Verhältnisse verstellen. Kennt er hingegen die Familienbedingungen genauer als seine Kollegen, so gewinnt er ein besseres Urteil und kann seine Kollegen vielleicht sogar von einigen ihrer Vorurteile befreien.

Anders ist die Situation, wenn die Eltern noch keine schulischen Vorerfahrungen durch Geschwisterkinder haben. Ihre Erfahrungen mit dem »ersten Lehrer« werden ihr zukünftiges Verhalten der Schule gegenüber prägen, d. h. der Lehrer arbeitet nicht nur in seinem eigenen Interesse, sondern auch in dem seiner späteren Kollegen, wenn er die erste Begegnung der Eltern mit der Schule produktiv wendet. An einer solchen Beziehung sind Eltern, entgegen allen Vorurteilen von Lehrern (»Die wollen ja gar nicht«), *immer* interessiert. Es kann freilich sein und es ist häufig so, daß sie negative eigene Schulerfahrungen oder solche mit Lehrern ihrer anderen Kinder übertragen, Schulprobleme ihrer Kinder mit so viel Angst und Abwehr besetzen, daß sie »mit der Schule nichts zu tun haben wollen« etc. Es liegen *immer* konkrete Gründe für ein abweisendes Verhalten der Eltern vor. Indem sich der Lehrer der Vorerfahrungen der Eltern mit der Schule vergewissert, erforscht er eine wichtige Voraussetzung für seinen Verkehr mit ihnen.

Sozioökonomische Struktur des Wohnbezirks

Viele Lehrer haben nur geringe Kenntnis vom Einzugsgebiet ihrer Schule, insbesondere dann, wenn sie neu an die Schule kommen oder in einem entfernten Bezirk wohnen.

Das Gesicht des Wohnbezirks prägt das außerschulische Leben von Kindern und Eltern; sich über die wichtigen Strukturen des Bezirks zu informieren, gehört daher unmittelbar zu den Aufgaben des Lehrers, und zwar sowohl in bezug auf die Unterrichtsplanung und -gestaltung als auch im Hinblick auf seinen Umgang mit den Eltern. Der Lehrer muß in Erfahrung bringen:

- die Wohnverhältnisse im Bezirk (Altbau-, Neubaugebiet, Mischbezirk, Sanierungsgebiet);
- die vorherrschenden Berufsstrukturen: Wird das Wohngebiet von einem großen Industriekonzern beherrscht, der vielen Vätern die Arbeitsplätze stellt, oder gibt es dort Kleinindustrie? Hat der Wohnbezirk den Charakter einer »Schlafstadt«, liegen also die Arbeitsplätze der Eltern in anderen Bezirken? Ist der Wohnbezirk stark geprägt von Dienstleistungsbetrieben? etc.;
- die Spielplatzsituation der Kinder (Gärten, Schrebergärten, Bürgersteige, Hinterhöfe, Park, Spielplätze);
- die Verkehrssituation (ruhige Straßen, verkehrsreiche Plätze, vorwiegend Autoverkehr/öffentliche Verkehrsmittel);
- gibt es ein zusätzliches, besonderes Charakteristikum im Bezirk (Obdachlosensiedlung; Gastarbeiterviertel)? etc.;
- außerschulische Ressourcen des Einzugsgebiets, auf die er sowohl für seinen Unterricht als auch in seiner Arbeit mit den Eltern zurückgreifen kann bzw. muß (schulpsychologische Beratungsstelle; logopädische Beratung; Legasthenieberatung; Kindertagesstätten mit Hort; Kinderheim; Sozialamt – arbeitet die Schule mit ihm zusammen, bestehen Kontakte?; Schularbeitszirkel; aber auch Schwimmbad, Sportverein, Volksmusikschule, Museum, Park, Abenteuerspielplatz etc.).

Eine solche Bestandsaufnahme müßte unter *systematischen* Gesichtspunkten vor Beginn der Unterrichtstätigkeit gemacht werden; unter *pragmatischen* Gesichtspunkten freilich ist es evident, daß dies die meisten Lehrer nicht zu leisten vermögen. Zwar ist der pragmatische Gesichtspunkt der handlungsrelevante, er darf aber nicht zu einer pragmatischen Einstellung verfälscht werden, die sich dann zu dem Vorurteil verdichtet, der Lehrer sei kein Sozialforscher, er habe es mit Unterricht zu tun, und dieser finde in der Schule statt.

B. Strategische Überlegungen

Hat der Lehrer die prinzipielle Notwendigkeit einer Bestandsaufnahme dessen, was er von den Lebensverhältnissen seiner Kinder und Eltern weiß und nicht weiß, erkannt, so stellt er in

mehrere Richtungen Überlegungen an, wie er die Bestandsaufnahme bewerkstelligen kann:
- er prüft aufs genaueste seine eigenen Vorerfahrungen und seine Berufsmotivation;
- er prüft die Lage im Kollegium in bezug auf seine Stellung in ihm und in bezug auf die allgemeine Aufgeschlossenheit oder Abwehr der Kollegen, in ähnlich systematischer Weise zu arbeiten;
- er prüft die Kontaktmöglichkeiten mit Hochschulen und anderen Bildungseinrichtungen, die ihn bei seiner Arbeit zu unterstützen bereit sind;
- er versucht zu antizipieren, inwieweit die Eltern selbst die Kenntnisse haben, die er sucht.

Vorerfahrungen und Berufsmotivation des Lehrers
Die wenigsten Lehrer haben während ihres Studiums Gelegenheit gehabt, in systematischer Weise über ihre Berufsmotivation zu reflektieren und Widersprüchlichkeiten in ihr aufzudecken. Erst mit dem Beginn der praktischen Lehrertätigkeit werden die Widersprüche der Berufsmotivation manifest. Der Lehrer erkennt nun, daß die Praxis anders aussieht, als er sie sich vorgestellt hat, daß sie andere Ansprüche an ihn stellt als die, auf die er im Studium vorbereitet wurde, daß sie diese Ansprüche täglich und in Zukunft stellt, daß der Beruf geistig und körperlich anstrengender ist als das Studium und für außerschulische Interessen wenig Zeit läßt. Der Lehrer fragt sich im stillen, ob er diesen Beruf eigentlich wirklich ausüben wollte und will; oft hatte er gar keine andere Wahl – aus ökonomischen bzw. familiären Gründen. – Diese »Erkenntnistätigkeit« des Lehrers ist, sofern er sich ihr überhaupt unterzieht, schmerzlich und führt viele zu Haltungen und Verhaltensweisen, wie wir sie in unseren Lehrerskizzen beschrieben haben.

Je genauer die Erkenntnistätigkeit ausfällt, um so aktiver kann sich der Lehrer den Widersprüchen seines Berufsfeldes stellen. Dieser Prozeß ist ein kommunikativer, d. h. der Lehrer erfährt und betreibt ihn nicht allein, sondern zusammen mit anderen Lehrern – nicht unbedingt seinen Schulkollegen, obgleich sie seine natürlichen Partner sein müßten. Nicht nur seine familiären, schulischen und Studien-Erfahrungen bestimmen seine Berufseinstellung; für seinen Verkehr mit den Eltern sind frühere Job- oder Berufserfahrungen in anderen Arbeitsbereichen nicht minder gewichtig, und sie kommen ihm in der Regel als Lehrer zugute – sie schützen ihn vor einer berufsbornierten Einstellung, die einer Bestandsaufnahme der Rahmenbedingungen seiner Arbeit entgegensteht.

Die Lage im Kollegium

Jeder Lehrer ist auf sein Kollegium angewiesen, auch wenn scheinbar jeder Kollege »autonom« arbeitet (Ideologie der geschlossenen Klassentür). Was in einer Schule an sinnvoller Arbeit geleistet werden kann, hängt ab von der kollektiven »Berufsmotivation« des Kollegiums. Diese Motivation ist meist nicht einheitlich, sondern zerfällt in je verschiedene Einzelmotivationen – oft mit resignativem, zynischem, routine- oder karriereorientiertem Charakter. Der Lehrer muß sein Kollegium kennen und einschätzen können, um mögliche Bündnispartner zu finden bzw. sich als bündnisbereit und bündnisfähig erkennen zu geben. Es ist so gut wie ausgeschlossen, als Einzelner die Bedingungen von Unterricht in der angegebenen Weise zu erheben; hingegen wachsen die Chancen, wenn ein Lehrerkollektiv (das vielleicht nur aus zwei oder drei Kollegen besteht) gemeinsam daran arbeitet.

Kontakte mit Hochschulen und anderen Bildungseinrichtungen

Heute leiden die Ausbildung und die Berufstätigkeit von Lehrern darunter, daß beide Bereiche – Ausbildung und Beruf – gesellschaftlich hermetisch gegeneinander abgeriegelt sind. Darüber können auch Didaktika und Berufspraktika von Lehrerstudenten, Lehraufträge und »pädagogische Zentren« nicht hinwegtäuschen. Wenn der Lehrer aus dem Studium in den Beruf überwechselt, läßt er die Hochschule hinter sich, verläßt ihn die Hochschule. Die Ressourcen der Hochschule können vom Lehrer nicht mehr in Anspruch genommen werden; andererseits kann er seine Berufserfahrungen nicht in die Hochschule einbringen. Dieser Moment der gesellschaftlichen Arbeitsteilung trägt mit zu der Isolation des Lehrers und zur Berufsignoranz des Lehrerstudenten bei. Die Arbeitsteilung kann vom einzelnen Lehrer nicht aufgehoben, wohl aber punktuell durchbrochen werden. Er soll sich nicht ohne weiteres vom Hochschulbetrieb abnabeln lassen, sondern mit seinen Fragen und Erfahrungen »praxisorientierte« Hochschulseminare auf ihre Handlungsbedeutsamkeit hin provozieren. Die oft vergebliche oder unfruchtbare Suche nach Seminarprojekten mißachtet mitunter die Alltagsprobleme des Lehrers, zu denen auch der außerschulische Bereich von Unterricht zählt. Freilich muß man angesichts der Situation im Bildungsbereich heute klar erkennen, daß die Abschottung der »Theorie« (Hochschularbeit) von der »Praxis« (Schularbeit) von den staatlichen und Länder-Bürokratien systematisch betrieben wird. Gerade deswegen darf es zu keiner »Fraktionierung« zwischen Lehrern und Hochschullehrern kommen.

Informationsquelle Eltern

Daß die Eltern diejenige Personengruppe sind, die dem Lehrer Auskunft über ihre Kinder und ihre Familienverhältnisse geben kann, ist dem Lehrer, der uns so weit gefolgt ist, klar, auch wenn er sozusagen erst am Anfang seines Verkehrs mit ihnen sowie möglicherweise seiner Berufsarbeit überhaupt steht. Wir werden die Schritte, die ihn in diesen Verkehr führen und deren erster großer die Bestandsaufnahme ist, noch im einzelnen bestimmen.

Natürlicherweise besitzen die Eltern umfangreichere Kenntnisse von ihrem Wohnbezirk als der Lehrer. Gleichwohl macht mancher Lehrer sich nicht bewußt, daß Eltern im allgemeinen bereit sind, ihm zu helfen, Wissen über das Einzugsgebiet zu erwerben. Er muß ihnen nur überzeugend verdeutlichen, inwiefern seine Arbeit von derartigen Informationen bzw. dem Fehlen solcher Informationen positiv oder negativ beeinflußt wird, inwiefern also seine Kenntnis der außerschulischen Lebensbezüge der Kinder diesen bei seiner Unterrichtstätigkeit und bei ihrer Lerntätigkeit nützt.

Unter diesen strategischen Überlegungen (von denen keine sehr weit führt, wenn sie isoliert angestellt wird) ist es die Aufgabe des Lehrers, mit durchaus pragmatischen Interessen an die Bestandsaufnahme zu gehen. Wie er hierbei Schwerpunkte und Zeitaufwand sowie die Chronologie seines Vorgehens und kooperative Arbeitsformen mit Kollegen bestimmt, hängt von seiner je speziellen Arbeitssituation ab.

Für den Vorklassen- und Erstklassen-Lehrer, der mit Kindern arbeitet, die noch keine Schulerfahrungen haben, deren kognitiv-sprachliches Vermögen noch nicht so komplex ist wie das älterer Schüler und von denen der Lehrer viel weniger weiß und durch sie selbst in Erfahrung bringen kann als bei älteren Schülern, erscheint eine umfangreiche Ermittlung aller genannten Punkte möglicherweise noch wichtiger als für den Lehrer höherer Klassen. Zudem erlaubt der in der Vorklasse weniger verbindliche Lehrplan mehr Projekte, offene Lernsituationen und Exkursionen, deren Situationsbezug auf konkrete Details aus der Lebens- und Erfahrungswelt der Kinder angewiesen ist. Auch die noch ungewohnte Gruppensituation, in die sich Vorschulkinder gestellt sehen, fordert vom Lehrer mehr methodisch-didaktischen und unterrichtsplanerischen Aufwand, den er um so besser bewältigen kann, je genauer er das familiale Feld der Kinder kennt. – Alle diese Überlegungen spielen bereits bei der Bestandsaufnahme eine Rolle.

Wie immer der Lehrer seine Entscheidungen fällt, er muß neben pragmatischen Interessen dem systematischen Gesichtspunkt insofern Rechnung tragen, als die gewonnenen Kenntnisse in einer intersubjektiv nachvollziehbaren Form festgehalten werden müssen. Dies ist sowohl für die Arbeitsperspektive des Lehrers bedeutsam als auch für die ›Bilanzierung‹ seiner Bemühungen. Die Arbeitsperspektive macht sich ja nicht nur an der gegenwärtigen Klasse fest: Unterzieht er sich der Anstrengung einer Bestandsaufnahme für seine gegenwärtige Klasse, so hat er erhebliche Vorarbeit für seine gesamte weitere Berufstätigkeit geleistet – sei es, daß er seine Klasse über mehrere Jahre führt, sei es, daß er bei einem Klassenwechsel ein Vorwissen hat, das er auf die neuen Verhältnisse anwenden und übertragen kann. Bilanz aber kann der Lehrer nur dann ziehen, wenn er die gewonnenen Kenntnisse reproduzieren kann, für sich selbst wie in der Zusammenarbeit und Auseinandersetzung mit Kollegen und Eltern.

Die Form, in der der Lehrer seine Erkenntnistätigkeit intersubjektiv nachvollziehbar macht, kann die eines fortlaufenden Schultagebuches sein, können Stichwörter über einzelne Kinder auf Karteikarten sein, oder Fotos oder Protokolle, kann ein »Negativkatalog« sein (über alles, was ihm bisher noch unbekannt ist). Wir fordern hier also »den schreibenden Lehrer« nicht aus literarischen, sondern aus pädagogischen Motiven. Daß »der schreibende Lehrer« so selten in der Praxis zu finden ist, daß ihm eine derartige zusätzliche Berufsinterpretation im herrschenden Schulbetrieb nahezu unmöglich gemacht wird, daß er darin durch Erlasse und andere bürokratische Maßnahmen behindert wird – all dies zeigt, daß zu den pädagogischen Motiven politische hinzutreten. Es ist meist nicht im Interesse der Schulbürokratie, daß der Lehrer seine Basis erforscht. Zu nahe liegt dann die Gefahr, daß er sich über dieser Tätigkeit mit den Schülern, den Eltern und anderen Kollegen zusammenschließt und aus seinen Kenntnissen nicht nur pädagogische, sondern auch politische Konsequenzen zieht.

C. Elternbesuche

Der Versuch, in exemplarischer Weise eine Geschichte des Verkehrs zwischen einem (»Eingangsstufen«-)Lehrer und seinen Eltern zu entwickeln, stößt zunächst auf eine methodische Schwierigkeit: die systematischen Aspekte vermischen sich leicht mit der Chronologie des Vorgehens. Wenn wir als dritten Punkt unserer Handlungsanleitungen »Elternbesuche« nennen, so tragen wir wiederum dem chronologischen Aspekt der Entwicklung Rechnung, die mit einer Bestandsaufnahme begann, grundlegende »strategische« Überlegungen erforderte und nun, im nächsten Schritt, zu der Verkehrsform der Elternbesuche führt.

Unsere Hypothese ist, daß der Lehrer der »Initiator« im sich entwickelnden Verkehr zwischen Elternhaus und Schule sein muß.[27] Wir erinnern an unsere Ausführungen über das Verhältnis von Arbeitszeit und Freizeit bei Lehrern und Eltern (S. 218). Elternbesuche gehören nicht zum festen Bestand schuli-

27 »Eine starke Hemmung des Verkehrs liegt [. . .] in der unzulänglichen Mitwirkung des Elternhauses [. . .]. Allerdings wird man bedenken müssen, daß die Schule für die Gestaltung des Verkehrs viel günstiger gestellt ist, als die Elternschaft [. . .]. So ergibt sich denn, daß die Schule sich noch mehr als das Elternhaus zur Organisation und zur Durchführung des Verkehrs verpflichtet fühlen muß: namentlich wird ihr wenigstens im allgemeinen die Pflicht der Initiative zufallen.« Gaudig, a.a.O., S. 3.

scher Verkehrsformen und des beruflichen Selbstverständnisses des Lehrers. Wenn sie überhaupt eine Rolle spielen, handelt es sich in der Regel um besonders problematische »Fälle« von Schülern, deren Eltern von sich aus nicht in die Schule kommen. Den Besuchen haftet daher etwas Außergewöhnliches an, und sie sind den Lehrern ebenso peinlich wie den Eltern. In kaum einer anderen Verkehrsform zwischen Elternhaus und Schule tritt der Entfremdungscharakter so klar hervor wie bei solchen Hausbesuchen. Sie zeigen ein Zwangs- und Autoritätsverhältnis an, das dem Lehrer die Funktion eines Exekutors schulischer Normen und Maßregeln aufbürdet.

Auf das Wort »Elternbesuche« reagieren die meisten Lehrer mit Angst und Abwehr, die entweder offen benannt oder ›rationalisiert‹ werden (»Ich mische mich grundsätzlich nicht in die Privatangelegenheiten meiner Schüler und Eltern«). Selbst der »Engagierte« scheut sich davor, »seine« Eltern zu Hause aufzusuchen. Die Gründe dafür haben wir an vielen Stellen unserer Analyse beleuchtet; sie lassen sich zusammenfassen als subjektiver Ausdruck der objektiven Distanz zwischen jenen Klassen und Schichten, denen Lehrer durch Herkunft und Lebensperspektive verbunden sind, und jenen, aus denen die Eltern stammen, die in einem Arbeiterbezirk leben. Hinzu kommt eine gewisse schulbürokratische Borniertheit, die vom Lehrer einen konfliktmanagenden Unterricht verlangt und ihn gleichzeitig von den konfliktgeladenen Gesellschaftsbereichen, zu denen auch die Lebensbedingungen und Familienverhältnisse der Eltern gehören, isoliert hält (keine Anrechnungen von Elternarbeit auf die Pflichtstundenzahl; Mißtrauen gegen Aktivitäten von Lehrern, die mit Eltern auch außerhalb der Schule zusammenarbeiten). Hinzu kommt schließlich, daß der Lehrer während seiner Ausbildung nicht gelernt hat, welche Bedeutung in seiner Arbeit die Eltern haben. Es muß unter diesen Bedingungen wie eine Provokation erscheinen, wenn wir prinzipiell von jedem Lehrer, insbesondere von dem Lehrer, der mit einer Eingangsstufe arbeitet, fordern, daß er *jedes* Kind und seine Eltern mindestens einmal besuchen soll.[28]

28 »Indes würde es einen sehr bedenklichen Tiefstand des pädagogischen Pflichtgefühls verraten, wenn der Lehrer den Besuch des Elternhauses grundsätzlich

Welche Einsichten in den Charakter des Verkehrs zwischen Elternhaus und Schule und in die Unterrichtstätigkeit des Lehrers liegen dieser Handlungsanleitung zugrunde, und wie hängt sie mit der Bestandsaufnahme zusammen? Die Bestandsaufnahme hat dem Lehrer vor Augen geführt, um welche Wissensbereiche er seine fachspezifische Kompetenz erweitern muß und welche ausschlaggebende Rolle hierbei die Eltern spielen. Deshalb kann er sich nun nicht mehr, wie dies üblicherweise die Schule tut, auf die restriktiven Verkehrsformen der Sprechstunde und des Elternabends[29] beschränken, die voraussetzen, daß die Eltern zur Schule kommen. Es geht ihm ja gerade darum, sich über *alle* Kinder zu informieren, nicht nur über die, deren Eltern von den offiziell angebotenen Verkehrsformen Gebrauch machen. Da die Eltern am Anfang noch nicht wissen können, daß die Schule ihnen auch anders gegenübertreten kann, als sie es gewohnt sind oder erwarten, muß der Lehrer die erste Begegnung initiieren. Er bekundet sein Interesse an der Begegnung am nachdrücklichsten, indem er selbst zu den Eltern geht. Sein Besuch ermöglicht nicht nur ihm, sich zu informieren, sondern ebenso den Eltern, den Lehrer ihrer Kinder kennenzulernen, ihm Fragen zu stellen und ihm Besonderheiten mitzuteilen, noch bevor sie ihm die Kinder in der Schule anvertrauen müssen. So tritt ihnen die Schule zu Beginn der Schullaufbahn ihres Kindes (abgesehen von der Anmeldung) nicht als bürokratische Institution entgegen, sondern in einer Person. Das ist gerade für diejenigen Eltern von Bedeutung, die überwiegend negative Erfahrungen mit »der Behörde« gemacht haben.

Wie bereitet sich nun der Lehrer auf seine Elternbesuche

ablehnte. Schon die einfache brutale Tatsache, daß die Eltern bisweilen zu einer bestimmten Zeit das Schulhaus nicht aufsuchen können, weil die häuslichen oder die Erwerbsverhältnisse sie daran hindern, zwingt dazu, daß man dem Lehrerbesuch im Elternhaus im gesamten System des Verkehrs einen Platz einräumt [. . .]. Es gibt wirklich nichts Nützlicheres für einen Erzieher als die Hausbesuche. Darum darf selbstverständlich nicht erst eine traurige Veranlassung . . . abgewartet werden. Die Hausbesuche müssen ein selbstverständliches Stück des notwendigen Verkehrs zwischen dem Lehrer und den Eltern werden.« Gaudig, a.a.O., S. 45.

29 Von den Verkehrsformen im Rahmen der Elternmitbestimmung, so wie sie heute praktiziert wird, können wir in diesem Zusammenhang ohnehin absehen, da es dort zumeist nicht um detaillierte pädagogische Fragen des Zusammenhangs zwischen schulischen und außerschulischen Lern- und Lebensbedingungen geht.

vor? Eine ebenso einfache wie praktische Methode ist, allen Eltern einen Brief zu senden, in dem er sich als der zukünftige Lehrer ihrer Kinder vorstellt und ankündigt, er werde vor Schulbeginn (Vorklasse) *allen* Kindern und Eltern einen kurzen Besuch abstatten, um sich mit ihnen bekannt zu machen:

Liebe Familie X,

am 24. August geht Ihr Kind zum ersten Mal in die Schule, und ich werde sein Lehrer sein. Ich möchte gern, daß Sie und Ihr Kind mich schon vorher kennenlernen, und auch ich möchte Bekanntschaft mit Ihnen machen und meine(n) zukünftige(n) »Schülerin« (Schüler) schon kennen, wenn sie (er) das erste Mal zur Schule kommt.

Deshalb besuche ich in der kommenden Woche alle Eltern. Ich hoffe, Sie zwischen 17 und 19 Uhr anzutreffen – wenn nicht, versuche ich es an einem anderen Tag, ich bin ja dann ohnehin in Ihrer Gegend.

Mit freundlichen Grüßen
Ihr Lehrer Y

Entgegen den Einwänden vieler Lehrer, die meinen, man müsse, wenn man schon einen Hausbesuch mache, sich an einen festen Zeitpunkt halten, damit die Eltern sich und ihre Wohnung darauf vorbereiten könnten, akzeptieren die Eltern in aller Regel die hier vorgeschlagene lockere Form einer Verabredung. Gleichwohl verweisen derartige Bedenken des Lehrers auf das Ausmaß der Fremdheit zwischen Lehrern und Eltern, das »normalerweise« herrscht. Dies gilt gewiß nicht nur für den Lehrer – auch Eltern reagieren auf den Besuch eines Lehrers möglicherweise (wenngleich keineswegs so häufig, wie der Lehrer annimmt) mit Scheu oder Abwehr. Doch gerade dies zeigt, wie wichtig es ist, die Eltern mit dieser Verkehrsform zu konfrontieren.[30] Wir selbst haben kein Elternhaus kennengelernt, das nicht sofort oder nach kurzer Zeit unsere – meist unangekündigten – Besuche begrüßt hätte.

Wo freilich Eltern dem Lehrer gegenüber in der Abwehr

30 Schon Gaudig beschäftigte dieses Problem, wenn er dem Lehrer »Unempfindlichkeit gegen Mißtrauen, gegen anfängliche Zurückhaltung und Abweisung« empfiehlt. (A.a.O., S. 46) Vgl. auch Kampmüller (108, S. 95):

»Leider sind die Hausbesuche des Lehrers vielfach so wenig üblich, daß manche Eltern überrascht, nervös und befangen sind, wenn sie der Lehrer besucht. [. . .] Dieser Zustand des Mißtrauens kann sich meist erst nach einigen Besuchen lösen«. – Zur Geschichte der Hausbesuche gibt Kampmüller einen interessanten Hinweis: »Die Anregung zu Hausbesuchen erhielt die Schule von der Kirche. Dort ist der Hausbesuch seit je ein wichtiges Teilgebiet der Seelsorge.«

verharren, hat er es nicht vermocht, sein Interesse an einem Verkehr mit ihnen eindeutig zu bekunden, oder das Kind hat so gravierende Schulprobleme, daß die Eltern die Intentionen des Lehrers falsch interpretieren (ihm also unterstellen, er wolle ihrem Kind übel), oder die Eltern befinden sich in überaus belastenden und bedrückenden Lebensumständen, so daß alle Außenkontakte (nicht nur die zum Lehrer) gestört sind. Gerade diese Familien stellen an die Courage und das Engagement des Lehrers hohe Anforderungen, wenn er, im Interesse des Kindes, auf Kontakt mit den Eltern besteht. Er darf sich dieser Aufgabe keinesfalls vorschnell entziehen. So wichtig es ist, Extremsituationen im Verkehr mit bestimmten Eltern zu bewältigen, so dürfen diese doch nicht über die Möglichkeiten hinwegtäuschen, die der Lehrer im Verkehr mit der überwiegenden Mehrzahl der Eltern hat.[31]

Es ist für den Lehrer, der noch keine Erfahrung mit Verkehrsformen hat, die ihn aus der Schule hinausführen, sehr schwer, Mittel und Wege zu finden, den Eltern ohne Ängste, Hemmungen, Vorurteile zu begegnen. Je unsicherer er den Eltern gegenübertritt, um so mehr wird er sie irritieren, zumal in einer Situation, die auch ihnen ungewohnt ist – sie haben ja keine Erfahrungen mit Lehrerbesuchen. Je genauer er sich indes Rechenschaft darüber abgelegt hat (wozu die Bestandsaufnahme diente), was er von den Eltern will, in welchen Angelegenheiten er auf ihre Hilfe angewiesen ist, desto sicherer und vorurteilsfreier ist er im Verkehr mit ihnen und kann auch ihre Ängste oder Unsicherheiten richtig interpretieren und auf sie reagieren. Gaudig bestätigt unsere Erfahrungen, wenn er feststellt, »ein kräftig zufassendes Fragen« werde »von den Eltern nicht verübelt«.[32]

Bedenken hat der Lehrer aber auch wegen des mit Elternbesuchen verbundenen Zeitaufwandes. Er fragt sich, worauf er sich einläßt, wenn er jede Familie mindestens einmal besuchen soll. Was meinen wir mit »mindestens«? Wir können nicht annehmen, daß der Lehrer in Vorklasse und erster Klasse Elternbesuche zu einem solch extensiven Bestandteil seiner

31 Wir halten es für äußerst wichtig, daß der Lehrer auch ausländische Eltern besucht, auch wenn es hier oft schwierig ist, den Kontakt herzustellen. Wenn irgend möglich, sollte er sich für seinen ersten Besuch einen Dolmetscher besorgen.

32 Gaudig, a.a.O., S. 45.

Arbeit macht, wie wir dies im *Neuköllner Schulbuch* beschrieben haben. Doch das ist auch gar nicht erforderlich; unabdingbar erscheint uns allerdings, daß der Lehrer sich zu Beginn seiner Unterrichtstätigkeit einen Gesamteindruck von den Wohn- und Familienverhältnissen aller Kinder verschafft. Im weiteren Gang seiner Arbeit wird er dann anhand der Probleme einzelner Kinder bzw. seiner Probleme mit einzelnen Kindern entscheiden, ob und wie oft er einzelne Familien ein zweites oder drittes Mal im Laufe des Schuljahres besucht.

Der Zeitaufwand, der mit der ersten »Besuchsrunde« verbunden ist, wird vom Lehrer zunächst wahrscheinlich überschätzt; genauer gesagt, er faßt ihn als isolierte Größe. Die Zeit nämlich, die der Lehrer aufwendet, um einen knapp oder reichlich halbstündigen Besuch bei den Familien zu machen, kommt ihm in mehrfacher Hinsicht bei seiner weiteren Arbeit zugute. Erstens gewinnt er so viel an konkreter Anschauung, daß er für viele Unterrichtsvorhaben Planungsvorarbeit geleistet hat; zweitens hat er das Fundament dafür gelegt, Disziplinprobleme in der Kindergruppe schneller, genauer und gründlicher analysieren und besser bewältigen zu können; drittens verringert sich die Distanz zwischen ihm und den Eltern, so daß er auch die schulischen Verkehrsformen der Sprechstunde und des Elternabends gezielter nutzen kann.

Vielleicht wird den Leser erstaunen, daß wir die Besuchszeit mit ca. einer halben Stunde veranschlagen. Ist diese Zeit nicht viel zu kurz, um mit den Eltern ein Gespräch zu führen? Die Beantwortung dieser Frage hängt davon ab, worüber der Lehrer bei seinem Einführungsbesuch mit den Eltern spricht.

Anknüpfend an die Bestandsaufnahme interessiert den Lehrer, in Erfahrung zu bringen:

- Beruf des Vaters, der Mutter, Teilzeit-/Vollzeitbeschäftigung, insbesondere Schichtzeiten;
- andere für das Kind bedeutsame Personen wie Großeltern, weitere Verwandte, insbesondere, wenn diese in engem Kontakt mit der Familie stehen und teilweise das Kind mitversorgen;
- Geburtsdaten der Geschwister und deren schulische Verhältnisse (Zurückstellungen, Sitzenbleiben, Sonderschule) sowie ihre Beziehung zu seinem Schüler;
- die frühkindliche Entwicklung des Kindes (Krankheiten,

vor allem, wenn sie mit längeren Krankenhausaufenthalten verbunden waren; Wechsel der Versorgungsperson; Krippe; Wohnungswechsel, den das Kind bewußt miterlebte; einschneidende sonstige Familienereignisse; stark verzögerte Sprech- und Laufentwicklung, möglicherweise verfrühte Sauberkeitserziehung; Sprachfehler; mögliche körperliche Behinderungen des Kindes oder Eigenarten, die die Eltern ihrem Kind im Vergleich mit anderen Kindern oder den Geschwistern zuschreiben);
- in welchen Wohnverhältnissen die Familie lebt und wie der Wohnraum aufgeteilt ist;
- welche Spielmöglichkeiten das Kind hat.

Gewiß kann man sich bei einem ersten kurzen Besuch kein umfassendes Bild von all diesen Lebensbereichen machen, aber der Lehrer kann die Eltern schon jetzt davon überzeugen, wie wichtig diese Kenntnisse für ihn sind: Er möchte alle Eltern kennenlernen, deshalb möchte er auch wissen, welchen Beruf sie ausüben. Den Eltern erscheint die Frage nach ihrem Beruf keineswegs verwunderlich, sie sind im Gegenteil interessiert, dem Lehrer etwas von ihren Arbeitsverhältnissen zu berichten – zumeist erzählen sie, wenn sie sein Interesse spüren, sogar ausführlicher über diesen zentralen Lebensbereich, als der Lehrer vermutete, so daß er, ohne viel fragen zu müssen, erfährt, was der Vater früher arbeitete, daß er kürzlich die Firma wechselte, wie die Schichtzeiten liegen etc. Durch Zuhören und Nachfragen gibt der Lehrer zu erkennen, daß ihm hier Neues (oder, falls er mit dem Beruf Erfahrungen hat, Bekanntes) berichtet wird, etwas, woraus er lernen kann, woran er anknüpfen kann. Er erklärt den Eltern, daß Schüler sehr unterschiedlich auf die Schulsituation reagieren, je nachdem, ob sie Geschwister haben, die schon zur Schule gehen, oder nicht. Deshalb möchte er auch etwas über das Alter und die Schulerfahrungen der Geschwister wissen. Hier stellt sich möglicherweise heraus, daß die Eltern ziemlich engagiert von Schulproblemen ihrer anderen Kinder reden – ein wichtiger Hinweis für den Lehrer auf die Ängste und die Erwartungen, welche die Eltern mit seiner Arbeit verbinden.

Der Lehrer erklärt den Eltern, daß er für seine Arbeit mit dem (Vorschul-)Kind, das ihm ja noch unbekannt ist, vieles wissen muß, was ihm nur sie, die Eltern, sagen können, und daß er deshalb alle Eltern nach einigen Stationen in der Entwicklung ihres Kindes fragen möchte, um das Kind verstehen zu lernen. Häufig zeigt sich hier, daß sich die Eltern an die frühkindliche Entwicklung ihres Kindes nur vage erinnern. Den Lehrer interessieren jedoch vor allem Besonderheiten, und sie haften den Eltern besser im Gedächtnis. Oft berichten sie in diesem Zusammenhang von Eigenarten ihres Kindes, z. B., daß es kein Gemüse mag, daß es immer noch am Daumen lutscht, daß es Schwierigkeiten hat, einzuschlafen, daß es sich vor bestimmten Sachen ekelt etc. Gerade solche Informationen helfen dem Lehrer, auf das Kind in unterrichtlichen Situationen zureichend einzugehen. (Das Kind »mag nicht« tuschen, weil es Angst hat, sich zu beschmutzen; es ist im Unterricht unkonzentriert, weil es zu wenig schläft, etc.).

Der Lehrer wird in der Regel ins Wohnzimmer gebeten. Wenn er erfahren hat, wie viele Personen im Haushalt leben, so fragt er nach der Zimmeraufteilung – oder kann sie sich erschließen (etwa, wenn nur zwei Zimmer vorhanden sind). Ebensowenig, wie er Bedenken haben muß, nach dem Beruf der Eltern zu fragen, braucht er sich zu scheuen, zu fragen, wie viele Zimmer die Wohnung hat, ob es ein Bad gibt und wie hoch die Miete ist.

Für die wenigsten Kinder eines Arbeiterbezirks gibt es in der Wohnung ein »Kinderzimmer«; falls überhaupt Platz dafür vorhanden ist, so normalerweise in dem kleineren der Zimmer, das wenig Spielraum beläßt. Im Wohnzimmer, wo meist wertvolle Möbel stehen, soll das Kind möglichst nicht spielen. Wo spielt es draußen? Wie groß ist sein Selbständigkeitsradius? Darf es z. B. allein mit seinem Fahrrad fahren? Schicken die Eltern es allein zur Schule? Machen sie Ausflüge, d. h. kennt das Kind auch andere Stadtteile? Haben die Eltern einen Schrebergarten oder gehen sie bisweilen in den Garten der Oma? – Gerade diese kindlichen Lebensbereiche spielen für Unterrichtsgespräche eine erhebliche Rolle; der Lehrer erfährt um so mehr vom Kind, je genauer er die Gesprächsanlässe konzipiert.

Auf welche dieser Punkte der Lehrer bei seinem Besuch ausführlicher eingehen kann, welche gar nicht aufgenommen werden, welche anderen sich in den Vordergrund schieben, hängt jeweils von der konkreten Gesprächssituation ab. Hierbei ist besonders wichtig, ob der Vater anwesend ist oder ob der Lehrer nur mit dem Kind und der Mutter spricht. Oft ist die Unterhaltung deutlich von beruflichen Fragen bestimmt, z. B. wenn der Vater den Eindruck gewinnt, er habe im Lehrer einen aufmerksamen Zuhörer gefunden. Hält er sich hingegen zurück, weil er die Schule als zum Bereich seiner Frau gehörig versteht, so konzentriert sich das Gespräch vermutlich mehr auf das Kind – seine Tageseinteilung, seine Fähigkeiten und seine bisherige Entwicklung.

Wie immer das Gespräch verläuft: Je genauer der Lehrer weiß, was er erfahren möchte, um so mehr erfährt er. Deshalb haben wir oben ein Fragengerüst entworfen, obwohl wir aus eigener Erfahrung wissen, daß gerade das erste Gespräch oft eine ganz andere Wendung nimmt, als erwartet. Der Lehrer sollte sich stets vor Augen halten, daß er nicht zum letzten Mal mit den Eltern spricht (auch wenn er sie vielleicht nicht mehr besuchen wird); denn mit diesem ersten Gespräch versetzt er sich und die Eltern in die Lage, auf Elternabenden oder bei kurzen Besuchen in der Schule Möglichkeiten auch zu privaten Unterhaltungen zu schaffen.

Unter dem systematischen Gesichtspunkt, den der Lehrer mit seiner Bestandsaufnahme und mit seinen Elternbesuchen verfolgt, muß er das, was er in Erfahrung bringt, festhalten. Prinzipiell und nach unseren eigenen Erfahrungen erscheint es uns sinnvoll, sich schon während des Gesprächs einige Daten zu notieren, z. B. die Geburtstage der Geschwister, Krankheiten des Kindes, bestimmte Wünsche der Eltern (etwa: den monatlichen Elternabend nicht auf einen bestimmten Wochentag festzusetzen, der durch eine feste Familiengewohnheit – Verwandtenbesuch oder Skatrunde – belegt ist). Die Eltern akzeptieren durchaus die Erklärung, daß der Lehrer derlei Daten von allen Kindern, die er besucht, nicht im Kopf behalten kann.

Es ist jedoch nötig, sich auch nach dem Besuch Notizen zu machen, auf die man gelegentlich zurückgreifen kann. Die einfachste Form dafür wäre eine Art »Kinderkartei«, in die der Lehrer später laufend Notizen und Beobachtungen aus dem Unterricht eintragen und die er dann in Relation zu außerschulischen Daten setzen kann.[33]

33 Von allen Pädagogen, die sich mit dem Verkehr zwischen Lehrern und Eltern

Bei unseren »strategischen Überlegungen« haben wir betont, wie sehr der Lehrer auf seine Kollegen oder andere Personen angewiesen ist, mit denen er über seine Arbeit kommunizieren kann. Dies gilt für den unmittelbar schulischen Bereich seiner Arbeit ebenso wie für den über seine schulische Arbeit vermittelten Bereich der Elternkontakte. Der Lehrer muß sich Möglichkeiten des Austauschs von Eindrücken, Erfahrungen schaffen, die er im Unterricht mit den Kindern und die er mit den Eltern macht. Auch dazu dienen die Aufzeichnungen. Die Eltern selbst können zwar ebenfalls in diesem Sinne zu Kommunikationspartnern werden, es wäre aber unrealistisch, unter den herrschenden Schulbedingungen anzunehmen, daß die Kommunikation mit ihnen ähnlich umfassend sein kann wie immerhin mit einigen Kollegen.

D. Kurzbesuche der Eltern in der Schule[34]

Ein Lehrer, der eine Klasse schon im Vorschuljahr übernimmt, ist seinen Kollegen in bezug auf Kontaktmöglichkeiten mit den Eltern voraus, denn in keiner anderen Klassenstufe kommen die Eltern ähnlich häufig zur Schule. Dies hängt damit zusammen, daß die Mütter zu Beginn der Vorschule ihre Kinder noch zur Schule bringen und sie auch wieder abholen. In der normalen Vorschularbeit können diese Kontakte nicht systematisch genutzt werden, da die Vorklassen-Leiterin an einem Vormittag in der Regel zwei Gruppen zu versorgen hat und aufgrund ihrer Arbeitssituation an einer bewußten Nutzung dieser Gelegenheiten, mit den Eltern zu sprechen, selten interessiert ist.

In unserer Konzeption einer Eingangsstufe kommt diesen täglichen Kontakten jedoch eine hohe Bedeutung zu; sie sind im Zusammenhang mit den bisherigen Handlungsanleitungen zu sehen.

Wenn der Lehrer seine Arbeit mit der Vorklasse beginnt,

beschäftigt haben, wird die Notwendigkeit einer gründlichen Vor- und Nachbereitung von Elternbesuchen, Lehrersprechstunden oder Elternabenden betont (vgl. Kampmüller, Bach, Schubert, Gaudig).

34 Auf derartige informelle Kontaktmöglichkeiten haben Pädagogen immer hingewiesen. Vgl. z. B. Bach (11, S. 128).

kennt er durch seine Besuche bereits alle oder die meisten Eltern und Kinder. Frau X z. B., die ihre Tochter stets frühzeitig zur Schule bringt und sich vor dem Unterricht gern in der Klasse umschaut, ist ihm also keine Unbekannte, er erinnert sich an seinen Besuch, fragt nach dem Ältesten, von dessen Schulproblemen die Eltern damals berichtet hatten, erkundigt sich, ob Sylvia die ersten Vorschultage gefallen haben – er weiß, daß Manfred in dieser Woche von seinem Vater gebracht wird, der Spätschicht hat und dessen Frau halbtags arbeitet. Gerade mit dem Vater möchte er gern ein paar Worte wechseln, da dieser bei seinem ersten Besuch »auf der Arbeit« war. – Der Lehrer weiß aufgrund seiner Elternbesuche auch, warum Jürgen häufig zu spät zur Schule kommt – er muß allein aufstehen, weil beide Eltern arbeiten. Jürgen wird von seiner Oma abgeholt. Mit ihr zu sprechen ist für den Lehrer um so wichtiger, als er die Eltern selten zu Gesicht bekommt. Usw.

Die Eltern ihrerseits empfinden es als angenehm und vertrauenerweckend, wenn der Lehrer ihnen in der Schule nicht nur »amtlich« gegenübertritt, sondern sich auch nach persönlichen Angelegenheiten erkundigt. Sie erfahren, daß er für ihre Probleme aufgeschlossen ist. Es entwickeln sich auch unter den Müttern oder Vätern, die ihre Kinder regelmäßig zur Schule bringen und von dort abholen, zunehmend Kontakte – man hat den gleichen Weg, die Kinder kennen einander von der Straße, die Männer arbeiten in derselben Branche. So gewinnt der Lehrer durch diese informellen Kontakte allmählich einen Überblick und kann sie im Interesse der Kinder nutzen. Z. B. bittet er Frau X, »doch einmal bei Frau Y vorbeizuschauen«, die Tochter fehle schon mehrere Tage, ohne daß er den Grund wisse. Oder er bespricht mit Frau Z, ob es nicht besser sei, ihren Sohn mit der Mutter von Martina zur Schule zu schicken, weil sie selbst immer in Zeitnot ist. Oder er fragt Herrn W, dessen Beruf er kennt, ob er nicht Holzabfälle aus der Schreinerei für die Klasse »organisieren« kann.

Die Harmlosigkeit solcher Situationen sollte nicht darüber hinwegtäuschen, daß gerade diese »Alltagsebene« des Verkehrs von vielen Lehrern mißachtet wird, oder daß gerade hier sich Entfremdungserscheinungen in den Verkehrsformen manifestieren. Die Kommunikation zwischen Lehrer und Eltern ist allzu häufig auf Stereotype reduziert, die störende oder angenehme Verhaltensweisen der Kinder im Unterricht thematisieren (»Ihr Kind kann sich gar nicht in die Klasse einfügen«; »Carola macht jetzt gut mit im Unterricht«); die Eltern können darauf ebenfalls nur stereotyp reagieren (»Ich verstehe das auch nicht . . .«; »Das freut mich aber, Herr X«). Die wirklichen Erfahrungen, die solchen Stereotypen zugrunde liegen, werden gleichsam eingeebnet. Es kann daher aus solcher Kommunikation auch kein Erfahrungszuwachs für die Beteiligten hervorgehen.

Für uns steht die Verkehrsform der Kurzbesuche von Eltern in der Schule in einem engen Zusammenhang mit den darüber hinausführenden Kontakten zwischen Eltern und Lehrern; erst ein solcher Zusammenhang bewirkt, daß sie keinen rituellen oder banalen Charakter annehmen.

E. »Verkehrshefte«[35]

Besonders bei Kindern der Vorschul- und der ersten Klasse ergibt der Unterricht eine Fülle von Informationen, die die Kinder an ihre Eltern weitergeben sollen, ohne daß der Lehrer darauf setzen kann, daß die Kinder Fragen und Aufträge behalten oder korrekt wiedergeben können. Deshalb erscheint uns das zwischen Schule und Elternhaus hin und her wandernde Mitteilungsheft ein geeignetes Mittel, eine zusätzliche Verbindung mit den Eltern herzustellen. Diese Mitteilungen sollten keineswegs den schematischen oder befehlenden Ton haben, in dem viele Lehrer (oder Vorklassen-Leiterinnen) mit den Eltern verkehren (»Jörgs Heft war wieder verschmutzt! Bitte achten Sie auf größere Sorgfalt!«). Die Hefte dienen vielmehr einerseits dazu, Wünsche des Lehrers an die Eltern weiterzuleiten, die alle Kinder betreffen, andererseits einzelnen Eltern etwas mitzuteilen, z. B. daß Jörgs Heft stark verschmutzt war. (Diese Mitteilung an die Eltern hat freilich nur dann einen Sinn, wenn der Lehrer ihnen einen Vorschlag

35 Auch diese Verkehrsform hat eine lange Tradition und wird regelmäßig im Zusammenhang mit anderen Verkehrsformen erwähnt (etwa bei Bach, Kampmüller).

machen kann, wie das Problem zu lösen oder mindestens zu erörtern sei.) Im übrigen bieten die Verkehrshefte den Eltern die Gelegenheit, sich mit Wünschen und Fragen an den Lehrer zu wenden, etwa, ihm einen Besuchstermin vorzuschlagen oder zu erklären, warum ihr Kind morgen nicht zur Schule kommen kann. Und schließlich dienen die Hefte dem Zweck, die Hausaufgaben der Kinder festzuhalten.

Wir können hier nicht grundsätzlich auf die kontroverse Diskussion über den Wert oder die Sinnlosigkeit von Hausaufgaben eingehen. Wir halten »Hausaufgaben« allerdings schon in der Vorklasse unter folgenden Gesichtspunkten für sinnvoll:

- »Hausaufgaben« in der Vorklasse befördern bei den Kindern das Bewußtsein, daß sie einer ernstzunehmenden Tätigkeit nachgehen, wenn sie in der Schule arbeiten und sich zu Hause für den Unterricht am nächsten Tag vorbereiten;
- Hausaufgaben (nicht nur in der Vorklasse) haben nur dann einen Sinn, wenn die Kinder im Unterricht erfahren, daß ihre aufgewendete Arbeit dem Unterricht nützlich ist;
- Hausaufgaben dürfen nicht in Ritualen erstarren, sondern müssen die Kinder zu vielfältigen Arbeitsformen anregen (malen; bauen; basteln; Erkundungen der Wohnung, der Straße, Geschäfte; die Eltern nach etwas fragen, das am nächsten Tag wichtig für den Unterricht ist; einen Klassenkameraden besuchen, etc.);
- die Praxis von Hausaufgaben muß mit den Eltern abgestimmt sein;
- Hausaufgaben in diesem Sinne erinnern die Kinder daran, daß die Schule auch in ihrem außerschulischen Leben eine Bedeutung hat und das außerschulische Leben eine Bedeutung für die Schule;
- Hausaufgaben gewöhnen gerade solche Kinder an schulische Anforderungen (die wenn nicht in der Vorschule, so doch in den weiterführenden Klassen notwendigerweise erfüllt werden müssen), die durch ihre familiale Situation schlecht auf die Schule vorbereitet werden. Hier ist es die Aufgabe des Lehrers, diesen Kindern besondere Hilfe zu gewähren (vor Unterrichtsbeginn, wenn die Hausaufgaben vergessen wurden; während einer Spielphase, in der der

Lehrer sich um einzelne Kinder kümmern kann, wenn er annimmt, daß die Kinder an der Aufgabe zu Hause scheitern könnten; intensive Gespräche mit den Eltern; keine Diskriminierung in der Klasse, wenn die Aufgaben nicht oder schlecht erledigt wurden). –

Die »Liste« könnte erweitert werden, sie reicht jedoch aus, um unsere prinzipielle Meinung zu Hausaufgaben zu umreißen.

Die Verkehrshefte sind nicht nur ein Mitteilungsheft für Eltern und Lehrer, sondern gleichzeitig ein Arbeitsbuch für die Kinder. Der Lehrer macht sie zu einem Bestandteil seines Unterrichts. Er läßt z. B. eine auf Matrize abgezogene Einladung an die Eltern für den nächsten Elternabend, nachdem er sie den Kindern vorgelesen hat, einkleben oder einheften; er erarbeitet mit den Kindern Zeichen, Symbole für Informationen, und die Kinder berichten dann am nächsten Tag, ob die Eltern das Symbol ohne oder mit Erläuterung verstanden haben usw. Der Lehrer hat nicht das Problem, in einen schematischen oder befehlenden Ton zu verfallen, der bei den Eltern Gleichgültigkeit oder Angst und Abwehr hervorriefe; er kann davon ausgehen, daß nicht nur er sie, sondern auch sie ihn kennen und ihm darin vertrauen, daß er ihr Kind nach Kräften fördern will. Daher kann er z. B. bestimmte Schwierigkeiten, die ein Kind hat, klar benennen und die Eltern um ein Gespräch bitten, ohne befürchten zu müssen, die Eltern damit zu verletzen.

Möglicherweise wenden Lehrer gegen den Gebrauch der Verkehrshefte ein, er sei bei 20 oder gar 30 Kindern mit einem viel zu großen Aufwand verbunden, und schon gar nicht sei vorstellbar, längere persönliche Mitteilungen in die Hefte einzutragen. Wir sind jedoch der Meinung, daß es mit zu der planerischen Kompetenz eines Lehrers gehört, seinen Unterricht so zu organisieren, daß ihm Zeit bleibt, sich einzelnen Kindern zu widmen – und dazu gehören ganz ohne Zweifel auch Mitteilungen über das Kind an seine Eltern. Die allermeisten Informationen, wenn sie nicht von den Kindern selbst verfaßt werden, können vervielfältigt und von den Kindern in ihre Hefte oder Ordner eingeheftet werden. Im übrigen kommt den Verkehrsheften nur im Rahmen des gesamten Eltern-Lehrer-Verkehrs eine Bedeutung in unserem Sinne zu.

F. Sympathien und Antipathien des Lehrers

Wir wollen hier in allgemeiner Form Probleme erörtern, die sich selbst für einen Lehrer stellen können, der weder in der Haltung des Zynikers noch des Routiniers oder in anderen Stereotypen verharrt. Auch der engagierte Lehrer entwickelt im Laufe seiner Arbeit mit den Kindern zu ihnen unterschiedlich getönte affektive Beziehungen. Einige »mag« er, andere »kann er nicht ausstehen«. Unterschiedliche Sympathien entfaltet er auch gegenüber den Eltern.

Nur wenige Lehrer sind unter den herrschenden Arbeitsbedingungen in der Lage, sich über diese Seite ihrer Arbeit Rechenschaft zu geben. Zumeist bleiben Sympathie- und Antipathiestrukturen dem Lehrer unbewußt oder werden rationalisiert: »Ich kann den Schüler X zwar nicht ausstehen, aber das hat auf meine Einstellung im Unterricht keinen Einfluß.« Es ist jedoch längst erwiesen, daß Vorurteile einen gravierenden Einfluß insbesondere auf die Leistungsbewertung des Schülers haben, und daß die »Wertigkeit« des Schülers in den Augen des Lehrers stark von gesamtgesellschaftlichen Urteilen über die sozialen Schichten und Klassen abhängt.[36] Wir wollen hier gar nicht von den offensichtlichen Diskriminierungen sprechen, denen etwa der Zyniker Kinder aussetzt, die leistungsschwach oder verhaltensauffällig sind und die aus »sozial minderwertigem Milieu« stammen. Uns interessiert vielmehr, auch aufgrund eigener Erfahrung, wie ein Lehrer mit der Einsicht fertig werden kann, daß er Sympathien und Antipathien gegenüber einzelnen Kindern und Eltern hegt, obgleich er grundsätzlich auf dem »Klassenstandpunkt« steht, seine Arbeit gebiete es, *allen* Kindern liebevoll zu begegnen, alle zu fördern und alle gerecht zu beurteilen.

Doch selbst unter dieser Voraussetzung entwickeln sich im täglichen Umgang mit den Kindern (und im Umgang mit ihren Eltern) gleichsam unter der Hand Vorlieben und Abneigungen. Die größte Schwierigkeit für den Lehrer besteht darin, daß er meist ohne Außenkontrolle arbeiten muß. Niemand beobachtet seinen Unterricht und weist ihn auf fragwürdige Verhaltensweisen gegenüber den Kindern hin. Eine

36 Vgl. hierzu Mann (142, S. 13, 18, 23 f.).

rationale Aufarbeitung von Vorurteilen, falschen Einschätzungen oder Abwehrhaltungen ist daher kaum möglich. So verfestigen sich die Strukturen – um so mehr, als die Kinder in je spezifischer Weise hierauf reagieren; es entsteht der Teufelskreis, daß die Kinder die Verhaltenserwartung des Lehrers »erfüllen«. Im herrschenden Schulbetrieb bereitet es große Schwierigkeiten, mit Kollegen gegenseitige Unterrichtsbesuche zu vereinbaren, sich also eine kollegiale Außenkontrolle des eigenen unterrichtlichen Handelns zu verschaffen. Abgesehen davon, daß nur wenige Lehrer bereit sind, einem Kollegen die Klassentür zu öffnen, aus Furcht, er könne ihre Schwächen wahrnehmen und gegen sie wenden, gehen bereits in die Stundenplan-Erstellung pädagogische Erwägungen nicht ein, so daß es so gut wie unmöglich ist, unter Kollegen gegenseitige Hospitationen zu verabreden. Ein wesentliches Moment jeder berufsbegleitenden Weiterbildung bleibt so unberücksichtigt.

Auch wir mußten feststellen, daß der Prozeß, Unterrichtshandlungen rational zu durchdringen, langwierig, schmerzhaft und von Rückschlägen bedroht ist. Wir suchten dem Problem dadurch beizukommen, daß wir u. a. systematische »Kinderbesprechungen« durchführten, in denen wir zusammen mit dem Lehrer jedes einzelne Kind im Rahmen bestimmter Fragen »unter die Lupe« nahmen. Die Fragen betrafen das Fähigkeits- und Fertigkeitsniveau, das Verhalten in der Gruppe, das Motivations- und Leistungsniveau sowie außerschulische Lebensumstände. Wir »verwissenschaftlichten« also unser unterrichtliches Handeln – auch und gerade in bezug auf die psychodynamische Seite unseres Verhaltens und unserer Einstellungen gegenüber einzelnen Kindern. Die so gewonnenen Hypothesen oder Vermutungen über unser und der Kinder Verhalten trugen wir zurück in die Unterrichtspraxis; wir lernten zunehmend, uns in unserem Handeln zu beobachten und Dritten darüber Auskünfte zu geben. Es gelang uns, wenn auch nicht vollständig, falsches oder irrationales Lehrerverhalten zu thematisieren und die Gründe für ein bestimmtes Verhalten der Kinder sowohl bei ihnen als auch bei uns aufzudecken. Wir konnten so vor allem manifeste Aggressionen gegenüber einzelnen Kindern aufarbeiten und zu einer freieren Einstellung im Unterricht gelangen. Ein

Lehrer, der auch in seinen emotionalen Einstellungen lernen will, bewußte und verantwortungsvolle Arbeit in der Schule zu leisten, wird immer wieder auf die Notwendigkeit stoßen, ein enges Arbeitsverhältnis zu seinen Kollegen zu knüpfen. Die »Politik der geschlossenen Klassentür«, die noch immer in den deutschen Schulen herrscht, zu bekämpfen, gehört zu seinen unabdingbaren Berufsaufgaben.

Auch in seinem Umgang mit den Eltern wird der Lehrer zu einigen schnell Kontakt finden, während er bei anderen Mühe hat, ihre Einwände nicht versteht, sich mißverstanden fühlt. Ein wesentlicher Unterschied im Vergleich zum Umgang mit den Kindern besteht darin, daß er es hier mit Erwachsenen zu tun hat und daß er nicht in einem direkten Arbeitsverhältnis zu ihnen steht. Seine Beziehung zu ihnen enthält zwar ein pädagogisches Element, vermittelt über die Kinder, aber es hat auch andere Dimensionen. Reduziert der Lehrer seinen Verkehr mit den Eltern auf die pädagogische Dimension, so versetzt er sie letztlich in die Rolle von Kindern, sich selbst in die des Erwachsenen. Da ihm eine solche Reduktion meist unbewußt bleibt, kann er die daraus resultierenden Mißverständnisse und Befremdungen nicht richtig interpretieren, sondern fällt seine Urteile über Eltern nach den Maßstäben, die er an die Kinder anlegt: gehorsam – aufsässig – willig zur Mitarbeit – lernunfähig etc. Andererseits reagieren die Eltern auf den Lehrer, indem sie entweder die ihnen zugemutete Kinderrolle akzeptieren (»Der Herr Lehrer wird schon wissen, warum er das so macht«) oder ablehnen (»Der hat mir gar nichts zu sagen!«); auch sie können naturgemäß den zugrunde liegenden Tatbestand einer eindimensionalen Kommunikationsform nicht richtig interpretieren. – Hat sich der Lehrer dagegen von Anfang an im Verkehr mit seinen Eltern nicht nur als Belehrender begriffen, sondern gleichermaßen als Lernender, so erweitert sich sein Verhältnis zu ihnen über die pädagogische Dimension hinaus, es nimmt Züge einer symmetrischen Kommunikation an. Wir haben jedoch bereits darauf hingewiesen, daß dies auf objektive Grenzen stößt, die die Kommunikationspartner als jeweils einzelne nicht überschreiten können – sie werden daran durch die objektive Funktion des Lehrers gehindert, mit seiner Arbeit das künftige Lebens- und Arbeitsschicksal der Kinder zu beeinflussen, während die

Eltern über einen auch nur vergleichbaren Einfluß auf den Lehrer nicht verfügen. Ihre Entscheidungsbefugnisse im Hinblick auf Schule und Arbeit des Lehrers sind, wie wir gesehen haben, äußerst beschränkt.

G. *Außerschulische Verkehrsformen*

Je genauer der Lehrer die Lebensumstände der Kinder und ihrer Familien kennen und auf seine Arbeit beziehen lernt, um so deutlicher wird er erkennen, wie fragmentarisch seine pädagogische Arbeit bleibt, da sie auf wenige Schulstunden täglich beschränkt ist. Unter diesem Zustand leiden vor allem diejenigen Kinder, deren häusliche Verhältnisse den schulischen Anforderungen entgegenstehen. Der Lehrer hat nur wenig Möglichkeiten, einzelne Kinder in der Unterrichtszeit individuell zu fördern – Teilungsstunden reichen hier nicht aus. Er sollte daher nach Wegen suchen, den Kindern nachmittags Unterstützung zukommen zu lassen, die einige der gravierendsten Schulschwierigkeiten mindern kann. Falls es möglich ist, an der Schule »Schülerzirkel« einzurichten, kann der Lehrer frühzeitig den Eltern den Nutzen einer solchen Einrichtung darlegen. Prinzipiell ist eine nachmittägliche Spiel- und Lernzeit zwei- bis dreimal pro Woche für alle Kinder eines Arbeiterbezirks, die zu Hause wenig Spielmöglichkeiten haben und deren Eltern oft keine Zeit haben, sich mit ihnen zu beschäftigen, eine sinnvolle Einrichtung; sie sollte keinesfalls nur Kindern »aus schulfernem Milieu« vorbehalten sein, schon um deren Absonderung von den anderen Kindern in der Klasse zu verhindern. Die »Schülerzirkel« sollten möglichst von Eltern geleitet werden, die für diese Tätigkeit auch angemessen zu entlohnen sind. Wir halten alle Modelle, die unbezahlte Elternarbeit voraussetzen, für einen Notbehelf. Es kann nicht der Sinn schulreformerischer Maßnahmen sein, sie auf Kosten der Eltern zu verfolgen. – Aufgrund seiner Kenntnis der häuslichen Verhältnisse weiß der Lehrer, welche Mütter für die Leitung von Schülerzirkeln[37] in Betracht kommen. Unter Umständen entbindet diese Tätigkeit einige Frauen von einem Teil der drückenden und misera-

37 Vgl. *Neuköllner Schulbuch*, Bd. I, (23, S. 210 ff.).

bel bezahlten Heimarbeit, bezieht scheue Frauen (Ledigenstatus) in die Elternschaft ein, gewährt Hausfrauen, die mit dem Haushalt »nicht ausgelastet« sind, aber auf Wunsch ihres Mannes nicht arbeiten gehen, eine gewisse Befriedigung.

Es darf allerdings nicht verhehlt werden, daß »Schülerzirkel« unter diesen Bedingungen nur dann gut arbeiten, wenn der Lehrer die »Grobplanung« mit den Müttern gemeinsam macht, sie also nicht völlig »ihrem Schicksal« überläßt. Kinder und Mütter müssen das Bewußtsein haben, daß die Arbeit im Zirkel ein außerschulischer Teil des Unterrichts ist. Die erarbeiteten Produkte (Bastelarbeiten) oder Unternehmungen dort (Zoo- oder Ausstellungsbesuche) nimmt der Lehrer im Unterricht auf.

Zeigen einzelne Kinder besondere Leistungsschwächen, so kann der »Schülerzirkel«, in dem freilich am Anfang sehr viel mehr gespielt als »gelernt« wird, den Unterricht durch Übungsaufgaben entlasten, die die Kinder dort unter Aufsicht erledigen. Wiederum gilt, daß die Mütter vom Lehrer detaillierte Hinweise bekommen müssen, wie lange die Übungszeit für die Kinder sein soll, welche Aufgaben insbesondere geübt werden sollen. Später bieten die »Schülerzirkel« den Kindern Gelegenheit, ihre Hausarbeiten unter Anleitung zu machen.

Nach unseren Erfahrungen sind Mütter selten unumwunden bereit, einen Zirkel allein zu führen, sehr viel eher, wenn sie zu zweit sind. Sie können dann Probleme austauschen und bestimmte Projekte, die sie mit den Kindern durchführen wollen, gemeinsam vorbereiten. Auch für die Kinder ist es besser, zwei Bezugspersonen zu haben – manche reagieren vielleicht auf eine bestimmte Mutter sehr aggressiv, und auch die Vorlieben und Abneigungen der Mütter gegenüber einzelnen Kindern werden, sind sie zu zweit, wenigstens teilweise kompensiert.

Vielleicht aufgrund von Aktivitäten, die sich aus der Arbeit im »Schülerzirkel« ergeben, vielleicht auch unabhängig davon werden von den Eltern, den Kindern oder dem Lehrer Wünsche nach gemeinsamen außerschulischen Unternehmungen geäußert: Ein Vater fragt auf dem Elternabend, ob es nicht möglich sei, nachmittags mit den Kindern schwimmen zu gehen, er hätte daran Interesse. Daraus kann sich die Gewohnheit entwickeln, daß abwechselnd Eltern und Lehrer mit einer Kindergruppe schwimmen gehen. Oder die »Zirkelmütter«

stellen auf dem Elternabend ihr Projekt vor, mit den Kindern einen Tagesausflug zu unternehmen. Mütter und Väter zeigen Lust, teilzunehmen. Oder einige Eltern äußern den Wunsch, ein Fest zu feiern. Auf dem Elternabend wird besprochen, wo es stattfinden soll, wer es organisiert, welchen Charakter es haben soll (Tanzvergnügen, Freßfest, Ausflugsfest auf einem Dampfer etc.).[38] – Möglicherweise möchte der Lehrer insbesondere mit den Vätern, zu denen er alles in allem weniger Kontakt hat als zu den Müttern, in nähere Beziehung treten; er weiß, daß sie Sonntag vormittags Zeit haben und gern ein Bier trinken; er schlägt ihnen vor, sie in ihrer Stammkneipe zu treffen, oder lädt sie selber zu einer »Bierrunde« ein.

Solche außerschulischen Aktivitäten, die in der Kindergarten- und Grundschul-Pädagogik eine lange Tradition haben, entstehen und entfalten sich unter den herrschenden schulischen Verhältnissen nur dann, wenn Lehrer und Eltern einander bereits kennen und, in einem wie geringen Ausmaß auch immer, Entfremdungserscheinungen in ihren Verkehrsformen abgebaut haben. Derlei Kommunikationsformen lassen sich nicht modellhaft planen. Das Argument von Lehrern (möglicher-, aber nicht wahrscheinlicherweise von Eltern), man habe weiß Gott dazu weder Lust noch Zeit, ist unsinnig. Denn auf dieser Ebene der Verkehrsformen geht es ja gerade um den freiwilligen, den nicht erzwungenen Verkehr zwischen Menschen, die aneinander Interesse gefunden haben.

Zu den außerschulischen Verkehrsformen gehören indes auch Aktivitäten des Lehrers, die mit Problemen einzelner Kinder zusammenhängen, die von der Schule direkt nicht gelöst werden können. Beispiel: Das Kind einer zehnköpfigen Familie, die ein »Sozialfall« ist, kommt sehr oft zu spät oder gar nicht zur Schule. Alle Bemühungen des Lehrers, mit den Eltern zu reden, sind erfolglos gewesen. Er wendet sich an die Jugendfürsorge und erörtert mit der zuständigen Sozialarbeiterin, wie die Familie dazu gebracht werden kann, ihr Kind regelmäßig zur Schule zu schicken. Dabei stellt er fest, daß Sozialarbeiter ihrerseits so überlastet sind, daß sie ihre »Fälle« kaum überblicken, geschweige denn effektiv verfolgen können.[39] Ein anderes Beispiel: Ein Kind ist offensichtlich kurz-

38 Vgl. a.a.O., S. 191 ff., S. 289 ff.
39 Vgl. a.a.O., insbes. *Familie Gerich* (Bd. I).

sichtig, die Eltern gehen aber mit ihm nicht zum Augenarzt, um ihm eine Brille verschreiben zu lassen. Ein drittes Beispiel: Ein Kind leidet unter der Dauerehekrise seiner Eltern so stark, daß es in der Schule keinerlei Arbeitsmotivation mehr aufbringen kann.

In allen diesen Fällen ist der Lehrer mit Problemen konfrontiert, von deren Lösung oder Milderung die schulische Entwicklung der Kinder abhängt. Insofern betreffen sie ihn als Pädagogen. Aber kann er denn neben seiner Lehrertätigkeit auch noch den Sozialarbeiter und Eheberater spielen? Auch wenn er im einzelnen Fall nicht umhin kann, helfend einzugreifen, muß er sich darüber im klaren sein, daß die gesellschaftlichen Widersprüche, auf die er auch im Verkehr mit den Eltern trifft, besonders unter den extremen Lebensbedingungen sogenannter Randgruppen, von ihm als Einzelnem nicht gelöst werden können. Wo sie im schulischen Rahmen überhaupt zu lösen oder zu mildern sind, ist der Lehrer zumindest auf die Elternschaft insgesamt angewiesen. Dabei wird ihm (und der Elternschaft) deutlich, daß es sich nicht mehr um lediglich »pädagogische« Probleme handelt.

H. Elternabende

Der Elternabend bleibt, auch wenn der Lehrer den Verkehr zur Elternschaft insgesamt erweitert, der wichtigste Ort für seine Begegnung mit ihnen. Hier kommen er und die Eltern als Kollektiv zusammen, hier entscheidet sich, ob und inwieweit sie handlungsfähig sind.

Es steht außer Frage, daß der Lehrer sich nicht mit der Pflichtzahl von Elternabenden begnügen kann. Es ist im Grunde völlig gleichgültig, ob ein Lehrer drei Pflichtelternabende abhält oder keinen; weder er noch die Eltern können daraus irgendeinen Nutzen ziehen. Alles, was dort verhandelt wird, könnte schneller und effektiver mit einem oder drei Informationsbriefen erledigt werden. Jeder Lehrer, ob er es sich eingesteht oder nicht, weiß das und absolviert derlei Elternabende meist mit widerwilliger Gleichgültigkeit. Auch die Eltern verknüpfen mit den üblichen Elternabenden keine großen Erwartungen; sie kommen pflichtbewußt oder bleiben fern.

Bereits die Architektur der meisten Schulen steht einem regelmäßigen und unbefangenen Austausch zwischen Lehrern und Eltern entgegen. Es gibt in der durchschnittlichen deutschen Grundschule keinen angemessen ausgestatteten und ständig benutzbaren Raum für Elternabende; sie finden in miefigen Klassenzimmern auf kleinen und harten Stühlen und Bänken statt, die oft nicht einmal verrückt werden sollen oder können. Der Lehrer sitzt oder steht vor den Eltern, wie er sonst vor der Klasse sitzt oder steht. Gewöhnlich nutzt er den letzten Teil des Abends, Eltern einzeln die Gelegenheit zu geben, mit ihm zu sprechen. Es warten dann meist schon viele Eltern, so daß er mit keinem von ihnen in Ruhe reden kann. Alle Lehrer und Eltern leiden unter diesem »Normalzustand«, aber nur wenige Lehrer ziehen daraus Konsequenzen.

Die erste Konsequenz ist: Der Lehrer veranstaltet zusammen mit seinen Eltern jeden Monat einen Elternabend.[40] Die zweite Konsequenz ist: Der Elternabend findet nur dann und so lange in der Schule statt, wie dies seinem Gegenstand dienlich ist.

Die erste Konsequenz brauchen wir nicht mehr ausführlich zu begründen, denn es ist klar, daß eine fortlaufende Information und Beteiligung der Eltern an schulischen und unterrichtlichen Angelegenheiten anders nicht gewährleistet werden kann. Der Verkehr zwischen Elternhaus und Schule wird niemals eine lebendige Qualität annehmen, wenn nicht ausreichend Gelegenheiten zur Begegnung geschaffen werden. Diese Binsenweisheit müssen wir deshalb betonen, weil die Schule sie mißachtet. Es tritt kaum jemals der Fall ein, daß ein Lehrer zur Rechenschaft gezogen wird, weil er Elternabende ausfallen ließ oder sie nicht hinreichend vorbereitete. Selbst das neue Berliner Schulgesetz, das vorsieht, daß der Elternvorsitzende einer Klasse zusammen mit dem Lehrer zum Elternabend einlädt[41], bringt hier keine Verbesserung, da die Pflichtzahl der Elternabende nicht grundsätzlich erhöht wurde und die Eltern nach wie vor von der Kompetenz und Initiative des

40 Vgl. Bach, Kampmüller und viele andere, die monatliche Elternabende für unerläßlich halten. Vgl. Erfahrungsberichte von Elternabenden im *Neuköllner Schulbuch* Bd. I, S. 232 ff.

41 Vgl. Anhang 2, S. 277 ff.

Lehrers abhängig sind. Elternabende in unserem Verständnis werden auch weniger durch Gesetze etabliert – wenngleich Gesetze die nötigen Voraussetzungen schaffen können[42] – als durch eine das gesamte schulische Leben bestimmende pädagogische Verantwortung. Das »pädagogische Gespräch« zwischen Kollegen, Rektor, Schülern und Eltern gibt es an Volksschulen nicht.

Die zweite Konsequenz ergibt sich als Gegenmaßnahme zur herrschenden Form üblicher Elternabende in Schulräumen. Natürlich sind die Eltern vor allem auf dem ersten Elternabend daran interessiert, das Klassenzimmer ihrer Kinder, in dem diese einen wichtigen Teil des Tages und ihres Lebens verbringen, zu besichtigen. Sie wollen wissen, wo ihr Kind seinen Platz hat, wie die Klasse ausgestattet ist, was ihr Kind gemalt hat usw. Auch im weiteren Verlauf des Schuljahres wird es immer wieder Anlässe geben, den Elternabend in der Klasse stattfinden zu lassen – seien es kleine Ausstellungen von Kinderarbeiten, die die Klasse für den Elternabend vorbereitet hat, sei es, daß der Lehrer den Eltern einen Film aus dem Unterricht zeigen will, den Didaktikumstudenten herstellten, sei es, um ihnen neue Arbeitstechniken und Arbeitsmaterialien vorzuführen. Der Lehrer sollte sich aber außerdem nach einer für alle Eltern leicht erreichbaren Gaststätte mit Vereinszimmer umsehen bzw. auf dem ersten Elternabend mit den Eltern einen solchen alternativen Tagungsort für kommende Elternabende festlegen (in der Regel wissen hier die Eltern besser Bescheid als der Lehrer). Nicht nur den Vätern, auch den Müttern ist die Vorstellung angenehm, über schulische Dinge bei einem Bier an einem außerschulischen Ort zu reden. Wir halten das Argument vieler Lehrer, die Eltern fänden eine Gastwirtschaft als Tagungsort unseriös, für einen Vorwand. Zwar mögen manche Eltern – insbesondere solche mit autoritären Erwartungen an die Schule – einem solchen Vorschlag zunächst skeptisch gegenüberstehen. Aber wenn der Lehrer überzeugt und überzeugend für ihn eintritt, schwinden ihre Bedenken schnell. Nach unserer Erfahrung bevorzugten alle Eltern die Elternabende, die in »ungezwungener Atmosphäre«

42 Eine wichtige Voraussetzung wäre die Anrechnung von Elternarbeit auf die Pflichtstundenzahl des Lehrers.

stattfanden.[43]

Der Lehrer hat den Eltern schon bei seinem Besuch angekündigt, daß er ein monatliches Zusammentreffen mit ihnen für eine wichtige Voraussetzung seiner Arbeit mit den Kindern und seiner Zusammenarbeit mit ihnen hält. Eltern ohne Schulerfahrung durch ältere Kinder finden diese Ankündigung nicht weiter erstaunlich; dagegen werden Eltern, die die üblichen Elternabende kennen, mit Verwunderung reagieren (»Wieso denn so oft, bei Herrn X treffen wir uns immer dreimal im Jahr, und da kommen auch nicht alle«), vielleicht auch mit dem Einwand, sie hätten keine Zeit, sie müßten ja auch noch zu den Elternabenden ihrer anderen Kinder gehen.

Der Lehrer benutzt den ersten Elternabend, den er eine Woche oder zwei Wochen nach Schulanfang ansetzt, dazu, um den Eltern seine Meinung über die Wichtigkeit monatlicher Treffen klarzumachen. Er darf in diesem Fall auch nicht davor zurückschrecken, die Praktiken von Kollegen zu kritisieren, die diese Notwendigkeit nicht einsehen. Die Eltern erkennen und akzeptieren den Sinn von Elternabenden allerdings weniger aufgrund verbaler Beteuerungen des Lehrers; ausschlaggebend für sie ist vielmehr, ob der Abend sich für sie »lohnte«. Deshalb erfordert jeder Elternabend planerische Überlegungen des Lehrers, die er für die folgenden Abende unter Umständen mit den Eltern gemeinsam anstellen kann.

Seine Vorbereitung auf den ersten Elternabend (mit Abwandlungen auf die weiteren) umfaßt folgende Punkte:

1. Klasse vorbereiten (Gaststätte informieren); für hohe Stühle, Getränke und Aschenbecher sorgen.

2. Als erster in der Klasse sein (die er und die Kinder für den Abend vorbereitet haben) und die Eltern persönlich begrüßen. Es macht einen großen Unterschied für die Eltern, ob der Lehrer schweigend vorn steht und ihnen zunickt, oder ob er, wenn sie die Klasse betreten, auf sie zukommt, sie mit Namen

43 Es steht allerdings zu erwarten, daß die Elternversammlungen durch schulbehördliche Anordnungen so vereinheitlicht werden, daß sie für alle Parallelklassen einer Klassenstufe auf einen festen Termin in der Schule gelegt werden. Eine solche Regelung, die schon an vielen Schulen besteht, macht die Auslagerung aus der Schule schwierig. Diese Formalisierung des Verkehrs zwischen Lehrern und Eltern beschneidet – gewiß nicht zufällig – die traditionellen »pädagogischen Freiräume«, zu denen auch die Gestaltung und Durchführung von Elternabenden gehört(e).

anspricht und einige Worte mit ihnen wechselt.[44]

3. Darauf achten, welche Kinder durch die Mutter, den Vater, beide Eltern, andere Personen oder niemanden vertreten sind. Hier ist der Lehrer, der Elternbesuche gemacht hat, den Kollegen voraus, die sich plötzlich zwanzig oder mehr neue Gesichter und die dazugehörigen Namen einprägen müssen. Aber auch unter dieser günstigen Voraussetzung wird es eine Weile dauern, bis er mühelos rekonstruieren kann, die Eltern welcher Kinder anwesend waren.

4. Zu Beginn des Abends[45] stellt sich der Lehrer noch einmal allen Eltern vor. Er nennt nicht nur seinen Namen, sondern er berichtet auch, wie lange er schon an der Schule arbeitet, an welcher Schule, in welchem Bezirk oder Land er vorher arbeitete, daß dies seine erste Vorklasse ist, welche anderen Tätigkeiten er früher ausübte etc. Die Eltern sollen mit der Person des Lehrers mehr verbinden als nur einen Namen und daß er »Lehrer« ist. Er gibt den Eltern seine Adresse oder Telefonnummer, damit sie ihn notfalls außerhalb der Schulzeit erreichen können, betont dabei jedoch, daß er für sie stets auch in der Schule zu sprechen ist.

5. Er bittet die Eltern, reihum ihren Namen und vor allem den ihres Kindes zu nennen, damit sich alle untereinander kennenlernen (»Ach, Sie sind die Mutter von Martin!«). Hierbei ist auch die Angabe des Berufs bedeutsam: Die Eltern

44 Diese Einsicht ist gewiß nicht neu. Schon vor gut fünfzig Jahren schreibt eine Mitarbeiterin Gaudigs: »Ich komme immer etwas zeitig, nie erst feierlich zuletzt, wenn schon alle versammelt sind; ich empfange, wie man liebe Gäste empfängt; wir plaudern in einzelnen Gruppen, Persönliches und Unpersönliches, wie es gerade kommt, aber immer von Mensch zu Mensch.« H. Hallmann (72, S. 207). Die Autorin problematisiert allerdings, wie schon aus dem Zitat deutlich wird, nicht die institutionellen und sonstigen Schwierigkeiten, die einem solchen ungezwungenen Verkehr mit den Eltern entgegenstehen. Aus ihrer weiteren Beschreibung geht hervor, daß sie es vorwiegend mit bürgerlichen Eltern zu tun hatte: »Die Eltern unserer Schülerinnen gehören meist den Kreisen an, wo der Verkehr mit dem Lehrer nicht durch die bittere Notwendigkeit gehindert wird.« (S. 213)

45 Die im folgenden angestellten Überlegungen zum Verlauf eines Elternabends sind auch von gruppendynamischen Einsichten bestimmt, die unter den gegenwärtigen Verhältnissen freilich nur der Lehrer haben kann und sozusagen stellvertretend für die gesamte Gruppe nutzen muß. Gerade unter dem Gesichtspunkt des Verkehrs zwischen Lehrern und Eltern wären gruppendynamische Theorien und Theoreme in der Lehrerbildung fruchtbar zu machen bzw. auf ihre Praxisbedeutung zu überprüfen.

gewinnen ein viel stärkeres Interesse aneinander, wenn sie wissen, was der andere arbeitet.

6. Der Lehrer berichtet, was er mit den Kindern in den ersten Tagen der Vorschule gearbeitet hat, und erwähnt dabei schon einzelne Kinder, damit die Eltern auch die Kindergruppe kennenlernen (»Ich weiß nicht, ob mir Thomas' Mutter hier zustimmt, aber in der Klasse ist der Thomas noch so still wie eine Maus«; »Ein paar Kinder weinen ja noch, wenn die Mutti sie bringt und dann weggeht, die Sybille zum Beispiel, aber das gibt sich mit der Zeit.«)

7. Er eröffnet eine kurze Diskussion darüber, was die Kinder zu Hause von den ersten Schultagen berichtet haben. Dabei achtet er darauf, welche Eltern nichts sagen, und fragt einige gezielt: »Und was hat Ihre Tochter, die Claudia, erzählt?«

8. Er umreißt kurz und konkret, was er für die nächste Zeit im Unterricht plant, welche Projekte er mit den Kindern durchführen möchte.

9. Er fragt die Eltern nach Materialien und erklärt ihnen, daß die normale Schulausstattung für einen interessanten Unterricht nicht ausreicht oder ungeeignet ist. Können sie ihm bei der Beschaffung von alten Bekleidungsstücken und Hüten für Rollenspiele der Kinder behilflich sein? Hat vielleicht jemand zu Hause Handpuppen, Kindertelefone, einen Kaufmannsladen? Können die Mütter Joghurtbecher, Gläser, Plastikgeschirr entbehren? Kommt vielleicht Frau Y, die im Büro arbeitet, an Papierreste, Herr Z an Makulatur, Pappe? Es wird sich aller Wahrscheinlichkeit nach über diese Fragen eine lebhafte Diskussion unter den Eltern entwickeln – der Lehrer notiert sich alle Vorschläge und Zusagen, um später auf sie zurückgreifen zu können.

10. Zum Schluß werden aktuelle organisatorische Probleme erörtert – Turnschuhe und Malschürzen, die in der Klasse bleiben, nicht zu viele Süßigkeiten in der Frühstückstasche etc.

Findet der Elternabend in der Klasse statt, so wird kaum Zeit bleiben, mit den Eltern noch informelle Gespräche in kleinen Gruppen zu führen, einzelne Punkte mit bestimmten Eltern zu besprechen. Es stellt sich jedoch meist schnell heraus, daß den Eltern an einem informellen Beisammensein, in dessen Verlauf der Lehrer sich bald zu dieser, bald zu jener Gruppe setzt, mindestens ebensoviel gelegen ist wie an dem »offiziellen« Teil des Abends. Der Elternabend wird sich daher von selbst in zwei Abschnitte gliedern. Im »inoffiziellen Teil« spielen schulische Angelegenheiten in den Gesprächen der Eltern meist nur eine untergeordnete Rolle, zumal darüber zu Beginn geredet wurde. Es geht nun mehr um den Austausch von Alltagserfahrungen: Ferienziele, Ärger am Arbeitsplatz, Wohnungsprobleme, Anschaffungen, Erlebnisse der Kinder beim Spielen auf der Straße, Berufstätigkeit der Frauen etc. Oft finden sich Gruppen zusammen: Väter, die in derselben Branche arbeiten, Mütter, die einander aus der Nachbarschaft oder über Kinderbesuche und -freundschaften kennen. Es ist die Aufgabe des Lehrers, isolierte Eltern (z. B. eine alleinstehende Mutter, ein Gastarbeiterehepaar, eine sozial schlecht angesehene Familie) in die Gruppen einzubinden, um der Elternschaft durch sein eigenes Verhalten deutlich zu machen, daß diese Eltern mit zur Elternschaft gehören.

Hat der Lehrer zu Beginn des Schuljahres vielleicht noch Sorgen, wie er die monatlichen Elternabende gestalten soll, so verliert er sie zusehends, wenn er sich an folgende Grundsätze hält:

1. Zu der Nachbereitung eines Elternabends gehört es, den Ursachen für die Abwesenheit von Eltern nachzugehen, falls sie ihm nicht bekannt sind. Der Lehrer muß zu verstehen geben, daß er prinzipiell mit der Anwesenheit aller Eltern – auch der Väter – rechnet. Er unterstützt dies mit dem Hinweis, daß er selbst sich beizeiten auf Elternabende einstellt und dies ebenfalls von den Eltern erwartet. Nach jedem Elternabend schreibt er einen kurzen (hektographierten) Brief an die Eltern, die nicht kommen konnten, und informiert sie über das, was besprochen wurde.

Gleichwohl wird es stets einige Familien geben, die nicht kommen, vor allem solche aus »sozial schwachen Verhältnissen«. Hier muß der Lehrer frühzeitig mit einem Kurzbesuch nach der Schule »nachhaken«. Oft muß er Scham oder Scheu überwinden helfen, in einer fremden Gruppe zu erscheinen. Solche Eltern spüren nämlich sehr genau, daß sie in der Nachbarschaft schlecht angesehen sind. Nach unseren Erfahrungen kann der Lehrer, wenn er sich Mühe gibt, auch diese

Eltern von der Wichtigkeit ihres Kommens überzeugen. Er bedeutet ihnen, daß ihr Kind wie alle anderen stolz ist, wenn sie den Elternabend besuchen. Er betont, daß auf dem Elternabend Dinge besprochen werden, die die Eltern im Interesse ihres Kindes wissen müssen. Ist der Grund für die Abwesenheit der Eltern, daß die Familie die vom Kind überbrachte Einladung vergessen oder das Kind sie nicht richtig abgeliefert hat, kann der Lehrer vor dem nächsten Elternabend, möglicherweise am selben Tag, dem Kind eine Erinnerungsstütze geben, notfalls selbst noch einmal die Eltern erinnern. (Wir halten gerade diese »Minutenbesuche« am Tag des Elternabends, die der Lehrer nach der Schule macht und die ihn wenig Zeit kosten, für ein geeignetes Mittel, um scheue oder vergeßliche Eltern zu ermutigen oder zu erinnern.)

Zu den Familien, die nicht auf dem Elternabend erschienen sind, gehören vielleicht auch Gastarbeitereltern, die ebenfalls Hemmungen vor einer fremden Gruppe haben, deren Sprache sie zudem nicht oder kaum verstehen. Dieses Problem läßt sich nicht allgemein lösen. Sind in der Klasse sehr viele Ausländerkinder einer Nation, so sollte der Lehrer sich nach einem Dolmetscher umschauen; dies kann z. B. ein Student sein[46], an einigen Schulen gibt es auch ausländische Lehrer. Falls es sich um eine Sprache handelt, die vielleicht ein Kollege beherrscht (Italienisch, Spanisch), so stellt dieser sich unter Umständen für den Abend als Dolmetscher zur Verfügung.

2. Haben die Eltern Wünsche des Lehrers nach Materialien erfüllen können, so erarbeitet er mit den Kindern ein Bild oder einen Brief an die Eltern, die ihnen vermitteln, was die Klasse mit den Materialien gemacht hat.

3. Vor jedem Elternabend gibt der Lehrer den Kindern eine Einladung mit, aus der die Themen hervorgehen, die besprochen werden sollen. Er liest den Kindern den Einladungstext vor (ebenso wie er der Klasse von jedem Elternabend erzählt). Dabei erfährt er oft schon, daß oder warum einzelne Eltern nicht kommen werden – die Oma »aus dem Osten« ist gerade zu Besuch (in diesem Fall schreibt er ins Verkehrsheft oder auf die Einladung, daß sie herzlich eingeladen ist, an dem Eltern-

46 Wo Universitäten und Hochschulen am Ort sind, sollte der Lehrer, falls er viele Gastarbeiterkinder in seiner Klasse hat, unbedingt gezielte Kontakte aufnehmen, um ausländische Studenten für diesen Teil der Schularbeit zu gewinnen.

abend teilzunehmen), der Vater hat Schicht, die Mutter muß wegen des Babys zu Hause bleiben etc.

4. Die Themen des nächsten Elternabends hat der Lehrer mit den Elternvertretern vorbesprochen, soweit er dies nicht schon mit allen Eltern zusammen auf dem letzten Elternabend tun konnte.

5. In den Tagen vor dem Elternabend erinnert der Lehrer die Eltern bei ihren Kurzbesuchen in der Schule daran – die Eltern bekommen auf diese Weise das Gefühl, daß dem Lehrer die Veranstaltung wichtig ist, er hierfür Vorbereitungen trifft.

6. Meist auf dem zweiten Elternabend des ersten Schuljahres (bzw. eines neuen Schuljahres) werden die Elternvertreter gewählt. Nach unseren Erfahrungen verbinden Grundschuleltern eines Arbeiterbezirks mit der Elternmitbestimmung keine oder nur sehr vage Vorstellungen.[47] Der Lehrer muß daher die Elternschaft über die Möglichkeiten und Grenzen ihrer Einflußnahme aufklären. Er sollte nicht versuchen, die gesamte Problematik an einem Abend abzuhandeln (um das Thema dann nie wieder aufzunehmen, wie dies oft der Fall ist).

Bei der Wahl von Elternvertretern ist seine Elternschaft im Vorteil, weil sie sich durch das Vorschuljahr schon wesentlich besser kennt. Die Frage, wen die Eltern wählen sollen, muß also nicht mehr nach dem Zufallsprinzip beantwortet werden. Der Lehrer erörtert vor der Wahl mit den Eltern das Problem, daß ein Elternvertreter neben Rechten auch bestimmte Pflichten hat, die Zeit kosten. Nicht alle Berufsgruppen sind in der Lage, diese Zeit aufzuwenden. Was bedeutet dies für die Zusammensetzung der Elternvertreter? Wie sinnvoll sind Gewerkschaftsforderungen nach Arbeitsfreistellung für Aufgaben der Elternvertretung? Er kündigt den Eltern an, daß auf den folgenden Elternabenden weitere Merkmale der Elternmitbestimmung erörtert werden.

7. Der Lehrer überlegt, wie er den Eltern Unterricht vergegenwärtigen kann: Er nennt einen festen Tag in der Woche, an dem sie den Unterricht besuchen können. Erfahrungsgemäß machen die Eltern eines Arbeiterbezirks hiervon nur sporadisch Gebrauch, soweit es ihre Lebens- und Arbeitsumstände

47 Vgl. Anhang 2.

überhaupt zulassen, sich vormittags Zeit für einen Unterrichtsbesuch zu nehmen.[48] Das Angebot selbst kann aber dazu beitragen, Konflikte zu klären: Mehrere Mütter haben sich auf dem letzten Elternabend beschwert, daß ihre Kinder nach dem Gemeinschaftsmalen an einem Großbild tuschfarbenverschmiert nach Hause kamen – was ist das überhaupt für ein Unterricht, wo auf dem Boden gearbeitet wird? Der Lehrer nimmt solche Konflikte auf dem Elternabend auf, erklärt den Sinn von kollektiven Arbeitsformen, erörtert praktische Details und lädt die Eltern ein, einmal der Erstellung eines Großbildes beizuwohnen. Auf keinen Fall läßt er sich von der Methode selbst abbringen, sondern macht deutlich, daß er den pädagogischen Sinn solcher Arbeitsformen angemessen beurteilen kann, daß freilich die Eltern das Recht haben, sich danach zu erkundigen.

Erfahrungsgemäß interessieren sich insbesondere Arbeitereltern weniger für geplante Unterrichtsvorhaben als für aktuelle, von denen sie aus den Erzählungen ihrer Kinder wissen. Deshalb sollte der Lehrer alle visuellen Medien nutzen, um den Eltern Unterricht vorzuführen (Bilder, Film, Foto), desgleichen akustische wie Tonbandaufnahmen, die er mit den Kindern hergestellt hat. Die Motivation der Kinder, ein Produkt zu erstellen, ist um so stärker, je mehr »Publikum« sie haben: sie nehmen Lieder oder ein »Konzert«[49] auf Band; Klassengespräche, besonders, wenn es sich um Themen handelt, zu denen die Eltern Informationen beitrugen (»Was mein Vater arbeitet«, »Wer zu meiner Familie gehört«) etc. Projekte, die auf die Hilfe der Eltern angewiesen sind, werden auf dem Elternabend geplant (Fotos vom Arbeitsplatz; Gebrauchsgegenstände des täglichen Lebens, die die Kinder an einem bestimmten Tag mit in die Schule bringen sollen; Ausflüge).

8. Auf jedem Elternabend sollten neben dem »konstanten Programm« jeweils ein oder zwei grundsätzliche Themen besprochen werden:

a) Wozu ist die Vorschule gut, was soll sie leisten, wie hängt sie mit der obligatorischen Grundstufe zusammen (Konzept

48 Sehr gern nutzen insbesondere Väter die Gelegenheit, wenn der Stundenplan und ihre Arbeit dies erlauben, am Sportunterricht ihrer Kinder teilzunehmen.

49 Vgl. hierzu und zu Großbildern das *Neuköllner Schulbuch*, (23), Bd. I.

der Eingangsstufe)? Der Lehrer erfragt, welche Vorstellungen die Eltern mit »Vorschule« verbinden, was sie darüber durch Bekannte, die Zeitung, das Fernsehen erfahren haben – oder ob sie gar nichts über die Vorschule wußten, bis ihr Kind dorthin ging. Der Lehrer erörtert mit den Eltern wichtige allgemeine Lehrziele der Vorschule wie kooperatives Handeln, Erziehung zur Selbständigkeit, Orientierungsfähigkeiten, kollektives Planen. Eine »Lehrziel-Erörterung« ist freilich für Eltern nur dann verständlich, wenn der Lehrer die »Fachsprache«, gar den Fachjargon zu verlassen bereit ist, seine Rede anschaulich macht (was nicht Vereinfachung, gar Simplifizierung bedeuten muß).

b) Probleme der Elternmitbestimmung: Organisatorischer Aufbau der Gremien; Entscheidungsbefugnisse der einzelnen Gremien; Informationsfluß zwischen den Gremien und von den Gremien in die Gesamtelternschaft; die Stellung des Lehrers bei Schulkonflikten. Wie können die Eltern Aufträge an ihre Vertreter geben? Wie können sie deren Arbeit kontrollieren? Öffentlichkeit bzw. Nichtöffentlichkeit der Gremienarbeit. Die Diskussion dieser Probleme muß durch aktuelle Beispiele, Stellungnahmen etc. lebendig gemacht werden; es können hierzu Referenten aus der Gewerkschaft, von Elternvereinen, vom Senat eingeladen werden.[50]

c) Der Sinn von Verkehrsheften und »Hausarbeiten«: Die Eltern sollen die Verkehrshefte genauso für Mitteilungen an den Lehrer benutzen, wie dieser zu Nachrichten für sie. Sie schreiben z. B. eine Notiz in das Heft ihres Kindes, warum es gestern seine Aufgabe zu Hause nicht erledigen konnte; daß es übermorgen nicht zur Schule kommen kann, weil die Mutter mit ihm zum Arzt gehen muß; daß die Eltern gern zur Hospitation in die Klasse kommen möchten etc.

Der Lehrer wird den Eltern den Sinn von »Hausarbeiten« in der Vorklasse ohne Mühe verdeutlichen können, solange diese noch nicht den »Ernstcharakter« »wirklicher Hausaufgaben« haben. Konfliktreicher verlaufen die Diskussionen um Haus-

50 Eltern sind durchaus daran interessiert, eine Meinung zu aktuellen Fragen auch von außerschulischen Personen zu hören. Allerdings muß der Lehrer deren »Auftritt« gut vorbereiten. Vor allem muß der Referent in der Lage und gewillt sein, eine Diskussion mit den Eltern zu führen. Seine Antworten auf ihre Fragen interessieren sie mehr als ein geschlossener Vortrag.

aufgaben unter Umständen in der ersten Klasse, wenn die »Kulturtechniken« erlernt werden und die Eltern direkter an ihre eigenen Schulerfahrungen anknüpfen können. Hier bekommt der Lehrer möglicherweise zu hören, daß man früher viel sauberer schrieb, viel schneller lesen lernte, ganz anders lesen lernte etc. Diese Diskussionen muß der Lehrer breit und ohne Scheu vor aufbrechenden Spannungen und Differenzen führen, denn in ihnen manifestieren sich Ängste der Eltern, ihre Kinder könnten »nicht genug lernen«, »in Verzug kommen«. Es hängt von der gesamten schulischen Situation und Organisation ab, ob der Lehrer bestimmte Übungsaufgaben zur Festigung der Kulturtechniken aus dem Unterricht auszulagern und als »Hausaufgaben« aufzugeben sucht, oder ob es möglich ist, die Übungszeit in den Unterricht einzuplanen. Den Eltern ist es in der Regel lieber, wenn sie durch die Hausaufgaben eine gewisse »Kontrolle« darüber haben, was ihre Kinder »lernen«. Dies trifft, entgegen gängigen Vorurteilen, auch auf Arbeitereltern zu. Ist es an der Schule möglich und üblich, keine Hausaufgaben in diesem Sinne aufzugeben, so muß der Lehrer den Eltern immer wieder Arbeitsprodukte der Kinder vorführen, um ihre Ängste abzubauen, über das schulische Leben ihrer Kinder nicht informiert zu sein. Auf jeden Fall sollte jene Art von Hausaufgaben beibehalten werden, die die Kinder zu Beobachtungen, Vorbereitungen für ein gemeinsames Projekt, Materialsammlungen etc. anregen.

Bei allen Themen, zu denen die Eltern aufgrund eigener Schulerfahrungen Stellung nehmen, ist es wichtig, diese Erfahrungen zu ermitteln. Der Lehrer wird z. B. reihum fragen, mit welchen Lesemethoden sie früher lesen, in welchen Formen sie schreiben lernten. Hier zeigen sich häufig schon Unterschiede, auf die der Lehrer anspielen kann, wenn er die Methoden, nach denen er arbeitet, gegen andere abhebt.

d) Zu Beginn der ersten Klasse statten die Eltern ihre Kinder mit all den Attributen aus, die ihrer Meinung nach ein Schulkind braucht. Es bekommt einen glänzenden Ranzen, eine neue Frühstückstasche, oft kaufen Eltern ihrem Kind auch neue Kleidung für den ersten Schultag. Sie investieren in die Schulausstattung ihrer Kinder eine beträchtliche Summe Geldes. Die Kinder selbst achten darauf, daß sie alles bekommen, was sie bei anderen Kindern sehen. (Die Industrie schlägt aus dem »Einschulungstag« keinen geringen Gewinn.) Ein besonderes Kapitel in diesem Zusammenhang sind die Federtaschen, die zunächst den Hauptinhalt der Schulmappen ausmachen. Alle Kinder sind stolz auf ihre »Mäppchen«, und je reichhaltiger diese gefüllt sind, um so höher ist der Status des Kindes in der Klasse. Im Unterricht bieten die Mäppchen den Kindern zahllose Gelegenheiten, mit den Buntstiften zu spielen, komplizierte Tauschgeschäfte zu betreiben, sich zu weigern, einem Kind einen Filzstift zu leihen, und viel Zeit mit dem Ein- und Auspacken der Mäppchen zu verplempern. Jeder Lehrer kennt diese unerquicklichen Szenen, die sich in höheren Klassen fortsetzen. Wir schlagen vor, daß der Lehrer frühzeitig mit der Elternschaft festlegt, die Federtaschen der Kinder für ihre häuslichen Arbeiten zu Hause zu lassen und in der Klasse die notwendigen Utensilien zum allgemeinen und gemeinsamen Gebrauch aufzubewahren. Er sollte, wenn dies möglich ist, einen Teil des ihm zustehenden schulischen Materialfonds zur Anschaffung dieser Utensilien benutzen, ansonsten (oder zusätzlich) mit den Eltern darüber verhandeln, welche Materialien sie der Klasse als Kollektiv überlassen, die sie andernfalls jeweils extra für ihre Kinder kaufen würden. Der Lehrer erläutert an dieser Stelle auch, welche Stifte etc. sinnvoll sind, welche Materialien (Zirkel, Lineal) Vorschulkinder noch gar nicht benötigen. Es kann sehr gut sein, daß einige Eltern den Vorschlag des Lehrers, bestimmte Materialien »zu vergesellschaften«, scharf ablehnen. Nach unserer Erfahrung waren Arbeitereltern sehr viel schneller von dem Nutzen einer solchen Handhabung zu überzeugen als kleine Selbständige, Angestellte oder Beamte. Der Lehrer muß also möglicherweise mit der Gruppe der Eltern, die ihn hier unterstützt, gegen jene Gruppe, die »am Eigentumsbegriff«[51] festhält, koalieren, und zwar im Interesse der gesamten Klasse. Er kann nämlich viel schwerer die Notwendigkeit einer pfleglichen und materialangemessenen Behandlung der Stifte, Pinsel etc. vermitteln, wenn einzelne Kinder sagen: »Ich darf mit meinen Sachen machen, was ich will«, oder: »Ich darf aber in meinem Tuschkasten nicht mischen, da werden die Farben dreckig.« Allgemeinverbindliche Normen und Handlungsan-

51 Vgl. hierzu *Neuköllner Schulbuch*, Bd. I (23, S. 242 f.).

leitungen in diesen Angelegenheiten kann der Lehrer konsequent nur dann etablieren, wenn die Materialien für alle gleichermaßen da sind. Im übrigen können so Konkurrenzsituationen der Kinder untereinander, die oft auf Kosten der Schwächeren ausgetragen werden, reduziert werden (»Meine Filzer sind viel schöner als deine, nein, ich leihe dir meinen rosa Filzer nicht, meine Mutti hat gesagt, ich darf nichts ausleihen« – ob dies nun stimmt oder nicht, kann der Lehrer kaum nachprüfen –; »Ich kann nicht mittuschen, ich habe meinen Pinsel vergessen« etc.). In aller Regel überzeugt eine Praxis, die auf einem kollektiven Materialset beruht, auch diejenigen Eltern nach kurzer Zeit, die zunächst skeptisch waren.

e) Neue Lehrmethoden und Unterrichtsprogramme (neue Mathematik, neue Lesemethoden) müssen mit den Eltern besprochen werden. Sinnvollerweise führt der Lehrer entsprechende Arbeitsergebnisse der Kinder vor oder läßt die Eltern mittelbar (Film) bzw. unmittelbar (Hospitationen) am Unterricht teilnehmen. Sie erleben so die neuen Methoden gleichsam in Aktion.

f) In jeder Klasse gibt es Disziplinprobleme und Probleme der Leistungsbeurteilung. Das oberste Prinzip für Lehrer und Eltern muß werden, derartige Probleme in völliger Offenheit miteinander zu verhandeln. Ebenso wie in bezug auf Lerninhalte und Lernmethoden haben die Eltern bestimmte Vorstellungen, wie der Lehrer Ruhe, Ordnung und »Artigkeit« in der Klasse durchzusetzen habe.[52] Bei vielen Eltern hat sich das Vorurteil verfestigt, daß nur der Lehrer, der für Ruhe und Ordnung sorge, einen guten Unterricht erteile. Zahlreiche Lehrer haben diese Normen selbst internalisiert (auch wenn sie sie in ihrer Praxis nicht immer einlösen können) und messen hieran ihren und der Kollegen Unterricht. Sie laufen ständig Gefahr, die »Störer« – oft gleichzeitig die Leistungsschwachen – zu diskriminieren, sei es, daß sie mit inadäquaten Disziplinierungsmaßnahmen oder mit einer vorurteilsvollen Leistungsbeurteilung das Verhalten dieser Kinder quittieren. Sie können auf diese Weise den Teufelskreis nicht durchbre-

52 1965 entschieden sich 70% aller Eltern für die folgenden Erziehungsleitbilder: Ordnungsliebe, Fleiß, Gehorsam, Unterordnung. Vgl. F. Neidhardt (163, S. 51).

chen, daß die unruhigen oder gehemmten Kinder tatsächlich entscheidende Lernschritte nicht mitvollziehen und dadurch in ihren Leistungen zurückbleiben.

Die Möglichkeit, mit den Eltern offen über »schwierige Kinder« oder über Probleme zu reden, die der Lehrer insgesamt mit der Klasse hat, hängt ganz entscheidend davon ab, ob er den Eltern das Bewußtsein vermitteln kann, daß kein Kind, das sich nicht »erwartungsgemäß« verhält, im Unterricht benachteiligt werden soll. Die Eltern haben ja zumeist deshalb Angst vor einer offenen Kommunikation mit anderen über ihr Kind, weil sie (in der Regel zu Recht) befürchten, es könne dadurch Nachteile erleiden. Erleben sie aber, daß keineswegs nur ihr Kind »schwierig« ist (schlägt, klaut, konzentrationsschwach ist, ängstlich reagiert), sondern auch andere, und daß der Lehrer seine Aufgabe darin sieht, gerade diese Kinder zu stützen und zu fördern, so gewinnen sie das nötige Vertrauen, um sich an Abhilfe-Überlegungen zu beteiligen, den Lehrer in seinen Bemühungen zu unterstützen. Sie geben z. B. zu, ermutigt durch ihn oder durch Bemerkungen einer anderen Mutter, daß sie nicht wüßten, wie sie ihrem Kind abgewöhnen sollten, nach der Schule herumzubummeln, statt nach Hause zu kommen, daß auch sie Schwierigkeiten hätten, die Hausaufgaben »zu überwachen« etc. Der Lehrer entdeckt in diesen Berichten unter Umständen wichtige Anhaltspunkte für das Verhalten von Kindern in der Klasse, das seinen Ursprung in Erziehungspraktiken der Eltern hat, über die er nicht Bescheid wußte.

Nach unseren Erfahrungen stellt sich eine offene Kommunikation unter der Elternschaft um so schneller her, je sicherer der Lehrer den Standpunkt vertritt, daß kein Problem so schwierig oder »schlimm« sei, um darüber nicht zu reden. Es bildet sich über einer derartigen Kommunikation unter der Elternschaft allmählich das Bewußtsein heraus, daß die Probleme ihrer Kinder, soweit sie in der Schule auftreten, stets im Kontext der ganzen Klasse verhandelt werden müssen, daß sich daher »Sprechstunden-Gespräche«, bei denen der Lehrer mit den Eltern »privat« spricht, weitgehend erübrigen.

Ein besonderes Problem bilden die Vorurteile von Eltern, deren Kinder zu den leistungsstarken, schulmotivierten gehören. Sie werden die Bemühungen des Lehrers um die schulisch benachteiligten Kinder als »Gleichmacherei«, als »Nivellierung« und »Vermassung« diskriminieren. Sie geben durch solche Schlagwörter ihrer Befürchtung Ausdruck, daß ihre Kinder am Aufstieg gehindert werden könnten, der ja eben darauf beruht, daß diese sich schon in den Anfangsklassen von den anderen Kindern abheben müssen.

Das offene Gespräch zwischen Eltern und Lehrer verläuft weder konfliktfrei noch garantiert es, daß grundlegende Konflikte beigelegt werden. Aber die Aufdeckung solcher Konflikte unter der Elternschaft ist eine Voraussetzung dafür, daß die Beteiligten schulische Probleme als Teil gesamtgesellschaftlicher Widersprüche begreifen lernen. Das Hauptziel muß dabei für den Lehrer sein, die verschiedenen Standpunkte der Eltern, insbesondere zu Leistungsfragen, insofern zu vereinheitlichen, als er ihnen jene Widersprüche und Mängel im Bildungsbereich aufhellt, die eine umfassende schulische Qualifikation der Kinder verhindern, und zwar für alle Gesellschaftsklassen, wenngleich die Kinder aufstiegsorientierter Eltern Ausbildungsmängel besser kompensieren können als die Kinder der Mehrzahl der Arbeiter. Die pädagogische Kompetenz des Lehrers erweist sich eben daran, *alle* Kinder so zu unterrichten, daß sie *unter den herrschenden schulischen Bedingungen* optimal qualifiziert werden.

g) Ein letztes, grundsätzliches Thema, das auf den Elternabend gehört, wo Lehrer und Elternschaft sich als Kollektiv treffen, kann nicht ein für allemal abgehandelt werden, sondern ist der perspektivische Fixpunkt in der Kommunikation zwischen Lehrern und Eltern: Es muß prinzipiell möglich werden, *alle* Fragen und Probleme der Beteiligten, ob sie nun direkt oder indirekt mit der Schule zusammenhängen, aufzunehmen und nach Lösungen für sie zu suchen. Es muß sich also bei der Elternschaft und dem Lehrer (im weiteren Sinne: den Lehrern) das Bewußtsein entwickeln, daß die Elternschaft mehr ist als eine durch eine schulbürokratische Regelung (Zusammenstellung von Kindern) entstandene Gruppe einzelner Personen, die hin und wieder miteinander reden. Die Elternschaft einer Klasse bleibt ja in der Regel über mehrere Jahre zusammen. Es wäre ein sehr eingeschränktes Handeln, bliebe es auf punktuelle Kontakte und Probleme begrenzt. Das Ziel muß vielmehr sein, daß die Elternschaft (ebenso wie die Kindergruppe) sich als ein Kollektiv verstehen lernt, das für die berechtigten schulischen Interessen der Kinder – nicht nur ihrer eigenen, sondern aller Kinder in der Klasse – eintritt, sich gegen Verschlechterungen der Schulverhältnisse zur Wehr setzt, den Lehrer vor ungerechtfertigten schulbürokratischen Maßnahmen (Versetzung oder Entlassung) zu schützen versucht, deren Mitglieder sich aber auch gegenseitig Hilfe leisten.[53]

Wie nahe die Elternschaft und ihr Lehrer diesem Ziel kommen, wie genau sie die Hindernisse erkennen lernen, die seiner Verwirklichung im Wege stehen, läßt sich nicht mehr theoretisch antizipieren, sondern muß sich in der Alltagssituation erweisen.

53 C. Zetkin nennt dies »jene höhere Väterlichkeit und Mütterlichkeit«, die als ihr Kind »nicht nur ihr Fleisch und Blut anerkennt, sondern wonach jedes Kind, ganz gleich, wer die Eltern sind, eine Verpflichtung zur Erziehung an jedes fremde Elternpaar stellt.« Vgl. (246, S. 129) Als sie dies 1922, bezogen auf die Elternbeiräte, in den *Schulforderungen der Kommunistischen Partei Deutschlands* schrieb, befand sich der Schulkampf auf einem Höhepunkt.

VI. Schlußbemerkung

Dem Leser des letzten Kapitels ist wohl deutlich geworden, daß es sich bei unseren Überlegungen um eine Art Modell handelt. Wir haben in exemplarischer Absicht von »dem Lehrer« und seinen Handlungen gesprochen. Nun ist freilich klar, daß bei der Anwendung des Modells auf die Wirklichkeit diese Konstruktion nicht durchgehalten werden kann. Ein einzelner Lehrer kann unter den heutigen Bedingungen der Grund- und Hauptschulen, um deren Elternschaft es uns vor allem geht, mit den Eltern kaum so intensiv verkehren, wie wir dies konzipierten. Zunächst scheint schon einiges gewonnen, wenn sich die Lehrer der prinzipiellen Notwendigkeit einer engen und aufgeklärten Zusammenarbeit mit den Eltern bewußt werden. Nach unseren Erfahrungen akzeptieren viele Kollegen dies zwar abstrakt, resignieren aber angesichts der ihnen unüberwindlich erscheinenden Schwierigkeiten in der Praxis. Vor allem verweisen sie immer wieder auf ihre Arbeitslast, die es kaum gestatte, mit den Eltern einen intensiven Kontakt aufrechtzuerhalten. Hinzu treten häufige Klassenwechsel, besonders in der Hauptschule.

In der konkreten Schularbeit kommt es vor allem darauf an, daß sich Lehrerkollegen zu arbeitsfähigen Gruppen zusammenschließen (im »Ideal«-Fall ist es das ganze Kollegium) und Einigkeit über die akuten Probleme erzielen, zu denen auch der Umgang mit den Eltern gehört. Schon diese Einigkeit herzustellen, ist für viele kooperationsbereite Lehrerkollegen schwierig. Der eine ist durch die Belastung der zweiten Ausbildungsphase strapaziert, der andere ist in Fächern eingesetzt, die er nie studierte und deren Grundlagen er sich nun mühsam aneignen muß; der dritte hat »die schlimmste Klasse in der Schule«; ein vierter steckt alle freie Zeit in Gewerkschaftsarbeit. Unter diesen Umständen scheint es kaum möglich zu sein, eine integrierte Lehrergruppe zu bilden, die sich in ihrer Arbeit Prioritäten setzt und die Probleme systematisch und wissenschaftlich aufnimmt. Die Mängel der Lehrerausbildung, vor allem aber deren »Praxisferne«, tragen zu dieser Situation vieles bei. Deshalb zerfallen viele Lehrergruppen, die sich an einer Schule zusammengefunden haben, nach kurzer Zeit oder degenerieren zu Kaffeekränzchen, auf denen Konferenzklatsch ausgetauscht wird.

Unser »Modell«, soll es handlungsanleitende Kraft erlangen, muß sowohl in der Lehrerausbildung als auch in der Schulpraxis bearbeitet werden. In der Lehrerausbildung dient es vor allem dazu, ein Problembewußtsein von der Bedeutung des Verkehrs zwischen Eltern und Lehrern zu erzeugen und Strategien der Elternarbeit zu antizipieren bzw. exemplarisch auszuprobieren. In der Schulpraxis soll es den einzelnen Lehrer, insbesondere jedoch Lehrergruppen helfen, den komplexen Zusammenhang von schulischen und außerschulischen Aufgaben zu strukturieren und Handlungsfäden in die Hand zu bekommen. Dabei muß sich herausstellen, inwieweit die im Verkehr zwischen Eltern und Lehrern zu lösenden Probleme im engeren Schulbereich verbleiben oder inwieweit sie an die außerschulische Lehrerarbeit angebunden werden müssen, insbesondere an die Gewerkschaftsarbeit. Klar ist, daß die Lehrer, die unsere Konstruktion ernst nehmen, sehr schnell an die Grenzen der pädagogischen Freiräume stoßen und Stellung nehmen müssen zu dem Spannungsverhältnis, in dem Pädagogik und Politik schon immer zueinander standen.

Vielleicht mag es manchem Lehrer, der schon Stellung bezogen hat, so scheinen, als hätten wir wesentliche Widersprüche im Schulbereich übersehen oder verharmlost. Wir sind nicht auf extreme Mißstände und Repressionen eingegangen, die heute Lehrern, Eltern und Schülern die Schule zur Hölle machen können. Wir haben nicht von dem besonderen, aber gravierenden Elend der Gastarbeiterkinder und ihrer Eltern gesprochen, nicht von dem allgemeiner werdenden Notstand der Hauptschulen, in denen den Schülern elementare Bildungsmöglichkeiten vorenthalten werden. Und wir haben nicht vorrangig politische Disziplinierungen von Lehrerkollegen in Zusammenhang mit unserem Thema gebracht. Statt dessen haben wir uns in dem scheinbar geschützten Sektor von Vorklasse und erster Klasse bewegt, wo auf Eltern und Kindern noch kein so starker Leistungs- und Konkurrenzdruck lastet wie in den höheren Klassen; wo Schularbeiten, Noten und Zeugnisse noch keine so große Rolle spielen; wo der Kampf des Lehrers um die Lernmotivation der Kinder noch nicht verloren ist; und, vor allem, wo Kinder und Eltern noch nicht durch vielfältige negative Schulerfahrungen »schulmüde« sind.

Es wäre allerdings voreilig und zeugte von einem kurzschlüssigen pädagogischen und politischen Denken, anzunehmen, unsere Überlegungen zu einer veränderten Praxis im Verkehr zwischen Eltern und Lehrern seien zur Aufhebung der oben genannten Widersprüche im Schulbereich belanglos. Unser Beharren auf den Möglichkeiten und auf der Notwendigkeit langfristig angelegter Beziehungen zwischen Lehrern und Eltern beruht auf der Diagnose, daß Verschlechterungen im Ausbildungssektor von den Betroffenen nur abgewehrt und Forderungen nach Verbesserungen nur dann durchgesetzt werden können, wenn diese Beziehungen »eine Geschichte haben«. Gemeinsamkeit zwischen Lehrern und Eltern stützt sich ja vor allem auf ein gemeinsames Interesse an Ausbildungsbedingungen der Schule, die gewährleisten, daß Lehrer nach pädagogisch sinnvollen und wissenschaftlich als richtig erkannten Prinzipien unterrichten und die Kinder entsprechend lernen können. Nichts anderes kann mit dem »Qualifikationsaspekt« der Schule gemeint sein. Es geht also im schulischen Verkehr zwischen Lehrern und Eltern darum, dieses gemeinsame Interesse zu artikulieren und ins Bewußtsein der Betroffenen zu heben. Erst dann können Forderungen nach verbesserten Ausbildungsbedingungen fundiert gestellt werden.

Dabei darf freilich nicht unterschätzt werden, wie kompliziert, langwierig und widerspruchsvoll die subjektive Vermittlung dieses objektiven Interesses von Lehrern und Eltern verläuft. Bei der Mehrzahl der Eltern kann sich ein solches Interesse nur herstellen, wenn sie den Lehrer ihrer Kinder über eine lange Zeit hin kennen und von seiner fachlichen Kompetenz überzeugt sind, die er in den Dienst ihrer Kinder zu stellen bereit ist. Erst auf dieser Grundlage kann die Einsicht in schulische und, im weiteren, gesellschaftliche Widersprüche entstehen, deren Aufhebung nicht allein oder überhaupt nicht durch das subjektive Engagement der Betroffenen – Lehrer und Eltern – zu bewirken ist.

Die Mehrzahl der Eltern, die in Schulkonflikten aktiv werden, vertreten den Standpunkt: Es geht um unsere Kinder

– handele es sich nun um eine politische Disziplinierung oder um eine Erhöhung der Klassenfrequenzen. An diese prinzipiell richtige Auffassung der Eltern müssen alle Entscheidungen in einem Schulkonflikt anknüpfen.

Es ist nun allerdings ein objektives Problem, daß die politische und die wirtschaftliche Situation sich in ihren Auswirkungen auf den Ausbildungssektor so verschärft haben, daß Schulkonflikte zunehmend schneller eine offen politische Dimension annehmen und mit politischen Mitteln ausgetragen werden müssen. Hierauf sind viele Eltern (und Lehrer) nicht gefaßt; sie gehen davon aus, daß ihr Engagement im Interesse der Kinder mit »Politik« nichts zu tun habe, zumal ihnen immer wieder suggeriert wird, zur angemessenen Interessenvertretung bestünden funktionierende demokratische Gremien in Gestalt der Lehrer-, Schüler- und Elternmitbestimmung. Werden diese vorgesehenen Bahnen der Einflußnahme verlassen, so lassen die Behörden weder für Lehrer noch für Eltern einen Zweifel daran, daß sie sich auf gesetzlich ungeschütztem Terrain bewegen. Dieser angsterzeugende Mechanismus kann in seiner Wirkung nur dann aufgehoben werden, wenn Lehrer und Eltern sich in großer Zahl zusammenfinden, um der Schule und der Öffentlichkeit die Berechtigung ihrer Forderungen zu demonstrieren. Eben dazu bedarf es als einer wichtigen Voraussetzung eines langfristigen und engen Austauschs zwischen beiden Gruppen. Und sie müssen sich zugleich auf vorhandene Interessenvereinigungen wie Elternvertretung, Gewerkschaften, Elternverbände etc. stützen.

Anhang

Anhang 1

H. Gräfe widmet 1847 in seinem *Handbuch für Lehrer und Schulaufseher* (68) den Strafmöglichkeiten, die dem Lehrer zur Verfügung stehen, breiten Raum und katalogisiert sie sorgfältig. Er unterscheidet einmal zwischen »natürlichen« und »willkürlichen« Strafen, wobei er unter »natürlichen« Strafen die Folgeerscheinungen von Unaufmerksamkeit (mangelnde Stoffkenntnis), Krankheit (Zurückbleiben in der Schule), Lügen (Vertrauensentzug des Lehrers) etc. versteht, unter »willkürlichen« die bewußt vom Lehrer eingesetzten Strafen. Diese klassifiziert er in »innere« Strafen (Tadel und Verweis) und in »äußere« Strafen. Diese wiederum gliedern sich in Entzug eines »äußeren Guts« (»Entziehung eines bisher verwalteten Amtes, Ausschließung von gemeinschaftlichen Freuden« etc.) und Zufügung »eines bestimmten Übels«. »Dieses Übel kann entweder vorzugsweise sein eine äußere Beschämung, oder ein Zwang, oder körperlicher Schmerz«. An äußeren Strafen führt er auf:

1. solche, die »der Beschämung wegen zugefügt« werden, wie »Stehenlassen in der Reihe oder am Sitzorte, das aber nicht zu empfehlen ist, weil dadurch die Aussicht auf die dahinter sitzenden Schüler beschränkt wird; das Stehenlassen außer der Reihe, an der Wand oder an der Thür, das nicht über eine oder höchstens zwei Stunden ausgedehnt werden darf, wenn es nicht der Gesundheit Nachtheile bringen soll [. . .]; Heruntersetzen um einen oder mehrere Plätze, was bei manchen, aber nicht allen Schülern von guter Wirkung ist; Anweisung eines Platzes in der Nähe des Lehrers, was bei manchen Fehlern von sehr guter Wirkung ist; Alleinsetzen an einen besonderen Platz. Hierher gehören auch die Strafcensuren, d. h. die außer der gewöhnlichen Zeit zum bestimmten Zweck der Strafe ertheilten und in die Hände der Eltern kommenden wöchentlichen oder täglichen Censuren, welche in der Regel von der besten Wirkung sind, weniger freilich in Armenschulen;

2. die äußeren Strafen, welche [. . .] einen physischen Zwang beabsichtigen [. . .]« (Nachsitzen, das zu den »besten und wirksamsten Strafen« gehöre, wobei aber zu beachten sei, daß die Eltern rechtzeitig benachrichtigt werden, sowie Dabehalten des Schülers über Mittag zwischen Vor- und Nachmittagsunterricht mit einer Brot- und -Wasser-Mahlzeit).

3. »Die körperliche Züchtigung [. . .] war früher in der Volksschule das Universalstrafmittel, und wer weiß, ob nicht das in Deutschland herrschende Prügelsystem seinen Ursprung in den Schulen hat.« Die körperliche Züchtigung bringt dem Lehrer folgende Vorteile, bzw. er muß bei ihrer Anwendung folgendes beachten:

»a) ist insofern eine sehr empfehlenswerte Strafe, als sie nur körperliche Kraft voraussetzt, auch von einem geistig ganz unfähigen

Lehrer ohne Schwierigkeit vollzogen werden kann und wenig Nachdenken und Überlegung nöthig macht;

b) erfordert wenig Vorbereitung [. . .];

c) ist am besten geeignet, die rohe Jugend unmittelbar zur Ruhe zu bringen, da sie nöthigenfalls auf der Stelle mehrfacher Steigerung fähig ist;

d) bietet mannichfaltige Abänderungen dar [. . .];

e) [. . .] Schulen, denen als letzte Maßregel der Zucht die Ausweisung aus der Anstalt zu Gebote steht, werden in der Regel körperliche Züchtigungen ganz entbehren können, *Volksschulen aber vor der Hand wohl nicht.* [Hervorhebung d. Verf.]. [. . .] Die Volksschule muß eine letzte empfindliche Strafe haben, die sie anwenden kann, wenn alle anderen Mittel ohne Furcht geblieben sind. [. . .]

Derjenige Lehrer, welcher körperliche Züchtigung nicht entbehren kann [. . .] mache es sich zur unabänderlichen Regel:

a) Körperliche Züchtigung nicht während einer Unterrichtsstunde zu vollziehen. [. . .]

b) Immer nur mit einem mäßigen, nicht zu biegsamen Stock dem Rücken des Schülers wenige fühlbare Hiebe zu applizieren. Schlagen auf die flache Hand, auf die Fingerspitzen, auf einen gewissen unnennbaren Körpertheil ist durchaus verwerflich. Ohrfeigen und Maulschellen sind sehr verführerisch, in einzelnen Fällen gewiß vortrefflich geeignet, ein voreiliges und loses Maul zur Ruhe zu bringen, dennoch aber gänzlich zu vermeiden. [. . .] Schlagen mit einem Buche auf den Kopf, Schlagen mit dem Lineal, Reißen am Ohr und an den Haaren, Stoßen mit der Faust und ähnliche in einem großen Theile unserer Volksschulen ganz gewöhnliche Züchtigungsmittel sind eines deutschen Lehrers nicht würdig.

Mit den genannten Strafarten wird jeder nur irgend tüchtige Lehrer in der Schule auskommen können, wenn er nur wahre Liebe zu seinen Schülern fühlt [. . .]. Wenn mancher Lehrer unter den aufgeführten Strafen solche vermißt hat, [. . .] die er selbst anwendet, so möge mir das nicht als Vergessenheit angerechnet werden.«

Für unzweckmäßige Strafen erachtet Gräfe:

»1. Knieen, auf dem ebenen Fußboden oder auf Erbsen, Reiten auf hölzernen Eseln, Anhängen von Schandzeichen, Setzen auf eine ›Faulbank‹ [. . .]

2. Beschimpfende Strafen jeder Art [. . .]. Man hänge nicht einem Schüler, auch wenn er sich unnütz gemacht hat, vielleicht für's ganze Leben einen Makel an. Es ist Unsinn, so etwas des Beispiels wegen zu thun [. . .].

3. Hungernlassen [. . .].

4. Herausstellen außerhalb der Thüre des Klassenzimmers [. . .].

5. Geldstrafen [. . .].

6. Strafarbeiten [. . .]. Es liegt zu viel Wahres darin, daß das Arbeiten dem Kinde niemals als Strafe erscheinen darf, sondern nur als Pflicht und als Lust.« [. . .]

Vgl. Bd. II, S. 308 ff.

Anhang 2

In der Einleitung zum neuen *Berliner Schulverfassungsgesetz* manifestiert sich die Auffassung des Staates als Interessenausgleicher. Unter der Überschrift *Liebe Eltern, Schüler und Lehrer!*[1] wird von dem »Anspruch einer demokratisch verfaßten Gesellschaft auf mehr Selbst- und Mitbestimmung in allen Bereichen des täglichen Lebens« gesprochen, der nur durch die »natürlichen Grenzen« verringert wird, die »das gleiche Recht des Mitmenschen bzw. der anderen Gruppe auf mehr Selbst- und Mitbestimmung [. . .] wie die gemeinsame Verantwortung für das Ganze« setzen. Es ist von »Interessenausgleich», »tragbaren Kompromissen«, einem »reibungslosen Funktionieren im Schulalltag«, »Ihrem guten Willen«, »Ihrer jeweiligen Bereitschaft zum Kompromiß« sowie »kooperativer Mitbestimmung« die Rede.[2]

Ziel des Gesetzes ist, daß »Eltern, Schüler und Lehrer«, »die drei Partnergruppen«, »gemeinsam in einer demokratischen Schule aktiv und mitverantwortlich wirken können.«[3]

Allerdings weisen schon die Einleitungstexte auf die in den Artikeln 6 und 7 des Grundgesetzes angelgte Spannung zwischen Eltern- und Staatsrecht hin:

»Mitbestimmung darf nicht verwechselt werden mit Alleinbestimmung. Mitbestimmung kann [. . .] nicht heißen: Entbindung des Staates von seinem verfassungsmäßigen Auftrag, Erziehungsziele und Unterrichtsorganisation der Schule zur Sicherung gerechter Chancen für alle Kinder festzulegen.«[4]

Deshalb müssen auch »die letzten Entscheidungen dort« belassen werden, »wo sie hingehören, nämlich in die Parlamente«.[5] Es gehört zum Grundverständnis einer parlamentarischen Demokratie, daß der direkte Einfluß von der Basis in repräsentative Gremien kanalisiert wird, deren

1 *Mitbestimmung in der Schule. Das Berliner Schulverfassungsgesetz* (149, S. 3); hiernach werden im folgenden auch die Gesetzesparagraphen zitiert.

2 Ebd.

3 A.a.O., S. 7/8.

4 A.a.O., S. 8.

5 Ebd.

interessenspezifische Zusammensetzung auf Wahlen nach dem Delegiertenprinzip beruhen, sowie auf Nominierung. Daher ist im Schulgesetz, analog dem Art. 38 GG, das imperative Mandat ausgeschlossen (§ 6/1). Die Schulgremien tagen überdies nicht öffentlich (§ 5/2).

Entsprechend der verfassungsmäßig gesicherten Staatsaufsicht über das Schulwesen bleibt in dem neuen Schulgesetz auch die tradierte pädagogische Autonomie des Lehrers gesichert (§ 10), d. h. vor einer möglichen Elterneinflußnahme abgeschirmt.

Dies sind die allgemeinen Rahmenbestimmungen. Schauen wir uns nun die einzelnen Gremien an.

Das oberste Gremium, in dem Elternvertreter neben Schülern, Lehrern sowie Vertretern der Gewerkschaften, der Industrie- und Handelskammer und der Glaubensgemeinschaften sitzen, der *Landesschulbeirat*, hat nur beratende Funktion (§ 68/1), und auch der *Bezirksbeirat*, das nächsttiefere außerschulische Gremium, ist nur ein »Mitwirkungsgremium« mit Anhörungsrecht. Für diese wie alle anderen Gremien gilt das Verbot des imperativen Mandats sowie die Verschwiegenheitspflicht (§ 6/2), die so weit gefaßt wird, daß jeder Tatbestand hierunter fallen kann.

Der Weg vom untersten schulischen Gremium, der Klassenelternversammlung, zum obersten, dem Landesschulbeirat, ist durch die zwischengeschalteten Gremien so lang, daß der Informationsrückfluß an die Basis zwar technisch-institutionell gewährleistet, in der Praxis aber mit großen Schwierigkeiten verbunden ist. Die Elternschaft einer Klasse hat so gut wie keine Chance, ihre Landesvertreter direkt zu befragen bzw. zur Rechenschaft zu ziehen.

Eine behördlich vorgesehene Entscheidung auf Bezirksebene zu Fragen der

- Schulentwicklungsplanung des Bezirks;
- Errichtung, Umwandlung, Verlegung und Aufhebung von Schulen;
- Veränderung von Einschulungsbezirken;
- Planung behördlicher Schulbaumaßnahmen und
- bezirklicher Maßnahmen zur Verbesserung des Zusammenwirkens der Schulen

kann durch die Elternvertreter nicht grundlegend beeinflußt werden.

Dasselbe gilt für die Landesebene, auf der die

- Festlegung von Bildungszielen für die Rahmenpläne für Unterricht und Erziehung;
- Änderung der Struktur und Organisation des Schulwesens;
- Grundsätze für den Schulbau und die Ausstattung von Schulen;
- Versuche mit abweichenden Formen der Mitwirkung und Mitbestimmung entsprechend der Experimentierklausel[6] und

6 Diese Experimentierklausel (§ 62) ist mit so vielen Kautelen versehen, daß eine Veränderung der Mitbestimmungsformen so gut wie ausgeschlossen erscheint.

– Schulversuche
verhandelt werden.

Welchen Einfluß haben nun die Eltern auf schulischer Ebene?

1. Die Elternversammlung (§ 41)
Die Elternversammlung ist neben der Gesamtelternversammlung das einzige Elterngremium, das nicht nach dem Delegationsprinzip verfährt: hier können sich *alle* Beteiligten einer Klasse zusammenfinden. Die Elternversammlung ist kein Entscheidungsgremium, sondern dient »der Information und dem Meinungsaustausch«, es sollen »pädagogische Fragen von allgemeinem Interesse besprochen und die Erziehungsberechtigten über wesentliche Vorgänge aus der Arbeit der Klasse [...] und der Schule informiert werden.« Ferner sollen die Elternsprecher über ihre Gremienarbeit berichten.

Neu ist die Bestimmung, daß Elternversammlungen nicht mehr, wie bisher, vom Klassenlehrer einberufen und geleitet werden[7], sondern vom ersten Elternsprecher »im Benehmen mit dem Klassenlehrer«. Wie bisher wählt die Elternschaft zwei Elternsprecher, von denen der erste auch der Versammlungsleiter ist.

Kommen wir zuerst auf die Wahl der beiden Klassenelternvertreter selbst zu sprechen, aus der der Vorsitzende und sein Stellvertreter hervorgehen. In diesem Punkt ist die Diskrepanz zwischen »Verfassungsrecht« und »Verfassungswirklichkeit« besonders groß. Zwar haben formal alle Eltern das Recht, sich an der Wahl zu beteiligen; aber nur bestimmte Eltern nehmen, wie seit langem bekannt, dieses Recht wahr. Der Besuch der Elternabende hängt von vielen Variablen ab: Einstellung des Lehrers den Eltern gegenüber; Klassenstufe; Zeitpunkt im Jahr; Tag in der Woche; Stellung des Kindes in der Familie; Berufssituation der Familie – um nur die wichtigsten zu nennen. Aus diesen Gründen ist die Repräsentativität der Elternschaft auf dieser untersten Gremienebene nicht gesichert. Bedenkt man ferner, daß die in der Elternversammlung gewählten Vertreter das »Reservoir« bilden, aus dem sich alle weiteren Elternvertreter rekrutieren, so fällt die mangelnde Repräsentativität ganz besonders schwer ins Gewicht. Die Elternversammlung ist sozusagen der erste Filter, der gerade die Eltern als potentielle Elternvertreter aussiebt, um deren bzw. derer Kinder Interessen es dem neuen Schulverfassungsgesetz seinem Anspruch nach geht.

Abgesehen vom »schichtenspezifischen« Besuch der Elternversammlung haben die anwesenden Eltern bei der Wahl ihrer Vertreter in der Regel nur wenige oder keine Kriterien zur Hand, aufgrund derer sie ihre Stimme abgeben können – hieran hat auch das neue Gesetz nichts ändern können. Es sieht keinerlei Maßnahmen vor, die ein häufigeres Zusammen-

7 *Mitbestimmung in der Schule*, a.a.O., S. 44/45.

treffen der Eltern ermöglichten. Elternversammlungen sind wie bisher »mindestens dreimal im Jahr« einzuberufen. Zwar besteht die Möglichkeit, eine zusätzliche Versammlung einzuberufen, wenn mindestens 20 Prozent der Eltern (oder der Klassenlehrer oder der Rektor) dies wünschen, aber dies ist angesichts der bekannten »Interesselosigkeit« nicht nur der Eltern, sondern auch der Lehrer eine sehr defensive Kann-Bestimmung.

Es ist nicht anzunehmen, daß die gesetzlich vorgesehene Möglichkeit, die Versammlungsleitung dem ersten Elternvertreter zu übertragen, breit genutzt wird, zumal das Gesetz ausdrücklich vorsieht, die Versammlungsleitung auf Wunsch der Eltern dem Lehrer zu übertragen. (Ohnehin nicht vorgesehen sind andere Modi der Versammlungsleitung wie z. B. eine rotierende und/oder kollektive Form; sie müßten in der Praxis ausprobiert und durchgesetzt werden.) Der Lehrer ist den Eltern von vornherein durch seinen Informationsvorsprung, sein Wissen und seine berufsbedingte Autorität überlegen. Er wird also immer die Verhandlungsführung an sich ziehen können, wenn ihm dies, etwa in einem Konfliktfall, geboten erscheint. (Nach informellen Aussagen von Elternvertretern überläßt die Elternversammlung die Leitung gern und gewohnheitsmäßig dem Klassenlehrer. Stellt dieser von sich aus die Frage nach der Leitung, so wagen die Eltern meist nicht, ihm die Verhandlungsführung abzunehmen.)

Zudem ist der Elternsprecher auf den Lehrer angewiesen, wenn er, zusammen mit seinem Stellvertreter, die Tagesordnung aufstellen soll. Wie sollen sich außerdem die Elternvertreter vorher mit den Eltern über die Tagesordnung abstimmen? Als Kollektiv treffen sie diese erst auf der Elternversammlung, als Einzelne müßten sie sie vorher in ihrer Freizeit besuchen. Solche Kontakte sind zwar wünschenswert (und einige wenige Elternvertreter haben auch bisher ihre Aufgabe in diesem Sinne wahrgenommen), verweisen aber wieder auf die Schwierigkeiten, daß nur die Elternvertreter, die beruflich genügend Freiräume haben, ihr Amt so ausüben können. All dies wissen die Eltern selbst am besten und wählen von sich aus eher Vertreter aus gehobenen Berufen; hieran wird sich auch in Zukunft nichts ändern.

Auf die wirklich wichtigen Schulfragen wie Notengebung und Leistungsbeurteilung, Unterrichtsstoff und Unterrichtsgestaltung haben die Eltern keinen Einfluß. Das neue Schulverfassungsgesetz hat in dieser Hinsicht keinen Zuwachs an Mitentscheidungsbefugnissen für die Eltern gebracht.

2. Sonstige Elternversammlungen (§ 42)

Hierunter fallen Gesamtelternversammlungen oder Teilelternversammlungen.[8]

Die *Gesamtelternversammlung* ermöglicht es allen Eltern einer Schule, zusammenzukommen. Es handelt sich hier, neben der Elternversammlung, um ein »Basisgremium«. Ganz offensichtlich hat der Gesetzgeber diese Form der Elterneinflußnahme mit äußerster Vorsicht zur Verfügung gestellt. Regelmäßiges Tagen ist nicht vorgesehen, es heißt nur, daß Gesamtelternversammlungen einberufen werden *können,* und zwar nur von der Gesamteltern*vertretung,* nicht von einem Teil der Elternschaft; ferner müssen sie »im Benehmen« mit dem Schulleiter durchgeführt werden, und zwar »im Rahmen der räumlichen Möglichkeiten«. Dies bedeutet für die Praxis, daß derartige Versammlungen an vielen Schulen überhaupt nicht stattfinden können. Geleitet werden die Versammlungen von dem Vorsitzenden der Elternsprecher, nicht von einer Person, die die Versammlung selbständig bestimmt. Auch die Tagesordnung kann nicht von der Versammlung beschlossen werden, sondern muß von dem Vorsitzenden »im Benehmen« mit dem Schulleiter festgelegt werden.

Recht vage sind die Aufgaben definiert, die die Gesamtelternversammlung wahrnehmen kann: Informations- und Meinungsaustausch »über wesentliche Vorgänge aus der Arbeit der Schule« sowie Bericht der Gesamtelternvertretung über ihre Tätigkeit.

Das Mißtrauen, das hier der Gesamtelternschaft ausgesprochen wird, verweist auf jenen wunden Punkt in einer parlamentarisch verfaßten Demokratie, an dem die Interessen der Betroffenen nicht mehr in den vorgesehenen repräsentativen Formen aufzufangen sind und sich deshalb in Basisaktivitäten artikulieren, die direkte Forderungen an die Exekutive oder Legislative stellen.

Der Einflußradius der Gesamtelternversammlung wird sich in der Praxis erweisen müssen. Unter Umständen kann diesem Gremium in einem Schulkonflikt, der weite Teile der Elternschaft berührt, große Bedeutung zukommen, und es steht zu vermuten, daß in einem solchen Fall auch die oben aufgeführten Beschränkungen extensiv gehandhabt werden.

Wenn wir uns die schulischen Gremien anschauen, in denen Eltern *vertreten* sind, und nach den Möglichkeiten ihrer Einflußnahme fragen, so stoßen wir immer wieder auf den Tatbestand ihrer faktisch nicht repräsentativen Zusammensetzung, darüber hinaus auf eine meist nur scheinhafte Mitbestimmungsbefugnis, die wir schon bei den beiden obersten Gremien – dem Landesschulbeirat und dem Bezirksschulbeirat – konstatierten.

8 Teilelternversammlungen betreffen die Sekundarstufe I und II und sollen uns hier nicht interessieren.

3. Gesamtelternvertretung (§§ 45 und 47)
Die Gesamtelternvertretung setzt sich aus den Elternsprechern aller Klassen zusammen. Die Elternvertretung

»dient der Vertretung von Interessen der Erziehungsberechtigten [...] und der Beteiligung an den schulischen Gremien. Gremien der Elternvertretung sollen an der Planung von Veranstaltungen der Schule, die der Erweiterung des Unterrichtsangebotes dienen, beteiligt werden.«[9]

Die Klassenelternsprecher wählen den Elternsprecher der Schule mit seinen Stellvertretern. Sitzungen sollen »mindestens dreimal im Jahr« stattfinden – auf Verlangen von 20 Prozent der Mitglieder oder des Schulleiters öfter. Die Gesamtelternvertretung delegiert aus ihrer Mitte Elternvertreter in die Schulgremien (ebenfalls in die außerschulischen).

Bei einem in der Regel nur dreimaligen jährlichen Zusammenkommen der Elternvertreter kann ein kontinuierlicher Arbeitsplan nicht entwickelt werden. Ist der Elternsprecher der Schule aktiv, so wird er in Kontakten mit dem Schulleiter und der Lehrerschaft, auch der Bezirksverwaltung, wichtige Informationen über schulische Angelegenheiten erhalten, es wird ihm aber schwerfallen, die Elternvertretung informiert zu halten. Begreift der Elternsprecher der Schule hingegen sein Amt eher passiv, läßt er sich also nicht regelmäßig in der Schule blicken, um Kontakte zu pflegen und wichtige Tatbestände in Erfahrung zu bringen, so hat die Elternvertretung noch weniger Chancen, Kriterien für ihre Arbeit zu erhalten.

Ein Elternsprecher, dessen Arbeitszeiten regelmäßig in der ersten Hälfte des Tages liegen, der also an Vormittagen nie Zeit hätte, könnte schon aus diesem Grund die Interessen der Elternschaft nicht vertreten; es kommen für die Wahl faktisch nur freiberuflich Tätige oder aber Werktätige mit sehr günstigen Arbeitszeiten in Frage.

4. Schulkonferenz (§§ 50-54)
Drei Elternvertreter stehen hier vier Schulvertretern (drei Lehrern und dem Schulleiter) neben drei Schülervertretern[10] stimmberechtigt gegenüber. Dies ist zweifellos ein Fortschritt gegenüber der früheren Regelung, die eine Schulkonferenz nicht kannte. Es ist allerdings unwahrscheinlich, daß die Eltern in diesem Gremium in einem Konfliktfall Mehrheiten bekommen können. Für einen Lehrervertreter ist es aufgrund seiner Abhängigkeit vom Kollegium und vom Schulleiter schwierig, in einem Konfliktfall mit den Elternvertretungen gegen die beiden anderen Lehrervertreter und den Schulleiter zu koalieren (die Schülervertreter einmal ausgespart, da deren Koalitionsverhalten noch stärker als das der Lehrer und Eltern von ihrer jeweiligen schulischen Situation abhängt). Es ist also

9 *Mitbestimmung in der Schule*, a.a.O., S. 47.
10 In der Grundschule haben die Schüler (5./6. Klasse) nur beratende Stimme.

schwer vorstellbar, daß in diesem Gremium die Elternvertreter ihre Interessen, sofern sie gegen die anderen Gruppen stehen, autonom durchsetzen können, wohl aber ist dies leicht denkbar für die Schulvertreter. Die Schulkonferenz berät insbesondere über

- Hausarbeiten;
- Anträge auf Schulversuche;
- besondere Veranstaltungen der Schule;
- Schulordnung;
- Schulwegsicherung.

Die Schulkonferenz hat aber bei den entsprechenden Behörden in Fragen der Teilung, Zusammenlegung und Auflösung der Schule sowie sonstiger organisatorischer Änderungen nur ein Anhörungsrecht. Nicht ganz zu Unrecht ist sie daher eine »scheindemokratische Spielwiese«[11] genannt worden.

In einem Konfliktfall zwischen Schülern, Lehrern oder Eltern (der Schulleiter wird als mögliche Konfliktquelle nicht erwähnt) kann die Schulkonferenz einen *Vermittlungsausschuß* bilden, der »alle Gruppen« gleichmäßig berücksichtigen soll. Da der Schulleiter neben den Lehrer-, Schüler- und Elternvertretern eine »Gruppe« bildet (§ 51/1), ist im Vermittlungsausschuß eine echte Parität nicht gegeben.

Die Schulkonferenz kann bestimmte Beschlüsse der Gesamtkonferenz (s. u.) abändern, sofern diese nicht mit zwei Dritteln ihrer Stimmen bei ihrem Beschluß bleibt. Die Kompetenzen der Schulkonferenz, in der die Eltern im Gegensatz zur Gesamtkonferenz Stimmrecht haben, werden mit dieser »Zweidrittel-Klausel«, eingeschränkt. – Abänderungsmöglichkeiten bestehen für

- Raumverteilung;
- Baumaßnahmen im Bereich der Schule;
- Angebot freiwilliger Unterrichtsveranstaltungen;
- Gelder, die dem Schulleiter zur Verfügung stehen;
- Finanzplan über Sachbedarf (vgl. § 14/1).

Die faktischen Mitentscheidungsmöglichkeiten der Elternvertreter in der Schulkonferenz hängen davon ab, wie genau sie über die zum Teil recht komplizierten Tatbestände informiert sind. Prinzipiell werden die Schulvertreter ihnen gegenüber immer einen erheblichen Informationsvorsprung haben, der es den Elternvertretern schwer machen dürfte, eigene Positionen zu den einzelnen Komplexen zu entwickeln. Auch ist die »Rückmeldung an die Basis« – also an die Elternversammlungen – nicht ohne weiteres gewährleistet. Die drei in der Schulkonferenz vertretenen Eltern müssen entweder die nächste offiziell angesetzte Elternvertreterversammlung abwarten (die vielleicht sehr viel später stattfin-

11 *Schulverfassung* (211, S. 16), in den »einführenden Erläuterungen« in abwehrender Weise aus der öffentlichen Diskussion zitiert.

det als die letzte Schulkonferenz und eine weitere Verzögerung nach sich zieht, bis die Elternvertreter Gelegenheit haben, auf den jeweils folgenden Elternversammlungen zu berichten), oder sie müssen von sich aus alle Klassensprecher unterrichten, wozu sie aber nicht verpflichtet sind. Schließlich hätten sie formal noch die Möglichkeit, eine Gesamtelternversammlung zu organisieren. Dieser zähflüssige Informationsrücklauf ist ein prinzipieller Mangel in dem Gesetz, eine Entfernung der Elternvertreter von ihrer Basis die Folge – wobei wir immer den günstigsten Fall annehmen, daß die Elternvertreter ihr Amt aktiv ausüben.

5. *Gesamtkonferenz* (§§ 13-15)

An der Gesamtkonferenz, in der neben dem Schulleiter alle vollbeschäftigten Lehrer und Erzieher mit Stimmrecht vertreten sind, nehmen zwei Elternvertreter mit beratender Stimme teil, sie haben also faktisch keinerlei Einflußmöglichkeiten.

»Die Gesamtkonferenz befaßt sich mit allen Angelegenheiten, die für die Arbeit der betreffenden Schule von wesentlicher Bedeutung sind. Sie berät und beschließt im Rahmen der für sie geltenden Vorschriften über die für Unterricht und Erziehung in der Schule erforderlichen Maßnahmen . . .«[12]

Dem Einspruchsrecht der Schulkonferenz, in der ja die Elternvertreter mitentscheiden, sind folgende Angelegenheiten entzogen:

- Koordinierung der Arbeitspläne und der Unterrichtsmethoden;
- Grundsätze zur Sicherung einer einheitlichen Leistungsbeurteilung der Schüler;
- Grundsätze der Unterrichtsverteilung sowie der Stunden-, Aufsichts- und Vertretungspläne (§ 14/2).

Wiewohl der Gesetzestext den Anschein erweckt, daß ein konfliktfreies Arbeitsverhältnis zwischen den drei »Partnergruppen« – Lehrer – Eltern – Schüler – bestehe, zumindest eines, in dem Konflikte »mit gutem Willen« zu lösen seien, demonstrieren die vor der Verabschiedung geführten Auseinandersetzungen zwischen den Parteien und außerparlamentarischen Interessengruppen den politischen Charakter des Gesetzes. Die Interessenvertretungen der Eltern konnten es nicht durchsetzen, daß sie Entscheidungsbefugnisse auf Bezirks- und Landesebene erhielten.[13] Hier zeigen sich die starken Bedenken des Gesetzgebers vor einer wie auch immer begrenzten Elterneinflußnahme – Bedenken, die sich nur aus Interessenstandpunkten erklären lassen, die als unvereinbare antizipiert werden.

Die Neuregelung der Elternmitbestimmung durch das Schulverfassungsgesetz dient der Schulbürokratie dazu, eine Entwicklung unter

12 *Mitbestimmung in der Schule*, a.a.O., S. 29.

13 Vgl. *Stellungnahme der Eltern zur Schulverfassung* (222).

Kontrolle zu bekommen, die in der letzten Zeit schulische Mißstände und Konflikte auf nicht-institutionalisierten Wegen an die Öffentlichkeit getragen hat. Die zunehmenden Aktivitäten der »Basis« von Lehrern, Eltern und Schülern sollen in demokratische Spielregeln eingebunden werden mit dem Ziel, eine Ausweitung von Schulkonflikten zu verhindern. Es verstößt gegen die Intentionen des Gesetzes, wenn Lehrer, Eltern und Schüler sich zusammenschließen, um Maßnahmen der Schulbehörde wie Klassenzusammenlegung, Versetzung eines Kollegen u. a. zu bekämpfen. Derartige Basisaktivitäten sollen mit dem Hinweis auf die hierfür vorgesehenen schulischen Vertretungsgremien unterbunden werden. Dies trifft insbesondere auf Schulstreiks zu. Ein Streik – in der Arbeitswelt als letztes Mittel zur Austragung divergierender Interessen rechtlich zulässig – darf im Schulbereich auch von den institutionalisierten Gremien nicht beschlossen werden.

Es gibt für die Elternvertretung keine Möglichkeit, ihre Interessen auf legalem Wege durchzusetzen, wenn diese mit denen der Schulbürokratie unvereinbar sind. Vom Gesetzgeber wird hier auf die parlamentarischen Spielregeln verwiesen, in deren Rahmen sich die Interessen im Wahlakt artikulieren können. Wenn aber antagonistische Interessen zwischen den »Partnergruppen« gar nicht zugegeben werden bzw. zu ihrer Austragung keine Mittel vorgesehen sind, müssen die etablierten Mitbestimmungsmöglichkeiten den Charakter von Scheinalternativen annehmen – die »letzten Entscheidungen« im Bereich der Schule verbleiben bei der Exekutive (bzw. Judikative).

Es liegen zu dem neuen Berliner Schulverfassungsgesetz noch keine Erfahrungen vor, welche Wirkungen die institutionalisierten Formen der Elternmitbestimmung auf die Elternschaft haben. Auf einer Pressekonferenz anläßlich einjähriger Erfahrungen mit dem neuen Schulverfassungsgesetz stellte der Berliner Vorsitzende des Landesschulbeirats fest, daß zu viele Formalien im Gesetz sich lähmend auf die Initiative der Beteiligten auswirkten. Zudem würden die zugestandenen Mitwirkungsrechte durch die Gesetzesauslegung des zuständigen Schulsenators beeinträchtigt. Die Anwendung des Gesetzes werde an den verschiedenen Schulzweigen sehr unterschiedlich gehandhabt, an den Hauptschulen finde das Gesetz »praktisch nicht statt«, weil das Interesse der Eltern gering sei. Hinzu komme, daß viele Schulleiter nicht gelernt hätten, kollegial zu arbeiten. (Vgl. *Tagesspiegel* vom 23. 8. 1975.) Erschwerend für die kontinuierliche Arbeit der Elternvertreter kommt hinzu, daß ihr Mandat am Ende des Schuljahres erlischt. Während der großen Ferien liegt also die gesamte Elternvertretung (sowie Schüler- und Lehrervertretung) brach, und es ist nicht gewährleistet, daß unmittelbar nach Schulbeginn Neuwahlen durchgeführt werden können – die Gesamtelternvertretung kann ja erst gewählt werden, nachdem die Klassenelternsprecher feststehen. So kommt es zu Verzögerungen von ein bis zwei Monaten. Diesen Zustand, der durch eine Zusatzverfügung des Schulsenators zum Schulverfassungsgesetz hervorgerufen worden ist, haben engagierte Elternvertreter und Elternverbände scharf kritisiert – bisher ohne Erfolg.

Unsere dargestellten Zweifel an den Einflußmöglichkeiten, die insbesondere Arbeitereltern im Rahmen der ohnehin engen Mitbestimmungsgrenzen haben, werden durch informelle Kommentare von Arbeitereltern bestärkt, die sie über das neue Gesetz machten. Der unsystematische und zum Teil gewiß zufällige Charakter dieser Äußerungen müßte empirisch erhärtet werden:

– »Halt ich nichts von, ich habs mir zu Hause genau durchgelesen, aber da ändert sich nichts von.« (Frau M., Mitte dreißig, Hausfrau, ihr Mann ist Drucker.)

– »Ja, davon hat uns Herr S. [der Klassenlehrer] auf dem Elternabend was erzählt. – Nee, weiß ich nichts mehr von, das war mehr sowas über Konferenzen und so.« (Frau B., Mitte dreißig, Hausfrau, ihr Mann ist BVG-Fahrer.)

– »Ja, ich bin ja Elternvertreterin. Nee, ich war noch auf keiner Sitzung. Wissen Sie, wenn ich um fünf von der Arbeit komme, dann muß ich mich um den Jungen kümmern und meinen Mann, die woll'n dann was zu essen auf den Tisch.« Einwand, die Sitzungen seien doch sicher erst abends, da habe sie doch Zeit? »Nee, dann bin ich auch müde, und überhaupt, das macht alles Herr W. [der andere Elternvertreter].« (Frau K., Anfang dreißig, seit kurzem wieder als Sachbearbeiterin tätig. Herr W. ist Ingenieur [2. Bildungsweg], in Schulfragen ungemein rührig und gleichzeitig Schulelternsprecher.)

– Ob denn schon ein Elternabend nicht durch den Lehrer, sondern vom Elternsprecher einberufen worden sei (mehrere Monate nach Schulanfang)? »Nee, unser Elternsprecher wollte ja letztlich einen einberufen, aber Herr M. [der Klassenlehrer] hat ja noch nicht Zeit gehabt.« (Herr S., Ende dreißig, Bauarbeiter.)

Anhang 3

Daß sich Pädagogen schon immer Gedanken über Verkehrsformen zwischen Eltern und Schule gemacht haben, beweist ein Lexikonartikel von K. Schubert aus dem Jahr 1904 (206), wo es heißt: »Das Studium der Kinderseele seitens des Lehrers muß sich aufbauen auf dem Erfahrungskapital, das die Eltern in dem intensiven Zusammenleben mit ihren Kindern aufgespeichert haben.« Er entwickelt im folgenden »Elternfragen«, die der Lehrer ermitteln sollte. Zur »leiblichen Entwicklung« (z. B.:

»Ist die Geburt normal verlaufen? Alter der Eltern zur Zeit der Geburt? Lernte [das Kind] zeitig oder spät gehen? Zeitig oder spät sprechen? (Stottern?) Sind Anzeichen von Nervosität zu bemerken?« etc.); zum »Vorstellungsleben« (z. B.: »Wann begann das Kind Wörter zu verstehen? Wer hat sich am meisten mit dem Kind beschäftigt? Seine Spielkameraden? Hat es irgend etwas Wichtiges in den ersten sechs Lebensjahren erlebt (Wohnungsveränderung, Todesfall, etc.)? Ist das Kind wißbegierig?« etc.); zum »Gefühlsleben« (z. B.: »Ist das Kind mehr heiter oder mehr traurig gestimmt? Wundert es sich über neue Erscheinungen (Erstaunen sehr wichtiges Anzeichen der Sensibilität)? Drängt es sich gern vor (Egoismus)? Wie ist die Erregbarkeit und die Nachwirkung im allgemeinen?« etc.). Zum »Ausführungsverfahren« – also der »Erhebungsmethode« – schreibt Schubert, daß nicht nur der einzelne Lehrer, sondern auch das Lehrerkollegium sich mit der Aufstellung der Fragen beschäftigen solle – »gewiß eine nützlichere Ausfüllung der Konferenzen, als mit Besprechungen äußerlicher Dinge (Versäumnistabellen, Regierungsmaßregeln, Schreibduktus), wie es vielerwärts üblich ist«. Auch zu der damit verbundenen Mehrarbeit des Lehrers macht sich Schubert Gedanken: »Wenn allerdings diese Mehrarbeit vom Lehrer verlangt wird (und dies sollte obligatorisch sein), so darf ihm dies nicht alle Jahre zugemutet werden, sondern er muß seine Kinder einige Jahre behalten. [. . .] Fassen die Eltern Zutrauen zum Lehrer, und hat sich erst die Vorlegung von solchen Fragen eingebürgert, so werden sie von selbst wichtige Angaben machen über den Beruf des Vaters, die häusliche Zeiteinteilung, sie werden ihre Besorgnisse und Zukunftspläne dem Erzieher ihrer Kinder ans Herz legen.« Schubert empfiehlt dem Lehrer, für jedes Kind ein »Individualitätsbuch« anzulegen. Schließlich erhofft er einen ständigen, die ganze Schulzeit umfassenden Verkehr zwischen Lehrer und Eltern: »Mit der Maßregel der Elternfragen braucht endlich der Verkehr zwischen Haus und Schule nicht abgeschlossen zu sein, im Gegenteil soll er dadurch erst recht angebahnt werden. [. . .] Auch die höheren Schulen hätten alle Ursache, sich im Interesse der Erziehung um alles das zu kümmern, was ihr Zögling außerhalb der Schule erlebt, wie er lebt, mit wem er lebt, womit er sich vorzugsweise beschäftigt etc. [. . .] So läßt sich das Verfahren noch erweitern und verallgemeinern. Gleicherweise wird die *Pädagogik als Wissenschaft* [Hervorhebung B.-R.] wie das einzelne Individuum Nutzen aus der Einrichtung der Elternfragen ziehen.« (S. 387 ff.).

Literaturverzeichnis

1 Abels, H., *Sozialisation und Chancengleichheit*, Reinbek 1973

2 Adam, H., *Bildungsprivileg und Chancengleichheit*, in: *Das Argument* 6 (1964)

3 Adorno, Th. W., *Tabus über den Lehrerberuf*, in: B. Gerner (Hrsg.), *Der Lehrer und Erzieher*, Bad Heilbrunn 1972

4 Alt, R., *Kinderausbeutung und Fabrikschulen*, Berlin (Ost) 1958

5 Ansorge, D., *Elternerfahrungen mit der Schule und Schulerfahrungen mit den Eltern aus der Sicht der »Sekundarschule«*, in: K. Schleicher (Hrsg.), *Elternmitsprache und Elternbildung*, Düsseldorf 1973

6 Apel, K.-O. et al., *Hermeneutik und Ideologiekritik*, Frankfurt 1971

6a Arbeitsgruppe *Geschichte der Lehrerbewegung*, Reihe Roter Pauker, H. 7, Offenbach 1973

7 Arbeitskreis Berliner Eltern (ABE), *Zur Situation der Elternarbeit*

7a Arbeitskreis Grundschule, *Unser Kind kommt zur Schule – Schulanfang mit Eltern*, Frankfurt 1975

8 Arbeitskreis Neue Erziehung (ANE), *Schulbrief 2* (o. D.)

8a Arbeitskreis neue Erziehung (ANE), *Wochenendseminar* 23./24. 11. 1974 (hektogr. Paper)

9 Arnold, W., *Bildungswilligkeit der Eltern im Hinblick auf ihre Kinder*, in: H. Roth (Hrsg.), *Begabung und Lernen*, Stuttgart 1969

10 Aumüller, U., *Industrieschule und ursprüngliche Akkumulation in Deutschland. Die Qualifizierung der Arbeitskraft im Übergang von der feudalen in die kapitalistische Produktionsweise*, in: K. Hartmann et al. (Hrsg.), *Schule und Staat im 18. und 19. Jahrhundert*, Frankfurt 1974

10a Autorengruppe, *Erkundung von Schulrealität*, Berlin 1975

11 Bach, H., *Schulische Erziehungsberatung. Möglichkeiten und Probleme des Gesprächs zwischen Schule und Elternhaus*, Hannover 1960

12 Bärsch, W., *Erfahrungen mit der Schule und Schulerfahrungen mit den Eltern aus der Sicht der »Schülerhilfe«*, in: K. Schleicher (Hrsg.), *Elternmitsprache und Elternbildung*, Düsseldorf 1973

13 Baethge, M., *Klasse – Schicht*, in: *Wörterbuch der Erziehung* (Hrsg. Chr. Wulf), München 1974

14 Bäuerle, W., *Theorie der Elternbildung*, Weinheim 1971

15 Bäuerle, W., *Elternbildung: Aufgaben, historische Entwicklung und heutiger Stand*, in: K. Schleicher (Hrsg.), *Elternmitsprache und Elternbildung*, Düsseldorf 1973

15a Bammé, A. und E. Holling, *Hauptschullehrerin Petra K.*, in: *päd. extra* 17/18 (1975)

16 Bauer, M., *Eigene Stellungnahme: Schnauze voll. Aus dem Tagebuch einer Junglehrerin*, in: *betrifft: erziehung* 8/1970, S. 22

17 Baumann, H. W., *Probleme einer Typologie des Lehrers. Methodenkritische Untersuchung von Lehrertypologien und Versuch einer Aufklärung über das »Typische« des Lehrerdaseins*, Dissertation, Göttingen 1960

17a Baur, R., *Elternhaus und Bildungschancen. Eine Untersuchung über die Bedeutung des Elternhauses für die Schulwahl der 4. Klasse Grundschule*, Weinheim/Basel 1972

18 Bennwitz, H. und F. Weinert (Hrsg.), *CIEL – Ein Förderungsprogramm zur*

Elementarerziehung und seine wissenschaftlichen Voraussetzungen. Auf Anregung des Arbeitskreises CIEL der Stiftung Volkswagenwerk, Göttingen 1973
19 Berliner Grundschultage '73, *Eltern und Lehrer diskutieren gemeinsam,* 22.-25. 5. 73 (ohne weitere Angaben, hekt. Man.)
20 Blankertz, H., *Wissenschaftstheorie,* in: *Wörterbuch der Erziehung* (Hrsg. Ch. Wulf), München 1974
21 Bois-Reymond du, M., *Strategien kompensatorischer Erziehung. Das Beispiel USA,* Frankfurt 1971
22 Bois-Reymond du, M. und B. Söll, *Die Schule im Leben der Arbeiterkinder,* in: *Kursbuch* 34 (1973)
23 Bois-Reymond du, M. und B. Söll, *Neuköllner Schulbuch,* 2 Bde., Frankfurt 1974
23a Breyvogel, W., *Lehrer zwischen Weimarer Republik und Faschismus,* Reihe Roter Pauker, H. 12, Offenbach 1974
24 Bruehl, G., *Die Schule im Urteil ihrer Lehrer vom ausgehenden 16. bis zum ausgehenden 19. Jahrhundert,* Wiesbaden-Dotzheim 1969
25 Bühlow, G. et al. (Arbeitsgruppe Wissenschaftliche Beratung und Begleitung von Gesamtschulen Pädagogisches Zentrum Berlin), *Soziale Erfahrungen von Gesamtschülern,* PZ-Veröffentlichung 1974
26 Buhr, M. und G. Klaus, *Philosophisches Wörterbuch,* Berlin (West) 1970
27 Busch, W., *Wilhelm-Busch-Album,* Berlin (Ost), o. J.
28 Buschmann, *Elternabende,* in: *Pädagogisches Lexikon,* Hrsg. H. Schwartz, Bielefeld/Leipzig 1928
29 Caselmann, Ch., *Wesensformen des Lehrers,* Stuttgart 1949
30 Combe, A., *Kritik der Lehrerrolle. Gesellschaftliche Voraussetzungen und soziale Folgen des Lehrerbewußtseins,* München 1971
30a Combe, A., *Zur Arbeitssituation des Lehrers,* München 1975
31 Dahrendorf, R., *Die vier Bildungswege der modernen Gesellschaft,* in: *Der 2. Bildungsweg im sozialen und kulturellen Leben der Gegenwart,* Hamburg 1959
32 Dahrendorf, R., *Gesellschaft und Freiheit,* München 1962
33 Dahrendorf, R., *Arbeiterkinder an deutschen Universitäten,* Tübingen 1965
34 Dahrendorf, R., *Bildung ist Bürgerrecht,* Hamburg 1965
35 Dallmann, G., *Berliner Elterninitiativen im Schulbereich,* in: *Mitteilungen* 10 (März 1974) *des Arbeitskreises Neue Erziehung*
36 Demokratischer Club e. V., Arbeitskreis Schulwesen, *Rundbrief* Nr. 3b/73 (Sept.)
37 Deppe, F., *»Alte« und »neue« Arbeiterklasse,* in: R. Vahrenkamp (Hrsg.), *Technologie und Kapital,* Frankfurt 1973
38 Diedrich, K., *Elternhaus und Schule,* Neuwied 1961
39 Dietze, L., *Elternstreik und Elternrecht,* in: *betrifft: erziehung* 2/1974
40 Dirx, R., *Kinder brauchen gute Schulen,* Econ Verlag 1971
41 Edding, F. und H. v. Reccum, *Die Inanspruchnahme des Begabungspotentials,* in: *Recht und Wirtschaft der Schule,* 1960
42 Eilers, R., *Die nationalsozialistische Schulpolitik,* Köln/Opladen 1963
43 Ellwein, Th., *Was geschieht in der Volksschule? Ein Bericht,* Berlin (West) 1960
44 Elternabend, der (Beilage zur *Bayerischen Schule,* Juli/August 1956)
45 *Elternbildung als Aufgabe allgemeinbildender Schulen* – ein Seminar an der PH Berlin (WS 1972/73) unter Leitung von W. Godenschwenger; Seminarbericht (hekt. Man.)
46 *Elternblatt Zeitschrift für Elternhaus und Schule.* Offizielles Organ der Landes-

elternschaften, Jg. 1971
47 *Eltern und Schule. Informationen über Berliner Grundschulen*, hrsg. vom Schulpolitischen Forum des Arbeitskreises Neue Erziehung, Nr. 1 (Mai 1973)
48 Engelmann, B. und G. Wallraff, *Ihr da oben – wir da unten*, Zürich/Amsterdam 1973
49 *Encyklopädisches Handbuch der Pädagogik* (Hrsg. W. Rein), Bd. 2, Langensalza 1904, 2. Aufl.
50 Feidel-Mertz, H., *Zur Ideologie der Arbeiterbildung*, Frankfurt 1964
50a Feidel-Mertz, H., *Erwachsenenbildung seit 1945*, Köln 1975
51 Feldhoff, J., *Schule und soziale Selektion*, in: *Die deutsche Schule* 1969
52 Ferdinand, W., *Noch einmal: Begabungsreserven*, in: *Neue deutsche Schule* 1963
53 Ferdinand, W., *Mehr Abiturienten – aber woher*, in: *Pädagogische Rundschau* 1964
54 Fischer, K., *Geschichte des deutschen Volksschullehrerstandes*, Bd. I: *Von dem Ursprung der Volksschule bis 1790*, Bd. II: *Von 1790 bis auf die Gegenwart*, Hannover 1892
55 Freudenthal, H., *Die deutsche Volksschule*, Langensalza 1938
56 Frohn, H., *Kooperation mit den Eltern: Chancen für einen demokratischen Unterricht*, in: *betrifft: erziehung* 1/1972
57 Frohn, H., *Eltern und Lehrer im Schulkampf*, in: *päd. extra* 10/1974
58 Fürstenau, P., *Zur Psychologie der Schule als Institution*, in: *Das Argument* 29 (1964)
59 Gadamer, H.-G., *Replik*, in: K.O. Apel et al., *Hermeneutik und Ideologiekritik*, Frankfurt 1971
60 Gahlings, I. und E. Moering, *Die Volksschullehrerin*, Heidelberg 1961
61 Gamm, H. J., *Führung und Verführung, Pädagogik des Nationalsozialismus*, München 1964
62 Gaudig, H., *Die Schule im Dienste der werdenden Persönlichkeit*, Leipzig 1922 (Erscheinungsjahr 1917)
62a Geiersbach, F.-W. u. a., *Äußere Leistungsdifferenzierung und schichtenspezifische Auslese*, in: *betrifft: erziehung*, 9/75
63 *Geschichte der Erziehung*, Redaktionskollektiv, Berlin (Ost), 1969, 9. Auflage
64 GEW-Dokumentation, *Solidarität mit R. Brentzel*, Landesverband Berlin 1975
65 Giegel, H.-J., *Reflexion – Emanzipation*, in: K. O. Apel et al., *Hermeneutik und Ideologiekritik*, Frankfurt 1971
66 Göhre, P. (Hrsg.), *Lebensgeschichte eines modernen Fabrikarbeiters*, Jena/Leipzig 1905
67 Goos, H. und B. Wagner, *Von der Notwendigkeit praktischer Bildungsforschung*, in: *betrifft: erziehung* 5/1975
68 Gräfe, H., *Die deutsche Volksschule oder die Bürger- und Landschule nach der Gesammtheit ihrer Verhältnisse. Ein Handbuch für Lehrer und Schulaufseher*, 2 Bde., Leipzig 1847
69 Grimm, S., *Die Bildungsabstinenz der Arbeiter*, München 1966
70 Habermas, J., *Der Universalitätsanspruch der Hermeneutik*, in: K. O. Apel et al., *Hermeneutik und Ideologiekritik*, Frankfurt 1971
72 Hallmann, H., *Praktische Erfahrungen aus unseren Elternabenden*, in: *Auf dem Wege zur Neuen Schule* – von Mitarbeitern Hugo Gaudigs, Leipzig/Berlin 1920
73 Hamann, R. und J. Hermand, *Stilkunst um 1900*, München 1973

74 Hamm-Brücher, H., *Das Ausmaß des Bildungsgefälles,* in: *liberal,* H. 5 (1964)
75 *Handlungsforschung: betrifft: erziehung* 5/1975
76 Hartlaub, M., *Verändert die Schule – jetzt,* in: H. Grossmann (Hrsg.), *Bürgerinitiativen,* Frankfurt 1971
77 Hartmann, K., *Schule und »Fabrikgeschäft«. Zum historischen Zusammenhang von Kinderarbeit, Kinderschutzgesetz und allgemeiner Elementarbildung,* in: *Schule und Staat im 18. und 19. Jahrhundert,* Hrsg. K. Hartmann et al., Frankfurt 1974
78 Haug, F., *Kritik der Rollentheorie und ihre Anwendung in der bürgerlichen deutschen Soziologie,* Frankfurt 1972
79 Heckel, H., *Übersicht über das Schulwesen im Bundesgebiet,* Berlin/Köln 1952
80 Heimann, *Elternbeiräte,* in: *Pädagogisches Lexikon,* Hrsg. H. Schwartz, Bielefeld/Leipzig 1928
81 Heinsohn, G. und R. Knieper, *Theorie des Familienrechts: Geschlechtsrollenaufhebung, Kindesvernachlässigung, Geburtenrückgang,* Frankfurt 1974
82 Heintz, P. (Hrsg.), *Soziologie der Schule,* Sonderheft 4 der *Kölner Zeitschrift für Soziologie und Sozialpsychologie,* Köln/Opladen 1959
83 Hentig, H. v., *Die politische Rolle des Lehrers,* in: *Neue Sammlung* 6/1965
84 Heppe, H., *Geschichte des deutschen Volksschulwesens,* 5 Bde., Gotha 1858/60 (Nachdruck 1971 Hildesheim/New York)
85 Herrmann, U., *Historisch-systematische Dimensionen der Erziehungswissenschaft,* in: Ch. Wulf (Hrsg.), *Wörterbuch der Erziehung,* München 1974
86 Hess, F., F. Latscha und W. Schneider, *Die Ungleichheit der Bildungschancen,* Olten 1966
87 Hilker, F., *Die Schulen in Deutschland,* Bad Nauheim 1957
88 Hirschberg, S., *Das Bildungsschicksal des gewerblichen Proletariats im Lichte der Arbeiterautobiographie,* Köln 1928 (Dissertation)
89 Hitpass, J., *Begabungsreserve 1963,* in: *Pädagogische Rundschau* 1963
90 Hitpass, J., *Abiturientendefizit. Versagt unser Schulsystem?* Ratingen 1964
91 Hitpass, J., *Einstellung der Industriearbeiterschaft zu höherer Bildung,* Ratingen 1965
92 Hoernle, E., *Grundfragen proletarischer Erziehung* (Hrsg. L. v. Werder und R. Wolff), Darmstadt 1969
93 Hoernle, E., *Die Elternbeiratswahlen im Reich* (1922), in: L. v. Werder und R. Wolff (Hrsg.), *Schulkampf,* Frankfurt 1970
94 Hoernle, E., *Lehrer und Elternrat* (1922), in: *Zur Schulpolitik und Pädagogik der KPD in der Weimarer Republik,* Westberlin 1974
94a Hoffmann, V., *Zur »Proletarisierung« der pädagogischen Intelligenz,* in: Reihe Roter Pauker, H. 14, Offenbach 1975
95 Holzkamp, K., *Zur Phänographie des Ausdrucks,* in: *Jahrbuch Psychologische Psychotherapie,* 14, 1966
96 Holzkamp, K., *Sinnliche Erkenntnis – Historischer Ursprung und gesellschaftliche Funktion der Wahrnehmung,* Frankfurt 1973
97 Hopf, A., *Empirische Untersuchung zum politischen Bewußtsein junger Lehrer,* in: *Argument* 80 (1973)
98 Horn, H., *Volksschullehrernachwuchs – Untersuchungen zur Quantität und Qualität,* in: *Studien zur Päd. Psych.,* Bd. 4, hrsg. vom Deutschen Institut für internationale pädagogische Forschung, Frankfurt 1968
99 Hurrelmann, K., *Familiale Sozialisation und soziale Ungleichheit,* in: H. Walter (Hrsg.), *Sozialisationsinstanzen, Sozialisationseffekte,* Bd. II Sozialisationsfor-

schung, Stuttgart/Bad Cannstadt 1973
100 Hylla, E., *Begabungsreserven in der Bundesrepublik*, in: *Hessische Blätter für Volksbildung*, H. 2, 1963
101 Illich, I., *Entschulung der Gesellschaft*, Reinbek 1973
102 Ingenkamp, K., *Untersuchungen zur Übergangsauslese*, Weinheim/Basel 1968
102a Israel, J., *Der Begriff Entfremdung*, Reinbek 1972
103 Jürgens, H. W., *Familiengröße und Bildungsweg*, Stuttgart 1964
104 Jürgens, H. W., *Familiengröße und Bildungsweg der Kinder. Ein Beitrag zum ersten Familienbericht der Bundesregierung*, hrsg. vom Bundesministerium für Familie und Jugend, Bad Godesberg o. J. (1967)
105 Jung, J., *Das Ethos des Erziehers (Briefe an junge Lehrer)*, Ratingen/Hannover 1958
106 Jung, J. H., *Jung-Stillings Jugend. Jünglings- und Wanderjahre*, Berlin 1928
107 Kamper, D., *Theorie-Praxis-Verhältnis*, in: *Wörterbuch der Erziehung*, München 1974
108 Kampmüller, O., *Der Lehrer und die Eltern. Ein Handbuch für die erfolgreiche Zusammenarbeit zwischen Schule und Elternhaus*, Ansbach 1961
109 Kampmüller, O., *Das Mißverständnis zwischen Eltern und Lehrern*, München/Basel 1964
110 Kampmüller, O., *So hilfst du deinem Schulkind*, Wien/München 1969
111 Kanitz, O., *Das proletarische Kind in der bürgerlichen Gesellschaft*, in: ders.: *Kämpfer der Zukunft. Für eine sozialistische Erziehung*, hrsg. von L. v. Werder, Darmstadt 1970
112 Karcher, W., *Prügeln in der Schule*, in: *betrifft: erziehung* 12/1974
113 Kellner, L., *Lebensblätter. Erinnerungen aus der Schulwelt*, Freiburg 1891
114 Kemmler, L., *Erfolg und Versagen in der Grundschule*, Göttingen 1967
115 Kerschensteiner, G., *Die Seele des Erziehers*, München/Stuttgart 1961, 8. Aufl.
116 Klafki, W., *Handlungsforschung*, in: *Wörterbuch der Erziehung*, München 1974
116a Klafki, W., *Gesamtschule*, in: Ch. Wulf (Hrsg.), *Wörterbuch der Erziehung*, München 1974
117 Klewitz, M., *Berliner Einheitsschule 1945-1951. Entstehung, Durchführung und Revision des Reformgesetzes von 1947/48*, Berlin 1971
118 Klink, J.-G., *Klasse H 7e*, Bad Heilbrunn 1974
119 Kob, J., *Die Rollenproblematik des Lehrerberufes*, in: P. Heintz (Hrsg.), *Soziologie der Schule*, Köln 1959
120 Kob, J., *Elternhaus und Schule*, Stuttgart 1963
121 Kofler, L. und A. Buro, *Vom Handelskapitalismus zum Neo-Imperialismus der Gegenwart*, Offenbach 1972
122 Kracauer, S., *Die Angestellten*, Frankfurt 1971
123 Kratzsch, E. H., W. Vathke, H. Bertlein, *Studien zur Soziologie des Volksschullehrers*, Weinheim 1967
124 Kümmel, H., *Klassenelterntreffen – Schulgemeindeabende* Berlin/Bonn/Brannenburg-Obb. 1953
125 Kufner, L., *Meine siebenunddreißig Kinder. Sozialpädagogische Bestandsaufnahme einer Schulklasse*, in: *Unsere Jugend*, Nov. 1968
126 Kuhlmann, H., *Klassengemeinschaft*, Berlin 1975
127 Laurien, H.-R., *Elternsprechstunde*, in: *Lexikon der Pädagogik*, Freiburg/Basel/Wien 1970
128 Lehmann, B., *Arbeitswelt und Lehrerbewußtsein*, Neuwied/Berlin 1974

129 Lehmann, F., *Das Elternrecht in der modernen Volksschule,* München 1969
130 Lehmann, K., *Kritik und Erweiterung des Rollenmodells am Beispiel der Lehrerrollenforschung* (Diplomarbeit), Berlin 1970
131 Lehmann, L., *Klagen über Lehrer F. und andere Schulbeispiele,* Frankfurt 1971
132 *Lehrer haben kein Züchtigungsrecht mehr,* in: *Erziehung und Wissenschaft* 6/1975
133 Lemberg, E., *Elternlose Schule,* in: *Schüler – Lehrer – Eltern,* Hrsg. K. Seidelmann, Hannover 1970
134 Lemberg, E., *Die soziale Rolle des Lehrers,* in: *Der Lehrer und Erzieher,* Hrsg. B. Gerner, Bad Heilbrunn 1973
135 *Lexikon der Pädagogik,* Freiburg/Basel/Wien, 1970
136 *Lexikon der Pädagogik der Gegenwart,* hrsg. vom Deutschen Institut für wissenschaftliche Pädagogik, Freiburg 1930
137 Littmann, E. und E. Kasielke, *Zur Diagnostik elterlichen Erziehungsverhaltens,* in: *Probleme und Ergebnisse der Psychologie,* Beiheft 2 (1970), Berlin (Ost) 1970
138 Loerke, T. und E. Gebauer, *Gründe für oder gegen die Wahl weiterführender Schulen in verschiedenen Bevölkerungskreisen,* Frankfurt 1965
139 Lomberg, A., *Elternabende,* in: *Encyklopädisches Handbuch der Pädagogik,* Langensalza 1904
140 Lührig, H., *Bildungsrat – Bericht '75,* in: *päd. extra* 13/14 (1975)
141 Lütgens, Ch., *Die Schule als Mittelklasseninstitution,* in: *Soziologie der Schule,* Hrsg. P. Heintz, Köln/Opladen 1959
142 Mann, I., *Interesse – Handeln – Erkennen in der Schule. Die Emanzipation der Schule leitet sich aus ihren Widersprüchen ab,* Gießen 1973
143 März, F. (Hrsg.), *Soziale und politische Erziehung,* Bad Heilbrunn 1970
144 Marx, K., *Manifest der Kommunistischen Partei, MEW* Bd. 4
144a Marx, K. und F. Engels, *Die deutsche Ideologie, MEW* Bd. 3
145 Menzel, R., *Die Anfänge der Volksschule in Deutschland,* Berlin (Ost) 1958
146 Meynersen, K., *Im Namen der Kinder – Eltern lernen Mitverantwortung im ZDF,* Wiesbaden 1974
147 Michael, B. und H.-H. Schepp (Hrsg.), *Politik und Schule von der Französischen Revolution bis zur Gegenwart,* Frankfurt 1973
148 Minssen, F., *Die psychosoziale Dimension des Lehrerberufs,* in: *Der Lehrer und Erzieher,* Hrsg. B. Gerner, Bad Heilbrunn 1973
149 *Mitbestimmung in der Schule – Das Berliner Schulverfassungsgesetz,* hrsg. von der SPD-Fraktion im Abgeordnetenhaus von Berlin, August 1974
150 Mitzenheim, P., *Lehrerin gestern und heute,* Berlin (Ost) 1973
151 Mollenhauer, K., *Sozialisation und Schulerfolg,* in: *Begabung und Lernen,* Hrsg. H. Roth, Stuttgart 1969
152 Mollenhauer, K., *Die Rollenproblematik des Lehrerberufs und die Bildung,* in: *Der Lehrer in Schule und Gesellschaft,* Hrsg. K. Betzen und K. E. Nipkow, München 1972
153 *Monumenta Paedagogica,* Bd. IV, *Beiträge zur Bildungspolitik und Pädagogik der revolutionären deutschen Arbeiterbewegung in der Zeit der Novemberrevolution und der revolutionären Nachkriegskrise 1918-1923,* Teil 1, Berlin (Ost) 1968
154 *Monumenta Paedagogica,* Bd. V, *Beiträge zur Bildungspolitik und Pädagogik der revolutionären deutschen Arbeiterbewegung in der Zeit der Novemberrevolution und der revolutionären Nachkriegskrise 1918-1923,* Teil 2, Berlin (Ost)

1968
155 *Monumenta Paedagogica*, Bd. X, *Zur Geschichte der Arbeitserziehung in Deutschland*, Teil 1: *Von den Anfängen bis 1900*, Berlin (Ost) 1970
156 *Monumenta Paedagogica*, Bd. XI, *Zur Geschichte der Arbeitserziehung in Deutschland*, Teil 2: *Von 1900 bis zur Gegenwart*, Berlin (Ost) 1971
157 Müller-Eckard, H., *Schule und Schülerschicksal*, Göttingen 1955
158 Müller-Fohrbrodt, G., *Wie sind Lehrer wirklich?* Stuttgart 1973
159 Nahl, W., *Was erwartet die Schule von den Eltern?* in: B. Middelhauve (Hrsg.), *Die neuen Eltern*, Opladen 1968
160 Nave, K.-H., *Die allgemeine deutsche Grundschule. Ihre Entstehung aus der Novemberrevolution von 1918*, Weinheim 1961
161 Nave-Herz, R., *Die Elternschule*, Berlin 1964
162 Neboisa, M., *Die Lehrerin im Dorfe. Eine Untersuchung ihrer Arbeits- und Lebenswirklichkeit*, Bad Heilbrunn, 1960
163 Neidhardt, F., *Die Familie in Deutschland*, Opladen 1966
164 Neidhardt, F., *Schichtspezifische Elterneinflüsse im Sozialisationsprozeß*, in: *Die Familie als Sozialfaktor*, Hrsg. G. Wurzbacher, Stuttgart 1968
164a Neubauer, Th., *Die neue Erziehung der sozialistischen Gesellschaft*, Berlin (Ost) 1973
165 *Neuer Rundbrief*, Publikationsorgan des Berliner Senators für Familie, Jugend und Sport
166 *Neues pädagogisches Lexikon*, Hrsg. H. Groothoff und M. Stallmann, Stuttgart 1971, 5. Aufl.
167 Nogly, H., *Lehrer X – Ein Bericht im ›Stern‹* (1969)
168 Nyssen, F., *Zum Verhältnis von ökonomischer Basis und Überbau – Politische Ökonomie und Pädagogik in den zwanziger Jahren und heute*, in: *Schulkritik als Kapitalismuskritik* (Hrsg. F. Hyssen), Göttingen 1971
169 Nyssen, F., *Das Sozialisationskonzept der Stiehlschen Regulative und sein historischer Hintergrund. Zur historisch-materialistischen Analyse der Schulpolitik in den fünfziger und sechziger Jahren des 19. Jahrhunderts*, in: K. Hartmann et al. (Hrsg.), *Schule und Staat im 18. und 19. Jahrhundert*, Frankfurt 1974
170 Odenbach, K., *Lexikon der Schulpädagogik*, Braunschweig 1970
171 Oevermann, U., *Sprache und soziale Herkunft. Ein Beitrag zur Analyse schichtspezifischer Sozialisationsprozesse und ihrer Bedeutung für den Schulerfolg*, in: *Studien und Berichte des Instituts für Bildungsforschung in der Max-Planck-Gesellschaft*, Bd. 18, Berlin 1970
172 Oevermann, U., *Einige Thesen über den Zusammenhang von Identifikationsprozessen und Sprachentwicklung;* ders., *Soziale Schichtung und Begabung;* ders., *Schichtspezifische Formen des Sprachverhaltens und ihr Einfluß auf die kognitiven Prozesse* – alle in: B. Bernstein u. a., *Lernen und soziale Struktur. Aufsätze 1965-1970*, Amsterdam 1970
173 Ortmann, H., *Arbeiterfamilie und sozialer Aufstieg*, München 1972
174 Otto, B., *Vom königlichen Amt der Eltern*, Arnsberg/Westf., 1949
175 *Pädagogisches Lexikon*, Hrsg. v. W. Horney et al., Gütersloh 1970
176 *Pädagogisches Lexikon*, Hrsg. H. v. Schwartz, Bielefeld/Leipzig 1928
177 Peisert, H., *Soziale Lage und Bildungschancen in Deutschland*, München 1967
178 Pettinger, R., *Arbeiterkinder und weiterführende Schulen*, Weinheim/Berlin/Basel 1970
179 Pettinger, R., *Zur Methodik der Elternberatung*, in: *Die Deutsche Schule*

1/1971
180 Popitz, H. et al., *Das Gesellschaftsbild des Arbeiters,* Tübingen 1967
181 Prahm, R., *Eltern schaun dem Lehrer über die Schulter,* in: *betrifft: erziehung* 2/1970
182 Preuss, O., *Soziale Determinanten im Urteil von Volksschullehrern über die Eignung von Schülern für weiterführende Schulen,* Dissertation 1968
183 Preuss, O., *Probleme und Möglichkeiten eines veränderten Verhältnisses zwischen Eltern und Schule als Aufgabe der Lehrerbildung,* in: K. Schleicher (Hrsg.), *Elternmitsprache und Elternbildung,* Düsseldorf 1973
184 *Proletarische Lebensläufe. Autobiographische Dokumente zur Entstehung der Zweiten Kultur in Deutschland,* Hrsg. W. Emmerich, Bd. 1, *Anfänge bis 1914,* Reinbek 1974
185 Reccum v., H., *Volksschullehrerberuf und soziale Mobilität,* in: *Soziologie der Schule* (Hrsg. P. Heintz), Köln 1959
186 Rodewald, F., *Zerstört die Scheinharmonie der Elternabende,* in: *päd. extra* 10/1974
187 Roeder, P. et al., *Sozialstatus und Schulerfolg,* Heidelberg 1965
188 Rössner, L., *Handbuch für Elternabende,* Frankfurt 1971
189 Rolff, H.-G, *Sozialisation und Auslese durch die Schule,* Heidelberg 1967
190 Rosensträter, H., *Zum Wandel des Rekrutierungsfeldes der Volksschullehrer,* in: *Der Lehrer und Erzieher* (Hrsg. B. Gerner), Bad Heilbrunn 1973
191 Roth, H. (Hrsg.), *Begabung und Lernen. Ergebnisse und Folgerungen neuerer Forschungen. Deutscher Bildungsrat: Gutachten und Studien der Bildungskommission,* Bd. 4, Stuttgart 1969, 4. Aufl.
192 Rothgang, B. und G. Wurzbacher, *Die Übernahme familialer Erziehungsaufgaben und -ansprüche durch gesellschaftliche Institutionen,* in: K. Schleicher (Hrsg.), *Elternmitsprache und Elternbildung,* Düsseldorf 1973
193 Rühle, O., *Das proletarische Kind,* München 1911
194 Rumpf, H., *40 Schultage. Tagebuch eines Studienrats,* Braunschweig 1966
195 Rumpf, H., *Die administrative Verstörung der Schule,* Essen 1966
196 Schaller, K., *Die Familie als erste und natürliche Erziehungsstätte,* in: K. Schaller (Hrsg.), *Schule und Leben,* Hamburg 1967
197 Scheibe, W., *Die reformpädagogische Bewegung 1900-1932. Eine einführende Darstellung,* Weinheim/Berlin/Basel 1969
198 Schelsky, H., *Schule und Erziehung in der industriellen Gesellschaft,* Würzburg 1957
199 Schelsky, H., *Anpassung oder Widerstand?* Heidelberg 1961
200 Schleicher, K., *Die Funktion der Eltern in der pädagogischen Öffentlichkeit,* in: *Zeitschrift für Pädagogik,* 9. Beiheft (1971)
201 Schleicher, K. (Hrsg.), *Elternhaus und Schule. Kooperation ohne Erfolg?* Düsseldorf 1972
202 Schleicher, K. (Hrsg.), *Elternmitsprache und Elternbildung,* Düsseldorf 1973
203 Schmack, E., *Junge Lehrer in der Schulwirklichkeit,* Ratingen 1963
204 Schneider, W., *Die soziale Bedingtheit der Ausbildungschancen,* in: F. Hess et al., *Die Ungleichheit der Bildungschancen,* Olten 1966
205 Schönfeld, B. und H. Matthiesen, *Eltern als Hilfslehrer? Die Schule hört zu Haus nicht auf,* Köln 1973
206 Schubert, K., *Elternfragen,* in: *Encyklopädisches Handbuch der Pädagogik,* Langensalza 1904
207 *Schüler – Lehrer – Eltern,* Hrsg. K. Seidelmann, Hannover 1970

208 Schuh, E., *Der Volksschullehrer. Störfaktoren im Berufsleben und ihre Rückwirkung auf die Einstellung im Beruf,* Hannover 1962
209 *Schule. Die Zeitschrift, die es Eltern und Schülern leichter macht,* Jg. 1974 (München)
210 *Schulpolitik und Pädagogik der KPD in der Weimarer Republik, Zur,* Westberlin 1974
211 *Schulverfassung. Gesetz über die Schulverfassung für die Schulen des Landes Berlin* (Schulverfassungsgesetz – SchulVerfG), hrsg. vom Senator für Schulwesen – Pressestelle. Ausgabe August 1974
212 Schulz, H., *Der Leidensweg des Reichsschulgesetzes,* Berlin 1926
213 Schwartz, E., *Die Grundschule. Funktion und Reform,* Braunschweig 1969
214 Schwonke, M., *Das Gesellschaftsbild des Lehrers,* in: H. Röhrs (Hrsg.), *Der Aufgabenkreis der pädagogischen Soziologie,* Frankfurt 1971
215 Sienknecht, H., *Der Einheitsschulgedanke,* Weinheim 1968
216 Simon, A., *Wozu Elternabende?* in: *Beilage zur Bayerischen Schule,* Juli/August 1956
217 Simon, A. und J. Scherl, *Der Elternabend einmal ganz anders,* München 1962
218 Simoneit, M., *Menschliches, Allzumenschliches im Erzieherberuf mit Lehrertypen,* Berlin 1952
218a H. Speichert, *Umgang mit der Schule,* Hamburg 1976
219 Spranger, E., *Lebensformen,* Tübingen 1950
220 Spranger, E., *Der geborene Erzieher,* Heidelberg 1963, 3. Auflage
221 Staar, M., *Das Verhältnis von »Elternhaus und Schule« im Wandel der Zeiten,* in: *Die Berliner Lehrerzeitung* 5/1955
222 *Stellungnahme der Eltern zur Schulverfassung.* Informationsblatt des Arbeitskreises Berliner Eltern e. V., des Arbeitskreises Neue Erziehung e. V. sowie des Landeselternausschusses Berlin vom 19. 11. 1973
223 Stöhr, W., *Lehrerschaft und Arbeiterbewegung. Zur Organisationsgeschichte der gewerkschaftlichen Lehrerbewegung 1918-1933,* in: *Argument* 80 (1973)
224 Strzelewicz, W. et al., *Bildung und gesellschaftliches Bewußtsein,* Stuttgart 1966
224a Stubenrauch, H., *Arbeitsplatz Schule – Typische Situationen aus der Praxis,* in: *Informationsdienst des Sozialistischen Lehrerbundes,* H. 16, Offenbach/Frankfurt 1975
225 Susteck, H., *Familienstatus und Schulerfolg,* in: *Bildung und Erziehung,* H. 21 (1968)
226 Tews, H., *Die Mutter im Arbeitshause,* Langensalza 1893
227 Tews, J., *Elternabende,* Langensalza 1893
228 Tews, J., *Das Volksschulwesen in den großen Städten Deutschlands,* Langensalza 1897
229 Tews, J., *Großstadtpädagogik.* Vorträge, gehalten in der Humboldt-Akademie zu Berlin, Leipzig 1911
230 Tews, J., *Die deutsche Einheitsschule. Freie Bahn jedem Tüchtigen,* Leipzig 1916
231 Tews, J., *Der Reichsschulgesetzentwurf. Seine Gefahren für Volk, Staat und Schule,* Selbstverlag des Deutschen Lehrervereins 1921
232 Tews, J., *Elternabende und Elternbeiräte,* Langensalza 1922, 5. Aufl.
233 Titze, H., *Die Politisierung der Erziehung,* Frankfurt 1973
234 Tomberg, F., *Der Begriff der Entfremdung in den »Grundrissen von Karl Marx«,* in: *Das Argument* 52 (1969)
235 Tomberg, F., *Bürgerliche Wissenschaft,* Frankfurt 1973

236 Uhlig, G., *Bourgeoisie und Volksschule im Vormärz*, Berlin (Ost) 1960
237 Ulrich, E., *Ich bin eine Lehrerin*, München 1955
238 Undeutsch, U., *Motive der Abiturienten für die Wahl oder Ablehnung des Volksschullehrerberufes*, Frankfurt 1964
239 Undeutsch, U., *Zum Problem der begabungsgerechten Auslese beim Eintritt in die höhere Schule und während der Schulzeit*, in: H. Roth (Hrsg.), *Begabung und Lernen*, Stuttgart 1969
240 Voigt, B., *Bildungspolitik und politische Erziehung in den Klassenkämpfen*, Frankfurt 1973
241 Vonderach, G., *Industriearbeit und Lehrerausbildung*, Stuttgart 1972
242 Vormbaum, R. (Hrsg.), *Die evangelischen Schulordnungen des 17. Jahrhunderts*, Gütersloh 1863
243 Weber, N., *Privilegien durch Bildung. Über die Ungleichheit der Bildungschancen in der BRD*, Frankfurt 1973
243a Wellendorf, F., *Schulische Sozialisation und Identität*, Weinheim 1973
244 Wenzel, F., *Sicherung von Massenloyalität und Qualifikation der Arbeitskraft als Aufgabe der Volksschule*, in: *Schule und Staat im 18. und 19. Jahrhundert*, Hrsg. K. Hartmann, u. a., Frankfurt 1974
245 Werder, L. v., *Sozialistische Erziehung in Deutschland 1848-1973*, Frankfurt 1974
246 Werder, L. v. und R. Wolff (Hrsg.), *Schulkampf. Dokumente und Analysen*, Bd. 1, Frankfurt 1970
247 Werner, G., *Keine Angst vor Schularbeiten. So können Eltern ihren Kindern helfen* (1. und 2. Schuljahr), Braunschweig 1969
248 Whang, J.-H., *Die Entwicklung der Pädagogischen Soziologie in Deutschland*, Ratingen 1967
249 Wigdorowa, F., *Meine Schulklasse*, Berlin 1951
250 Wittstock, O., *Der sechste Tag. Aus den Briefen einer siebenbürgischen Lehrerin*, Berlin 1907
251 Woldt, R., *Die Lebenswelt des Industriearbeiters*, Leipzig 1926
252 Wünsche, K., *Die Wirklichkeit des Hauptschülers. Berichte von Kindern der schweigenden Mehrheit*, Köln 1972
253 Zander, H., G. Ketterer, A. Steiner, *Zur Methodenproblematik in der Analyse der Volksschulentwicklung*, in: *Schule und Staat im 18. und 19. Jahrhundert*, Hrsg. K. Hartmann u. a., Frankfurt 1974
254 Zimmer, J. (Hrsg.), *Curriculumentwicklung im Vorschulbereich*, 2 Bde., München 1972
255 Zinser, E., *Beiträge zur Geschichte der Dorfschule in Rudow*, in: *Neuköllner Heimatverein Mitteilungsblatt*, Nr. 25 (1964)

Bibliographische Notiz

Diesem Buch liegt die Dissertation der Autorin zugrunde, die im Herbst 1975 an der Universität Bremen eingereicht wurde. Für die Buchpublikation wurde der Text überarbeitet, Aufbau und Intention der Untersuchung blieben jedoch gewahrt.

Bibliothek Suhrkamp

378 Roland Barthes, Die Lust am Text
379 Joachim Ritter, Subjektivität
380 Sylvia Plath, Ariel
381 Stephan Hermlin, Der Leutnant Yorck von Wartenburg
382 Erhart Kästner, Zeltbuch von Tumilat
383 Yasunari Kawabata, Träume im Kristall
384 Zbigniew Herbert, Inschrift
385 Hermann Broch, Hofmannsthal und seine Zeit
386 Joseph Conrad, Jugend
387 Karl Kraus, Nestroy und die Nachwelt
388 Ernst Bloch, Erbschaft dieser Zeit
389 Thomas Mann, Leiden und Größe der Meister
390 Viktor Šklovskij, Sentimentale Reise
391 Max Horkheimer: Die gesellschaftliche Funktion der Philosophie
392 Heinrich Mann, Die kleine Stadt
393 Wolfgang Koeppen, Tauben im Gras
394 Cesare Pavese, Das Handwerk des Lebens
395 Theodor W. Adorno, Noten zur Literatur IV
397 Ferruccio Busoni, Entwurf einer neuen Ästhetik der Tonkunst
398 Ernst Bloch, Zur Philosophie der Musik
399 Oscar Wilde, Die romantische Renaissance
400 Marcel Proust, Tage des Lesens
402 Paul Nizan, Das Leben des Antoine B.
403 Hermann Heimpel, Die halbe Violine
404 Octavio Paz, Das Labyrinth der Einsamkeit
405 Stanisław Lem, Das Hohe Schloß
406 André Breton, Nadja
407 Walter Benjamin, Denkbilder
409 Rainer Maria Rilke, Über Dichtung und Kunst
410 Ödön von Horváth, Italienische Nacht
411 Jorge Guillén, Ausgewählte Gedichte
412 Paul Celan, Gedichte I
413 Paul Celan, Gedichte II
414 Rainer Maria Rilke, Das Testament
415 Thomas Bernhard, Die Macht der Gewohnheit
416 Zbigniew Herbert, Herr Cogito
417 Wolfgang Hildesheimer, Hauskauf
418 James Joyce, Dubliner
419 Carl Einstein, Bebuquin
420 Georg Trakl, Gedichte
421 Günter Eich, Katharina

422 Alejo Carpentier, Das Reich von dieser Welt
423 Albert Camus, Jonas
424 Jesse Thoor, Gedichte
425 T. S. Eliot, Das wüste Land
426 Carlo Emilio Gadda, Die Erkenntnis des Schmerzes
427 Michel Leiris, Mannesalter
428 Hermann Lenz, Der Kutscher und der Wappenmaler
429 Mircea Eliade, Das Mädchen Maitreyi
430 Ramón del Valle-Inclán, Tyrann Banderas
431 Raymond Queneau, Zazie in der Metro
433 William Butler Yeats, Die geheime Rose
434 Juan Rulfo, Pedro Páramo
435 André Breton, L'Amour fou
436 Marie Luise Kaschnitz, Gedichte
437 Jerzy Szaniawski, Der weiße Rabe
438 Ludwig Hohl, Nuancen und Details
439 Mario Vargas Llosa, Die kleinen Hunde
440 Thomas Bernhard, Der Präsident
441 Hermann Hesse – Thomas Mann, Briefwechsel
442 Hugo Ball, Flametti
443 Adolfo Bioy-Casares, Morels Erfindung
444 Hermann Hesse, Wanderung
445 Ödön von Horváth, Don Juan kommt aus dem Krieg
446 Flann O'Brien, Der dritte Polizist
447 Giuseppe Tomasi di Lampedusa, Der Leopard
448 Robert Musil, Törleß
449 Elias Canetti, Der Überlebende
450 Robert Walser, Geschwister Tanner
451 Alfred Döblin, Berlin Alexanderplatz
452 Gertrude Stein, Paris Frankreich
453 Johannes R. Becher, Gedichte
454 Federico García Lorca, Bluthochzeit/Yerma
455 Ilja Ehrenburg, Julio Jurenito
456 Boris Pasternak, Kontra-Oktave
457 Juan Carlos Onetti, Die Werft
458 Anna Seghers, Die schönsten Sagen vom Räuber Woynok
464 Franz Kafka, Der Heizer
465 Wolfgang Hildesheimer, Masante
466 Evelyn Waugh, Wiedersehen mit Brideshead
467 Gershom Scholem, Walter Benjamin
468 Rainer Maria Rilke, Duineser Elegien
470 Alain, Die Pflicht glücklich zu sein
471 Wolfgang Schadewaldt, Der Gott von Delphi und die Humanitätsidee
472 Hermann Hesse, Legenden
473 H. C. Artmann, Liebesgedichte

474 Paul Valery, Zur Theorie der Dichtkunst
476 Erhart Kästner, Aufstand der Dinge
477 Stanisław Lem, Der futurologische Kongreß
478 Theodor Haecker, Tag- und Nachtbücher
479 Peter Szondi, Satz und Gegensatz
480 Tania Blixen, Babettes Gastmahl
481 Friedo Lampe, Septembergewitter
482 Heinrich Zimmer, Kunstform und Yoga
483 Hermann Hesse, Musik
486 Marie Luise Kaschnitz, Orte
487 Hans Georg Gadamer, Vernunft im Zeitalter der Wissenschaft
488 Yukio Mishima, Nach dem Bankett
489 Thomas Bernhard, Amras
490 Robert Walser, Der Gehülfe
491 Patricia Highsmith, Als die Flotte im Hafen lag
492 Julien Green, Der Geisterseher
493 Stefan Zweig, Die Monotonisierung der Welt
494 Samuel Beckett, That Time/Damals
495 Thomas Bernhard, Die Berühmten
496 Günter Eich, Marionettenspiele
497 August Strindberg, Am offenen Meer
498 Joseph Roth, Die Legende vom heiligen Trinker
499 Hermann Lenz, Dame und Scharfrichter
500 Wolfgang Koeppen, Jugend
501 Andrej Belyj, Petersburg
504 Juan Rulfo, Der Llano in Flammen
505 Carlos Fuentes, Zwei Novellen
506 Augusto Roa Bastos, Menschensohn
508 Alejo Carpentier, Barockkonzert
509 Elisabeth Borchers, Gedichte
510 Jurek Becker, Jakob der Lügner
512 James Joyce, Die Toten/The Dead
513 August Strindberg, Fräulein Julie
514 Sigmund Freud, Eine Kindheitserinnerung des Leonardo da Vinci
515 Robert Walser, Jakob von Gunten
517 Luigi Pirandello, Mattia Pascal
519 Rainer Maria Rilke, Gedichte an die Nacht
520 Else Lasker-Schüler, Mein Herz
521 Marcel Schwob, 22 Lebensläufe
522 Mircea Eliade, Die Pelerine
523 Hans Erich Nossack, Der Untergang
524 Jerzy Andrzejewski, Jetzt kommt über dich das Ende
525 Günter Eich, Aus dem Chinesischen
526 Gustaf Gründgens, Wirklichkeit des Theaters
528 René Schickele, Die Flaschenpost

edition suhrkamp

664 Hans Setzer, Wahlsystem und Parteienentwicklung in England
665 Alexander Kluge, Lernprozesse mit tödlichem Ausgang
670 Peter Bulthaup, Zur gesellschaftl. Funktion der Naturwissenschaften
671 Materialien zu Horváths ›Glaube Liebe Hoffnung‹. Herausgegeben von Traugott Krischke
672 Reform des Literaturunterrichts. Eine Zwischenbilanz. Herausgegeben von H. Brackert und W. Raitz
673 Boris A. Uspenskij, Poetik d. Komposition
674 Ebbighausen (Hrsg.), Monopol und Staat
675 Autorenkollektiv Textinterpretation und Unterrichtspraxis, Projektarbeit als Lernprozeß
677 Heinar Kipphardt, Stücke II
678 Erving Goffman, Asyle
679 Dieter Prokop, Massenkultur und Spontaneität
680 Die Kommune in der Staatsorganisation
681 M. Dubois-Reymond / B. Söll, Neuköllner Schulbuch, 2 Bände
682 Dieter Hoffmann-Axthelm, Theorie der künstlerischen Arbeit
683 Dieter Kühn, Unternehmen Rammbock
685 Frerichs/Kraiker, Konstitutionsbedingungen des bürgerlichen Staates und der sozialen Revolution bei Marx und Engels
687 Rossana Rossanda, Über die Dialektik von Kontinuität und Bruch
688 Evsej G. Liberman, Methoden der Wirtschaftslenkung im Sozialismus
689 Martin Walser, Die Gallistl'sche Krankheit
694 Schule und Staat im 18. u. 19. Jahrhundert. Herausgegeben von K. Hartmann, F. Nyssen, H. Waldeyer
695 Gesellschaft, Beiträge zur Marxschen Theorie 1
696 Hans Magnus Enzensberger, Palaver
697 Psychoanalyse der weiblichen Sexualität. Herausgegeben von Janine Chasseguet-Smirgel
698 R. Goldscheid/J. Schumpeter, Die Finanzkrise des Steuerstaates
699 Wolfgang Lempert, Berufliche Bildung als Beitrag zur gesellschaftlichen Demokratisierung
700 Peter Weiss, Gesang vom Lusitanischen Popanz
701 Sozialistische Realismuskonzeptionen.
702 Claudio Napoleoni. Ricardo und Marx. Herausgegeben von Cristina Pennavaja
703 Claus Rolshausen, Wissenschaft und gesellschaftliche Reproduktion
704 Joachim Hirsch, Staatsapparat und Reproduktion des Kapitels
705 Neues Hörspiel O-Ton. Der Konsument als Produzent. Herausgegeben von Klaus Schöning
707 Franz Xaver Kroetz, Oberösterreich, Dolomitenstadt Lienz, Maria Magdalena, Münchner Kindl

708 Was ist Psychiatrie? Herausgegeben von Franco Basaglia
709 Kirche und Klassenbindung. Herausgegeben von Yorick Spiegel
710 Rosa Luxemburg oder Die Bestimmung des Sozialismus. Herausgegeben von Claudio Pozzoli
711 Rudolf Rocker, Aus den Memoiren eines deutschen Anarchisten
712 Hartwig Berger, Untersuchungsmethode und soziale Wirklichkeit
713 Werkbuch über Tankred Dorst. Herausgegeben von Horst Laube
714 Wilhelm Alff, Materialien zum Kontinuitätsproblem der deutschen Geschichte
715 Karsten Prüß, Kernforschungspolitik in der Bundesrepublik Deutschland
718 Perspektiven der kommunalen Kulturpolitik. Herausgegeben von Hilmar Hoffmann
719 Peter M. Michels, Bericht über den polit. Widerstand in den USA
720 Lelio Basso, Gesellschaftsformation u. Staatsform
722 Jürgen Becker, Umgebungen
723 Paul Mattick/Alfred Sohn-Rethel/Helmuth G. Haasis, Beiträge zur Kritik des Geldes
724 Otwin Massing, Politische Soziologie
726 Ernst Bloch, Ästhetik des Vor-Scheins 1
727 Peter Bürger, Theorie der Avantgarde
728 Beulah Parker, Meine Sprache bin ich
729 Probleme der marxistischen Rechtstheorie. Herausgegeben von H. Rottleuthner
730 Jean-Luc Dallemagne, Die Grenzen der Wirtschaftspolitik
731 Gesellschaft, Beiträge zur Marxschen Theorie 2
732 Ernst Bloch, Ästhetik des Vor-Scheins 2
733 Alexander Kluge, Gelegenheitsarbeit einer Sklavin
734 Henri Lefebvre, Metaphilosophie. Prolegomena
735 Paul Mattick, Spontaneität und Organisation
736 Noam Chomsky, Aus Staatsraison
737 Louis Althusser, Für Marx
738 Spazier/Bopp, Grenzübergänge. Psychotherapie
739 Gesellschaft, Beiträge zur Marxschen Theorie 3
740 Bertolt Brecht, Das Verhör des Lukullus. Hörspiel
741 Klaus Busch, Die multinationalen Konzerne
742 Methodologische Probleme einer normativ-kritischen Gesellschaftstheorie. Herausgegeben von Jürgen Mittelstraß
744 Gero Lenhardt, Berufliche Weiterbildung und Arbeitsteilung in der Industrieproduktion
745 Brede/Kohaupt/Kujath, Ökonomische und politische Determinanten der Wohnungsversorgung
746 Der Arzt, sein Patient und die Gesellschaft. Herausgegeben von Dorothea Ritter-Röhr
747 Gunnar Heinsohn, Rolf Knieper, Theorie des Familienrechts
749 Rudolf zur Lippe, Bürgerliche Subjektivität
751 Brechts Modell der Lehrstücke. Herausgegeben von Rainer Steinweg

754 Zur Wissenschaftslogik einer kritischen Soziologie. Herausgegeben von Jürgen Ritsert
756 Hannelore/Heinz Schlaffer, Studien zum ästhetischen Historismus
758 Brecht-Jahrbuch 1974. Herausgegeben von J. Fuegi, R. Grimm, J. Hermand
759 Der Weg ins Freie. Fünf Lebensläufe überliefert von H. M. Enzensberger
760 Lodewijk de Boer, The Family
761 Claus Offe, Berufsbildungsreform
762 Petr Kropotkin, Ideale und Wirklichkeit in der russischen Literatur
764 Gesellschaft, Beiträge zur Marxschen Theorie 4
766 Laermann/Piechotta/Japp/Wuthenow u.a., Reise und Utopie
767 Monique Piton, Anders Leben
768 Félix Guattari, Psychotherapie, Politik und die Aufgaben der institutionellen Analyse
769 Jahoda/Lazarsfeld/Zeisel, Die Arbeitslosen von Marienthal
770 Herbert Marcuse, Zeit-Messungen
771 Brecht im Gespräch. Herausgegeben von Werner Hecht
772 Th. W. Adorno, Gesellschaftstheorie u. Kulturkritik
773 Kurt Eisner, Sozialismus als Aktion
775 Horn, Luhmann, Narr, Rammstedt, Röttgers, Gewaltverhältnisse und die Ohnmacht der Kritik
776 Reichert/Senn, Materialien zu Joyce »Ein Porträt des Künstlers«
777 Caspar David Friedrich und die deutsche Nachwelt. Herausgegeben von Werner Hofman
778 Klaus Fritzsche, Politische Romantik und Gegenrevolution
779 Literatur und Literaturtheorie. Hrsg. von Peter U. Hohendahl und Patricia Herminghouse
780 Piero Sraffa, Warenproduktion mittels Waren
782 Helmut Brackert, Bauernkrieg und Literatur
784 Friedensanalysen 1
787 Gesellschaft, Beiträge zur Marxschen Theorie 5
790 Gustav W. Heinemann, Präsidiale Reden
791 Beate Klöckner, Anna oder leben heißt streben
792 Rainer Malkowski, Was für ein Morgen
793 Von deutscher Republik. Hrsg. von Jost Hermand
794 Döbert R./Nunner-Winkler, G., Adoleszenzkrise und Identitätsbildung
795 Dieter Kühn, Goldberg-Variationen
797 Brecht Jahrbuch 1975
798 Gespräche mit Ernst Bloch. Herausgegeben von Rainer Traub und Harald Wieser
799 Volker Braun, Es genügt nicht die einfache Wahrheit
800 Karl Marx, Die Ethnologischen Exzerpthefte
801 Wlodzimierz Brus, Sozialistisches Eigentum und politisches System
802 Johannes Gröll, Erziehung im gesellschaftlichen Reproduktionsprozeß
803 Rainer Werner Fassbinder, Stücke 3

804 James K. Lyon, Bertolt Brecht und Rudyard Kipling
806 Gesellschaft, Beiträge zur Marxschen Theorie 6
807 Gilles Deleuze/Félix Guattari, Kafka. Für eine kleine Literatur
808 Ulrike Prokop, Weiblicher Lebenszusammenhang
809 G. Heinsohn / B. M. C. Knieper, Spielpädagogik
811 Ror Wolf, Auf der Suche nach Doktor Q.
812 Oskar Negt, Keine Demokratie ohne Sozialismus
815 Giselher Rüpke, Schwangerschaftsabbruch und Grundgesetz
816 Rainer Zoll, Der Doppelcharakter der Gewerkschaften
817 Bertolt Brecht, Drei Lehrstücke: Badener Lehrstück, Rundköpfe, Ausnahme und Regel
818 Gustav Landauer, Erkenntnis und Befreiung
820 Wolfgang Abendroth, Ein Leben in der Arbeiterbewegung
821 Otto Kirchheimer, Von der Weimarer Demokratie zum Faschismus
822 Verfassung, Verfassungsgerichtsbarkeit, Politik. Herausgegeben von Mehdi Tohidipur
823 Rossana Rossanda / Lucio Magri u. a., Der lange Marsch durch die Krise
824 Altvater/Basso/Mattick/Offe u. a., Rahmenbedingungen und Schranken staatlichen Handelns
825 Diskussion der ›Theorie der Avantgarde‹. Herausgegeben von W. Martin Lüdke
827 Gesellschaft, Beiträge zur Marxschen Theorie 7
828 Rolf Knieper, Weltmarkt, Wirtschaftsrecht und Nationalstaat
833 Peter Weiss, Dramen I
834 Friedensanalysen 2
835-838 Bertolt Brecht, Gedichte in 4 Bänden
841 Fernando H. Cardoso/Enzo Faletto, Abhängigkeit und Entwicklung in Lateinamerika
845 Ror Wolf, Die Gefährlichkeit der großen Ebene
847 Friedensanalysen 3
848 Dieter Wellershoff, Die Auflösung des Kunstbegriffs
849 Samuel Beckett, Glückliche Tage
852 Über Max Frisch II
853 Brecht-Jahrbuch 1976
854 Julius Fučík, Reportage unter dem Strang geschrieben
858 Silvio Blatter, Genormte Tage, verschüttete Zeit
861 Blanke/Offe/Ronge u.a., Bürgerlicher Staat und politische Legitimation. Herausgegeben von Rolf Ebbighausen
863 Gesellschaft, Beiträge zur Marxschen Theorie 8/9
864 Über Wolfgang Koeppen. Herausgegeben von Ulrich Greiner
868 Brede/Dietrich/Kohaupt, Politische Ökonomie des Bodens
873 Produktion, Arbeit, Sozialisation. Herausgegeben von Th. Leithäuser und W. R. Heinz
874 Max Frisch/Hartmut von Hentig, Zwei Reden zum Friedenspreis des Deutschen Buchhandels 1976

Alphabetisches Verzeichnis der edition suhrkamp